정태인의 미래 키워드

개혁정책가 정태인의 기후·경제·동북아 의제

진인진

정태인의 미래 키워드 개혁정책가 정태인의 기후·경제·동북아 의제

초판 1쇄 발행 | 2024년 6월 27일

엮은이 | 김병권, 이수연
발행인 | 김태진
발행처 | 진인진
등   록 | 제25100-2005-000003호
주   소 | 경기도 과천시 관문로 92, 101-1818
전   화 | 02-507-3077-8
팩   스 | 02-507-3079
홈페이지 | http://www.zininzin.co.kr
이메일 | pub@zininzin.co.kr

ⓒ 정태인기념사업회 2024
ISBN 978-89-6347-599-8 93300

* 책값은 표지 뒤에 있습니다.

정태인의 미래 키워드
개혁정책가 정태인의 기후·경제·동북아 의제

발간사

정태인을 그리며

정건화(한신대학교 명예교수)

1 정태인 '유고와 추모' 책 발간에 부쳐

정태인 박사가 세상을 뜬 지 1년 반이 지났다. 2022년 10월 그의 장례기간(10월21일-23일) 중 간단하게 추도식을 하자는 제안이 있었는데 여의치 않았기에 1주기에 맞춰 추모행사를 하는 것으로 대신하게 되었다. 〈그리움을 희망으로〉라 이름 붙인 추모행사는 2023년 10월 20일 한겨레신문사 청암홀에서 유족이 원한 '간소한' 추도식과 이어진 추모포럼으로 진행되었다. 추모포럼은 스스로를 독립연구자로 칭하면서 '청년에게 자리를 내주자'던 그의 뜻에 따라 청년 독립연구자들이 그가 남긴 연구과제를 검토하고 이어받아 우리 사회의 미래 의제를 제안하는 발표와 토론의 장이었다.

그는 생의 마지막 몇 달여 시간, 말기 폐암으로 투병하면서 혼미해지는 정신을 붙잡아 마지막까지 우리 사회 몇 주제에 대한 생각과 메모를 SNS에 남겼다. 생태경제, 한반도 평화 그리고 사회적경제가 그 주제들이고 정태인 1주기추모포럼은 이들 주제로 진행되었다. 또 그가 남긴 발표문, 기고문, 강의자료 등도 이들 주제를 중심으로 선별해서 유고집으로 만들게 되었다.

이렇게 해서 조금 늦어졌지만 그를 기리는 글과 그가 남긴 글들을 모아 책으로 펴낸다. '정태인의 미래 키워드'라는 제목을 붙인 이 책은 고인의 고민이 담긴, 지난 10여 년간 그가 쓴 여러 형식의 글과 그의 삶을 돌아보게 하는 선후배 동료들의 추도사, 그리고 1주기 추모포럼의 발표, 토론문을 한 데 모은 것이다. 그래서 이 책은 고인의 유고집이기도 하고 고인을 위한 추모집이기도 하다.

책이 만들어져 나오는 데 특별히 여러 사람들의 수고가 있었다. 1년여 추모행사와 책발간을 위한 논의와 준비의 시간을 함께 해준 이진순((재)와글 이사장), 조현경(한겨레경제사회연구원 연구위원), 한영섭(칼폴라니연구소 이사장)에게 감사드린다. 또 정태인의 책(협동의 경제학 등)이 발간되는 데 항상 결정적 조력자 역할을 했던 이수연(칼폴라니연구소 이사)이 이번에도 고인의 여러 글들을 이리저리 찾고 모으는 수고를 해주었다. 그의 후배로서 그와 가장 비슷하게, 또 가장 충실하게 독립연구자의 길을 가고 있는 김병권(독립연구자, 녹색전환연구소 자문위원)이 이렇게 모인 글들을 주제영역별로 분류, 선별하고 간략한 해설을 붙여 책의 뼈대와 골격을 세우고 내용들을 잘 채워 주었다.

추모포럼의 발표문과 토론문도 이번 추모집에 함께 실었는데 발표문은 『동향과 전망』(통권 120호, 2024년 봄호, 한국사회과학연구회 발간)에 실린 글들이고, 토론문은 『1주기 추모포럼 자료집』(2023.10)에 실린 글들이다. 진인진출판사 김태진 사장은 유고와 추모글 출판제안을 흔쾌히 받아주었다. 이 분들 덕분에 추모행사에 이어 책 발간까지 계획했던 일들이 무난하게 진행되고 잘 마무리될 수 있었다. 진심으로 고마운 마음을 전한다.

2 정태인과의 동행 1

그가 세상을 떠나기 열흘 전 경기도 용인에 있는 동백 성루카병원으로 그를 찾아갔다. 그의 침대를 밀어 병실을 나섰다. 병원 건물 바로 옆 작은 정원으로 나가 잠시라도 그가 항상 눈과 귀를 쫑긋하던 병원 밖 세상의 햇살을 쬐고 바깥 세상

공기를 마시게 해주고 싶었다. 환한 오후였지만 10월 중순의 햇살은 기운을 잃어 그는 추위를 느끼는 듯 했다. 그 자리에 20여분 머물다 담요를 감싼 그의 침대를 다시 병실로 옮긴 후 부인 차정인 여사와 인사를 나누고 병원을 떠나왔다. 그로부터 열흘 후 늦은 밤, 그가 그날을 넘기지 못할 것 같다는 연락을 받았다. 그가 그렇게 잠들던 밤, 잠이 오지 않아 그의 부음을 알리는 글을 몇 곳에 올리고, 새벽에야 잠시 눈을 붙인 후 빈소가 차려질 강남성모병원 장례식장으로 나섰다.

우린 20대에 만났고 급속도로 가까워진 것은 대학원 시절이었다. 서울대학교 관악캠퍼스 옛 사회과학동 4층에 있던 대학원 정치경제학 연구실은 당시 마르크스 경제학이나 비주류 경제학을 공부하고자 모인 대학원생들을 위한 공간이었다. 당시 우리는 거의 매일 연구실에 나왔으며 함께 공부하고 함께 밥먹고 저녁 식사 후에는 버들골이라 불리는, 관악산 자락의 살짝 경사진 공터에서 함께 공을 차며 거의 모든 일상을 공유하느라 가족보다 더 많은 시간을 함께 보내며 지냈다. 그때 그는 주변의 동료, 후배들로부터 '천재'라는 별명이 붙여진, 장난기 많고 술 좋아하는 선한 청년의 모습이었다.

특별히 그와 더 가까워진 계기가 있었다. 석사학위를 마치고 박사과정에 들어간 첫 해로 기억하는데 한국기독교사회문제연구원(기사연) 프로젝트(실업문제의 인식)를 한 인연으로 연구원으로 오겠냐는 제안을 받았다. 나보다 정태인이 적임이라 생각해서 그를 추천했다. 그는 기사연에서 발행하는 무크지 형태의 매체, 『기사연 리포트』에 경제동향을 정리해서 소개하고 그 사회·정치적 효과를 분석하는 글을 썼는데, 당시 사회단체나 운동그룹에 기사연 리포트는 좋은 평가를 받고 많이 읽혔다. 그의 장례식에서 만난 어느 선배도 그 자리에서 정태인이 활약한 『기사연 리포트』 이야기를 했다. 기사연 연구원 시절이 그가 글로써 현실에 발언하고 참여하기 시작한 계기가 된 것이 아니었나 생각한다. 박현채 선생과의 만남도 그 무렵 시작되었다.

그도 그 시절 기억을 아래처럼 남겼다.

대학원을 수료하고 1986년 방위복무를 마친 후 나는 한국 기독교사회문제연구원에 들어갔다. 독일정부에서 제3세계를 지원하는 프로그램의 하나였던 한국농촌사회조사 프로젝트를 수행할 간사를 뽑는다는 말에, '나라면 그런 데 취직할거야' 라는 내 친구(: 정건화)의 말에 넘어가서, 결혼한지 1년 동안 돈 한번 갖다준 적 없는 마누라에게 조금이라도 잘 보이기 위해서 난 '취직'했다. 전체를 세 팀으로 나누고 박현채, 김병태, 유인호 선생이 각 팀의 책임을 맡았는데 실제로 연구를 수행할 젊은 친구들이 문제였다. 할 수 없이 농업경제학 자체를 전공하는 사람들은 아닌, 평생의 벗(얼마나 자주 만나고 전화를 했던지 우리 마누라는 이들을 애인이라 불렀는데 질투 비슷한 감정마저 느꼈다고 했다), 정건화와 조석곤이 동원되었다.

박현채와의 만남이 잦을 수밖에 없었다. 우리 셋은 '박현채 따라이스트'(사회구성체 논쟁의 와중에서 누군가가 빈정대는 투로 명명한 것으로 기억한다)가 되었다. 정건화의 경우 아버지(정도영씨, 인혁당 지도위원)대부터 인연을 맺고 있었지만 일로 만나서 한 사람의 후배로서 많은 얘기를 나누기는 우리나 마찬가지였다. ….그가 제자라고 할 만한 사람을 두어본 적이 있을까? ..박현채가 우리를 그렇게 대한 적은 정말로 한번도 없지만 여하튼 그에게 우리는 제자 비슷한(우리는 한번도 그의 강의를 들은 적이 없다) 존재가 아니었을까?(정태인, 박현채의 추억 (1), 모지리의 경제학, 1996, 11.11)

이른바 '1987년 민주화투쟁'이 한창인 시기였다. '독재타도 호헌철폐'의 구호가 서울도심을 흔들고 '넥타이부대'라 불린 화이트칼라 직장인들이 대거 시위에 합류했다. 정태인과 나도 연구실 동료들과 거의 매주 서울도심으로 나가 시위대열에 합류했다. 그러던 어느날 종각 부근 옛 종로서적 뒷골목으로 쫓기다 진압경찰에 포위되고 붙잡혔다. 그리곤 '닭장차'라 불리던 경찰버스로 끌려갔는데 그가 나를 보고 따라와 닭장차에 함께 올라타는 것이 아닌가 !!! '아니, 왜 일부러 ?' 하는 생각에 깜짝 놀라면서도 불안했던 마음이 순간 진정되고 편안해졌던 기억이 떠오른다.

당시는 워낙 많은 연행자가 생기던 상황이어서 대학원생 신분이었던 나는 단순참가자로 분류되어 중부경찰서에서 하룻밤 지낸 후 다음 날 아침 훈방되었지만 그는 공안당국에게 눈에 가시 같고 주목의 대상이던 기사연 연구원 신분이어서 며

칠 더 고생했다. 또 미안했다. 그때 정태인의 '동행'은 수십 년이 지난 지금도 잊을 수 없는 기억, 정태인이란 사람과의 인연, 그의 성품을 평생 가슴으로 기억하게 만든 사건이다.

3 정태인과의 동행 2

그와 나는 한국사회과학연구소 활동을 하면서 대학원 연구실을 나서 조금씩 세상 밖으로 향했다. 1988년 초 무렵으로 기억하는데 청년 연구자들이 중심이 된 연구소를 만드는 데 참여하라는 제안을 받았다. '실사구시 정신'으로 한국 사회의 변화를 위한 '이론적 실천(그때는 이런 표현이 유행했다)에 기여하자'며 젊은 사회과학 분야 연구자들이 중심이 되어 준비를 시작했고 경제학 연구자도 함께 하면 좋겠다는 제안이었다. 당시 한국사회는 '3저 호황'을 구가했고 노동 현장에서는 노동3권 보장을 요구하는 노동자들의 자연발생적 투쟁과 민주적 노동조합의 전국조직 결성을 위한 노동운동이 고양되었다. 또 '사회구성체 논쟁'이라 이름 붙여진 논의가 운동권을 중심으로 백가쟁명식으로 나타나던 때이기도 했다. 나는 이들 논의가 추상적인 논의에 머물고 현실적 근거에 대한 연구와 분석에 근거하지 않은 채 교조적인 소련 교과서에 대한 해석과 '정통' 선별경쟁으로 전개되는 분위기에 답답하고 아쉬움을 느꼈기에 '실사구시'와 '이론적 실천'이라는 문제의식에 마음이 끌렸다. 그래서 받은 제안을 연구실 동료, 후배들에게 전했더니 대부분이 함께 참여하기로 뜻을 모았다. 이들 중에는 조석곤(상지대 교수), 유철규(성공회대 교수), 이상영(명지대 교수), 이일영(한신대 교수), 전병유(한신대 교수) 등이 있었다. 아울러 연세대, 고려대, 성균관대 등 여러 대학원에서 또래 경제학 연구자들도 알음알음으로 함께 모였다.

그렇게 설립된 한국사회과학연구소(한사연) 경제연구실로 모인 우리의 주된 과제는 세미나와 경제동향 분석이었다. 한국경제와 세계경제에 관한 신문 스크랩을 시작했고 매주 저녁에 정례모임을 통해 각자가 맡은 분야별 경제동향을 일지형식으로 정리하고 간단한 분석을 붙인 자료를 만들어 함께 검토하며 쟁점을 뽑아 토론했다.

경제연구실의 활동과 분위기는 정태인이 주도했고 모임 후엔 언제나 뒤풀이가 이어졌다. 정태인은 늘 뒤풀이의 마지막까지 있는 사람 중 하나였다. 그가 취해서 끊임없이 이야기하는 걸 들으며 정태인의 생각을 누군가가 옆에서 잘 듣고 정리하면 좋겠다는 생각을 한 적 있다. 어쩌면 내가 그런 역할을 할 수도 있겠다는 생각도 한 적 있다. 그러나 대부분의 경우 그는 너무 취해버렸고 그를 억지로 끌고 집에 가도록 차에 태우느라 힘들었다. 그는 창동에 살았고 나는 우이동에 살았던 시절이다.

1988년 창간호를 낸 계간 『동향과 전망』은 지금도 꾸준히 발간되고 있다. 정태인 1주기 추모포럼의 발표문들이 실린 『동향과 전망』(2024년 봄호)을 보니 정태인과 함께했던 옛 기억들이 새롭다.

책은 어느새 통권 120호가 되었다. 몇 년 전 100호 기념호(2017년 여름호)에 썼던 한사연 설립과 활동에 대한 회고의 글이 떠올라 조금 옮긴다.

> 함께 연구소를 만들고 책을 발간하며 같은 문제의식에서 출발했던 사회과학 연구자들의 삶은 이후 많이 달라졌고 함께 나누었던 문제의식이 각자의 삶에 미친 규정력은 생각만큼 크지 않았다. 젊은 시절 우리를 화살에 비유한 이야기가 떠오른다. '세상은 온통 캄캄한 어둠 속, 멀리 과녁만이 환하게 빛났으며 우린 과녁을 향해 시위를 떠난 화살이고자 했다'고. '오직 화살이 되어 과녁만을 향해 자신을 던져야 한다고 생각했고 많은 동기들이 그렇게 자신을 던졌다'고.
> (중략)
> 그러나 세상은 그저 어둠도 아니었으며 우리의 삶의 궤적도 발사된 화살처럼 그저 목표를 향해 돌진하는 것이 아니었다. '우리'가 도달하거나 중간 어디쯤에서 내려앉은 곳은 대부분 응시하던 원래의 과녁이 아니었다. 나 역시 방향과 속도를 변화시켜 스스로의 궤도를 만들며 살아 왔다.
> (중략)
> 세상은 많이 변했다. 우린 세상을 바꾸고 싶어했다. 바뀐 세상이 우리가 바꾸고

싶어했던 세상과는 간격이 제법 커 보인다. 우리가 꿈꾼 것은 '박정희 모델'에 대항하는 대안적인 우리 사회의 발전모델과 경로였다. 어떤 세상으로 어떻게 바꾸려 했는지 나름 선명한 그림을 그렸던 것 같은데 지금 돌아보니 형상은 흐릿해진다. 애초에 그림이 설계도면 같은 세밀한 청사진이 아니었기에 일견 그럴 듯한 모습이지만 가까이 줌업(zoom up)할수록 형체는 희미해지고 바탕의 빛깔만 남는 해상도 낮은 그림파일처럼(내 글, 한사연 창립과 동향과 전망 창간 즈음의 기억,『동향과 전망』(통권 100호, 2017).

4 원조 '독립연구자' 박현채, '제2의 박현채' 정태인

『동향과 전망』에 회고의 글을 쓴 지도 어느새 7년이 지났다. 그때 쓴 것처럼 세상은 많이 변했고 세상보다 빨리 사람들도 변했다. 그렇지만 그는 거의 변하지 않은 채 살다 떠났다는 생각이 든다. 왜, 무엇이 그를 그렇게 살도록 했을까?

그는 마지막까지 경제학 이론과 개념을 쓰고 경제학자로서의 사유의 틀을 유지했지만 '단지 이론을 연구하는 게 아니고 정책에 적용하기 위한 이론을 연구'하는 정책연구를 지향했고 그런 자신을 '독립연구자'라 소개했다. 이렇게 '현실에 적용하는 것을 목표로 하는 정책연구를 하는 독립연구자'로 자신을 규정할 때 그는 과연 어떤 사람을 이른바 '롤 모델'로 마음에 두었을까 생각해 본 적 있다. 그리고 박현채 선생과의 인연'에서 그는 '정책연구, 독립연구자'의 원형을 발견했다는 것이 내 생각이다.

정태인이 대학원에 몸담은 채 운동권과 비제도권을 오가며 말하고 글쓰기를 시작하던 젊은 시절, 그는 박현채 선생과의 만남과 선생의 삶에서 큰 영향을 받았다. 그가 스스로에게 붙인 '독립연구자'의 원형은 선생의 삶이었다고 나는 확신한다. 그래서 그의 부음을 SNS에 올리자마자 연락해온 YTN 이충원 기자에게 나는 서슴없이 '그는 박현채의 제자'였다고 말했고, 부고기사 제목도 '한미FTA 반대한 '박현채 제자'…정태인 전 국민경제비서관 별세(송고시간 2022 - 10 - 21 07:27) 로 붙었다.

정태인이 남긴 글에서 그가 마음을 다해 스승으로 모신 박현채 선생에 대한 생각을 살펴보기로 한다. 정태인은 PC 통신 나우누리에서 CUG(폐쇄적 이용자 그룹) 〈모지리의 경제학〉 운영자로 활동하면서 '박현채의 추억'이란 제목의 짧은 글들을 6회에 걸쳐 올렸다(1996년 11월 11일). 거기서 그는 선생에 대한 자신의 생각, 선생과의 만남과 헤어짐까지의 기억을 글로 남겼는데, '박현채의 글쓰기'를 자신의 삶의 자세로 가져온 것을 알 수 있는 내용들이 여기저기서 읽힌다. 조금 길지만 부분부분 잘라서 인용한다.

1995년 8월 17일 박현채 선생이 돌아가셨다. 내 스스로도 왜 이리 과장을 하는가 싶을 정도로 상실감이 컸다…박현채가 죽은 뒤 며칠 동안 큰비가 내렸다. 영평천도 맑아졌을 것이다…'팔자좋게' 이 일주일간 세 번이나 영평천에 다녀왔다…. 왈칵 눈물이 솟는다. 그래, 이제 와서 그 좋다는 한탄강 돌붕어는, 또 월척은 잡아 무엇하랴. 지지난 봄 초평에서 잡은 월척과 준척은 박선생댁으로 갔다. 토종 붕어가 중풍에 좋다는 내 설명에 사모님은 희미하게 웃으시면서도 "고아서 드리나?" 물어보셨다. 분명 내가 낚시를 다니는 것이 박선생에게 드릴 약용 붕어를 잡기위해서는 아니다. 그저 일종의 도피일 뿐이지만, 그래도 이제는 낚시길을 합리화할 훌륭한 이유 하나가 사라져 버린 것이다. ..난 이제 그 마음을 가질 수 없다…어쩌면 영영…
나는 .. 나병식 선배나 문국주 선배의 익숙한 지시를 충실히 재빨리, 후배들을 시켜서 수행했다. 아이들은 박현채를 한번 제대로 본 적도 없으면서, 평소에 밴질거리던 놈들까지 불평없이 움직였다. 나는 이미 조사를 써놓은 셈이었다… 조사를 쓰고 신문공고문을 쓰고, 그리고 장례일정을 정리하고 필요한 물품을 구입하는데 애들을 동원하고, 운구팀을 만들고…그리 어려운 일도 아니었다. 밤이 오면 마치 내가 상주나, 적어도 그 집의 일가붙이인 것처럼 손님들을 맞고 술을 먹었는데, 양으로 치면 꽤 먹었는데 취하지도 않았다….장지에서 오는 차편이 없어 공교롭게도 겹쳐졌던 연구소 총회에도 참석했고 올 때는 내가 운전을 할 정도로 몸도 괜찮았다. 그전엔 주책없이 흘리던 눈물은 전혀 비치지도 않았다. 조사를 읽을 때도 은근히 걱정했지만 잠깐 목이 메었을 뿐이다. … 그런데『한겨레21』에서 급하게 부탁했던 민족경제론에 관한 글을 쓰면서 사단은 시작되었다. 한 문장 쓸 때마다 팔과 다리가 저리기 시작했고 설사로 시작한 배앓이도 심해졌다. 아무래도 이 병은 내가 박현채에 관해 알고 있는 걸 모두 다 쓰고 나서야, 더 이상 쓸 게 없을 때 멈출 모양이다.

박현채를 존경하고, 또 감히 말한다면 사랑했다. 무엇이 나를 그토록 빠져들게 했을까? '너는 머리가 좋으니까 내려가서 민중을 위한 경제학을 공부해라'.. 박현채는 한시도 이 말을 잊은 적이 없다고 했다. 이것이 그의 글쓰기를 지배한 유일한 원칙이었다.《민중이 필요로 하면 무조건 쓴다》《민중의 이익이 무엇인가를 항상 생각한다》이것이 그가 왜 온갖 분야의 글을 다 썼는가에 대한 기본적인 답이다. 그는 자기 머리를 자랑하고, 자기의 학문적 업적을 쌓는 데 삶의 목적을 두는 '그 잘난 아카데미'와는 유가 다른 인간인 것이다.

박현채는 스스로 경제학자가 아닌 경제평론가임을 자임했다. 흔히 이론가들은 자신의 논리 일관성에 집착하여 아주 협소한 글쓰기를 할 수밖에 없는 단점을 가지고 있다. 그러나 사회적 요구는 아주 다양했고 누가 거기에 마음에 드는 답을 하지 못한다면 그 모든 문제는 박현채의 과제가 되었다. 그의 글이 경제이론, 학설사, 경제사, 현실경제 비판 등 경제학의 다양한 주제는 물론 민족주의, 민주주의, 그리고 민족문학에 이르기까지 온갖 주제를 다 아우르는 것이 될 수밖에 없었던 소이가 여기에 있다

(이상『테마게시판 – 정태인 – 모지리의 경제학(go KSSI)』, 박현채의 추억 (1) – (6), 1996. 11.11)

정태인은 '박현채의 민족경제론은 폐기되어야 하는 것이 아니고 확장되어야 한다'고도 했다.

민족경제론은 폐기되어야 하는 것이 아니고 확장되어야 한다. 나는 박현채의 일

관된 사상과 실천, 그 내적 긴장 속에 민족경제론의 결함과 더불어 가능성이 존재한다고 생각한다. 바로 이 긴장을 통해서만 민족경제론은 글로벌 자본주의 시대에도 적용될 수 있다. 그리고 그 긴장 자체는 민족경제론이 시간과 공간을 향해 열려 있는 체계라는 증거가 된다(정태인, 「민족경제론, 한 시대를 마감하다」, 『한겨레21』, 1995.8.24(제74호)).

그러나 내 생각에 그는 '글로 표현된' 논리와 이론체계 자체보다는 연구나 글쓰기에 대한 박현채 선생의 생각과 자세에서 가장 많은 배움과 깨달음을 얻었고 그걸 자신에게도 적용하려 했다. 마르크스 경제학, 제도학파 경제학, 게임이론, 포스트 케인즈 경제학, 행동경제학, 생태경제학 등 정말로 다양한 이론적 갈래의 경제학을 꾸준히, 끊임없이 섭렵하고 현실 경제의 흐름과 동향에 대한 분석, 사회적 경제, 지역혁신과 클러스터, 무역협정과 FTA 그리고 북한경제, 동북아 지역경제 협력방안까지 우리 사회가 직면한 상황, 대안과 해법이 필요한 모든 주제에 대해 강의로, 강연으로, 학술발표로, 토론자로, 방송패널로 또 신문칼럼으로 그는 박현채의 미션을 이어받아 자신의 온 삶을 걸고 실천하려 했다고 생각한다.

정태인은 '자신과 나의 공부의 궤적이 비슷한 것 같다'는 말을 한 적 있다. 그가 새로운사회를여는연구원(새사연) 소장으로 왕성하게 활동하던 시기였다. 10여 년 정도 뜸하다 아주 오랜만에 만나 이런저런 이야기를 나누면서 그가 내게 했던 말이다. 나도 그렇게 생각한다 말했다. 실제로 그와 나의 관심은 마르크스 경제학, 제도주의 경제학, 지역혁신과 클러스터론, 사회적경제, 생태경제학으로 옮겨갔다. 대학원에서 마르크스 경제학을 공부하고 한사연 경제연구실에서 한국경제 동향과 흐름에 대한 논의를 함께한 이후론 오랜 기간 자주 만날 일 없이 지냈는데 여전히 갖고 있는 문제의식과 경제학을 바라보는 관점이 비슷하게 흘러왔다는 것이 신기하기도 하고 반가웠다.

그렇지만 나는 도저히 그를 쫓아갈 수가 없었고 그가 버거웠다. 처음에도 그랬지만 나이가 들수록 더 그랬다. 엄청난 집중력으로 읽고 생각하고 쓰는 그를 따라가는 건 불가능한 일이었다. 술자리에선 그의 생각이 알콜로 인해 더욱 묘하게 뒤섞이고 꼬여서 난해하기까지 했다. 그가 세상을 떠난 후 그의 삶의 후반 기록과 자료를 다시 살펴보면서 그것을 다시 확인한다. 도저히 흉내도 낼 수 없게 집중해서 문제를 파고 들고 답을 찾으려 했던 정신적 투쟁의 기록들이었다. 그는 그렇게 공부하다 떠났다. 그에게 항암치료는, 끊임없이 다운로드 받아 놓은 엄청난 분량의 파일자료를 읽고 정리해서 정책이나 대안으로 빚어내기 위한 시간을 벌기 위한 것으로만 의미를 지녔다.

5 멸종위기의 독립연구자를 위한 지식생태계를 허(許)하라!

그의 장례식에는 정말로 많은 문상객들이 왔다. 경제학자가 사회 각계 각층, 다양한 분야의 많은 사람들로부터 애도와 조문을 받는 것은 결코 흔한 일이 아니다. 끊어지지 않고 이어지는 문상객들을 보면서, 헌신적으로 현장을 지향한 실천적 연구자로 살아온 그의 삶, 그 헌신에 대한 경의의 마음으로 이어진 행렬이라 생각했다. 그도 기쁜 마음으로 기꺼이 받을 선물같았다.

박현채 선생의 장례식도 떠올랐고 그가 선생의 장례식에 대해 쓴 글이 생각나기도 했다. 그가 강의실에서 배운 적 없는 제자로서 선생의 장례 때 조사를 쓴 것처럼, 그도 자신이 만난 적 없는 '특별한 제자'의 조사를 받았다. 이 청년 경제학도는 당시 성공회대학 사회과학부에 재학 중이고 몇 년 전 생태경제학을 공부하고 싶다고 나를 찾아온 청년이었다. 그는 정태인의 장례식 기간 중 추도의 글을 SNS에 올렸다. 그 일부를 옮긴다.

> 정태인 선생님께
> 삼가 고인의 명복을 빕니다, 하고 가상 공간에 조의를 표하는 것으로는 떠나지 않는 마음이 있어서, 선생님과는 한 번의 일면식이 없었지만 여러 책을 통해 받은 은혜가 있기에 이렇게 씁니다.
> ….

한국의 진보 경제학자들이 가진 실천성에 늘 이끌리고 이어가고 싶습니다. 한국 대학들과 학계는 이 급진성, 근본성을 담을 그릇이 안 되어서인지 좋은 경제학자들은 늘 '독립연구자'의 소갯말을 걸고 광장과 서재 어딘가에 있습니다. 페이스북에 올라오는 독립연구자들의 글들을 보면서 참 많이도 배워갔습니다. 새로운 디지털 변방일까요, 지식이 커먼즈가 된 것 같아 좋으면서도 이런 난국에 힘을 발휘하지 못하는 것이 서럽습니다.

..

이어가야 할 것들이 아주 많은 것을 압니다. 그리고 제가 받은 은혜들을 언젠가 저의 후학에게 전할 날이 오겠지요. 아마 2050년이 훌쩍 지난 때일 때, 제가 (그때는 주류가 되었을) 한국의 생태 – 사회적경제사상의 선구자로 선생님과 고전이 된 책을 건네주는 장면을 상상해 봅니다. 먼저 길을 걸어주셔서 참 감사했습니다.

      2022.10.21, 지리산 실상사 가는 기차 안에서 경제학도 윤석 드림

청년 경제학도 장윤석은 '생태 – 사회적경제의 사상이 한국사회에서 주류가 되는 날을 상상해본다' 했다. 자연스럽게 그 나이 무렵 나는, 또 '그때 우리'는 어떠했나 떠올려 본다. 그후 30여 년 동안 무엇을 이루었나 돌아본다. 『동향과 전망』 100호 기념호에 썼지만 '성과는 초라하고 과제는 더 커졌'으며 정태인이 외롭게 분투한 느낌을 지울 수 없다.

그렇게 30년이 흘렀다. 그러면서 나이도 제법 먹었다. '그때 우리' 중 다수 동료들이 대학과 연구기관이라는 이른바 제도권에서 활동했다….실사구시에 바탕한 토착담론과 대항담론을 만들어 냈는가? 제도권내에 학문 후속세대는 제대로 안착시켰는가? 어느 쪽에도 성공하지 못한 듯하다. 그런 가운데 현실은 해법을 절실히 필요로 하는 문제들로 가득 차 있고 사회과학에 대한 대중적 관심은 사그라든 지 오래다. 대학이나 제도권 지식인의 발언의 영향력은 현저하게 축소되었고 문제 해결능력의 한계는 명확하게 드러났다.

혁신적 대안이 필요한 상황이다. 꼭 『동향과 전망』일 필요는 없다. 성과는 미숙했지만 함께 모여 실사구시의 정신으로 사회의 문제를 들여다보고 진단하고 해법을 찾고자 했던 우리의 문제의식은 여전히 유효하다. 100호의 발간을 축하하며 당시 우리의 문제의식으로 '한사연'과 『동향과 전망』 창간되었듯이 30년 후 변화된 우리 사회가 필요로 하는 새로운 실험이 새로운 방식으로 다양하게 시도되길 소망한다(앞의 내 글, 38-39).

제도화된 주류 경제학의 한계는 분명하다. 비단 경제학의 문제가 아니라 편협한 분과학문과 전공위주의 대학교육 자체가 위기에 빠졌다는 생각이다. 기후위기, 인구절벽, 지역소멸, 불평등 심화 등 사회의 복합적 위기 속에 학문이, 대학이 문제해결은 차치하고 위기상황조차도 제대로 감지하지 못하니 그 자체가 어쩌면 심각한 위기 상황의 증거라 해야 할 것이다. 발본적 변화는 어떻게 가능한가? 현실에 안주하고 현실의 관성과 이해관계로 묶여 있는 주류 경제학이나 제도권 학문에 변화를 만들 유인이 존재하는가?

새로운 지식생태계가 필요하다. 사회전환을 위한 새로운 전망은 현실에 안주하는 대학이나 제도권 연구기관에서는 만들어지기 어렵다. 신영복 선생의 표현을 빌자면 '혁신은 변방에서 나올 수밖에' 없을 것이다. 그래서 독립연구자의 존재가 소중하다는 생각이다. 단지 그들의 경제적 조건이 팍팍하고 연구자로서의 생계유지가 힘들기 때문이 아니다. 물론 정태인도 힘들어 했다. 말기 암의 고통 속에 있는 그의 임종면회에 가속의 노움으로 '집안 형님'이라 하고 그를 만났다. 그는 내게 '비정규직의 삶이 힘들었다'고 말했다. 그 말이 정규직으로 살아 온 내 가슴에 비수처럼 꽂혔다. 높은 공직 경험도 했고 사회적 명성도 누린 그가 그렇게 말했으니 수많은 독립연구자들이 처한 어려움이야 오죽 하겠는가? 그러나, 결코 연구자의 다수가 될 수 없지만, 지금은 분과학문의 틀과 형식에 얽매이지 않고 현장의 문제와 씨름하고 대중적 글쓰기를 하는 독립연구자, 그런 연구활동가가 필요한 '전환의 시간'이다. 이들이 생존할 수 있는 지식생태계가 꼭 필요한 상황이다.

박현채가 떠났고 '독립연구자 박현채'를 잇는 정태인이 떠났다. 이제 '독립연구자 정태인'을 잇는 독립연구자를 기다린다. 더 많은 '정태인'이 희망이다. 이들이 활동하는 지식생태계에서 희망을 찾는다. 새로운 경제학, 새로운 사회로의 전환과 그 경로를 고민하고 제시하는 상상력이 숨쉬는 지식생태계가 필요하다. 바로 그런 희망을 담아 정태인 추모포럼 제목을 〈그리움을 희망으로〉라 정했고, 한국사회 독립연구자의 존재조건을 다루고 지식생태계의 전환이라는 주제를 추모포럼의 첫 주제로 삼은 이유다.

이 책에는 독립연구자 정태인이 남긴 글들과 그를 만난 적 없는 그의 제자, 독립연구자들이 그를 기리며 쓴 발표문과 토론문들이 함께 실렸다. 그것이 정태인을 기억하고 그를 계승하고자 하는 책에 담기에 가장 적절하다고 생각을 모았다. 내용에 대한 평가와 판단은 온전히 책을 읽는 독자의 몫이지만 책 발간의 취지에 공감하며 읽어주길 소망한다.

정태인 추모행사 기획에 함께한 사람들을 대표해서
정건화
2024년 5월 10일

차례

발간사 정태인을 그리며 / 정건화 ·· 5

들어가며 과거 아닌 미래와 씨름했던 정태인 / 김병권 ················· 21

제1부 기후위기와 생태전환 ·· 25
   논문 생태전환의 정치경제학과 그린뉴딜 ································ 29
   칼럼 생태위기 극복의 조건 ··· 65
   칼럼 온실가스 순배출 제로 시대 ··· 69
   칼럼 너도 나도 '생태 시민'이 되어야 한다 ······························ 73
   칼럼 아이야, 혁명의 때가 왔구나 ··· 77

제2부 사회적경제와 혁신 ·· 81
   논문 사회적경제와 혁신: '공동생산'과 '동료생산'을 중심으로 ··········· 85
   논문 협동의 원리와 협동조합 기업이론 ··································· 137
   칼럼 협동의 유전자를 타고난 인간 ·· 165
   칼럼 '공유경제'와 플랫폼 협동조합 ·· 167
   칼럼 피케티의 '21세기 자본'과 사회적경제 ··························· 171
   칼럼 한국 복지 모델의 명암, 그리고 사회적경제 ···················· 173

제3부 동북아실서와 한반도 ·· 177
   논문 미중 마찰과 한반도의 향방 ··· 181
   칼럼 미·중 기술전쟁서 살아남는 법 ·· 207
   칼럼 한반도 완충지대 ··· 211
   칼럼 한반도 트릴레마 ··· 215

나오며 시대를 따라 공부하다 떠난 정책연구자, 정태인 / 이상헌 ············ 219

부록 1   그리움을 희망으로 정태인 박사 1주기 추모행사 자료집 ················· **225**

제1부   추도식 ·········· **233**
이정우   "시대의 책사 정태인" ··· **235**
마거릿 멘델   "헌신에서 기쁨을 얻었던 행복한 사람" ···················· **243**
이은애   "한국형 사회적경제의 거버넌스모델을 제안했던 선배 정태인을 그리며" ······ **247**
이상헌   "오구나무를 태워버린 가을바람 한 줄기" ······················ **251**
노혜경   "정태인적 인간을 그려본다" ······································ **255**

제2부   추모포럼
청년, 그리고 정태인이 꿈꾸는 세상 – 청년에게 자리를 내주자 ············· **259**
   세션1   학문의 위기 – 독립연구자와 지식생태계 ······················ **261**
    - 발제: 이재경(좋은동네연구소협동조합 연구위원, 정치학 박사) ············ **263**
    - 토론: 김소연(사단법인 시민 연구위원) ······································· **283**

   세션2   지정학적 위기 – 동북아 평화로의 길 ························· **289**
    - 발제: 황순식(북한대학원대학교 석사과정, 전 정의당 경기도당위원장) ······ **291**
    - 토론: 구갑우(북한대학원대학교 교수) ·· **323**

   세션3   불평등 위기 – 사회적경제로 해법 찾기 ······················ **327**
    - 발제: 이경미(연세대학교 박사후 연구원, 사회적경제학 박사) ············· **329**
    - 토론: 윤형중(랩2050 대표) ·· **345**

   세션4   기후위기 – 생태경제를 향해 ···································· **355**
    - 발제: 장윤석(연구활동가, 전 녹색전환연구소 연구원) ···················· **357**
    - 발제: 김병권('기후를 위한 경제학' 저자) ··································· **383**
    - 토론: 장혜영(정의당 국회의원) ·· **393**

부록 2   연표 및 저술 ·· **401**
부록 3   정태인 추모사업을 후원한 사람들 ······························· **407**

들어가며

과거 아닌 미래와 씨름했던 정태인[1]

지식과 정보가 넘쳐나는 시대다. 하지만 정작 지식의 힘이 필요한 곳에서 지식인을 찾기 어려운 시대다. 살아가면서 서럽고 억울하고 답답한 현실에 직면할 때, 돈과 권력이 있는 이들에게 속지 않으려고 할 때 약자들은 자신을 보호해줄 지식이라는 방패를 원한다. 일찍이 경제학자 조안 로빈슨도 "경제학을 공부하는 목적은 경제학자들에게 속지 않는 법을 배우기 위해서"라고 했지만, 속지 않고 경제 현실과 사회 현실을 약자들에게 제대로 알려줄 경제학자를 찾기가 좀처럼 쉽지 않은 시대다.

그래서 이제 더 이상 우리 곁에 없는 자유로운 지식인 정태인이 더 그립다. 화려한 이론보다 보통 사람들이 맨눈으로 보는 세상에 더 믿음을 주었던 지식인, 학자보다는 현실을 바꿀 정책가라고 자신의 정체성을 소개했던 지식인, 사람들은 그저 경제학자라고 부르지만 '현실이 필요로 하는 주제'라면 낯선 주제라도 기꺼이 새로 배우고 탐구하려 했던 진정한 연구자, "쿠데타가 불가능한 시대는 혁명도 불가능한 시대"라면서 변함없이 현실적인 입장을 지켰지만, 그 많던 진보 지식인들이 어느 사이 오른쪽으로 몰려가면서 자신도 모르게 가장 왼쪽에 서게 된 지식인,

---

[1] 이 글은 편집자 중 한 사람인 김병권 독립연구자가 작성했다.

그래서 더는 혁명을 얘기하지 않는 지독히 불평등한 시대에 홀로 '혁명'이라는 옛 금기어를 다시 꺼내 들어야 했던 이가 내가 기억하는 나의 선생님 정태인이다.

그는 나와 함께 일했던 내내 늘 반발쯤 앞서 시민들의 요구를 선취(先取)하려는 노력을 쉬어본 적이 없다. 문재인 정부의 공식 정책이기도 했던 '소득주도 성장론'을 우리 사회에 최초로 공론장에 올려 새로운 경제개혁정책 토론의 불씨를 만들던 것도 미래를 준비하기 위함이었다. 대한민국 어느 대학에서도 사회적경제를 가르치지 않던 시절부터, 수익 추구에만 전념하는 시장경제 안에 사회적 가치를 함께 추구하는 사회적경제가 자라나는 한국경제의 미래를 꿈꿨다. "인간은 이기적이지 않고 시장은 효율적이지 않다"는 화두를 담은 그의 책《협동의 경제학》은 협동조합과 사회적 기업, 공동체 경제를 고민하던 많은 활동가나 기업가들에게 교과서가 되었다. 전국 곳곳의 시민사회나 지역공동체에서 부르면 그는 직접 발품을 팔아 달려가서 강의를 하고 토론도 했다. 사회적경제 현장에서 일하는 분들치고 한 두 번 그의 강의를 듣지 않은 분들이 없을 정도다. 그렇게 그는 대학이 아니라 대한민국 삶의 곳곳을 강단으로 삼았다.

우리 사회에서 기후위기의 심각성을 인식하고 그 해결을 위한 경제학을 연구하는 학자는 지금도 찾아보기 어렵다. 그런데 정태인은 이미 10여년 전부터 지구한계 안에서 경제를 다시 생각해보려는 생태경제학을 탐구했다. 2013년에 쓴 책《협동의 경제학》맨 마지막 장 제목은 "경제도 결국 자연 속에 존재한다"이다. 그는 "생태 문제는 기존의 진보적 의제에 단지 의제 하나를 더 추가시키는 문제가 아니다. 생태 문제는 이제 가장 중요하고 절박한 의제라고 할 수 있다"면서 다가올 기후위기를 예감했다. 2019년 기후위기 이슈가 전세계적으로 확대되고 우리 사회에서 그린뉴딜 정책논의가 막 시작되던 때 가장 먼저 관심을 갖고 정책에 뛰어든 매우 드문 경제학자가 정태인이었던 것은 결코 놀라운 일이 아니었다.

노무현 정부시절 청와대 동북아 비서관을 지냈던 정태인은 동북아시아의 평화와 남북관계에 대한 관심의 끈을 놓아본 적이 없고, 결국 그 분야를 주제로 박사학위 논문도 완성했다. 2017년 트럼프 정부 시절부터 시작되고 바이든 정부에서 오히려 강도를 높여가고 있는 미중 갈등이라고 하는 새로운 질서가 한반도를 휘감고 있는 지금, 경제와 안보를 넘나들면서 그가 주목하는 한국의 '피벗국가의 지위'나 '제3지대' 등은 새삼스럽게 주목받을 제안이다. 이처럼 그와 동시대 식자들과 전문가들이 대체로 과거 1970~1980년대에 형성된 '생각의 감옥'에서 좀체로 빠져나오지 못하는 것과 달리, 그가 집요하게 연구하고 제안해온 사회적경제, 생태경제, 한반도 평화해법은 과거가 아닌 현재와 미래를 살아갈 이들에게 중요한 나침반이 되어주고 있다.

그저 미래 의제만 파고든 것이 아니었다. 미래를 살아갈 세대들에게 마음과 시간과 열정을 내서 당사자들의 얘기에 귀를 기울이고 자청해 청년 정치인들에게 함께 경제 스터디 모임을 열었던 드문 사람 중에도 어김없이 정태인이 있었다. 자신이 속했던 민주화 세대의 실패를 기꺼이 인정했기에 더 미래세대를 위한 의무를 무겁게 생각했던 지식인 정태인, 그래서 미래의 시간들이 오늘이 되는 순간순간마다 그가 일러준 지혜와 열정에 찬 그의 모습이 다시 상기될 것이다.

정태인은 실천에 적용될 해법을 구하기 위해서는 '탄탄한 이론적 기초'가 있어야 한다는 문제의식이 누구보다 확고했다. 그런 점에서 그는 문자 그대로 끝없이 '공부하는 연구자'였다. 그가 탐독한 어마어마한 논문들과 이론 분야들은 웬만한 식자들도 엄두를 내기 어려울 정도로 방대한 것이었다. 그는 폐암진단을 받고 투병생활을 하던 1년 반 남짓 기간에도 정말 쉬지 않고 현실 이슈들을 설명해주고 문제를 풀어줄 각종 이론과 주의 주장들을 검토하는데 매달렸다. 마지막 1년 읽는 이들이 당황스러울 정도로 철자가 완전히 헝클어지게 써내려간 페이스북 글들을 다시 보면, 그의 집요한 학문적 탐구에 가슴이 벅벅해질 정도다.

이렇게 다양하게 시대의 화두를 부여잡고 고민하고 연구하고 정책으로 설계하여 시민들과 공유하려 애쓰는데 대부분 시간을 투여한 탓인지, 그의 사상과 정책을 알 수 있는 정식 단행본이나 공식 학술논문이 의외로 많지 않다. 특히 그가 초기부터 연구해온 산업클러스터나 2000년대 말 '한미 FTA'의 위험성에 맞서 치열하게 싸워오며 축적했던 이론적 결과도 방대하지만, 그의 독창적인 면이 돋보이는 세 분야, 사회적경제와 생태경제, 그리고 한반도 평화와 관련해서는 그가 남긴 통찰력을 후대들과 공유하는 것이 꼭 필요하다고 생각되었다. 때문에 애초에 완성된 단행본 원고로 작성된 것이 아니라 토론회 등에서 발표할 요량으로 거칠게 정리된 초안이지만, 일부 편집하여 단행본으로 내는 것이 꼭 필요하다고 보았다. 이 책에 실린 4편의 논문은 그런 취지로 선별된 것이다. 그리고 덧붙인 칼럼들은 논문 내용을 언론에 기고한 짧고 쉽게 쓴 칼럼들이다. 원문을 최대한 살리면서 현재의 시점에 맞춰 불필요한 부분을 덜어내고, 대중서에 맞도록 학술적인 부분도 줄이려고 노력했지만 이 과정에서 발생한 오류는 모두 편집자의 탓이다.

1부

기후위기와 생태전환

편집자 주

한국 경제학계에서는 정말 드물게도 정태인은 오래전부터 생태위기와 기후위기에 관심을 가지고 해법을 위한 정책수단을 모색해왔다. 또한 이를 위해 일찍부터 '생태경제학'에 천착했다. 하지만 그는 복잡한 현실 문제를 더 입체적으로 풀어내기 위해서 다양한 경제학 조류들을 섭렵하고 또 활용해왔기 때문에 기후대응 해법과 생태위기 해법 역시 딱히 생태경제학에만 의존했던 것은 아니다.

그는 성장친화적이지만 상대적으로 진보적 방향을 견지하려했던 조셉 스티글리츠나 니콜라스 스턴의 탄소세 제안도 적극적으로 검토해왔으며, 산업정책의 특징이 강한 그린뉴딜 정책에도 깊은 관심을 보이고 지지했다. 아울러 생태경제학의 기본 토대가 되는 '강한지속가능성'을 지지했으며, 그에 기초한 '탈성장'과 '성장무관'의 관점도 수용해왔다. 이는 그가 사회적경제를 연구하면서 기반했던 오스트롬의 '다중심성'을 마찬가지로 생태위기 대응에도 적용했기 때문이라고 짐작한다.

때문에 그는 현실에서 제대로 기후위기 대응을 위해서 탄소세부터 산업정책, 그리고 총소비 규모를 제한하는 정책에 이르기까지, 특정한 정책을 선택하는 문제가 아니라 모두 적절하게 결합하는 것이 중요하다고 강조했다. 이는 기후운동 일각에서 특정 견해만을 취사선택하려는 경향과 확연히 대비되는데, 기후운동에서도 정태인의 다중심적 관점에 진지하게 관심을 가져볼 만하다.

특히 그는 기후위기와 생태위기 대응이 먼 미래의 이야기가 아니라 현실의 가장 긴급한 사회과제임을 누구보다 절실하게 느끼고, 신속하고 과감한 대응을 촉구했다. 그는 이미 10여년 전에 "생태-에너지 위기는 더 이상 먼 훗날의 일이 아니다. 예측할 수 없는 이상기후, 사라져가는 북극의 빙하, 희귀생물의 멸종, 열대우림의 급속한 축소, 사막화, 도시의 대기오염, 화학비료로 인한 지하수와 토양의 오염, 광우병 쇠고기는 이미 우리 일상으로 들어왔다"고 진단한 것이다.

바로 이런 문제의식 때문에 2018년 가을, 스웨덴의 청소년 기후활동가 그레타 툰베리가 금요학교파업을 시작하고, 이어서 UN 연설 등을 통해 기후대응을 외면하는 세계 지도자들을 비판하고 나섰을 때 정태인이 누구보다도 강력한 충격을 받은 것은 전혀 놀랄만한 일이 아니었다. 그가 2019년 가을에 쓴 칼럼에서 "한 눈에도 당차게 보이는 툰베리는 혁명가였고 그의 연설은 슬픔의 절규였고, 질타였으며 그리고 경고였다"고 거창한 평가를 한 이유가 여기에 있지 않을까?

논문

생태전환의 정치경제학과 그린뉴딜[1]

한국은 세계 최고 수준의 불평등 위기에 처해 있으며 기후위기에 대한 대책도 아직 마련하지 못하고 있다. 어떤 정부라도 당장 이 쌍둥이 위기를 막아야 한다. 이러한 문제를 해결하기 위한 우리의 원칙은 생태정의, 또는 정의로운 녹색전환이다. 정의란 시민이 자신의 능력을 펼치기 위해 필요한 물질적, 정신적, 사회적 조건을 갖춘다는 것을 의미한다.[2] 이는 재산과 소득이 평등하다는 의미에서 경제적 정의, 개인 발전의 조건에서 차별을 받지 않아야 한다는다는 의미에서 사회적 정의, 미래 세대가 현재 세대로 인하여 피해를 입지 않는다는 의미에서 세대간 정의를 의미한다. 즉 정의는 지속가능성을 필수 속성으로 한다.

새로운 경제질서는 기본적으로 생태 측면과 사회 측면에서 지속가능한 복시국가를 추구한다. 하지만 이러한 사회는 기성 질서의 "거대한 전환"을 전제로 하며 이는 노동자와 시민이 적극적으로 참여하지 않으면 불가능하다. 이것이 "뉴딜",

---

1 [편집자 주] 이글은 정태인이 2020년 3월 정의당 토론회에서 발표한 "생태전환의 정치경제학 – 탄소세와 한중일 공통 탄소가격을 중심으로"를 기본으로, 같은 해 기독교환경연대에서 발표한 "한국 경제의 과제 – 생태정의의 관점에서"를 일부 참조하여 2024년 시점에 맞게 일부 교정한 것이다.

2 아마티야 센(Amartya Kumar Sen)의 정의론을 따른 것이다.

즉 새로운 사회계약의 핵심 내용이다. 또한 지속가능한 복지국가는 시장경제와 공공경제, 사회적경제, 그리고 생태경제의 조화를 꾀해야 한다.[3] 시장경제는 효율(efficiency)을, 공공경제는 평등(equality)을, 사회적경제는 연대(solidarity)를, 그리고 생태경제는 지속가능성(sustainability)이라는 가치를 각각 추구한다. 우리는 이들 영역에서 고유의 가치가 실현될 수 있도록 하는 동시에 전체적으로 이들 가치를 조화시켜야 한다. 즉 공정한 뉴딜이 추구하는 새로운 질서는 우리 사회가 지향해야 할 가치를 시민들이 숙의민주주의에 의해 결정하고 정부가 시민참여 거버넌스를 통해 실현하는 것이다.

특히 새로운 사회계약(뉴딜)은 공정한 사회를 둘러싼 시민의 숙의 민주주의를 전제로 한다. 공공가치, 혹은 공공성은 숙의 민주주의가 결정해야 하기 때문이다. 특정 재화나 서비스의 공공성을 판단하는 것은, 예컨대 모든 국민이 치료받을 수 있다는 권리 등을 "의료공공성"으로 정의한 후(公), 해당 재화 및 서비스의 배제성 및 경합성을 따져서 재화의 성격을 결정한 후(새뮤얼슨-오스트롬 분류), 산업의 구조(주로 독점성이 문제가 된다) 등을 따져서 공동(共)으로 그 공공성 목표를 달성해야 한다는 것을 의미한다. 불평등 위기와 기후위기의 해결은 물론 모두가 혜택을 본다는 점에서 가장 탁월한 공공성 실현의 예가 된다.

1) 생태전환의 정치경제학

(1) 생태문제와 경제학의 한계

한국의 어떤 정권도 기후위기를 해결하기 위한 "전환적 변화"를 모색하지 않았다. '녹색 분칠'로 판명나긴 했지만 이명박 정부의 "녹색 성장"이 세계의 평가를 받을 정도이다. 그러면 먼저 생태전환은 어떤 특단의 결단을 필요로 하는지, 그리고 어떠한 어려움이 예상되는지를 먼저 살펴보자. 경제학의 역사를 보면 생태문제는 맬더스(Thomas Malthus)의 인구론에서 시작됐다고 할 수 있다. 이후 1970년대의

---

[3] 이들 경제의 구분과 작동 원리에 대해서는 정태인 외(2013)을 참조할 수 있다. 이런 주장은 오스트롬(Elinor Ostrom)의 다중심성 원리를 따르는 것이다.

로마 클럽 보고서에서 "오일피크" 문제가 제기됐으며 이 문제의식은 1980년대 말에 등장한 지속가능성 개념으로 확장되었다. 하지만 그때까지도 위기의식은 그리 높지 않았으며 20세기 말에 이르러서야 국제적 해결 방안을 모색하게 되었다. 왜 이렇게 경제학(주류경제학)이 생태문제에 늦게 대응하게 되었을까?

주류경제학이 최근까지 생태문제를 외면하게 된 것은 첫째로, 기술혁신에 대한 믿음 때문이다. 경제학자들은 맬더스의 인구론이나 로마클럽의 "지구의 한계"가 결국 기술의 발전에 의해 극복된 사례가 앞으로도 재현될 수 있을 것이라고 믿는다. 니콜라스 조르제스쿠-로겐(Nicholas Georgescu-Roegenn)는 생태경제학의 기점을 이루는 1971년 저서 《엔트로피와 경제(Entropy Law and Economic Process)》에서 이를 정면으로 반박한다. 조르제스쿠-로겐 등에 의해 개척된 생태경제학은 경제라고 하는 하위 시스템이 지구라는 더 큰 시스템 밑에 있다고 믿는다. 지구는 열역학의 지배를 받는다. 즉 경제라는 하위 시스템을 지배하는 원리와 지구라는 상위 시스템을 지배하는 원리는 서로 다르다. 하위 원리는 상위 원리를 어기는 경우 작동할 수 없다. 즉 시장이 자동적으로 상위 시스템의 문제를 해결할 수 없다. 따라서 시장 바깥의 현상('외부성'이라고 부른다)을 시장메커니즘 안으로 집어 넣어서('내부화'한다고 말한다) 해결될 수 없다.[4]

조르제스쿠-로겐은 "경제의 모든 과정은 이용 가능한 에너지를 지속적으로 변환하여 쓰레기로 만들거나 환경 공해를 유발하는 과정"이라고 정의하면서 생태문제를 유도했다. 이런 문제의식에 따르면 주류경제학 교과서의 기본적 생산함수인 $Y=f(L,K)$: (Y=산출, L=노동, K=자본)은 지구 생태계에서는 $Y+W=f(L,K,R)$: (W=쓰레기, R=자원)로 치환해야 한다.

그림 1에서 주류경제학은 가운데의 네모 상자 부분이 시장에 의해 작동한다고

---

[4] "환경경제학"은 생태문제도 기본적으로 "외부성의 내부화"로 해결할 수 있다고 믿었다. 그러나 비용편익분석 등의 기법으로 생태문제를 내부화하기 위해서는 이른바 통약가능성의 문제(시장이 자연의 모든 요소를 가격으로 환산할 수 있는가?)를 해결해야 하고, 사건 발생의 확률도 알아야 한다. 그러나 생태계가 복잡적응계라면, 모집단의 확률분포를 미리 알 수 없으므로 이러한 방식은 극히 제한적으로만 적용할 수 있을 것이다.

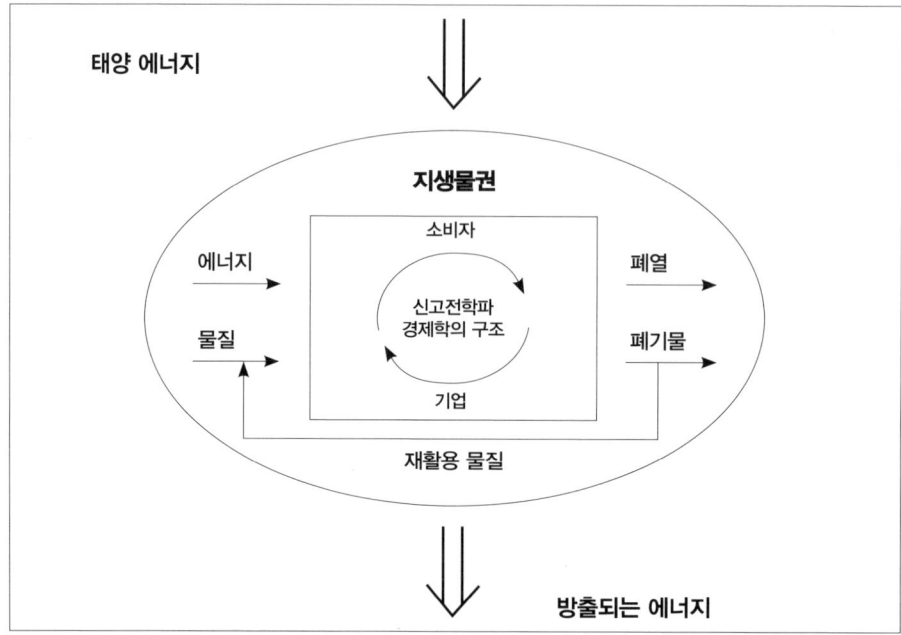

그림 1 　생태경제학이 제시하는 경제의 위치(정태인 외 2013)
〈출처〉 이수연 & 정태인, 2013, 제19장에서 작성

설명한다. 하지만 경제계는 에너지와 물질이 투입되어 폐열과 폐기물이 배출되는 더 넓은 생태계(바깥 넓은 타원형)의 일부이며 생태계를 지배하는 것은 열역학이다.[5] 즉 네모 상자 안에는 가격에 의해 생산과 소비가 순환하는 화폐의 흐름이 있고, 그 밖에는 생태계에서 에너지와 물질이 순환하는 엔트로피의 흐름이 존재한다. 경제의 확대가 생태계의 원리를 어기게 되면 경제위기를 넘어서는 생태위기를 맞게 된다. 주류경제학은 시장이론으로 전자를 (불완전하게) 설명하는 데 그치고 후자는 경제학 바깥의 일로 무시하고 있다.[6] 우리가 단기적인 경제문제에 집착해서 장

---

[5]　기후위기는 앞서 말한 변화된 생산함수에서 W 중 시장에서 가격이 제대로 반영되지 않은 온실가스, 특히 이산화탄소의 누적 때문에 생긴 일이 된다.

[6]　주류경제학은 스스로를 물리학에 비유한다. 하지만 생태계에 작동하는 열역학에 관해서는 무시하거나 무지하다. 허먼 데일리(Herman E. Daly)는 "주류경제학이 생물체의 신진대사 과정을 연구한다고 하면서 혈액 순환과 같은 순환 기관만 연구하고 외부 환경과 연결되는 투입과 배설에 해당하는

기적인 생태 문제를 무시한 결과가 현재의 기후위기다.

또한 주류경제학은 경제과정에 투입되는 생산요소(자본, 노동, 자원) 간의 대체탄력성과 미래 할인율의 문제로 생태문제를 바라보았다. 주류경제학은 과거에 그랬듯이 기후위기도 투입요소 간의 대체탄력성을 충분히 크게 만들 수 있다면, 즉 문제가 되는 생산요소의 상대가격을 높여서 결국 다른 요소가 대체하게 되면 위기를 해결할 수 있다고 간주한다. 예컨대 화석연료의 투입이 문제라면 결국 석유나 석탄 가격이 올라갈 것이고 인류의 과학기술적 능력이 온실가스를 발생시키지 않는 새로운 에너지를 찾아 낼 것이라는 믿음, 또는 온실가스를 없애는 기술이 나타날 것이라고 믿었다. 예컨대 지금도 온실가스 감축관련 저작들에서 종종 나타나는 탄소 포획 및 저장(CCS; Carbon Capture & Storage) 기술이 그런 예이다. 하지만 유럽에서 이제 화석연료를 대체하고 있는 재생에너지도 시장에 의해서 자동적으로 탄생하지 않았다. 국가의 강력한 정책과 시민들의 호응이 있을 때만 기술도 발전할 수 있다.[7]

두 번째로 경제학자들은 현재의 효용과 미래의 효용을 비교할 때 사용하는 할인율(이자율) 문제에 초점을 맞췄다. 장기간의 경제문제를 다룰 때 지수형태로 표현되는 할인율은 엄청난 차이를 만들어내게 된다. 예를 들어 1%의 이자율 차이는 몇십 년 후에는 천문학적인 원리금의 차이를 가져온다. 경제학자들 간에 벌어진 이 논쟁은 당연히 아무런 결론을 내지 못했고 미래의 효용을 가볍게 여기는 학자들에겐 기후위기란 존재하지 않는 문제가 되었다. 하루살이에게 내일은 없으므로 하루살이의 미래 할인율은 1이다. 기술의 가능성과 할인율은 그야말로 가정에 속하는 문제여서 끝없는 논쟁과 해법의 포기로 이어졌다.

반면 생태경제학이 추구하는 핵심가치는 지속가능성(Sustainability)이다.[8] 생

소화 기관에 대한 연구는 외면하고 있다"고 비판한다(이수연·정태인, 2013).

7 우리는 이 면에서 네오슘페터주의 그 중에서도 마리아나 마추카토(Mariana Mazzucato) 외 (2017)의 국가주도 녹색혁신이론을 따른다.

8 지속가능성이란 개념은 1987년 브룬트란트 보고서(Brundtland Report)가 발표된 이후부터 공

태경제학이 추구하는 기본 가치인 지속가능성에는 두 가지가 있다. 경제활동에 사용하는 여러 자본9들은 서로 대체 불가능하기 때문에(대체탄력성이 낮기 때문에), 각각 일정 수준으로 유지되어야 사회를 유지할 수 있다고 보는 관점을 강한 지속가능성(strong sustainability)이라고 한다. 예를 들어 나머지 세 가지 자본이 일정 수준 이상으로 유지되더라도 자연자본(물이나 숲, 에너지 등)이 일정 수준 이하로 떨어지면 사회를 유지할 수 없다고 보는 것이다. 이 관점은 자연자본의 중요성을 높이 평가하는 생태주의와 연결된다. 반면에 약한 지속가능성(weak sustainability)의 시각은 네 가지 자본을 합친 총량이 일정 수준으로만 유지된다면 그 사회가 지속될 수 있다고 평가한다. 즉 요소간의 대체탄력성이 높다고 가정하는 것이다.[10] 하지만 빙하가 녹는다거나 산호초가 백화하는 등 기후위기의 징후를 눈으로 확인할 수 있게 되자 주류경제학자들 사이에서도 강한 지속가능성을 지지하는 사람들이 늘어나고 있다. 예컨대 2019년 27명의 노벨경제학상 수상자가 포함된 "탄소 배당에 관한 경제학자 성명"에 서명한 경제학자는 이제 3천 명을 넘어섰다.[11]

론화됐다. 1983년 UN은 환경과 발전에 관한 세계위원회(WCED; World Commission on Environment and Development)를 설립하고 '변화를 위한 지구적 의제'를 마련하기 위한 노력을 시작했다. 이 위원회에서 1987년에 2000년대를 향한 지구 환경 보전 전략 보고서로 〈우리 공동의 미래(Our Common Future)〉를 발간했는데 당시 위원장이었던 브룬트란트의 이름을 따서 브룬트란트 보고서라고 불렀다. 보고서는 인구, 식량, 생물, 종 보전, 에너지 산업, 도시화, 평화 등의 사안들을 논의하면서 자원 기반을 지속시킬 새로운 경제 발전 형태를 요구하였다. 그것이 지속가능한 발전(Sustainable Development)이며, 그 의미는 "현재 인간의 욕구를 충족하는 동시에 미래 세대들이 그들의 욕구를 충족할 수 있는 것을 보장하는 방식의 개발"이라고 정의되었다.

9 보통 경제학자들은 생태문제를 다룰 때 자연자본(natural capital), 사회적자본(social capital), 인적자본(human capital), 물적자본(built capital) 이라는 네 가지 자본을 상정한다.

10 생태경제학'은 대체로 강한 지속가능성을, "환경경제학"은 약한 지속가능성을 가정하고 있다

11 https://www.econstatement.org. 이들은 탄소세를 부과하여 그 수입을 탄소배당(carbon dividend)으로 시민들에게 직접 돌려줘야 한다고 주장했다. 하지만 이들은 탄소세라는 단일 정책으로 위기를 모두 해결할 수 있다고 가정해서 그 이상의 국가개입에 반대한다. 즉 이들은 탄소세의 도입과 인상에도 문제가 해결되지 않으면 자신들의 견해를 바꾸겠지만 그 때는 이미 티핑포인트를 지났을 때일지도 모른다.

(2) 생태문제에서 시장과 (선거)민주주의의 한계

시장은 지금까지의 역사에서 인류가 발견한 가장 효율적인 혁신 시스템이다. 시장에서 기업은 제3자를 향해서 새로운 해법을 찾는 경쟁을 한다(또는 경쟁자를 없애서 독점을 누리는데 이때는 혁신이 지체될 수 있다). 시장의 정보 이용과 발견 기능이야말로 자본주의가 국가사회주의와의 체제경쟁에서 승리한 핵심 이유이다.[12] 앞에서 우리는 경제학자들이 기술혁신에 대한 과신으로 생태문제 해결을 외면했다고 말했지만, 현재의 경제체제에서 시장의 기술혁신 능력을 무시하고 기후위기를 해결할 수 있다고 생각하는 것, 또는 그러므로 경제체제를 바꾸지 않고서는 기후위기를 해결할 수 없다고 판단하는 것도 큰 문제를 낳는다. 수많은 참가자들의 혁신 능력을 끌어내는 시장은 생태전환에서 여전히 중요하다.

하지만 생태문제는 교과서에서 첫 번째로 손꼽는 대표적인 시장실패의 사례다. 특히 기후위기는 가장 강력하고 규모가 큰 외부성을 지니고 있다. 기후위기는 글로벌 차원에서 나타난다. 어느 한 나라나 공동체, 개인이 최선의 노력을 다 한다고 하더라도 이 문제를 해결할 수는 없다. 그들의 노력으로 줄인 탄소는 전 세계가 축소해야 하는 탄소량의 극히 일부분에 불과할 것이기 때문이다. 예컨대 어느 한 나라가 이산화탄소 순배출 제로를 달성하면 그 혜택(사회적 편익)은 전 세계가 향유하지만 비용은 그 나라가 전적으로 부담한다. 만일 한 국가의 정책을 '국익'의 비용편익 분석으로 결정한다면[13] 모든 나라는 필연적으로 '무임승차'를 택할 것이다. 즉 생태문제는 N명 죄수의 딜레마에 속한다.

또 생태문제는 가장 규모가 큰 집단행동의 딜레마를 낳는다. 개인을 기본 행위자로 본다면 생태문제는 80억 명이 참여하는 공공재 게임이다. 주지하듯이 이 게임은 참여자가 늘어날수록(N이 커질수록) 무임승차를 택할 가능성이 높아진다. 국가를 기본 행위자로 가정하면 참여자의 숫자는 200개 정도로 줄어들겠지만 여전

---

12 시장의 장점과 국가사회주의의 생산성 정체에 관해서는 박순성·정태인(2019)을 참조하라.

13 주류경제학, 그리고 그 영향을 받은 국제관계론에서 국가는 종종 호모 에코노미쿠스처럼 행동하는 것으로 상정된다.

히 국익에 따라 무임승차를 택할 것이다.

제도·진화주의의 시각에서 보더라도 생태문제는 가장 해결하기 어려운 문제에 속한다. 300년 동안 화석연료에 맞춰서 형성된 제도와 경제주체의 행동양식, 그리고 의식은 매우 강한 경로의존성, 잠김효과, 이력효과를 보인다. 예컨대 휘발유 자동차를 전기 자동차로 바꾸려면 자동차 산업 전체의 기술체계를 바꿔야 하며, 기술혁신에 성공하더라도 휘발류 자동차와 경쟁할 수 있을만큼 대량생산을 해야 하고, 전 세계적으로 충전소가 세워져야 한다. 또한 자동차 부품이 절반 이하로 줄어들기 때문에 대규모의 구조조정을 해야 하며 노동자들도 새로운 기술과 숙련을 익혀야한다. 따라서 현재의 미국처럼 "그린뉴딜"을 앞세운 후보가 대통령으로 당선되더라도 화석연료 산업의 이익을 대변하는 전문가, 관료와 기업, 그리고 일반 시민의 강한 저항에 부딪힐 수 있다.

무엇보다도 생태문제는 "시장의 근원적 한계"에 속한다.[14] 시장의 힘은 끝없는 실험과 혁신에서 나오는데 현재의 상황은 그런 시행착오를 기다릴 여유가 없다. 즉 생태위기에 직면해서 상대가격이 전환에 유리하게 급변한다 하더라도 시장이 이에 대한 해법을 찾을 시간도, 충분한 실험 기회도 가지기 어렵다. 결국 국가와 시민들이 적극적으로 참여하는 "거대한 전환"이 필요하다. 어쩌면 우리는 이런 전환을 꾀할 수 있는 인류 마지막 세대일지도 모른다.

시장제도와 함께 현대 사회를 이끌어 온 (선거) 민주주의도 생태문제를 해결하는 데 한계를 보인다. 현재의 자본주의 경제, 그리고 지배 집단은 화석연료 인프라 위에 서 있고 이들이 정치를 좌지우지한다. 사실상 기업 거버넌스 원리인 1원 1표가 정치 민주주의 원리인 1인 1표를 매수했다고 볼 수 있는 것이다. 이런 조건에서 지구평균온도 상승 1.5°C 한계 안에 머무르게 할만큼 충분한 탄소세를 부과하려고

---

[14] 시장의 근원적 한계란 첫째로 어떤 물건의 균형가격이 성립한다 하더라도(즉 '시장이 성공하더라도') 균형가격 아래 쪽 수요곡선에 해당하는 사람들은 그 물건을 살 수 없으며(가난한 나라의 국민은 식량을 살 수 없다), 둘째로 전쟁이나 기후위기 같은 상황처럼 시장의 시행착오가 용납되지 않는 현상을 가리킨다. 요즘 흔히 보는 "팬데믹과의 전쟁"이라는 수사는 이 문제를 시장이 해결할 수 없다는 것을 드러낸다.

한다면 탄소집약도가 높은 산업의 경영자는 물론 노동자들도 일제히 반대할 것이다. 또한 생태위기의 피해는 미래 세대에게 집중되는데 이들에게는 투표권이 없다. 따라서 생태문제를 해결하려면 시민들의 장기적 시야, 가족 이기주의를 넘어선 (글로벌) 공동체주의, 토론과 합의의 민주주의, 즉 숙의 민주주의가 필수적이다. 현재 세계의 정당정치 상황을 보면 기후위기를 민주주의적으로 해결한다는 것은 요원한 일처럼 보인다. 즉 기후위기는 현재까지 지상에 존재했던 사회경제체제가 갖추지 못한 여러 가지 해결 능력을 요구한다. 사회주의 생산시스템은 내생적 혁신 능력을 갖추지 못해 생태위기에 더욱 취약했다.[15] 자본주의 생산시스템은 내생적 혁신 능력을 갖추고 있지만 탄소에 가격이 매겨지지 않는 한[16] 혁신은 탄소배출을 줄이는 쪽으로 일어나지 않을 것이다. 또한 화석연료 기반의 산업이 여전히 경제를 지배하고 있고 민주주의 역시 이들에게 포획당했다. 더구나 글로벌 금융자본이 지배하는 체제에서 한 나라의 민주주의는 "바닥으로 향한 경쟁"에 굴복하기 일쑤다.[17]

또한 자본주의의 혁신은 자원을 절약하는 기술을 발전시키지만 성장 자체를 목적으로 하는 자본의 논리 때문에 투자와 소비를 더 빨리 증가시켜서 에너지와 자원의 한계를 위협할 수 있다(제본스 효과). 예를 들어 디지털 기술의 발전이 '종이 없는 사무실(paperless office)'을 예고했지만 실제로는 프린터의 보급으로 훨씬 많은 종이의 소비로 귀결되었다. 또한 단기 시야의 금융이 지배하는 시장은 시스템 위기를 해결할 능력, 또는 거대한 전환을 이룰 능력이 없다. 단기 금융자본은 최초의 혁신을 지속하기 보다는 신기술이 탄생한지 10년에서 20년이 지나서야 비로소

---

[15] 또한 사회주의 체제에서 재분배는 불평등을 심화시키는 메커니즘이었다. 당과 관료 상층부에게는 필수재 이외의 물자와 서비스를 제공함으로써 이들에게 정치·사회·문화적 특권이 부여되었다.

[16] 이 가격은 매우 큰 폭으로 올라야 하며 이후에도 점진적으로 탄소배출 순제로가 될 때까지 계속 증가해야 한다.

[17] 신자유주의 시대의 민주주의에 관해서는 울프강 메르켈(Wolfgang Merkel) 참조하라. 기후위기와 관련해서 바닥으로의 경쟁은 화석연료 산업의 국외 이전으로 나타날 것이다. 탄소 누출(carbon leakage)은 이러한 경쟁 속에서 벌어진다.

투자에 뛰어드는 경향이 있으며, 때로는 자신이 투자한 자금을 회수하기 위해 신기술의 상업화를 가로막기도 한다.

즉 1989년 이래 글로벌 자본주의가 내세운 시장과 민주주의는 현재의 생태위기를 해결하는 데 무력했다. 코로나19 위기는 시장의 무력성을 재확인하는 계기가 되었다. 결론적으로 생태문제는 주체들이 장기적인 시야를 지니고 협동하여 합의하지 못한다면, 시장과 민주주의도 그 자체로는 문제를 해결하기는커녕 오히려 악화시킬 가능성마저 있다.

더구나 한국은 재벌 주도 에너지 다소비형 산업을 지니고 있으며 이들이 거대 양당을 거의 완전하게 포획했다. 그렇다면 끝없이 민주주의의 지평을 확대해서 경제민주화도 요구하는 시민들의 잠재적 에너지가 유일한 희망일 것이다. 정당은 이러한 에너지를 조직하는 데 탁월한 조직이다. "촛불 시민"이 생태동맹의 주역이 될 수 있을지의 여부는 민주주의를 실천하는 정당에 달려 있다고까지 말할 수 있다. 특히 미래 세대가 정치의 중심에 나설 수 있을까가 관건이다. 현재의 불평등과 생태위기의 극복은 이를 위한 새로운 경제·사회적 개혁 정책을 요구하지만, 이들 정책을 제대로 입안하고 실행하는 일은 거의 전적으로 정치에 달려 있다. '전환적 지도자'와 '전환적 정당'의 명확한 장기 비전, 그리고 생태시민(eco-citizenship)이라는 주체의 형성이 생태위기 해결의 열쇠다.[18] 여전히 문제는 정치다.

2) 생태문제와 경제성장에 대한 세 가지 시각

생태경제학 주류의 견해는 탈성장(degrowth) 전략이라고 할 수 있다. 끝없는 자기증식이라는 자본 논리와 국가 간 경쟁이 결합한 성장 추구는 현재의 생태위기를 초래했다. 한편 높은 대체탄력성을 신봉하는 주류경제학은 성장 친화적 생태문제 해결이 가능하다고 믿는다. 물론 성장 친화론자 중에는 녹색혁신과 평등 지향 해결이 가능하다고 믿는 상대적 진보파도 있을 것이다. 여기에 제3의 시각이라

---

[18] 현재 미국의 화석연료산업 노동조합은 그린뉴딜에 반대하고 있으며 재벌이 지배하고 있는 한국에서도 마찬가지일 것이라고 예상할 수 있다. '전환'의 규모나 반대 세력의 힘에 비춰 볼 때 현재 필요한 전환은 사회주의에서 시장경제로의 전환보다 더 깊고 광범위해야 할지도 모른다.

고 할 수 있는 '성장무관론(a-growth)'이 나타났다. 성장무관론은 사회·경제정책의 목표가 탈탄소 사회라면 그 결과가 성장이든, 탈성장이든 무관하다는 시각이다. 즉 성장이 일어난다고 하더라도 그것은 부산물이며 그 자체가 목적이 아니라는 관점이다. 특히 생태경제로의 재편은 기존 화석연료 인프라를 통째로 바꾸는 것이기

표 1 경제성장에 관한 세 가지 시각의 비교(Van den Berg & Kallis, 2012, 14쪽)

명제	성장 친화	성장무관	탈성장
GDP는 사회후생 또는 행복을 상당히 정확하게 측정하는 지표이다	Y	N[19]	N
GDP 성장은 완전고용의 필요충분조건이다	Y	N	N
소득의 성장은 후생을 증가시킨다	Y	때로는 그렇지만 항상 그런 건 아니다	N
성장은 평등과 환경의 지속가능성에 해를 끼치지 않거나 촉진한다	Y	때로는 그렇지만 항상 그런 건 아니다	N
무조건 성장 지향은 사회후생의 개선을 위한 노력을 제약한다	N	Y	Y
부자나라 평균소득의 성장은 사회후생을 증가시키지 않는다. 여기서 성장은 주로 제로섬의 지위경쟁이며 비공식부문 활동을 공식부문으로 옮긴 결과이다	N	Y	Y
미시와 거시경제이론은 후생 증가 전략으로서의 GDP성장을 지지하지 않는다	N 의견없음	Y	N 의견없음
GDP성장 패러다임은 주로 실증 거시경제학자와 정치가들의 발명품으로 볼 수 있다	N	Y	N 의견없음
과거의 역사를 보면 소득과 환경에 대한 압력은 높은 상관관계를 지닌다	N 의견없음	Y	Y
성장은 환경에 해롭다	N	때로는 그렇지만 항상 그런건 아니다	Y
탈성장은 불평등과 지속불가능성과 싸우기 위한 핵심 전략이다	N	N	Y
성장은 대체로 많은 에너지와 물적 자원 그리고 오염을 배출하는, 상대적으로 더러운 활동이 만들어낸다	N 의견없음	Y	N 의견없음
엄격한 환경 정책은 소득과 환경 압력을 분리할 수 있다. 따라서 과거의 성장 패턴을 지속시킬 수 있다	Y	가능하지만 그렇게 될 것 같지는 않다	N

[19] '의견 없음'이며 논리적으로는 N으로 추정되지만 명시적 언급이 없다는 뜻이다.

때문에 상당 기간 대규모 인프라 투자를 필요로 하기에 이 기간 동안은 성장률이 올라갈 것이라고 주장한다. 2020년 시점에서 미국과 영국의 그린뉴딜이 이 시각에 속한다고 할 수 있을 것이다.

탈성장론들은 GDP 탈성장, 소비 탈성장(축소), 노동시간 탈성장(축소), 근본적 탈성장(생태사회주의), 물리적 탈성장 등으로 구분할 수 있다. 나는 탈성장론의 주장에서 노동시간의 축소, 즉 일자리 공유에 찬성하고 특히 이산화탄소 배출 감축과 같은 구체적인 물리적 탈성장은 핵심 전략이 되어야 한다고 생각한다. 또한 탈성장 명제의 진정한 핵심은 삶의 방식의 근본적 변화에 있다. 하지만 인간은 협동을 하도록 진화했음에도 불구하고 동시에 이기적이기도 한 존재이며 또한 근시안적이다(미래 할인율이 대단히 높다). 더구나 극도로 진행된 시장만능주의 사회의 제도는 단기 이익의 추구라는 '시장 심성(market mentality)', 또는 행동 규범을 사회에 퍼뜨렸다. 이런 상황에서 탈성장이라는 구호는 정치적으로 매우 취약할 수 있다.[20]

나는 현재의 절박한 상황에서 탈성장이라는 근본적 목표에 대한 동의 여부가 그다지 중요하지 않다고 생각한다. 생태주의자들 사이에서 탈탄소라는 에너지체제 전환이 가장 시급하다는 사실에 반대할 사람은 없다. 따라서 어떻게 탈탄소 사회로 갈 것인가의 전환전략을 놓고 나타날 구체적인 정책의 차이를 둘러싼 논의가 훨씬 더 바람직해 보인다.[21] '그린 뉴딜' 이론가들 중에도 성장 친화론자가 많이 있다. 적어도 경제위기(실업의 급증과 빈곤의 증가 등)를 초래하는 정권은 유지될 수 없으며, 국제 경쟁(국제 공공재 공급의 무임승차 문제) 때문에 탈성장을 정치적으로 택할 수는 없을 것이므로 전환기의 성장은 여전히 정치적으로 중요한 의미를 지닌다. 즉 탈탄소 경제로 가면서도 성장할 수 있다면 생태문제에서 가장 어려운 난관인 정치적 반대를 잠재울 수 있다. '성장무관'의 관점은 녹색 기술 투자와 인프라 투자

---

20 탈성장은 생태시민성(eco-citizenship)이 확립된 상태의 전환 후 전략이라고 할 수 있다. 우리는 2050년 넷제로를 달성한다면 탈성장 논의를 할 수 있으리라고 생각한다. 어쩌면 일정한 탈성장 논의 없이 넷제로를 달성하는 것이 불가능할 수도 있다.

21 탈성장론 대 성장무관론 논쟁은 최근 뉴레프트리뷰(녹색전략 논쟁 시리즈 1-6, 2018년 1월 이래 2019년 12월 현재 진행 중)와 급진정치경제학리뷰(RRPE, 2019년 V51. N2) 특집에서 재현되었다.

에서 성장의 잠재력을 발견한다. 성장을 하기 위해 이 관점을 택하는 것이 아니라 성장을 탈탄소사회의 부산물로 간주하는 것이다. 이렇게 볼 때 탈탄소 경제로의 전환전략은 표2와 같이 세 가지로 분류할 수 있다.

　이 사례는 영국의 현실을 바탕으로 작성되었지만 각각 자본과 국가, 그리고 시민사회가 주장하는 내용은 우리나라도 그리 다르지 않다. 이 세 견해가 보이는 가장 중요한 차이는 전력 소비에 대한 예측에서 드러난다. 우선 시장 논리와 정부 논리에 따르면 저탄소 사회로 가는데도 전기 사용량의 증가를 전제하는 반면 시민사회 논리는 전기 소비량의 감축, 시민들의 행동 변화를 중요하게 여긴다. 대기업들은 "시장에 맡기자"고 주장하지만 사실은 화석연료에 대한 보조금을 요구하고 있다. 정부와 대기업은 탄소 포획 및 저장(CCS)과 같은 기술의 발전, 중앙 집중형 대규모 발전과 고압 송전, 핵발전과 해상풍력 발전 등을 선호한다. 반면 시민사회는 분산형 소규모 발전과 공동체의 자체 발전과 소비를 지향하며 시민들의 행동양식, 나아가서 근본적인 경제사회체제의 변화를 요구한다.

　이 세 가지 경로가 전적으로 대립하는 것은 아니다. 대기업도 CCS 기술혁신을 위해서는 탄소의 가격이 획기적으로 올라가야 한다고 주장하는 점에 주목해야 한다. 나는 에너지 소비를 줄이기 위해서 전기요금이 충분히 올라가야 한다고 생각하고, 가장 간단하고 강력한 정책 수단으로 탄소세를 지지한다. 현실을 인정하는 생태주의자가 탄소세에 반대하는 경우는 매우 드물다. 기후위기를 극복하기 위해서 시장도 이용해야 한다고 생각한다면 탄소세를 반대할 수 없다. 시장을 없앤 상태에서 사람들의 자발적인 (혹은 운동에 의한) 이타주의와 상기주의를 기대하는 것은 오히려 현실적 해결을 가로막을 수 있다.

　하지만 CCS 기술혁신이 실패한다면 석탄 중심의 중앙 집중형 발전은 더 이상 지속 가능하지 않다. 또 핵발전의 위험성과 폐기물 처리의 비용을 고려한다면 핵 중심의 중앙 집중형 발전도 선택하기 어렵다. 특히 위에서 보았듯이 미래에 대한 할인율이 충분히 낮다면, 즉 미래 세대와의 정의를 고려한다면 에너지의 생산과 소비량을 더 증가시켜야 한다는 주장 역시 더 이상 받아들일 수 없을 것이다. 결국 우리의 전환 경로는, 아니 전 세계의 전환 경로는 폭슨(Timothy Foxon)의 '천송이

표 2　탈탄소 경제로의 전환전략(Foxon, 2013)

	시장규칙(시장)	중앙조정(정부)	천송이 꽃(시민사회)
거버넌스 원리	시장 논리의 우위. 시장참여자들이 자유롭게 상호작용	정부 논리, 정부가 에너지 시스템을 직접 조정	시민사회 논리. 시민이 지방과 국가 에너지 시스템에 관한 의사결정
핵심 기술	탄소포획 및 저장기술(CCS)을 갖춘 석탄과 가스, 원자력, 해양풍력(offsore wind)	석탄과 가스CCS, 원자력, 해양풍력, 내륙풍력, 조력	육지풍력, 해양풍력, 재생가능CHP, 태양PV, 조력
핵심 개념	높은 탄소 가격은 CCS, 원자력 그리고 대규모재생에너지의 경제성을 높일 것이다.	전략에너지부가 중앙 계약에 의해 저탄소투자의 위험을 덜어 준다.	신생에너지소기업(ESCO) 모델, 기술변화와 행동변화가 최종 수요를 의미있게 줄인다. 소규모 분산 발전 기술, 지역공동체의 발전 시설 소유
핵심 주체	기존 에너지 대기업	에너지 대기업과 긴밀한 관계를 맺은 정부	ESCO(신생 기업, 기존 기업의 변화), 지역공동체, NGO
핵심 과정	CCS의 상업적 이용, 에너지대기업은 "고도의 전기(highly electric)" 사회를 전략적 사업기회로 삼을 것. 전기난방과 전기차 수요의 증가	CCS의 상업적 이용, 정부와 에너지대기업간의 협력과 긴장, 전기난방과 전기차의 증가	분산 발전 기술의 상업적 이용, 소수의 "지배적(표준) 디자인" 출현, 에너지 대기업의 분화와 ESCO화, 지역공동체 주도 재생가능 난방. 난방수요의 감소와 전기차 수요의 증가
핵심 하부구조	2050년까지 발전의 80%를 고압전력 송전, 석탄개스 CCS, 원전 신규 건설, 스코틀랜드에 역외풍력 집중 건설, 스마트그리드	발전의 80%를 고압송전, 석탄개스 CCS, 기존 입지에 신규 원전 건설, 스코틀랜드와 북해에 해양 풍력 건설, 스마트 그리드	발전의 50%를 분산 발전, 쌍방향 흐름의 스마트그리드, 스코틀랜드와 북해의 해양풍력, 원전 신규 건설 중지
목표	2010년에서 2050년까지 전기 수요 50% 증대. 560TWh 공급	2050년까지 전기 수요 20% 증대, 448TWh 공급	2050년까지 전기수요 7% 감축, 328TWh 공급
위험 요인	CCS의 실패, 신규 원전 건설에 대한 반대, 스코틀랜드와 잉글랜드 북부의 반대, 소비자 행동 변화 필요의 무시	CCS 실패, 저탄소투자 증대에 따른 에너지 서비스 비용 상승에 대한 반대, 소비자 행동 변화 경시	분산발전이 비싸고 건설하기 어려운 것으로 판명나는 경우, 지역 해법의 취약성(중앙정부와 대기업에 대한 여전한 의존), 최종에너지 수요 감축 노력이 리바운드효과로 상쇄되는 경우

꽃', 즉 시민의 적극적 참여에 의한 위기 극복을 중심으로 삼아야 할 것이다.

나는 기본적으로 "천송이 꽃"을 지지하지만 국가가 생태혁신과 생태인프라 투자를 주도해야 하고 무엇보다도 먼저 탄소세를 부과하여 시장 행위자들의 다양한 혁신 활동을 유도해야 한다고 생각한다. 이러한 사고방식은 오스트롬의 다중심성 원리, 폴라니(Karl Polayni)의 다원적 경제 이론에 기초한 것이다. 특정한 문제(예컨대 전염병)를 해결하는 데 특정 범주(예컨대 국가)가 우월하다고 해서 다른 범주(예컨대 시장이나 공동체)를 배제하자는 주장은 옳지 않으며, 각 범주가 해결해야 할 다양한 역할이 있다는 것이 다중심성의 원리이다. 이를 위해서는 사람들 사이의 여러 교류양식(폴라니의 용어로는 사회통합양식)이 존재하고 자율적인 재생산 메커니즘을 지니고 있어야 한다. 단 이 표가 작성된 2013년 이후 기후위기가 훨씬 심각한 것으로 판명났으므로 일부 수량 목표도 수정되어야 한다. 예컨대 2050년까지 한국의 재생에너지 발전은 100%에 이르러야 하고 전기 소비도 30%(기후위기의 심각성의 정도, 영국과 한국의 차이를 고려할 때 7%를 훨씬 넘어서) 가까이 줄여야 할 것이다.

3) 생태전환전략과 정책방향

(1) 기존 경제학의 활용

나는 앞에서 국가, 시장(기업), 시민사회(공동체)가 모두 전환전략의 주체가 되어 여러 역할을 해야 한다고 주장했다. 또한 각 경제학파에 고유한 정책 중 생태전환에 유용한 것은 전략에 일치하는 한, 모두 사용해야 한다고 생각한다. 예컨대 정치경제학에서 강조하는 계획은 부분적으로 매우 유용하다. '거대한 전환'의 시기에는 필요한 새로운 제도를 자본 스스로 만들 수 없으며 특히 금융자본의 단기 이익 추구를 잘 규제하지 않으면 장기적인 전환에 오히려 해가 될 수 있다. 금융자본은 기존 투자의 수익성을 유지하기 위해 탄소경제를 선호할 것이므로 국가가 강력하게 혁신 및 투자 방향을 주도하지 않으면 시장에서 자연스럽게 '거대한 전환'은 일어날 수 없다.

특히 거대한 전환의 시기에 산업정책은 필수적이다. 식민지를 경험한 나라 중 선진국의 문턱에 도달한 13개 나라 중 9개 나라가 산업정책을 채택한 동아시아 국가라는 점은 의미심장하다. 대규모의 구조조정은 현재 존재하지 않는 산업이 미래의 희망으로 여겨질 때에만 순조롭게 일어난다. 기존 산업이 쇠퇴하는 지역에서 새로운 산업이 자리잡고 새로운 직업으로 노동자가 이동할 수 있어야 사회적 갈등과 비용은 줄어들 것이다. 시장의 활용에 해당하는 탄소세 부과도 국가가 적극적으로 개입하지 않으면 '시장의 힘에 의해 자연스럽게' 일어날 일이 아니다. 일반적으로 정부의 정책은 '거대한 전환'[22]에서 매우 중요하다.

하지만 현재 경제체제가 의존하고 있는 시장을 활용하지 않으면 어떠한 전환 전략도 실패할 것이다. 신고전파의 주장 중 시장실패에 대한 내부화 기법은 초기 탄소세 부과에 의한 상대가격 변화에 필수적이다. 시장의 다양한 혁신 활동을 활용하려면 생태문제를 야기하는 핵심 요인인 이산화탄소 배출에 가격을 매겨야 한다. 탄소세(경제학자 아서 피구가 제시한 해법)와 배출권 거래제(경제학자 도널드 코즈가 제시한 해법)를 활용할 수 있는데 우리는 탄소세가 더 효과적이라고 생각한다.[23] 케인즈의 '투자의 사회화' 개념은 정부 주도의 장기 투자 개념에 유용하다. 물론 재정정책 일반에 대한 케인즈의 견해 전체를 존중해야 하지만[24] 총수요부족을 보충하기 위한 소비 확대 정책, 예컨대 소득주도성장 전략은 에너지 효율성을 높이는 정책이 병행되지 않으면 생태전환과 모순될 수 있다. 생태전환은 소비의 일반적 축소를 요구하며 탄소가 덜 포함된 소비를 늘려야 한다고 주장한다.

슘페터로부터 유래한 네오슘페터리언의 국가혁신체제론과 클러스터정책, 특히 마리아나 마추카토가 강조했던 국가가 방향을 잡는 기술혁신과 인내자본은 생태전환에서 매우 중요하다. 기후위기에 대응하려면 국가가 주도하는 '탈탄소 기술혁신'을 일으켜서 새로운 시장을 만들어내야 하기 때문이다. 나는 또한 폴라니의

---

22 폴라니의《거대한 전환》의 주제가 바로 그것이다. 자율적인 시장이란 존재하지 않는다.
23 다른 무엇보다도 배출권 거래제에서 나타난 탄소가격은 매우 변동이 심하다. 이는 지속적인 전기화와 에너지 절약이라는 방향을 흐리는 역할을 한다.
24 2020년 코로나19 위기에 대한 정부 정책에서 강조되는 재정지출의 확대, 인플레이션 없는 통화증발, 국채발행 등은 포스트 케인즈주의 정책에 속한다.

다원적 경제론과 오스트롬의 다중심성 원리가 예방 우선의 원칙과 함께 생태전환의 중요한 원칙이 되어야 한다고 생각한다. 오스트롬이 강조했듯이 생태문제는 글로벌 차원에 속하므로 국제협약이 가장 중요하지만, 각국의 사회·경제정책, 지역공동체의 참여, 시민의 삶의 방식 변화가 모두 중요하다. 즉 모든 공공 문제 해결의 중심은 원래부터 여러 차원에 존재하고 각각의 정책이 서로 조화를 이뤄야 한다. 이제 첫 발을 뗀 이 논의의 최종 목표는 각 차원이 어떤 노력을 해야 하는지가 되어야 한다. 나는 강한 지속가능성을 지지하며 현재와 같이 절박한 상황에서 기술혁신에 모든 것을 의존해서는 안된다고 생각한다. 인류의 절멸과 같은 위기에는 증명보다 예방을 우선하는 "예방우선의 원칙"이 더욱 절실하다. 이는 자유무역협정에서 요구하는 '증명우선의 원칙'과 정반대이다. 즉 기후위기를 막기 위해서는 무역협정과 같은 국가 간 협정도 대폭 개정되어야 한다.

(2) 탄소 가격 매기기와 탄소세

나는 성장과 탄소배출을 분리시키는 것(탈동조화)이 불가능하다고 생각하지 않는다. 이를 위해서는 빠른 기술혁신과 강력한 정부 정책, 시민들의 적극적 참여가 필요하다. 영국, 프랑스, 독일 등 세 지역은 상대적으로 성장률이 낮지만 '절대적 탈동조화'를 거의 이뤘다고 볼 수 있다. 이 중 독일이나 영국의 정부 정책은 특히 참고할 만하다. 당연하지만 탄소가격 외에 산업정책과 시민들의 참여 역시 필수적이다. 녹색산업정책의 주창자인 알텐버그와 로드릭(Altenburg & Rodrik, 2017)은 "'절대적 탈동조'는 불가능하지 않다. 자원 효율성의 엄청난 비약은 기술적으로 가능하다. 재생에너지로 갈아타기, 똑똑한 정보(smart information)의 사용, 통신기술체제, 에너지 절약적 기술의 사용, 마지막으로 그러나 중요한 것으로 소비자 행동의 변화가 필요하다"고 말한다. 특히 최종 소비단계의 이산화탄소 배출을 줄이려면 전기화(electrification)와 각종 전기 기기의 에너지 효율화를 달성해야 한다. 이를 위해 재생에너지의 발전 비율을 최대로 높이는 것이 탈탄소화 전략의 기본 방향이다.

생태전환의 기본 정책수단은 탄소세에 의한 시장의 변화 유도, 녹색산업정책, 특히 정부주도의 기술혁신과 인프라 투자이다. 스턴과 스티글리츠에 따르면 "잘 설계된 탄소 가격은 효율적인 방식으로 배출을 줄이는 전략에서 필요불가결하다"(Stern & Stiglitz, 2017, Stiglitz, 2019). 탄소에 가격을 매기는 또 하나의 방법인 배출권 거래제도는 그 시장 가격이 정부 목표에 어울리는 수준으로 결정될 것인지가 불확실하다.[25] 그러므로 여기에서는 탄소세를 중심으로 논의할 것이다.

생태전환을 위한 탄소가격 매기기는 보통의 경제학 방식, 즉 한계수입과 한계비용이 일치하는 수준에서의 가격결정을 하려는 것이 아니다. 거꾸로 1.5°C 이내로 기온 상승을 막으려면 어느 수준의 탄소가격이 매겨져야 하는가라는 기상학과 열역학으로부터 가격 수준과 가격 변화를 추론하고 이에 맞춰서 탄소세를 매기려고 한다. 이렇게 도출된 탄소가격은 탄소배출 감축의 수요와 공급량에 따라 변화하는 것이 아니다. 탄소가격의 최초 수준과 변화 속도가 문제일 뿐, 탄소가격은 넷제로를 달성할 때까지 탄소세의 조정에 의해 계속 높아져야 한다.

시장경제에서 가격은 모든 시장 참여자의 행동을 결정하는 신호를 보낸다. 시장의 힘은 혁신에 있다. 산업혁명 이래 자본주의는 이 끝없이 새로운 방법의 생산을 찾아내려는 시장 참가자들의 노력으로 생산성을 향상시켰다. 또 시장의 힘은 수긍에 있다. 사람들은 시장 가격에 적응 경쟁을 했고 특별히 독점이라거나 국가의 편애가 없다면 결과에 수긍하는 편이다(정부에 대한 불만과 비교해 보라). 물론 시장 자체로 할 수 없는 일도 있다. 과거의 경험을 보면 '전환(transformation)'이라는 역사적 격변기에 가격은 널뛰었고 행위자들은 떼로 몰려다니거나 아예 시장을 벗어나려고 했다. 첫 번째 자본주의로의 전환(폴라니의 '거대한 전환')이나 두 번째 전환(사회주의 국가들의 '시장화') 모두 국가의 역할은 지대했고 현명한 산업정책을 사용한 발전국가만 순조롭게 전환에 성공했다.

이 두 역사적 사례보다 우리는 더 거대한 '생태전환'을 일으켜야 한다. 2018년

---

[25] 알텐버그와 로드릭(Aletnburg & Rodrik, 2017)은 탄소세는 정부가 직접 부과하므로 기업이 부담해야 할 추가 비용을 예측할 수 있고, 환경 충격을 줄일 뿐 아니라 자본의 세수를 늘리므로 '이중의 배당'을 창출한다는 장점을 지니고 있다고 주장한다.

IPCC는 1.5°C 상승 밑에서 '지구 가열화'를 막으려면(즉 티핑 포인트에 다다르지 않으려면) 2050년까지 온실가스 순배출 제로를 달성해야 하고 2030년까지는 45% 이상 감축해야 한다고 밝혔다. 이는 지금부터 지속적으로 탈탄소 정책을 사용해야 겨우 달성할 수 있는 수치이며 2030년 가까이 가서 집중한다고 해서 이룰 수 있는 목표가 아니다. 시장의 힘을 이용하려면 탄소(온실가스) 가격을 '인위적'으로[26] 설정하고 또한 계속 높여 가야 한다. 마지막 생산과정 및 소비 단계의 배출을 줄이려면 전기를 쓰면 된다. 하지만 그 전기는 어떻게 만들 것인가? 우리나라는 발전 부문이 85%의 온실가스를 배출한다. 탄소세란 이산화탄소 배출량에 따라 세금을 매기는 것이다. 석탄발전이 가장 많은 세금을 낼 것이고 전기료 또한 그만큼 높아질 것이다.

    2019년 영국 기업에너지산업전략부가 발표한 국제 비교를 보면 한국의 가정용 전기요금은 Kwh 당 8.47펜스(약 125원)으로 OECD 국가 중 최저 수준이다(2019년 국회 예산정책처의 발표로는 3위). 거대한 유전을 보유하고 수력발전으로 대부분의 전기를 충당하는 노르웨이보다도 낮다. 산업용 전기요금은 7,65펜스(약 113원)로 중간 수준이었다. 우리나라의 철강, 석유화학, 자동차, 반도체 등 에너지 다소비형 산업의 경쟁력 중 상당한 부분은 이러한 전기 보조금이 유지시키고 있다. 하지만 기후변화가 훨씬 절박한 문제라면 더 높은 세율의 탄소세를 매길 수밖에 없다. 반대로 내셔널 챔피언을 지키겠다고 에너지 가격을 현재 수준에 묶어 둔다고 이 산업부문의 경쟁력이 보장되는 것도 아니다. 중국이 무서운 속도로 거의 다 쫓아 왔기 때문이다. 누구나 제조업 최강국으로 꼽는 독일과 일본의 산업용 전기료는 우리보다 45%와 65% 더 높다(가정용은 215%와 107%). 독일과 일본의 제조업은 비싼 에너지 가격을 상쇄하기 위해 기술혁신을 해야 했다. 천달러의 부가가치당 한국의 에너지 투입은 0.314TOE로 독일의 두배(0.160TOE), 일본의 세배(0.095TOE) 가량

---

[26] 탄소시장이 작동한다면 위기에 가까워질수록 '자연적' 탄소가격은 말 그대로 천정부지로 치솟을 것이다. 물론 탄소배출을 줄이는 기술혁신에 엄청난 자극이 가해지겠지만 남은 기간 동안 이 기술혁신이 가격을 충분하게 떨어뜨릴 가능성은 매우 적다. 시장은 시행착오로 움직이는 제도인데, 위급한 상황은 시행착오를 허용하지 않는다. 예컨대 전쟁 사령부나 비행장의 관제탑은 시장 원리로 움직이지 않는다.

많다. 즉 전기료 인상을 기술혁신으로 돌파할 수 있는 기업만 중국과의 경쟁에서도 살아남을 수 있을 것이다. 값싼 전기료에 의존해서 기술혁신을 뒤로 미루다가는 우리 대기업은 조만간 사라질지도 모른다.

전 지구가 불확실성과 위험의 공포에 시달리지 않으려면 모두 2050년까지 탄소 순배출 제로 목표를 달성해야 한다. 한국은 2018년 현재 7억 톤을 배출하는 온실가스를 2050년까지 1억톤 이하로 줄여야 한다. 이를 위해서는 2040년까지 재생에너지 발전 비율 35%라는 정부 목표를 대폭 올려서 2050년에 85%까지 도달해야 한다. 재생에너지 발전 비율은 전기료가 높을수록 빨리 달성된다. 적정 가격이 얼마일지는 아직 계산된 바가 없지만 독일 수준의 재생에너지 발전 비율, 제조업 경쟁력을 갖추려면 10년 동안 두 배까지 지속적으로 올려야 한다. 에너지 효율을 높이는 한편 절대적 에너지 투입(가정은 소비)도 줄여야 한다. 예컨대 에너지 효율이 매년 7~8% 향상된다면 10년 동안 100% 전기료 인상도 견뎌낼 수 있을 것이다. 만일 그 5%씩 밖에 향상시키지 못한다면 나머지 2-3%씩 투입(소비)을 줄여야 한다.

이렇게 우리의 정책 목표는 1.5°C 상승 이내의 수준에서 경제를 재생산하는 것이다. 탄소세는 한편으로 화석연료 산업을 구조조정하고 재생에너지 산업의 기술혁신을 촉진하는 한편 에너지 소비를 줄이는 유인으로 작용한다. 그렇다면 탄소세의 톤당 가격은 얼마여야 할까? 스턴과 스티글리츠는 2017년 당시까지 제출된 시나리오들을 종합해서 파리 목표(2°C 한계)와 일치하는 탄소가격수준은 (보완정책이 시행되는 경우) 2020년까지 적어도 40~80달러/tCO2, 2030년에는 50~100달러여야 한다고 추정했다[27] IPCC의 2019년 제안(1.5°C)을 지키려면 이보다 더 높은 가격이 필요할 것이다. 나는 이러한 추정에 근거해서 2030년까지 톤당 75달러[28], 2050년까지 톤당 125 달러까지 탄소세를 올려야 한다고 생각한다.

2030년 탄소세 75달러는 전기료를 얼마나 인상시킬까? 2019년 IMF가 각국의

---

[27] 최근 발표된 정부의 "2050 장기 저탄소 발전전략"도 스턴과 스티글리츠의 이 계산을 "파리협정 이행을 위한 세계 탄소 가격"으로 예시하고 있다(p42).

[28] IMF는 한국의 배출권 거래시장에서의 이산화탄소 가격이 22달러라고 추정했다. 따라서 2030년까지 우리는 약 73달러를 추가로 올려야 하며 이는 연평균 5달러씩 탄소세를 인상해야 한다.

전기료 인상에 미칠 영향을 추정한 자료에 따를 때, 2030년 한국에 75달러의 탄소세를 부과하면 전기요금은 42%, 석탄가격 220%, 천연가스가격 47%, 가솔린가격 6% 상승한다. 10년간 전기요금을 약 50% 인상하려면 매년 4% 남짓 올라야 한다.[29] 만일 에너지 효율이 같은 속도로 상승한다면 전기소비를 줄이지 않아도 될 테지만 그에 미치지 못한다면 그 차이만큼 가격 표시 총에너지 소비는 줄어들어야 한다. 즉 제본스 효과를 막으려면 에너지 효율화의 속도보다 전기요금 인상 속도가 빠르면 된다.[30]

한편 화석연료에 대한 현재의 보조금은 전액 삭감해야 한다. 이 조건에서 전기요금 인상은 재생에너지 발전의 수익성을 제고해서 발전량을 늘리고 기술혁신을 촉진할 것이다. 현재 제조업 경쟁력 최고 수준에 도달한 독일과 일본의 산업용 전기요금은 우리보다 각각 45%와 65% 더 높으며 한국의 에너지 효율성은 독일의 1/2, 일본의 1/3에 머무르고 있다. 이러한 차이는 그동안 산업용 전기요금이 낮아서 에너지 다소비 산업의 기술혁신을 지체시킬 수 있다는 것을 의미한다. 전기요금 인상은 에너지 효율성의 격차를 줄이는 쪽으로 작용할 것이다.

지금까지 절대적 목표인 기온 상승을 1.5°C 이내, 또는 2°C 이내로 억제하려면 탄소가격이 얼마나 되어야 하는지, 또 그때의 탄소세를 어느 정도 수준으로 어떻게 매길지에 관해 논의했다. 그러나 톤당 50달러에서 시작해서 2030년 75달러에 이르는 탄소가격[31]이 이 기간 동안 국민의 후생을 심각하게 훼손한다면 이런

---

29 스웨덴은 30년 동안 전기요금을 100달러 인상했다. 전기요금 인상을 미룰수록, 탄소배출 축소라는 제1의 목표를 지키려면 더 빠르게 전기요금을 올려야 한다. 짧은 시간에 대폭 가격을 올리면 '쇼크요법'과 마찬가지로 경제와 사회에 충격을 가할 것이다.

30 물론 전환기 10년을 지나면서 시민들은 새로운 규범에 따라 생태적 소비(ecolocgical consumption)를 하게 될 것이다. 이때는 에너지 효율화가 에너지 가격 상승보다 느리더라도 총에너지 소비는 감소할 것이다.

31 IMF는 탄소세가 공정하고 성장친화적 방식으로 부과될 경우 가장 강력하고 효율적인 기후위기 정책 수단이라고 밝히고 탄소배출량이 큰 선진국은 2030년까지 75달러의 탄소세를 부과해야 한다고 주장했다(Gasper et.al. 2019). IMF와 세계은행 등은 2016년 경부터 탄소세를 강조했다.

정책을 채택하기는 힘들 것이다. 지금까지의 논의는 직접 계산할 수 있는 탄소배출 비용을 기준으로 이뤄졌는데, 보통의 경제학 분석처럼 탄소가격 수준에 따른 편익 측면도 고려할 수 있을 것이다. 물론 탄소 배출량 감축이 가져올 편익, 예컨대 국민 건강, 기후 정의의 촉진, 기후의 안정화, 생물 종 다양성의 유지, 산호초 백화현상의 방지 등을 한국에 국한해서 화폐로 환산하는 것은 어떤 가정을 취하느냐에 따라 매우 변동 폭이 클 수 있다.

여기서는 대표적인 자유주의 국제기구인 IMF의 연구만 소개하기로 한다. 결론부터 말한다면 비용편익을 고려하는 경우에도 75달러일 때 한국의 후생이 최고 수준에 이른다는 것이다. 이들의 추정을 믿는다면 한국은 탄소가격이 70달러 후반일 때 가장 효율성이 높다. 즉 현재 한국은 탄소의 과다배출로 국민 건강이나 산업경쟁력 등에서 매우 많은 피해를 입고 있어서 탄소가격이 높아질 경우 비용편익 분석에 따른 후생이 극대화된다. 기후위기를 막기 위한 공통의 탄소가격과 한국의 효율적 탄소가격이 일치한 건 분명히 우연이다. 하지만 이 분석들을 믿을 수 있다면 그것은 행운이기도 하다. 지구 전체를 위한 의무 이행이 곧 국가의 효율성도 최고로 높인다는 것을 의미하기 때문이다.

(3) 한중일 공통 탄소가격

2019년 11월 5일, 153개국의 11,258명의 과학자들이 "기후 비상사태 선언"을 했다. 이에 앞서 1월 16일 노벨경제학상 수상자 27명을 포함한 37명의 미국 경제학자가 발표한 탄소세에 기초한 "탄소배당 경제학자 선언"은 1년이 지나면서 서명자가 3,400명에 이르렀다.[32] 기후위기에 특히 둔감한 경제학자들의 이런 행동

---

[32] 이 선언의 원형은 베이커(James Baker), 폴슨(Henry Paulson), 펠드슈타인(Martin Feldstein), 슐츠(George Shultz), 맨큐(Gregory Mankiw) 등이 2017년에 발표한 "탄소배당에 대한 보수주의자의 옹호"(Baker et.al.,2017, The Conservative Case for Carbon Dividend, Climate Leadership Council)다. 이들은 1) 탄소배출 톤당 40달러부터 시작해서 점진적으로 증세하는 탄소세, 2) 모든 미국인에 대한 탄소 배당, 3) 국경 탄소 조정(탄소 관세), 4) 규제의 대폭 간소화를 주장했다. 2)의 탄소세를 산업정책에 쓸 것인지, 배당할 것인지, 4)의 강조를 제외하고는 로드릭이나 스티글리츠 등의 그린뉴딜 정책

은 상황이 얼마나 절박한지 보여준다. 과거 기후위기 대책을 거부하는 첫 번째 논거였던 '과학적 불확실성'은 이미 사라지고 있다. 그러나 실천은 여전히 더디다. 1997년의 역사적인 교토 의정서(protocol) 이후에도 이산화탄소 배출량은 과거와 마찬가지 속도로 늘어났고 2015년의 파리 협약(agreement) 이후의 전망도 그리 밝지 못하다. 오존층 보호에 관한 1987년 몬트리올 의정서를 성공으로 이끌었던 미국이 2017년 파리협약을 탈퇴한 것은 더욱 앞날을 어둡게 한다.[33] 압도적으로 강력한 국가가 많은 비용을 부담하지 않는 한 국제적 합의는 지켜지기 어렵다. 미국이 온갖 부담을 짊어진 결과 미국의 경쟁력이 약화됐다는 트럼프 대통령의 주장은 기후대책을 무력화하는 두 번째 논거이기도 하다. 하지만 1970년대 석유위기의 경험은 이 주장을 뒤집는다.

그림 2에서 보듯이 1973년에서 1985년까지 고유가가 이어진 12년 동안 미국은 IT혁명으로 이어진 에너지 절약기술에 매진해서 탄소 배출량을 줄이는 데 성공했

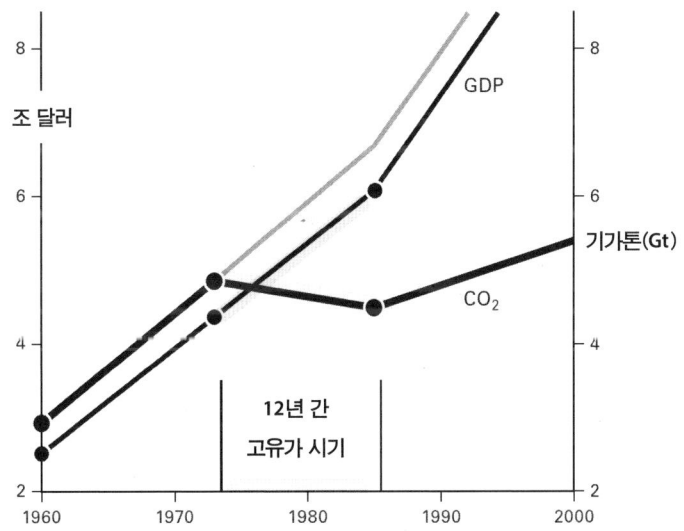

그림 2 석유위기 때 미국의 탄소배출량과 경제성장률(Cramton 외, 2017)

과 큰 차이가 없다. 즉 기후위기에 대한 탄소세 부과는 미국 주류의 좌우파가 합의한 셈이다.

33 [편집자 주] 2021년 바이든 정부 집권으로 미국은 파리협약에 복귀했다.

으며 이 기간의 평균 경제성장률은 여전했다. 반면 소련 등 70년대에 생산성 정체에 빠진 사회주의 나라들은 값싼 오일머니를 이용하여 선진국의 자본재를 수입하다가(박순성·정태인, 2019) 결국 1980년대 말 붕괴했다. 물론 오일쇼크 때를 경험해 보면 결국 'IT 혁명'으로 이어진 이런 기술혁신은 매우 심각한 위기의식 속에서 시민들이 일치해서 노력했기 때문에 가능했다. 현재의 생태전환이 이러한 예외적인 혁신을 이뤄내기 위해서는 스티글리츠의 말처럼 "전쟁터에 나가듯이 행동해야 한다"(Stiglitz, 2019).

과학적 불확실성과 경쟁력 약화는 기후정책을 만들 때마다 등장하는 반대 논거이며 한국도 물론 예외가 아니다. 나는 탄소배출량을 획기적으로 줄이기 위해 국가가 온 나라의 과학기술 역량을 집중하고 시민들이 적극적으로 참여한다면 기술 선진국에 도달할 뿐 아니라 세계의 존경도 받게 될 거라고 믿는다. 반대로 지금처럼 경쟁 상대인 독일이나 일본에 비해 40% 이상 싼 산업전기료를 고집하면 한국 경제 자체가 무너질 것이다. 한중일 공통의 탄소가격[34]은 글로벌 공유지의 딜레마를 완화하여 생태전환을 돕는 유력한 제도이다. 한중일의 탄소배출량은 전 세계 배출량의 1/3(중국 27.2%, 일본 3.3%, 한국 1.7%), GDP는 약 1/4을 차지하며 중국의 규모와 성장률로 볼 때 이 수치는 더 커질 것이다.

나는 앞에서 한국의 최적 이산화탄소 가격으로 2030년 75달러를 상정했다. 2020년 현재의 에너지관련 세수(약 22.7조원)는 톤당 30달러 정도의 탄소세에 해당한다. 여기에 탄소배출 비율에 따라 탄소세 20달러를 추가하면 우리는 50달러의 탄소가격에서 출발할 수 있다. 이후 경제적 영향을 고려하면서 기존 에너지세를 점차 완전한 탄소세 체계로 재편하면 된다. 일본의 전기료와 교통비가 대충 우리

---

[34] 공통의 탄소가격이 기후위기 고유의 '공유지의 비극'을 해결할 수 있다는 것은 《국제 탄소 가격, 기후 협력으로 가는 길(Global Carbon Pricing, The Path to Climate Cooperation)》(Cramton 외, 2017)의 저자 모두의 견해이다. 여기에는 스티글리츠, 티롤(Jean Tirole), 노드하우스(William Nordhaus) 등 노벨경제학상 수상자들이 포함되어 있다. 원리적으로 말하자면 공통의 합의(common commitment), 상호성에 입각한 응징 제도를 갖추면 "네가 하면 나도 한다" 수준의 협동이 일어날 수 있다. 평판효과(간접상호성)나 외부와의 경쟁(집단경쟁), 규범의 진화에 의해 훨씬 강한 협동도 가능해진다(정태인·이수연, 2013).

의 두 배인 것은 일본의 탄소가격이 우리보다 훨씬 높다는 것을 의미한다. 따라서 일본은 50달러 정도의 탄소가격이라면 동의할 가능성이 높다. 한편 중국은 강력한 규제정책(예컨대 내연기관 자동차 규제)과 보조정책(예컨대 재생에너지와 전기 자동차 보조)으로 탄소배출을 줄이고 있으며, 연구개발자금이나 인력 면에서 생태기술의 선두를 다투고 있다. 2020년 현재 중국은 6개의 시에서 배출권거래제를 실험하고 있으며 탄소가격(배출권거래제와 탄소세)에 관한 학술논문은 세계 전체의 절반 가량을 차지할 정도이다. 이러한 학계의 움직임은 중국 공산당이 탄소가격을 주요한 정책 수단으로 삼았다는 것을 의미한다. 또한 한중일, 또는 동아시아 공통 탄소가격은 생태 규범이라는 소프트파워에서 중국이 미국을 앞선다는 것을 의미한다. 따라서 중국이 이 정책에 적극적으로 나설 가능성은 상당히 높다.

한중일 '탈탄소클럽(또는 생태클럽)'은[35] 최소 탄소가격 만큼 각국의 상대적 비용을 덜 수 있고 역외 국가에 대해서는 가격 차이에 비례해서 국경세(탄소관세)를 부과할 수 있다. 제조업에 관한 한, 이미 최고 수준의 탄소가격을 매긴 독일을 제외하면 동아시아 핵심 국가 간의 제조업 경쟁력은 상대적 변화가 일어나지 않으며 여타 역외국가에 대한 가격 경쟁 상의 불리함도 상당히 제거할 수 있다. 현재 이론상으로 30달러 차이에는 2%, 50달러에는 3% 등의 관세가 제안되어 있다. 물론 WTO에서의 제도화가 필요하겠지만 EU와 동북아에 탄소클럽이 생긴다는 것은 탄소관세(탄소국경조정)의 가능성을 높이기 때문에 그것만으로도 역외국가의 가입 유인을 상당히 높일 것이다.

세 나라의 거대한 외환보유고(약 4조 5천억 달러)와 탄소세 수입 중 일부를 탄소배출량에 비례해서 생태기금으로 적립할 수 있다. 이 기금은 미세먼지, 황사 대책, 팬데믹 대처 등 공동 정책, 공동의 생태기술 혁신(예컨대 신소재 배터리 기술), 역내 지역의 구조조정 보조, 탄소클럽에 들어오려는 발전도상국에 대한 보조에 사용될 수 있다. 몽골에서 재생에너지 발전을 한 뒤 탄소클럽 국가들에게 송전하는 동북아 수퍼 그리드도 아시아 인프라 투자 은행(AIIB)과 생태기금을 합쳐서 건설할

---

[35] 탈탄소클럽을 최초로 제안한 학자는 노드하우스(Nordhaus, 2015)다. 탈탄소클럽은 정치학의 용어를 원용해서 '최소 승리 연합'으로 불리기도 한다.

수 있을 것이다. 동북아 그리드는 북한 경제의 에너지 문제를 일거에 해결할 수 있으므로[36] 북핵 문제 해결에 강력한 인센티브가 될 수 있다. 장차 동아시아의 생산 연쇄를 이루는 주요국들을 모두 포함한다면 이 탄소클럽의 성과는 곧 기후위기의 대처에서 매우 중요한 역할을 하게 될 것이다. 이들 세 나라의 공통 탄소가격은 그 자체로 탄소배출 감소에 큰 영향을 미치며 EU 등의 '생태클럽'과 경쟁하게 되면 효과가 더욱 커질 것이다. 지금처럼 각국이 스스로 저감계획을 세우고 검증하는 시스템은 교토의정서와 똑같은 이유로 실패할 가능성이 높다.

(4) 생태전환을 위한 산업정책

내가 누누이 강조한 대로 어떠한 구조 전환에서도 산업정책은 중요한 역할을 한다. 알텐버그와 로드릭(Altenburg& Rodrik, 2017)은 "구조전환정책(structural transformation policies) 또는 생산적 발전 정책(productive development policies)이 더 적합할지도 모르지만" 전통적 용어인 '산업정책'을 사용한다면서 이 정책은 제조업 뿐 아니라 전 경제를 망라하는 정책이라고 강조한다.[37] 화석연료 기반 경제에서 생태산업은 시장의 힘으로 탄생할 수 없는 산업이다. 재생에너지 산업, 전기 자동차, 건물 효율화 산업은 대부분 초기 단계의 유치산업이며 (글로벌) 생산시스템도 아직 갖춰지지 않았다. 또 이 산업이 의존해야 하는 다른 부분 시스템이 생태 친화적이지 않은 경우도 많다.[38] 예컨대 태양광 발전소를 짓는 데 들어가는 철강은 탄

---

[36] 1차 핵협상 당시의 경수로 건설과 비교해 보면 수퍼그리드에 의한 에너지 문제 해결이 얼마나 획기적이고 얼마나 강력한 '비핵화' 유인이 될 수 있을지 짐작할 수 있다.

[37] 삭스(Sachs) 외(2019)는 지속가능 발전목표(SDGs)와 파리협약을 달성하기 위해서 모든 나라에서 근본적 전환(deep transformation)을 해야 한다면서 다음 6개의 SDG 전환이 이러한 전환의 필수요소가 되어야 한다고 주장했다. 1) 교육, 젠더 그리고 불평등, 2) 건강, 안녕과 인구, 3) 에너지 탈탄소화와 지속가능한 산업, 4) 지속가능한 음식, 토지, 물 그리고 해양, 5) 지속가능한 도시와 공동체, 6) 지속가능한 발전을 위한 디지털 혁명이 그것이다. 즉 이번의 전환은 사회 전반의 변화와 함께 가야 한다는 주장이다.

[38] 예컨대 전기 자동차가 EU 지역의 온실가스 배출을 늘린다는 보고도 있다(Manzetiii & Marisiu, 2015). 예컨대 자동차 배터리의 전자·화학 부품의 생산, 그리고 폐품 관리를 위해서는 상당한 투자와

소를 많이 배출한다. 또한 이 산업이 뿌리를 내려야 할 사회 시스템, 법과 제도가 새로운 기술산업에 걸맞지 않은 경우가 많다. 자동차 도로나 주유소가 가솔린이나 디젤 자동차에 맞게 설계되어 있으며 건물의 에너지 효율 등급도 과거의 상황을 반영하고 있다. 전환기의 산업정책은 이러한 문제를 모두 망라해야 한다.

생태전환은 전 사회를 환골탈태시키는 것이므로 2030년까지 전환기 10년의 재정은 직간접적으로 모두 전환에 사용되어야 한다. 특히 탄소세는 전적으로 전환의 용도로 사용될 수 있을 것이다. 75달러 탄소세는 약 28조 원의 세수를 보장한다. 이는 현재 에너지 관련 세금 합계인 약 22조 7천억원(홍순탁, 2019)보다 5조 원 가량 많다. 즉 에너지 관련 세제를 탄소세로 일원화하면 중립적이나 마찬가지인 소폭 증세로 세입의 내부 구성만 변화시킨다. 만일 50달러 탄소세(2020년)를 부과할 때 중립적 세금을 매긴다면 이후 10년 동안은 세수가 어느 정도 증가할 수도 있다(탄소배출의 가격탄력성이 얼마나 되는지가 세수의 양을 결정한다). 여기에 각종 화석연료 보조금을 줄이면 직접적인 전환예산이 될 것이다.

전환예산은 우선 구조전환 비용을 감당해야 한다. 석탄과 화력발전, 철강, 석유화학, 알루미늄, 펄프와 제지, 유리 산업은 탄소세 부과로 확실한 영향을 받을 것이다. 철강과 석유화학 등 대기업이 지배하는 산업은 스스로 보유하거나 개발한 기술로 가격 상승분을 흡수해야 한다. 하지만 중소기업들과 이들이 자리잡은 지역의 경제를 위한 산업정책이 별도로 필요하다. 자동차의 경우에는 부품이 반으로 줄어들 때 일어날 하청업체의 문제, 그 기업들이 집중적으로 자리잡은 지역(대구부터 창원까지의 동남벨트)의 경제문제도 다뤄야 한다. 앞으로 10년(2020~2030) + 20년(2030~2050) = 30년의 탄소세의 인상 속도와 규모는 이미 예고되어 있으므로 각 지역과 노동자들은 스스로 이 변화에 대응해야 하지만 이때 발생하는 전환비용은 정부가 일부 보조해야 한다. 특히 노동자들의 이동을 위해 적극적 노동시장정책(재교육 및 재배치)과 소극적 노동시장정책(실업수당 등 고용관련 복지)을 미리 강화해야 한다.

구조조정에서 정책의 우선순위는 매우 중요하다. 전기료를 인상하기 위해서

재활용 기술이 필요하다.

는 저소득층 주택의 에너지 효율화부터 해야 한다. 그린뉴딜에 건물의 에너지 효율화는 필수적이며 초기에 먼저 실행해야 한다. 마찬가지로 노동자들의 대이동이 일어나야 하므로 노동시장 정책을 먼저 강화해야 한다. 일반적으로 정책의 혜택이 크고 광범위한 것부터 실행해야 한다. 생태인프라 투자는 정부가 선도할 수밖에 없다. 예컨대 전기 자동차가 달리려면 충분한 충전소가 있어야 한다. 또한 핵심 부품인 배터리가 충분히 생태적인지도 점검해야 한다. 인프라 자체에 대해서는 기득권 집단도 반대할 명분이 없으나 주로 재정적자를 문제삼을 것이다. 장기 인내자금은 산업은행이 담당해야 하는데 이스라엘과 핀란드의 혁신 펀드 운용을 참고할 수 있을 것이다. 국가는 생태 기술혁신을 촉진하여 "시장을 창조해야 한다"(Jacobs & Mazzucato, 2017). 혁신 펀드를 사용할 때는 정부 투자량 만큼 지분을 확보하여 성공한 경우 수익을 재투자하는 방안을 적극적으로 고려한다. 또한 생태 기술혁신의 빠른 전파를 위해서 재투자용 수익을 확보한 이유에는 지적재산권을 완화하는 정책도 고려해야 한다. 동아시아 탈탄소클럽이 이러한 정책을 주도하면 정책실행이 용이해질 것이다.

특히 나는 재생에너지 발전에서 군·구 단위 지역공동체의 역할에 주목한다. 지난 10여 년에 걸쳐 눈부신 발전을 거듭한 사회적경제의 가장 큰 소득은 시·군·구에 사회적경제 조직이 만들어졌다는 점이다. 이들 조직을 기초로 해서 자기 지역에 걸맞은 에너지 믹스를 결정한 후 이에 걸맞게 발전 시설을 갖춘다. 구 또는 시 단위로 지역 스마트그리드 송배전망을 건설한다. 지역의 수요를 넘는 전기는 기간망에 판매하거나 저장한다. 이 사업에서 나오는 수익은 일부는 지역주민의 소득으로 분배하고 일부는 재투자한다. 현재 태양광 발전소의 건립과 관련해서 빈번하게 일어나는 말썽은 대부분 주민참여형이 아니기 때문이다.

재생에너지 생산에 참여한 지역 조직은 동시에 역내 노후 주택의 에너지 효율화를 도모하는 사업에도 참여할 수 있을 것이다. 녹색 마을 만들기와 같은 운동이 전국적으로 일어난다면 지역의 일자리도 대규모로 창출할 수 있을 것이며 지역 단위의 민주주의 발전에도 기여하게 될 것이다. 중앙정부와 지방정부는 이러한 사업에 기술지원과 함께 재정지원을 할 수 있다. 예컨대 지역주민이 사업을 확정하고 스스로의 자금을 모으면 군·구가 이 프로젝트를 심사하여 보강한 후 1: 1 매칭 투자를 하고 도 단위와 중앙정부 단위에서 차례로 1: 1 투자를 하면 최초 주민 자금의 8배까지 투자할 수 있을 것이다. 이들 자금은 공동체 발전기금으로 축적할 수 있을 것이다. 사회적경제의 활성화를 위해 모색했던 여러 정책이 그린뉴딜에도 활용될 수 있을 것이다.

이렇게 생태전환은 청년들에게 일자리를 제공하게 될 것이다. 중소 혁신기업을 중심으로 한 연구개발 사업, 생태산업의 태동이 만들어내는 그린 스타트업, 공동체 에너지 전환사업, 건물 에너지 효율화 사업 등 각 부문, 각 지역에서 청년 주체가 형성되어 일자리 뿐 아니라 마을도 만들어낼 수 있다. 그린뉴딜은 미래 세대가 주체가 될 때 가장 효과적으로 실행될 것이다.

생태전환 정책은 장기 전략일 수밖에 없고 기존 이익집단의 저항을 뚫고 나아가야 한다. 이를 위해서는 일단 화석연료산업 바깥에 재생에너지산업을 빠른 속도로 발전시켜야 한다. 예컨대 화력발전소를 없애기 위해서는 더 빠른 속도로 태양광 발전소가 늘어나야 한다. 이 새로운 산업을 추진하는 청년이 곧 '생태시민(eco-citizen)'이라는 새로운 세력이 될 것이다. 시민들의 생태동맹 없이는 효과적인 정책을 입안하는 것' 조차 불가능할 것이다. 이를 위한 생태 시민 교육은 무엇보다도 중요하다. 즉 현행 교육의 내용과 방법도 크게 바뀌어야 한다.

동아시아 유형과 산업정책

전환경제는 고도의 불확실성 하에서의 산업구조조정이고 따라서 산업정책은 핵심적 역할을 한다. 노동과 자원의 원활한 이동은 시장이 만들어졌다고 해서 그냥 이뤄지지 않는다. 특히 인민공사의 해체와 함께 농촌의 공동체 기업인 향진기업, 농촌신용조합을 만든 것은 중국의 창조성이 발휘된 작품이었다. 경제특구와 수출, 그리고 화교 자본의 투자는 초기 중국의 비약에 중요한 역할을 했다.

> 동아시아국가와 중국은 이른바 워싱턴 컨센서스를 따르지 않아서(한국은 1996년까지) 성공한 나라들이다. 특히 전환경제에서는 과거 경성생산체제에서 확정되어 있던 부품 구입선과 제품 판매선, 노동력 확보 방안 등을 새롭게 찾아내고 개발해야 할 것 투성이다. 이런 상황에서 농촌공동체라는 신뢰가 어느 정도 확보되어 있는 곳에서 지방정부의 지원을 받는 향진기업은 안정적인 학습을 할 수 있었다.
> 국영기업은 사유화에 앞서 경쟁에 노출시켜야 한다. 부분개혁 모델에서 보았듯이 국영기업과 민간기업의 경쟁 속에서 생산량이 늘어날 때(즉 공급곡선이 오른쪽으로 이동할 때) 시장가격과 국정가격의 격차가 줄어들어 연성예산의 문제도 해결해 나갈 수 있다(박순성·정태인, 2019).

참여정부 때 본격적으로 시작한 '평화와 번영의 동북아 시대'라는 경제·안보 협력 프로그램은 문재인정부에서 동남아의 중요성에 주목하면서 동아시아 프로그램으로 확대되었다. 동아시아 국가들 간의 에너지 협력, 생태위기에 대한 협력적 대응은 그 중에서도 매우 중요하다. 앞에서 논의한 한·중·일 공통 탄소가격 및 '탄소 관세(탄소국경 조정)' 논의에 더해서 생태친화적 제품과 서비스, 기술의 교류를 촉진할 수 있다. 생태기술에 관한 공동의 첨단 클러스터를 만들 수도 있을 것이다. 물론 황사나 미세먼지, 팬데믹 등 국경을 넘는 문제는 최우선의 공동 과제가 될 것이다. 정부 뿐 아니라 기업과 시민사회가 참여하는 동아시아 생태 네트워크의 형성은 앞에서 논의한 '무임승차'의 문제를 해결하는 데 일정하게 기여할 것이다. 한편 태양광 발전은 대북 에너지 지원의 유력한 수단이다. 기본적으로 분산발전이므로 현재의 노후한 기간 송배전망을 새로 만들거나 수리할 필요 없이 북한이 에너지 문제를 일정 정도 해결할 수 있을 것이다. 군 단위로 북한과 교류사업을 한다면 우리의 지역공동체 발전 사업의 노하우도 북한에 전달할 수 있을 것이다.

(5) 기후위기와 생태전환을 위한 그린뉴딜

내가 제안하는 생태전환전략은 10년의 제도 및 인프라 건설, 그리고 20년의 생태경제의 발전으로 구성되어 있다. 첫 번째 10년은 '그린뉴딜' 정책으로 대표될 수 있을 것인데, 케인즈적 의미의 재정정책이다. 전체 청사진 중 반발이 적고 효과가 확실한 부분부터 경기에 맞춰 즉각 실행해야 한다. 재생에너지 발전, 전기 자동차 인프라 구축, 주택개량사업들이 여기에 속할 것이다. 현재의 침체를 벗어나기 위해서는 정부의 대대적 투자가 필요하다. 댐을 만들고 도로를 닦는 회색 뉴딜이 아니라 생태적 삶을 보장하는 그린뉴딜 만큼 적합한 투자도 없을 것이다.

그린뉴딜은 정부의 선도적 투자에 의한 혁신정책의 성격을 지닌다. 또한 그린뉴딜은 전 사회의 생태 전환에서 핵심 전환전략의 지위를 차지한다. 최소 10년 이상 정부의 투자는 3% 이상의 경제성장을 달성하게 만들 수 있다. 그린뉴딜은 특히 중소기업 위주의 혁신 클러스터를 지원한다. 농업과 수공업 제품 위주의 '산업지구'에서 출발해서 이제는 첨단산업 산업지구(클러스터)로 발전한 에밀리아 로마냐 모델은 우리의 생태전환에 많은 시사점을 줄 수 있을 것이다. 경기도 남부와 대전에 이르는 혁신 클러스터는 중국의 중관촌이나 선전 클러스터와 다방면에 걸쳐 교류할 수 있을 것이다. 자동차 부품 산업이 다른 용도의 제품을 생산할 수 있도록 중앙정부와 지방자치단체가 연구개발을 지원해야 한다. 에밀리아 로마냐 모델은 영세 중소 기업들이 최고급 자동차를 생산하고 첨단산업까지 진출하게 만들 수 있다는 것을 증명했다.

에밀리아 로마냐 모델

이탈리아의 에밀리아 로마냐(를 포함한 "제3이탈리아")는 대량생산을 대체하는 '유연전문화'로 유명하며, 영세소기업과 협동조합으로 이뤄진 에밀리아 로마냐의 산업은 이탈리아 경제위기 속에서도 강한 생명력을 자랑하고 있다. 영세 중소기업으로 이뤄진 산업 네트워크의 놀라운 경쟁력을 두고 1982년 이탈리아 경제학자 브루스코(Brusco)는 '에밀리아 모델'이라는 이름을 붙였다. 이후 많은 학자들이 이 지역을 연구하면서 '제3이탈리아(3rd Italy)', '유연전문화(flexible specialization)' 등의 용어를 탄생시켰다.

산업지구 내의 중소기업들은 정보, 장비, 사람, 주문을 공유한다. 수많은 중소기업을 지원하기 위해 시장 조사, 기술 훈련, 인력 관리, 연구개발 등과 같은 사업서비스 기업과 금융서비스 기업이 등장했다. 마케팅과 유통을 돕는 기업도 생겨났다. 전문화된 소기업들이 지속적이고 효율적인 네트워크를 형성하고 있는 것이다. 각 기업의 기술과 노하우는 산업지구 내에서 자유롭게 공유되면서 지역 공동의 지식과 제도로 존재하게 된다. 또한 장기 반복 거래와 평판 효과로 쌓인 신뢰는 각종 거래비용을 획기적으로 낮출 수 있다. 공식적 계약이나 제도보다는 비공식적 관계가 저비용 고신뢰의 공유자산이 된다. 만일 공동체 내의 규범을 어긴다면 지역사회에 발붙이기는 어려우므로 한국의 하청체제에서 흔히 관찰되는 '단가 후려치기'는 존재할 수 없다.

다수를 차지해온 공산당과 지역정부와 같은 공공 부문의 뒷받침도 에밀리아 로마냐의 성공 요인 중 하나이다. 50년대 국제공산당인 코민테른의 '반독점 테제'를 이 지역 공산당은 중소기업 육성으로 해석하고 산업지구의 인프라 건설과 금융 지원에 나섰다. 이후 70년대에는 혁신기술센터인 에르베트(ERVET)와 실질서비스센터를 설립하여 사업서비스 지원에 나섰고 80년대에는 공동 브랜드를 개발하고, 해외 마케팅을 지원하는 등 수출 촉진 정책을 폈다. 90년대에는 혁신지구 프로젝트에 나서 에밀리아 로마냐의 중소기업 네트워크는 최신기술의 혁신클러스터의 면모까지 지니게 되었다. 특히 주정부는 사회적 합의를 이끌어내는 데 탁월하여 공동체 내에서 신뢰와 협동이 유지되도록 했다.

변화하는 경쟁 환경에 적응하고자 외부와의 연계를 강화하고 내부의 기술혁신을 촉진하기 위한 다양한 노력도 기울이고 있다. 90년대부터 첨단산업도시를 표방한 에밀리아 로마냐는 10개의 우수연구소, 38개의 리서치

> 랩, 11개의 혁신과 기술이전 센터, 23,000명의 연구자라는 혁신 인프라를 조성해서 바이오, 식량과 농업기술, 첨단 재료, 기계체계와 자동화, ICT와 내장 시스템, 생물의약과 의료기술 면에서 세계 최고 수준에 도달했다(최근의 발전 양상에 관해서는 안드레오니의 글(Andreoni, 2018) 참조).

그린뉴딜은 새로운 주체의 형성을 수반한다. 전체 GDP로 보나 아니면 1인당 GDP로 보나 한국은 이미 세계 10위권의 선진국이다. 그러나 정부와 시민은 여전히 발전도상국의 '따라잡기 전략'에 걸맞은 생각을 지니는 경우가 많다. 2020년 코로나19의 방역 성공은 한국의 역량이 세계 최고 수준에 도달했다는 것을 여실히 보여 주었다. 이제 우리는 훨씬 더 큰 기후위기의 극복과 생태전환에서도 확실히 모범을 보여야 한다. 생태전환으로 우리는 물질적 측면 뿐 아니라 도덕적 측면에서도 다른 나라들의 존경을 받는 나라가 될 수 있다.

그린뉴딜 과정에서 새로 탄생한 시민은 더 이상 성장에 목을 매고 인류 공유의 커먼즈를 침해하여 우리 모두의 삶을 파괴하는 행위를 용납하지 않을 것이다. 코로나19 경험은 인류의 운명을 좌우할 기후위기의 전조를 보여주고 있는지도 모른다. 신종 바이러스 역시 생태 파괴의 희생물이기 때문이다. 지금까지 가장 현명하게 이 위기에 대처해 온 한국이 기후위기에서도 모범을 보이려면 내가 제시한 '그린뉴딜' 투자를 지금 시작해야 한다.

4) 맺음말

지금 세계는 거대한 전환기를 맞고 있다. 크고 작은 기후이변에 우리가 지금까지 하던 대로(BAU, Business As Usual) 대응한다면 인류는 파국을 맞을지도 모른다. 코로나19와 결합한 경제위기는 이러한 전환의 서막을 연 것인지도 모른다. '그린뉴딜'은 생태전환의 유력한 전략이다. 어떠한 전환 과정도 불확실성으로 가득차 있다. 경제계 자체도 복잡적응계인데다 정책의 일관성에 대한 믿을만한 약속이 없다면 정책의 불확실성도 존재하는데 이 모든 하위 구성요소들은 언제 티핑 포인트를 맞을지 모르는 자연환경 안에서 움직여야 한다. 시장은 경제행위자들의 창조적인 대응을 유도하는 매우 중요한 제도지만 시스템 자체가 전환할 때는 고유의 단기 시야와 시행착오적 성격 때문에 제대로 작동하지 않거나 더 큰 위기를 불러 일으킬 수 있다.

나는 에너지 전환을 중심으로 전체 생태전환을 추동하는 전략으로서 '그린뉴딜'을 제시했다. 상당히 강한 탄소세는 시장에서의 전환을 촉발할 것이다. 역사상의 모든 전환에서 국가는 혁신의 방향을 정하고 초기 투자를 주도했다. 잘 설계된 국가의 산업정책은 전환비용을 줄여주고 새로운 산업의 탄생과 발전을 촉진할 수 있다. 그린뉴딜 전략의 성공은 다시 한번 한국사회의 국제적 위상을 높이는 계기가 될 수 있다고 믿는다. 특히 이 과정이 동아시아 생태협력과 남북관계 개선으로 이어진다면 더 큰 힘을 얻을 수 있을 것이다.

코로나19 바이러스와의 전쟁은 전 국민이 하나로 뭉쳐 위기를 극복하는 계기가 될 수 있다. 이미 방역에 성공하고 있으므로 적절한 대응 정책만 갖추면 경제위기도 헤쳐 나갈 수 있을 것이다. 그린뉴딜의 대규모 인프라 투자는 경제를 회복시키는 데 유용하게 사용될 수 있다. 여기서 한 걸음 더 나아가면 우리는 장기적인 전환에 성공적으로 착수할 수 있을 것이다. 전환적 지도자와 정당의 비전, 그리고 장기 시야를 지닌 시민들이 주도하는 거대한 전환이야 말로 우리 아이들의 활로이다.

참고문헌

김승래, 2013, 에너지세제 현황과 개편방향, 에너지경제연구원 PPT 발표 자료.

박순성, 정태인, 2019, 사회주의 생산성 정체의 원인과 북한의 경제개혁 방향, 경기연구원.

정태인, 이수연, 2013,《협동의 경제학》, 레디앙.

주상영, 2015, 피케티이론으로 본 한국의 분배 문제, 경제발전연구, V21, N1, pp. 21-76.

홍순탁, 2019, 그린뉴딜을 위한 에너지 세제개편, 정의당 연구보고서.

Altenburg, T., Rodrik, D., 2017, Green Industrial Policy: Accelerationg Structural Change Towards Wealthy Green Economies, Green Industrial Policy.

Andreoni, A., 2018, The Architecture and Dynamics of Industrial Ecosystems: Diversification and Innovative Industrial Renewal in Emilia Romagna, Cambridge Journal of Economics, V42, pp. 1613-1642.

Baker et.al.,2017, The Conservative Case for Carbon Dividend, Climate Leadership Council.

Cramton, et.al.,2017, Global Carbon Pricing, The Path to Climate Cooperation, The MIT Press.

Foxon, T., 2013, Transition pathways for UK low carbon electricity future, Energy Policy, V52.

IMF, 2019, How to Mitigate Climate Change, Fiscal Monitor.

IPCC, 2019, Global warming of 1.5°C, Working Group 1 Technical Support Unit.

Jacobs, M., Mazzucato, M. ed., 2016, Rethinking Capitalism, 정태인역, 2017,《자본주의를 다시 생각한다》.

Knopf, B., et.al., 2018, Shifting Paradigms in Carbon Pricing, Intereconomics V53, pp.135-140.

Manzetti, S., Mariasiu, F., 2015, Electric Vehicle Battery Technology: From Present State to Future Systems, Renewable and Sustainable Energy Reviews, V51, pp.1004-1012.

Merkel,W., 2014, Is Capitalism Compatible with Democracy? Z Vgl Polit Wiss, V8.

Nordhaus, W., 2015, Climate clubs: Overcoming Free-Riding in International Climate Policy, American Economic Reivew, V105, N4.

Nordhaus, W., 2017, Climate Clubs and Carbon Pricing in Cramton et.al. ed., 2017, Ch7.

Parry, I., 2017, Reflections on the International Coordination of Carbon Pricing in Crampton et.al., 2017.

Piketty, T., Yang, L., Zucman, G., 2017, Capital Accumulation, Private Property, and Rising Inequality in China, 1978-2015, NBER, pp. 1-78.

Sachs, j., Schmidt-Traub, G. Mazzicato, M., Messner, D., Nakicenovic, N., Rockstrom, J., 2019, Six Transformations to Achieve the Sustainable Development Goals, Nature Sustainability, V2. pp.805-814.

Steeck, W., 2015, Comment on Wolfgang Merkel, "Is capitalism compatible with democracy?", Z Vgl Polit Wiss, V9.

Stern, N, Stiglitz, J., 2017, Report of the High-Level Commission on Carbon Price, IBRD & World Bank.

Stiglitz, J., 2019, Addressing Climate Change through Price and Non-price Interventions, European Economic Review, V119, pp. 594-612.

van den Berg,J., Kallis,G., 2012, Growth, A-Growth or Degrowth to stay within Planetary Boundaries, Journal of Economic Issues, V. XLV1, N4.

Wolf, M., 2020, The Virus is an Economic Emergency too, FT, March, 17.

칼럼

생태위기 극복의 조건

현재 코로나19의 신규 확진자 수는 248명(31일 0시 기준)이다. 지난 2월 27일 909명의 정점 이후 두 번째 최고치였던 8월 27일의 확진자 441명에 비하면 나흘 만에 200명 가까이 줄였다. 바이러스와 함께한 7개월여 동안 몇 가지 사실이 확실해졌다. 이 바이러스는 마치 인간과 게임을 하듯, 정부와 시민의 경각심이 높아지면 슬그머니 숨었다가, 약간만 풀어지면 즉각 발호한다. 아시아형, 유럽형의 이름이 붙을 만큼 시간과 장소에 따라 변형(진화)하고, 한번 걸려서 완치된 사람이 다시 감염되는 사례도 나타났다. 백신에 의한 항체도 재생산이 잘 안 될 것이라는 연구 결과도 나오는데, 이 바이러스는 모든 전문가들의 예상을 뒤엎고 여름에도 기승을 부렸다.

다행히 바이러스 감염을 통제하는 요령도 뚜렷해졌다. 첫째, 마스크 쓰기와 물리적 거리 두기 등 시민의 자발적 협력은 바이러스 통제에 필수적이다. 둘째, 국가의 강력한 방향 설정이 중요하다. 중국과 같은 강력한 사회통제에 의해서든, 아니면 한국과 같이 시민사회의 협력이 큰 비중을 차지하든 국가의 방침이 제대로 실천되어야 한다. 셋째, 정보와 지식이 확실하지 않을 때는 감염 위험을 최소화하는 쪽을 택해야 한다. 넷째, 방역 인프라를 갖추고 반복 연습을 한 쪽이 훨씬 더 나은 결과를 낳는다. 다섯째, 국제협조가 필수적이다. 독감 백신의 경우 세계보건기구(WHO)의 '글로벌 인플루엔자 감시 및 대응시스템(GIRS)'하에서 세계의 전문가들이 1년에 두 번 모여서 어떤 백신을 개발할 것인가를 결정하고 110개국의 실험실에서 정보를 공유했지만 트럼프는 WHO의 이런 기능마저 마비시켰다.

특히 셋째 요인은 지금도 중요하다. 예컨대 방역의 강도와 경제성장은 반비례할 것이라는 가설, 즉 방역을 완화하면 경제가 되살아날 거라는 믿음은 현재 한국에서도 위력을 발휘하고 있다. 하지만 이 '집단면역가설'에 가깝게 대단히 자유로운 방역 방침을 실행한 스웨덴의 성과는 방역에서도, 경제에서도 실패했다. 과하다 싶을 정도의 방역으로 감염을 막을 때, 경제도 가장 나은 성과를 보였다. 즉 '방역이 곧 경제'다.

이러한 다섯가지 교훈은 다음 번의 바이러스위기뿐 아니라 생태위기 대응에도 시사하는 바가 크다. 바이러스위기나 생태위기 모두 엄청난 규모의 '공유지의 비극' 또는 'N명 죄수의 딜레마'이다. 모든 이가 마스크를 쓴다면 나는 마스크를 안 써도 된다. 유럽의 여러 나라가 열심히 탄소 배출을 줄이면 한국은 무임승차해서 경제만 신경 써도 된다. 모두 이렇게 행동하면 인류는 절멸한다. 기후위기는 바이러스보다 감염 전파가 훨씬 더 빠르다. 이산화탄소의 축적을 국경폐쇄로 막을 수 없다. 한번 티핑포인트를 넘기면 훨씬 더 많은 비용을 치러야 한다는 사실도 유사하다. 둘 다 명확히 복잡계의 원리를 따른다.

극복의 방향도 유사하다. 우선 시민의 협력이 필수적이다. 국가, 시장, 공동체가 할 수 있는 정책을 다 동원해서 결합해야 하지만(오스트롬의 '다중심성 원리') 특히 시민들의 합의와 실천은 결정적으로 중요하다. 마스크 쓰기가 그러했듯, 자발적 '에너지 절약'은 생태위기 극복의 전제조건이다. 2030년까지 이산화탄소 배출 절반 줄이기(2010년 대비)는 아득한 목표로 보이지만 당장 시민들이 합의해서 전기소비를 30% 줄이면(마스크 쓰기보다는 덜 불편할지도 모른다) 석탄발전소 75%를 당장 없앨 수 있다. 탄소포집기술과 같은 기술혁신에 대한 환상은 버리는 편이 안전하다.

국가의 방향 설정은 시장을 움직이기 위해 필수적이다. 2050년 넷제로의 목표를 명확히 하고 국가는 물적, 인적 자원을 총동원해 탄소배출을 줄이는 쪽으로 혁신이 일어나도록 해야 한다. 탄소 1t당 50달러의 탄소세를 도입해 20년에 걸쳐

125달러 수준까지 높이는 일은 국가가 할 수밖에 없다. 2015년 메르스 유행 때 만든 방역 인프라가 한국의 검사–추적–치료를 가능케 했듯 생태 인프라를 지금 건설해야 한다. 전기차 충전소, 분산 발전이 가능토록 하는 스마트그리드, AI에 의한 탄소 배출원의 추적 시스템 등의 생태 인프라, 그리고 이를 뒷받침하는 사회 인프라의 수립은 국가가 솔선수범해야 한다. 바이러스위기와 생태위기는 인류의 삶을 위협하는 전쟁이다. '동아시아 발전국가'는 이런 상황에서 더 나은 성과를 거뒀으며 방역은 이를 새삼 확인했다.

국제협력은 최대의 난제이지만 유럽, 중국 등과 협력해서 탄소가격과 탄소관세를 공동으로 설정하는 '탈탄소 동맹'부터 시작할 수 있다. '방역이 곧 경제'인 것처럼 '생태가 곧 경제'인 시기가 곧 온다. 시민과 함께하는 전환적 리더십이 절실하다.

경향신문 2020.09.01.

칼럼

온실가스 순배출 제로 시대

정의당 심상정 대표는 지난 10월31일 국회 비교섭단체 대표연설에서 "2050년 이산화탄소 순배출 제로(넷 제로)"를 선언했다. 영국, 노르웨이, 스웨덴, 프랑스는 이미 넷 제로를 법에 명시한 국가이며 칠레, 뉴질랜드도 뒤를 이을 것으로 전망된다. 2019년 현재 탄소 넷 제로를 선언한 나라는 16개국에 이른다. 한국은 의원 6명의 미니 정당 하나만 국제적 책임을 다해야 한다고 호소했다.

한국은 2017년 현재 온실가스의 핵심인 이산화탄소 배출량 세계 7위, 1인당 배출량 2위를 차지했고 2007년 대비 10년 동안 이 수치는 24.6% 증가했다. 같은 기간 OECD 전체 배출량이 8.7% 감소한 것과 비교하면 우리는 분명히 파렴치한 무임승차를 하고 있다. 우리 정부가 발표한 감축 목표들 보면 이런 책임에 대한 생각조차 없다는 것을 알 수 있다. 2009년 이명박 정부는 배출량을 2020년 5억4300만t까지 줄이겠다고 약속했고, 박근혜 정부는 2030년 5억3600만t으로 후퇴했다. 불행히도 문재인 정부는 박근혜 정부의 '적폐'를 그대로 이어받았다. 이 목표는 3.5도 기후 상승에 대응하는 것으로 파리협약의 2도, 최근 '유엔 기후변화에 관한 정부 간 협의체(IPCC)'의 1.5도 권고와 비교하면 터무니없는 수치다.

'생태전환'은 지금 우리에게 절박한 정책기조이다. 생태전환의 기본 정책수단은 탄소세에 의한 시장의 변화와 녹색산업정책, 특히 정부주도의 기술혁신과 인프라 투자이다. 넷제로로 가는 기본 경로는 모든 에너지를 전기로 바꾸고, 에너지 효율적 기술혁신과 소비 축소로 전기 사용량을 줄이며, 여기에 들어가는 전기를 태양광 등 재생에너지 발전으로 충당하는 것이다. 정부와 기업, 시민들이 전력을 다하면 초기 10년 동안 대대적 투자가 일어나서 성장이라는 '생태배당'을 얻게 되고 기술혁신에도 성공해서 역대 정부의 목표인 기술 선진국의 지위에 오를 수 있다.

기온 상승을 1.5도 내로 묶으려면 탄소세는 어느 수준이 되어야 할까? 경제학자 스턴과 스티글리츠는 2017년까지 제출된 시나리오를 종합해서 2도 파리목표를 달성하려면 2020년까지 이산화탄소 1t 당 40~80달러, 2030년에는 50~100달러여야 한다고 추정했다. 즉 우리는 2030년까지 대략 t당 75달러 이상의 탄소세를 부과해야 한다. IMF는 한국의 배출권 거래시장의 탄소가격을 근거로 현재의 가격을 22달러로 추정했는데 이 계산에 의하면 11년간 50달러 이상을 인상해야 한다. 탄소 배출 순제로에 이르려면 2050년까지 125달러까지 올려야 할 것으로 보인다.

t당 탄소세 75달러는 각종 에너지 가격에 어떤 변화를 가져올까? IMF의 최근 추정에 따르면 한국의 경우 전기 42%, 석탄 220%, 천연가스 47%, 가솔린 6%의 가격 상승이 일어난다. 이 정도가 되더라도 현재 우리보다 각각 45%와 65% 높은 독일과 일본의 산업용 전기가격 수준에 미치지 못한다. 낮은 전기료로 버텨온 우리 제조업이 에너지 효율성을 독일과 일본 수준까지 높이지 않으면 앞으로 살아날 길은 없다. 화석연료 보조금은 우리 산업을 병자로 만든 마약이다.

모든 구조 전환은 자본과 노동의 급격한 이동을 동반한다. 정부의 녹색 산업정책은 이러한 이동을 촉진한다. 신생 생태산업을 지원하고 쇠퇴산업 지역의 재생 또는 변화를 정부가 주도해야 한다. 예컨대 내연기관 자동차를 전기차로 바꾸려면 배터리 기술의 급진적 혁신이 필요하고 자동차 부품이 절반 이하로 줄어들기 때문에 대구에서 창원에 이르는 지역의 경제를 새로운 산업으로 무장시켜야 한다. 이런 '거대한 전환'을 위해서 경비성 경비와 복지 예산을 뺀 모든 예산을 전환투자에 써야겠지만 t당 75달러 때의 탄소 세수 약 27조원은 전적으로 이러한 구조조정에 쓰여야 할 것이다. 군·구의 주민들이 자기 지역에 걸맞은 에너지 믹스(예컨대 태양광과 풍력과 바이오매스의 최적 조합)를 찾아내고 군·구의 발전 협동조합(주식회사)을 운영하는 것도 핵심적 사업이다.

지난 19일 정부는 '2020년 경제정책 방향'을 발표했다. 대대적 투자를 통해 현재의 침체 국면을 돌파하는 동시에 성장잠재력을 높이겠다는 것이다. AI와 빅데이터, 스마트 시티 등 최근 유행어로 가득 찬 123쪽의 문건 어디에도 생태전환의 장기 전략은 없다. 다만 '미래 선제 대응' 항목에서 미세먼지 배출원과 수입폐기물 관리의 강화, 그리고 '기후변화 선제 대응' 항목에서 여전히 부족하기 짝이 없는 목표(2017년 대비 2.5% 감축)를 달성하기 위한 배출권 거래시장 기능 강화에 단 세 쪽(pp.100~102)을 할애했을 뿐이다. 이들은 왜 27명의 노벨상 수상자들을 포함한 주류경제학자 48명이 "탄소세가 가장 비용효과적인 탄소배출 감축 수단"이라고 선언했는지, 현재의 경제구조 개혁에서 생태전환이 왜 핵심적 지위를 차지해야 하는지 생각조차 한 적이 없다. '전환적 지도자'와 '전환적 정당'이 절실하게 필요한 시점이다.

경향신문 2019.12.23.

칼럼

너도 나도 '생태 시민'이 되어야 한다

한달여 전, 유엔 기후정상회의에서 18세 툰베리가 한 연설이 지금도 귀에 쟁쟁하다. 세계의 정치지도자와 전문가들이 박수와 환호를 보냈지만 툰베리의 굳은 얼굴은 풀리지 않았다. 제정신의 어른들이었다면 미안해서 차마 얼굴을 들지 못했을 것이다.

기후위기는 경제학 교과서에도 나오는 대표적인 시장실패 또는 외부성 문제이다. 77억여 지구인, 200여개의 나라 모두가 걸려 있는 최대 규모 '공유지의 비극'이기도 하다. 우리가 알고 있는 경제학의 처방전은 과연 유효할 것인가.

바로 떠오르는 영국의 경제학자 피구(Arthur Pigou)의 해법은 탄소세 부과와 전기료 인상이고, 코즈 정리를 신봉하는 경제학자라면 탄소배출권 거래시장을 제안할 것이다. 충분히 높은 세율을 설정하고 새로운 시장에서 나타날 부작용을 처리할 수 있다면 둘 다 당장 시행해야 할 정책임에 틀림없다.

공유지의 비극에 대한 오스트롬의 해법, 특히 '다중심 접근'은 특히 중요하다. 글로벌한 문제이니 만큼 파리협정의 합의 또는 2018년 IPCC의 1.5도 특별보고서 처방대로 2030년까지 2010년 대비 45% 이상 감축, 2050년까지 순제로(net zero) 배출에 대한 합의가 있어야 한다. 각국은 이 목표에 맞춰 이행 전략을 제출하고 자국에 맞는 구체적인 정책을 실행해야 한다. 재생가능 에너지 믹스를 찾아내고 스스로 규칙을 세워 에너지 낭비를 막는 일, 지역 커먼즈를 활용한 수익 사업 등은 시·군·구 단위에서 해야 할 일이다. 개인들도 에너지 소비를 극소화하는 '좋은 삶'의 모델을 새로 만들어내야 한다.

1997년 교토의정서 때부터 보더라도 20여년 동안 이산화탄소 배출 증가율은 거의 같은 기울기로 늘어났다. 인류의 생존을 위한 생태 전환은 역사상의 어떤 '거대한 전환(자본주의의 탄생이건, 사회주의에서 시장경제로의 전환이건)'보다도 더 커다란 구조 변화를 요구하고 있다. 자본주의는 화석연료 위에 쌓아올린 경제이다. 산업자본이건, 금융자본이건, 그리고 일반인의 삶이건 모두 화석연료 인프라 위에서 구축되었다. 200년 이상 축적된 기득권의 힘은 어마어마하고 보통 사람들도 익숙한 삶을 쉽사리 버리지 않는다. 이들 모두가 강력한 저항세력이다.

아예 위기 가능성 자체를 부정하는 이들도 많다. 세계 최강국의 대통령이 그런다면 문제는 심각하다. 200여개의 나라들이 모두 단기 국익을 추구하고 민족주의나 인종주의가 이를 뒷받침한다면 무임승차는 당연한 선택이다. 국내 정치도 마찬가지다. 전기료 인상과 탄소세 도입은 언제나 차기 선거 이후로 미뤄진다. 또는 이런 정책이 국회를 통과하려면 압도적인 다수의 지지가 필요하다는 호소에 이용될 뿐, 그 선거 공약은 지켜지지 않는다. 가장 직접적인 피해당사자인 어린 세대는 투표권이 없고, 어른들은 자기 세대에게 유리한 '증거'에 귀를 기울인다. 우리의 민주주의 역시 기후위기 해결에는 무력했다.

전문가들의 진단은 절박해서 위에서 얘기한 모든 처방을 한꺼번에 시행해도 2030년까지 기온 상승을 1.5도 이하로 묶기 어려워 보인다. 2018년 IPCC 보고서 저자 중 한 명인 앨런(Myles Allen)이 제시한 간단한 사고 방법을 보자. 그에 따르면 배출된 이산화탄소 1t을 제거하는 데 드는 비용은 약 200파운드(약 30만원)이며 글로벌 탄소 프로젝트(GCP)가 추정한 2018년 한국의 1인당 이산화탄소 배출량은 12.4t(세계 4위)이었다. 즉 매년 1인당 270만원을 지출해야 현재의 탄소 스톡을 유지할 수 있다. 3인 가족이라면 매년 800만원 정도의 세금을 추가로 내야 하는데 그럴 수 있는 이들은 별로 없으니 이산화탄소 배출 자체를 줄여야 한다.

우선 산업, 건물, 교통의 에너지원을 전기로 바꾸고 최대한 재생가능에너지로 발전해야 한다. 그래도 나오는 쓰레기는 순환경제로 처리한다. 국가는 생태기술의 혁신을 주도해서 새로운 시장을 창출해야 한다. 이렇게 화석 기반 인프라 자체를 바꾸고 시장을 창출하는 대규모 투자는 당분간 경제성장률을 끌어올리고 새로운 일자리를 만들어낼 것이다. 약 10여년의 전환기에 부여되는 '생태 배당(ecological dividend)'인 셈이다. 최근 미국 정치권에서 활발히 논의되고 있는 그린뉴딜 정책이 바로 이런 전략이다.

진정으로 아이들을 위한다면 시민 스스로 나서서 올바른 전략을 요구하고 고통과 비용을 나누어 져야 한다. 행동하는 생태 시민(eco-citizen)이 없다면 전환은 불가능하다. 툰베리의 외침은 지금 전 세계 젊은이들의 행동으로 번지고 있다. 이 젊은이들이 '녹색 수호대(green guardian)'가 되어 정치를 주도할 때 비로소 우리는 전환에 성공할 수 있을 것이다.

경향신문 2019.10.28.

칼럼

아이야, 혁명의 때가 왔구나

"어쩌면 아이야. 너희들은 혁명을 해야 할지도 모르겠다." 2015년 거침없이 악화하는 불평등을 보며, 그리고 여야 거대 정당이 오히려 이를 부추기는 걸 한탄하며 나는 한 칼럼에서 아이들을 선동했다. 2년 전, 한 청년 활동가가 찾아와서 "혁명을 어떻게 하면 되느냐"라고 진지하게 물었다. 그 글에서 소개한 "친구들과 연대해서 더 나은 공동체를 만들어야겠다"라는 이길보라 감독의 말밖에 더 할 얘기가 없었다.

아이들이 연대해야 할 친구를 드디어 찾았다. 한눈에도 당차게 보이는 툰베리는 혁명가였고, 그의 연설은 슬픔의 절규이자 질타였으며, 그리고 경고였다. 그의 연설에 박수를 치고 환호한 세계의 정상들은 정말로 이 "혁명 선언"을 알아들었을까?

연설은 "내 메시지는 우리가 당신들(정상들)을 지켜보겠다는 것이다"로 시작했고, "당신들이 감히 어떻게(how dare you)"라는 말을 몇 번이고 반복했다. "당신들은 공허한 말로 내 꿈과 유년 시절을 빼앗았으며… 돈과 영원한 경제성장이라는 동화밖에 얘기할 줄 모른다." 그 누가 세계의 정상들에게 이리 말할 수 있을까?

툰베리는 세계 각국이 외면하고 있는 UN의 목표도 비판했다. 10년 내에 온실가스 배출을 반으로 줄여서 50%의 확률로 기온 상승을 1.5℃ 내로 억제하자는 주장은 "당신들에게 받아들일 만할지 모르겠지만… 우리는 그 결과와 더불어 살아야 한다." 이제 그 확률을 67%로 높이려면 2018년 1월 1일 기준으로 세계는 420기가톤의 이산화탄소를 남기고 있을 뿐이며 (1년 8개월 남짓 지난) 오늘 350기가톤 미만으로 줄었다. 그런데 "당신들이 감히 어떻게 단지 '통상의 방식으로(business as usual)', 그리고 몇몇 기술로 이 문제를 해결할 수 있는 척하는가?"

2018년 8월, 스웨덴 의회 앞에 앉아서 홀로 피켓 시위를 하던 툰베리의 외침은 "전 세계 청소년들이여 연대하라"로 번졌다. 뉴욕, 베를린, 캔버라, 그리고 서울에서 아이들이 "정부는 온실가스 배출 감소를 위한 모든 노력을 다하라"고 외치고 있다.

기후 위기는 지극히 정치적인 문제이다. 자본주의 300년이 화석연료 위에서 발전했기 때문에, 가장 전형적인 '시장 실패'이며 동시에 가장 규모가 큰 '공유지의 비극'이기 때문에 오직 시민들의 정치적 연대만이 문제를 해결할 수 있다. 정작 처참한 결과를 떠안을 이해당사자인 미래 세대에게는 투표권이 없다. 생태 문제에는 민주주의가 작동하지 않을 가능성이 크다. 어른들은 쏟아지는 정보 중에서 자신에게 유리한 것을 택할 가능성이 높으며(확신 편향), 그런 정보를 제공할 화석연료 대기업은 얼마든지 있다.

툰베리와 아이들은 핵심을 꿰뚫었다. 곧 세계의 아이들은 정부에 대한 호소를 멈추고 '악'과의 싸움을 시작할 것이다. 툰베리가 연설한 날, 한국의 문재인 대통령도 (일설에 따르면 주최 측의 거부에도 불구하고 겨우) 정상회의에서 연설을 했다. 한국은 계속 석탄 발전을 늘리는 나라, 1인당 이산화탄소 배출량 1, 2위를 다투는 나라이면서 아직 파리협정 이행계획도 내지 못했다. 겨우 내놓은 2030년 온실가스 감축 목표조차 3℃ 내 억제 수준에 머문다고 비판받고 있다. 그런데도 대통령은 "파리협정을 충실히 이행하고 있다"면서 "푸른 하늘의 날" 같은 공허한 말만 했다.

아이들에겐 투표권이 없다. 어른들의 선택권은 어떨까? 기후 위기 집회에 참석한 아이들을 처벌하라고 교육부 장관을 다그치는 당은 물론 선택의 대상이 아니다. 이들보다 조금 낫지만 불평등이건 기후 위기건 구체적인 노력조차 하지 않는 당 역시 툰베리에겐 그저 '악'일 뿐이다. 10년이나 남았으니 그때부터 해결책을 모색하면 되는 건 절대로 아니다. 지금 당장 시한을 정하고(예컨대 2030년까지 이산화탄소 배출 50% 이상 감축) 모든 조치를 취해야 10년 뒤, 아이들이 그래도 뭔가를 해볼 기회라도 남는다. 현실을 직시하고 어떤 당이 툰베리와 아이들의 외침에 반응을 보이는지 살펴야 한다. 99%의 부모에게 내 아이만 살 길은 없다(1%는 '토탈리콜'의 특수 돔 안에서 살 수 있을지도 모르지만)

시사인 2019.11.08.

2부

사회적경제와 혁신

편집자 주

2000년대 이후 진보정책의 확장에서 정태인이 기여한 가장 큰 영역을 꼽으라면 단연 '사회적경제' 영역이 아닐까 싶다. 그만큼 정태인은 2000년대 중반 이후 기존의 불평등한 한국경제 대안의 하나로서 사회적경제에 대해 지대한 관심을 가지고 매우 활발한 정책연구를 펼쳐왔을 뿐 아니라, 전국의 수많은 사회적경제 현장을 방문하면서 지역 활동가, 기업가들이 모인 강연회와 토론회에 참여했다.

그는 협동조합과 사회적경제가 성공했던 해외사례에도 관심을 가지고 수 차례 직접 방문하기도 했다. 특히 스페인 몬드라곤 협동조합, 이탈리아 에밀리아 로마냐, 그리고 캐나다의 퀘벡 협동조합은 그에게 많은 영감을 주었고, 세 지역 협동조합을 유형화하여 한국의 현실에 적용하기 위해 상당한 노력을 기울였다(이어지는 논문들에서 이들 사례가 반복되어 언급되는 것을 볼 수 있을 것이다). 세 지역 사회적경제의 특징을 구분한 그의 연구는 실로 독보적이어서 참고할 가치가 크다.

또한 그는 사회적경제의 철학적, 경제적 토대가 되는 '협동의 원리'에 깊은 관심을 두고 연구를 거듭하여 2013년에 이수연과 공저로《협동의 경제학》을 완성했는데 이는 사회적경제를 연구하거나 현장활동을 하는 이들에게 교재가 될 정도로 중요한 역할을 했다. 이러한 이론적 기반을 토대로 그는 2010년대에 서울시에서 대대적으로 확산된 사회적경제, 사회혁신, 공유경제 등의 정책에도 직간접으로 참여하여 이론적 기반을 제공해주었으며, 이를 체계적으로 수행하고자 서울시 지원 아래〈칼폴라니사회경제연구소〉를 설립하고 소장을 맡기도 했다.

정태인은 2010년대의 서울시 정책 추진과정을 관찰하면서 공공과 사회적경제가 어떻게 협력을 이룰 수 있을까에 대해 오스트롬의 '공동생산' 개념을 적용하기도 했고, 빠르게 변화하는 디지털경제와 사회적경제를 접목하고자 '동료생산' 개념을 도입하기도 했다. 또한 당시 혼란스럽게 전개되는 '공유경제'에 대해서도 다양한 이론적 기반을 두고 비판적으로 평가했다. 특히 그는 학계에서도 연구결과가 매우 드문〈협동조합 기업이론〉을 연구하고 실제로 성공회대학에서 강의를 하기도 했지만, 공식적인 출판물로 내놓지는 않았다. 여기서는《협동의 경제학》이후 그가 발전시킨 사회혁신과 협동조합 기업이론이 담긴 두 편의 귀중한 논문과 몇 편의 칼럼을 편집하여 소개한다.

논문

사회적경제와 혁신: '공동생산'과 '동료생산'을 중심으로[1]

1 사회적경제와 혁신

1) 기술혁신과 사회적경제

혁신은 주류경제학에서도 그다지 발전하지 못한 주제다. 애덤 스미스의 핀 공장의 예나 맑스의 노동과정 연구처럼 고전파 경제학에서는 기술발전이 경제에 미치는 영향에 지대한 관심을 지니고 있었다. 하지만 신고전파 경제학은 가격 메커니즘과 시장균형에 초점을 맞추면서 기술을 외생변수로 취급했다. 신고전파의 성장론에서도 마찬가지여서 솔로우(Robert Solo) 등의 성장모형에서 기술은 총요소생산성으로 표현되지만 사실상 내생 변수들로 설명이 되지 않는 잔여물에 불과했다. 1970년대에 혁신을 설명할 수 있는 두 이론이 형성되었는데 하나는 로머(Paul Romer) 등이 주창한 내생성장론(교육이나 연구개발을 내생변수로 취급)과 네오슘페터

---

[1] 이 글은 정태인이 2018년 작성한 "사회적경제와 혁신: '공동생산(co-production)'과 '동료생산(peer production)'을 중심으로" 보고서의 일부를 현재 시점에 맞게 재정리한 것이다.

리안의 진화주의 성장론이 그것이다. 지금까지도 주류경제학에서 교육과 연구개발을 강조하는 것은 전자의 영향이다.

경제학에서 혁신의 중요성을 다시 강조한 학자는 슘페터(Joseph Schumpeter)다. 그가 주목한 것은 주류경제학의 정태적 균형 이론(슘페터는 이를 반영하여 '순환흐름 모델(circular flow model)'을 구축했다)에서는 혁신이 발생할 수 없다는 사실이었다. 여기에서 그는 기업가(entrepreneur)[2]의 역할에 주목했다. 글 쓴 시기에 따라 초기 제조업 시대의 중소 혁신가에 주목하기도 했지만 주로 거대기업에서 일어나는 '창조적 파괴'가 자본주의를 성장시킨다는 것이다. 네오슘페터리안의 혁신이론은 혁신이 기본적으로 불확실성과 복잡성에 의해 지배된다는 사실에 주목했다.[3] 따라서 네오슘페터리언들은 혁신 주체인 기업(과 혁신체제)의 기술 흡수능력에 관심을 가진다.[4]

완전경쟁균형의 존재를 최초로 증명한 애로우(Kenneth Arrow)는 자신의 정태적 체제를 보완하는 많은 연구를 했는데, 그 중 하나가 실행학습(learning by doing)이며 이 개념은 후일 기술혁신의 핵심 내용을 구성한다. 네오슘페터리언들은 기술의 생성, 흡수, 상품화, 개선 등의 구체적인 내용을 연구하여 기업혁신체제, 지역혁신체제, 국가혁신체제라는 이론으로 정식화했다. 이들 이론에서 특히 중요한 것은 지식이 "지역적으로 뿌리내린 공동체적 성격"을 지닌다는 것이다. 특히 에밀리아 로마냐 모델에서 중요한 암묵적 지식은 코드화해서 일반화하기 어렵다. 따라서

---

[2] entrepreneur을 흔히 기업가로 번역하지만 슘페터는 혁신가라는 의미로 사용했다. 기업가는 business man에 가깝게 느껴진다.

[3] 자본가 또는 기업가는 이러한 불확실성과 복잡성을 회피하기 마련이므로 생존의 위협이 닥치지 않는 한 혁신을 꺼릴 것이다. 반면 맑스주의는 자본가간 경쟁이 혁신을 강요하므로 혁신은 필연이라고 생각한다.

[4] 외부의 기술을 흡수하는 능력은 사회적경제기업에게도 꼭 필요하다(경제발전론에서는 국민경제에 필요하다). 이 때문에 흡수능력의 일상적 조건(routine)을 여기 기록해 둔다. 외부에 존재하는 기술을 흡수해서 소화하는 능력은 필수적이다. 그것은 우선 내부 흡수능력 루틴으로 변이의 촉진, 내부 선택체제의 관리, 지식과 우수 실천의 공유, 반성, 업데이팅, 복제, 적응 갈등의 관리로 이뤄진다. 한편 외부 루틴은 공급자, 고객, 경쟁자, 그리고 조언자와 함께, 또는 그들로부터 습득하는 학습, 조직 내로 지식 이전으로 구성된다. 이러한 능력을 갖춰야 내외부에 존재하는 지식을 기업의 운영에 활용할 수 있게 된다.

어떤 기업이 공동체에 뿌리내린다면 사용자의 지식을 흡수하는 데 유리할 것이다. 즉 사회적경제기업은 사용자 지식과 일반적 기술지식을 매개하는 기능을 할 수 있다(Chamers & Balan-Vnuk, 2012). 만약 사회적경제기업이 지역공동체에 뿌리를 내리는 것을 경영 목표 중 하나로 잡는다면 그 기업은 지역의 암묵적 지식을 이용하는 수많은 니치마켓(Niche markets)을 갖게 될 것이다. 예를 들어 다국적기업의 풍력 터빈은 외진 스코틀랜드 공동체의 필요를 충족시키지 못하고 이 마을은 재생에너지를 이용하여 자신의 문제를 해결할 수 있다는 사실을 알지 못하지만, 이 지역의 재생에너지 사회적기업은 두 종류의 기술을 연계하여 기술혁신과 사회혁신을 동시에 달성했던 사례가 있다.

2) 디지털 혁명과 사회적경제

디지털 혁명과 기술혁신은 사회적경제에 어떠한 영향을 미칠 것인가? 이들 혁명의 성격 중에 사회적경제기업과 네트워크에 유리한 면은 없는가? 디지털 혁명과 혁신환경의 변화는 크라우드소싱, 웹2.0, 동료생산(peer production), 개방혁신(open innovation)이라는 다양한 용어로 표현되는데 혁신이론의 관점에서 보면 그것은 기업 내외부의 지식흐름(외향, 내향)을 혁신에 이용하는 방식의 변화를 의미한다. 즉 대기업이 자신이 가진 물적 능력과 인력을 동원해서 연구개발과 제품혁신, 공정혁신에 비교해 볼 때, 디지털 혁명은 훨씬 더 많은 참여자(예컨대 사용자나 외부 개발자)의 지식과 능력을 동원할 수 있게 하였다. 이러한 성격은 상대적으로 소규모인 사회적경제기업에게 유리하다고 할 수 있을 것이다.

즉, 디지털 혁명으로 가능해진 웹 2.0의 환경에서 기업이나 조직 외부의 개인이나 가상공동체의 지식을 이용하여 개방혁신을 모색하는 흐름이 혁신의 흐름을 이루게 되었고 이를 총칭해서 개방혁신(open innovation)이라고 부른다. 개방혁신으로 어떤 일을 할 수 있는지, 한 눈에 보여주기 위해 나카추의 연구를 소개한다(Nakatsu et.al, 2015). 나카추와 그의 동료들은 100개 이상의 유명한 크라우드소싱 사례를 과제의 복잡성(과제의 구조, 과제의 상호의존성, 과제에 대한 이행합의) 정도에 따라 7개의 범주로 나누었다.

표 1은 크라우드소싱과 이행합의(commitment[5])는 상대의 행동을 예측할 수 있는 수준이 어느 정도인가, 즉 사슴사냥게임에서 협동해에 필수적인 상호신뢰의 정도를 말한다. 이러한 유형들은 사회성(sociality)의 특수 형태들이라고 할 수 있는데 사회성이란 행동경제학/심리학의 실험에서 나타나듯이 협동의 결과 나타난 인간의 선호 유형을 말한다(Felin et al., 2017). 사회적경제기업은 (가상) 공동체가 상호의존적인 과제, 구조적이지 않은 과제를 해결하는 데 비교우위를 지니고 있다고 할 수 있다. 즉 규범을 중요하게 여기는 공동체로서의 사회적경제는 디지털 공간에서 수많은 참여를 유도해서 지역문제를 해결하거나 오픈소스를 활용해서[6] 하드웨어, 소프트웨어, 컨텐츠를 개발할 수 있을 것이다. 즉 사회적경제기업의 공동체성에 '가상공동체'를 추가할 경우 우리는 청년들이 활발하게 참여하는 사회적경제의 새로운 부문을 만들어낼 수 있을 것이다.

표 1 크라우드소싱에 기초한 과제의 성격 목록(Nakatsu 외, 2015)

	독립적 과제(개인)	상호의존적 과제(가상공동체)
구조적(Well-structured) 과제 (잘 정의된 문제해결의 기준이 존재한다)	I. 계약에 의한 고용 (1) 낮은 이행합의 지적 과제 크라우드쉐어링 시장 높은 이행합의(물적 인센티브) 온라인 고용 플랫폼	II. 분산된 문제해결(더하기 또는 합하기) (2) 낮은 이행합의 지리적 데이터 수집 분산된 지식 수집 크라우드 펀딩
구조적이지 않은 과제 (잘 알려져 있거나 잘 정의된 문제해결책이 존재하지 않는다)	III. 새로운 아이디어의 생산 (3) 낮은 이행합의 소비자주도 혁신 (4) 높은 이행합의(물적 인센티브) 온라인 문제개혁 플랫폼 컨테스트	IV. 협력(상호적 조정) (6) 낮은 이행합의 실시간 아이디어 잼(idea jams) (7) 높은 이행합의(규범) 오픈소스 소프트웨어 개발 오픈소스 하드웨어 설계 오픈 컨텐트 프로젝트

---

5 commitment는 게임이론/신제도주의이론을 활용하는 여러 학문분야에서 중요한 개념으로 사용하는데 아직 적절한 번역어를 찾지 못했다. 여기서는 이행합의라는 다소 어색한 표현을 사용한다.

6 오픈소스는 재원이 충분하지 않은 사회적경제기업에게 매우 중요하다.

기술혁신은 혁신정책에도 변화를 초래했다. 선진국(그리고 한국)의 혁신 정책은 교육과 R&D의 강조(신성장이론), 혁신체제이론이었다.[7] 디지털 혁명은 사용자혁신(user innovation, von Hippel, 2005), 개방혁신(open innovation) 등 새로운 개념을 등장시켰고 정부 정책도 이에 따라 변화했다. 개방혁신은 인터넷의 발전과 더불어 과거에는 상상할 수 없었던 새로운 혁신을 이룬 위키피디어, 오픈소스 소프트웨어 등에 주목했다. 이제 과거 기업들이 내부에 보유한 지식의 한계를 뛰어 넘기 위해 채택한 전략적 제휴를 훨씬 확장하여 바깥의 지식을 어떻게 이용할 것인가에 초점이 맞춰졌다. 외부 지식에 대한 접근에 따른 개방혁신을 위해서 컨테스트와 토너먼츠, 동맹(alliance)과 합작벤처(joint venture), 벤처자본, 라이센싱, 오픈소스 플랫폼, 개발공동체 참여 등이 모색되었다.

사용자혁신과 개방혁신 등 내외부 지식 흐름에 초점을 맞춘 경영전략은 당연히 기업 거버넌스를 변화시킨다. "일반적으로 다양한 외부 파트너들과의 연계와 그들로부터의 지식흐름의 증가는, 특히 불확실한 환경에서 혁신 성과의 향상으로 이어진다"(Felin&Zenger, 2014). 특히 관계적 거버넌스, 공개거버넌스 형태의 활용이 증가했고 수많은 대안적 거버넌스가 실험되고 있다. 디지털 혁명이 초래한 여러 실험 중 어떤 기업거버넌스가 최적인지에 관한 합의는 현재 존재하지 않는다. 다만 외부의 지식을 활용하기 위해서 거버넌스가 더 관계적이고 공개적이 된다는 점, 그리고 과제의 성격에 따라 여러 대안 중에서 거버넌스가 선택된다는 점이 중요하다. 우리는 사회적경제 기업이 합의 조직을 지니고 있으며 '협동조합 간의 협동'이라는 규범에서 나타나듯이 파트너십 구성을 꺼려 하지 않으며 사용자와 힘께 공동체에 뿌리내려 있다는 점에 주목한다. 즉 사회적경제라는 범주는 개방혁신이나 크라우드소싱과 대립하기보다 훨씬 더 어울린다고 할 수 있다. 이러한 기술과 변화에 따라 정부의 혁신정책도 일정하게 변화했다. 표 2의 간단한 분류는 단계적

---

[7] 네오슘페터리언의 혁신체제론, 포터(Michael Porter) 등의 클러스터 이론은 1990년대 이래 전 세계의 클러스터 정책을 주도했다. 한국에서도 참여정부에서 국가균형위원회와 동북아위원회의 국가혁신체제정책/지역혁신체제정책이 시행되었고 이명박정부와 박근혜 정부에서도 다소 간의 변화를 거쳐 유지되었지만 주목할 만한 성과 없이 지역개발 사업에 머무르고 있다.

으로 변화했다기 보다 (특히 한국에서는) 새로운 정책이 추가된 순서라고 이해해야 할 것이다.

표 2   과학기술혁신정책의 변화(송위진, 2018)

	혁신정책 1.0	혁신정책 2.0	혁신정책 3.0
혁신을 바라보는 관점	선형적 관점	혁신체제론	시스템 전환론
정책 목표	경제성장	경제성장	경제성장, 삶의 질, 지속가능한 발전
혁신정책의 영역	부문별 정책	다부문 정책	다부문 정책
주요 관심영역	과학 정책	혁신 정책 혁신을 촉진하기 위한 제도설계 혁신친화적 고용정책, 금융정책	혁신정책+정책혁신 사회경제적 문제 해결을 위한 통합형 혁신정책 경제사회 발전 비전의 설정, 각 분야 혁신정책의 통합
주요 주체	과학기술계	과학기술계, 경제계	과학기술계, 경제계, 사용자 및 시민사회

여기의 주제와 관련해서는 혁신정책 3.0이 중요하다. 즉 한국정부도 과거의 과학기술계 중심의 단선적 기술혁신을 추구하는 정책에서 클러스터 등 혁신체제를 구축하려는 노력으로, 그리고 2010년대에는 다양한 주체가 참여하여 다양한 사회혁신을 모색하는 혁신정책을 사용하고 있다. 여기서 특히 중앙정부와 지방정부의 리빙랩 사업에 주목해볼 필요가 있다.

2   개방형 혁신과 커먼즈 운동

1) 커먼즈 유형의 분류

디지털 혁명에 의한 사회변화 전반에 초점을 맞춰서 커먼즈 운동은 국제적인

표 3 새뮤얼슨 – 오스트롬의 재화/서비스의 성격 구분

	배제 가능	배제 불가능
경합적	사적 재화(private goods) 사과, 콜라 등	공유자원(common resource pool) 공유지, 바다물고기, 출퇴근도로
비경합적	클럽재(club goods) 유선TV, 수도, 전기, (한산한)유료도로	공공재(public goods) 공중파 방송, 국방, 민주주의 등 제도

흐름을 이루고 있다. 현재 이 운동에서 가장 영향력 있는 P2P재단의 보웬스(Michel Bauwens)는, 현대의 커먼즈를 과거로부터 전승받은 것인가 아니면 현재 그리고 미래에 생산될 것이냐 여부에 따라 위치가 결정되는 가로축, 그리고 그 커먼즈가 비물질적인 것인가 아니면 물질적인 것인가 여부에 따라 결정되는 세로축을 그릴 때 4개의 유형이 있을 수 있다고 주장한다(Bauwens,M., Niaros,V., 2017). 그것은 현재 생산되고 있는 비물질적 지식커먼즈, 과거에 생산된 비물질적 문화유산 커먼즈, 과거에 생산되고 전승되는 물질적 자연자원 커먼즈, 현재 생산되고 미래에도 생산될 물질적 커먼즈(사회적 커먼즈와 생산적 커먼즈)가 그것이다. 이 분류는 현재의 커먼즈 운동이 포괄하고 있는 광범위한 대상을 망라하고 있고 실제로 각종 진보적 사회운동이 대체로 서로 공유하는 방향이기도 하다.

표 3은 전형적인 새뮤얼슨 – 오스트롬(이하 S – O)의 재화/서비스 성격 구분이다. 이 구분에 따라 경제학과 오스트롬의 CPR(Common Pool Resource)이론, 그리고 정책적 대안도 모색되어 왔다. 수많은 사람들이 이 구분에 따라 이론과 정책을 고민했으므로 훨씬 풍부한 내용을 담고 있을 것이다. 따라서 보웬스의 커먼즈를 이 구분으로 다시 배치하는 것은 운동의 진단과 정책 대안을 생각할 때 더 유용할 수 있다.

보웬스의 지식 커먼즈는 S – O의 4/4분면인 공공재에 속한다. 일반적으로 지식 커먼즈가 글로벌 공공재에 속한다는 것은 누구나 인정할 수 있을 것이다(로컬 지식 커먼즈는 암묵적 지식을 포함하여 지리적 접근 제한성이 있으므로 공공재와 오스트롬 커먼즈의 중간 쯤에 위치한다). 한편 보웬스의 자연자원 커먼즈는 전형적인 오스트롬의 커먼즈(CPR)에 속한다. 비물질적 문화유산은 대체로 공공재에 속하며 만일 국가나

지역공동체가 입장료를 받는다면 S-O의 클럽재로 분류될 것이다.[8] 문화가 책이나 음악, 미술, 공공 조형물과 같은 예술품으로 물질화한 경우에는 때로 지적재산권이 붙어서 S-O의 1/4분면에 속하지만 복제 불가능하다는 점에서 일반 재화/서비스와는 사뭇 다르다.

보웬스의 물질적 커먼즈(사회적 커먼즈와 생산적 커먼즈)는 우리가 일반적으로 말하는 전통적 사회적경제와 가상공동체(virtual community)가 생산하는 재화/서비스를 포괄하고 있다. 즉 사회적 커먼즈란 과거와 현재의 지역공동체가 만들어내서 함께 이용하는 생산물과 서비스(즉 협동조합, 신용조합, 사회서비스)이며 생산적 커먼즈는 디지털 혁명에 기초해서 생산하고 있지만 엄격한 지식 재산권을 거부하거나 완화한 재화와 서비스를 일컫는다.

즉 보웬스의 커먼즈는 S-O의 구분에 따르면 각각 상이한 재화/서비스이며, 따라서 각각 다른 원리에 의해 생산되고 소비되며 그동안 경제학의 발전은 각각의 유형에 대해 각각의 해법을 제시했다. 따라서 운동 방식이나 정책 방향도 단일한 '커먼즈 방식'일 수 없을 것이다. 물론 신자유주의의 해법은 모든 커먼즈를 사유화(인클로저)하는 것이며 커먼즈운동은 그동안 사회과학의 발전을 반영하여 가장 적절한 대안을 제시해야 할 것이다. 이를 다시 표로 정리하면 다음과 같을 것이다.

2) 커먼즈 구분에 따른 딜레마와 해법들

표 4에 따를 때 'III. 자연자원'은 이기적인 인간들의 무임승차가 처벌받지 않는다면 전형적인 '공유지의 딜레마'를 낳게 되지만, 오스트롬은 인류역사 속의 무수한 공유자원(CPR)이 모두 이 딜레마에 빠진 것은 아니며 공동체 내부의 제도와 규범에 의해서 대체로 잘 관리되어 왔다는 것을 증명했다. 물론 이 커먼즈에 관련된 사람들의 수자가 늘어남에 따라 모두가 합의하는 규칙을 만드는 것도, 또 무임승

---

[8] 클럽재는 부캐넌(Buchanan, 1965)이 만든 개념이다. 부캐넌은 피구의 외부성 논의를 비판하면서 가격을 설정할 수 있는 경우 외부성은 없어진다고 주장한다. 즉 공공재에 기술의 발전이나 어떤 사회적 합의에 따라 가격을 설정할 수 있으면 클럽재(때로는 일반 경제재)가 된다. 이러한 논법은 앤티커먼즈딜레마에 관한 부캐넌과 윤의 논의에서도 반복된다(Buchanan&Yoon, 2000).

표 4 보웬스와 S-O 구분의 관계와 문제해결 방식

보웬스의 구분	S-O의 구분	인간이 이기적인 경우, 즉 자본주의 사회에서 나타나는 고유의 딜레마	전형적인 해법
I. 지식커먼즈(무료 소프트웨어, 공개 디자인)	글로벌/로컬 공공재 (지적 재산권이 붙은 경우 경제재로 전환= 사유화)	공공재의 딜레마 = 과소 생산의 문제, 지적재산 권 설정에 따른 앤티커 먼즈 딜레마	국가의 인프라 투자와 혁신 프로젝트 컨테스트와 동료생산 개방혁신 등
II. 문화 유산(언어, 교육, 윤리)	공공재 (입장료 등 이용료를 받는 경우 클럽재로 전환)	국가 관리인 경우 관료 제의 문제, 지역공동체 관리인 경우 오스트롬의 딜레마	국가관리(규제)에 오스트롬식 공동체 관리 이용과 주민의 소득 향상
III. 자연자원 커먼즈(바다, 대기, 삼림)	오스트롬의 커먼즈 (인클로저에 의한 사유화)	전형적인 커먼즈의 비극	오스트롬의 8원칙 (다중심성 주요) 글로벌 커먼즈 경우 글로벌 협약과 국가규제 필요
IV. 사회적/생산적 커먼즈(위험의 공유, 디지털커먼즈)	사회적경제 디지털 커먼즈를 이용한 DGLM	시장경제와의 경쟁 과소생산 (생산자의 생활보장)	협동의 원칙들, DGLM 의 경우 생산자의 생활 보장

차자를 적절하게 처벌하는 것도 어려워지는 것이 사실이다. 전 인류의 생존이 걸린 지구온난화 문제는 국가의 수가 증가함에 따라 가장 이산화탄소를 많이 배출하는 나라가 국제규칙(예컨대 파리협약)에 합의하지 않으면 바로 위험에 빠질 수 있다는 사실을 보여주고 있다.

오스트롬의 다중심 원리는 어떠한 공유자원 문제도 여러 차원의 중심이 있으며 각각의 규칙이 지켜져야 한다는 것을 말한다. 예컨대 가장 어려운 기후온난화 문제는 국제협약-국가의 제도와 정책-기업과 공동체 수준의 규범-개인의 규범이라는 여러 중심이 무임승차를 하지 않도록 해야 한다. 오스트롬은 이를 '다수준 둥지구조'로 묘사했다. 이 원리는 자연자원 커먼즈 뿐 아니라 다른 커먼즈에도 적용할 수 있는데, 이는 최근 사회적경제에 의한 사회서비스/공공서비스의 공급에도 매우 유용하며 오스트롬과 이후 일군의 사회적경제 이론가들은 이를 '공동생산'이라고 불렀다.

'I. 지식 커먼즈'는 공동으로 이용한다는 점, 위키피디아나 오픈 소프트웨어

운동에서 보듯이 고도의 협동 규범이 작동한다는 점에서는 오스트롬의 커먼즈를 연상하게 하지만 S-O의 분류에서 다른 분면에 속한다. 오스트롬의 공유자원 관리 8가지 규칙의[9] 1번은 경계의 확정이다. 사실상 경계 밖에 대해서는, 즉 지역공동체 주민이 아니면 마을 숲을 이용할 수 없다는 배제성을 지니고 있다(이 점 때문에 사회적경제의 폐쇄성, 혹은 '나쁜 사회적 자본'이 나타날 수 있다). 물론 경계(흔히 공동체) 내에서는 어떤 개인도 타인을 배제할 수 없으며 그러한 상태에서 공유자원 스톡(예컨대 공동목초지나 연안 바다)과 그 생산물 플로우(예컨대 양과 생선)에 관한 규칙을 정하는 것이다.

하지만 디지털커먼즈, 또는 인터넷 기반의 지식 커먼즈는 개방적접근(open access)을 특징으로 한다. 즉 모두에게 동일한 접근권이 부여되는 것이다. 일반적으로 디지털 시대의 정보나 지식의 스톡은 배제성이 없고(open access), 더구나 경합에 의한 지식자원 스톡의 황폐화, 고갈도 존재할 수 없다. 비배제성과 비경합성은 공공재의 특성이다. 물론 디지털커먼즈가 공공재에 속한다고 해서 경제학 교과서에 나오는대로 국가가 생산해야 하는 것은 아니다.[10] 하지만 오스트롬 커먼즈의 비극이 자원의 고갈에 있다면 지식 커먼즈는 그 반대의 문제, 즉 과소생산의 문제를 안고 있다는 점에서 오스트롬의 규칙을 그대로 적용하면 안된다.[11]

---

9 [편집자 주] 공유자원 유지를 위한 오스트롬의 여덟가지 규칙은, 1.경계의 확정(Boundary), 2.규칙의 부합성(Congruence), 3.참여의 권리(Participation right), 4.모니터링(Monitoring), 5.단계적 제재(Sanctions), 6.분쟁 해결 장치(Dispute resolution), 7.규칙 제정 권리(Rule-making rights), 8.책임성(Responsibility)이다.

10 과거 교과서에 군대와 함께 등대는 공공재의 대표적 사례로 등장했다. 하지만 코즈(Ronald Coase)의 연구 결과 18세기 영국에서 세워진 등대 중 전적으로 정부가 만든 경우는 없었다. 일반적으로 S-O에 의해 어떤 재화나 서비스가 분류된다 하더라도, 그 성격에 따라 재화를 생산하고 관리하는 거버넌스가 바로 결정되지는 않는다. 해당 재화나 서비스가 파묻혀 있는 사회의 성격도 거버넌스를 결정하는 주요 요인이다.

11 오스트롬이 8원칙을 도서관에 적용하여 정보/지식 커먼즈 관리의 성격을 보이려고 한 것은 오류이다. 도서관은 물론 지식의 구현체인 책과 논문을 공유하는 곳이지만, 그 안의 구성물인 책이나 논문은 명확하게 경합성을 지니므로(1권의 책을 동시에 10명이 빌릴 수는 없다) 디지털 지식과는 정반

그러나 과소생산의 문제를 해결한다는 명분으로 설정된 지적 재산권은, 오히려 '반공유지의 딜레마(anti-commons dilema)'를 낳을 수 있다. 하딘(Garrett Hardin)은 '공유지의 비극'을 해결하는 방법 중 하나로 사유화, 즉 인클로저를 제안했는데[12] 지적재산권은 디지털커먼즈의 인클로저를 연상시킨다. 헬러(Michał Heller)는 지적재산권을 지식(디지털) 커먼즈의 딜레마에서 가장 심각한 요소로 꼽는다. 헬러에 따르면 이 현대판 인클로저는 정보시대의 원시적 축적을 연상시키는 반공유지의 비극(the tragedy of the anticommons)을 발생시킨다(Heller, 1998). 그는 반공유지의 비극이라는 개념으로 소유권의 과다한 설정이 자원의 과소 이용을 낳아서 효율성을 해친다고 주장했다. 예컨대 시장경제로의 이행기 모스크바의 국영상점에 너무 많은 소유권(또는 당과 기업 차원, 노동자 집단이 중첩적으로 가지고 있는 배제권)이 겹쳐져 있어서 오히려 비어 있는 반면, 길거리의 키오스크(가판대)에서는 활발한 거래가 일어나고 있는 점에 주목했다. 이와 마찬가지 현상이 현대의 디지털커먼즈에도 일어나고 있다는 것이다. 그는 이후의 연구에서 특히 생물신약부문과 곡물의 종자, 유전자지도에 지적재산권이 설정됨으로써 디지털 자원이 과소 이용되는, 따라서 효율성이 떨어지는 '격자사회'(맨 오른 쪽 그림을 연상하면 된다)를 비판했다.[13]

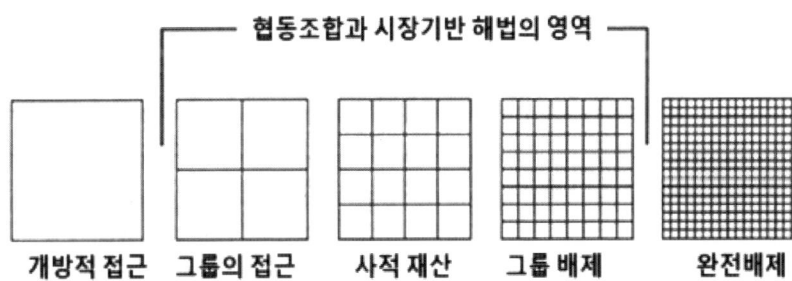

그림 1   배제권의 밀도에 따른 반공유지 딜레마(Heller, 1998)

대의 모습을 보일 수 있기 때문이다.

12   다른 하나는 국가의 규제, 즉 리바이어던이다.

13   이에 대한 반론은 티스(Teece, 2017)를 참조하라. 특허권도 각 산업의 표준에 따라 "공정하고, 합리적이며 비차별적으로(fair, reasonable and nondiscriminatory, FRAND)" 제한되므로 앤티커먼즈의 비극은 대체로 일어나지 않는다는 것이다. 한편 앤티커먼즈 딜레마는 스미스의 국부론에도 다뉴

한편 벵클러(Yochai Benkler)는 디지털 혁명의 성격에 따라 '동료생산'이 유력해지면 전통적인 기업은 거대 규모의 자본이 필요한 부문에서만 경쟁우위를 지니게 된다고 주장한다. 헬러와 벵클러가 비판하고 티스(David Teece)가 옹호한 지적재산권제도에 대해서 도시와 스티글리츠는 현대의 기술혁신에서 특허권이 기여한 바는 정부재원 연구, 상금 공모 연구, 개방 혁신(동료생산)보다 적다고 주장했다(Dosi&Stiglitz, 2014). 물론 지적재산권이 전혀 필요없다는 것을 의미하지는 않는다. 어떤 분야에 지적재산권이 설정될 때 지식의 과소생산 문제를 해결하며 동시에 반공유지 딜레마를 야기하지 않는지를 분석해서 위에서 제시된 기술혁신체제들을 최적으로 조합하는 것이 과제일 것이다. 특히 디지털커먼즈에 입각한 개방혁신, 동료생산이 특허보다 더 중요할 수 있다는 점을 강조해 둔다. 또 개방혁신의 단점으로 재원이 부족할 수 있다는 점을 지적했다는 것도 주목해야 한다. 현실에서 한편에서는 지적재산권과 주식상장 등으로 벤처 캐피탈의 지원을 받는 반면, 디지털커먼즈에서의 업적은 금전적으로 보상받지 못하는 경우 필요한 인력을 확보할 수 없다는 점은 개방 혁신, 동료생산에 치명적일 수 있다.

한편 스미스와 페넬 등의 법학자는 세미커먼즈(semicommons, 半공유지) 개념을 제시했다(Smith, 2000; Fennel, 2011). 스미스는 중세시대의 영국, 북유럽에 존재한 농장체제를 예로 들어 현실에서는 커먼즈와 사유지를 공존시킨다는 점을 지적했다. 예컨대 농민들은 윤작제를 시행하면서 커먼즈에서는 목축을 하고 사유지에서는 자신의 곡물을 길렀는데, 목축의 장단점이 각자의 사유지에 불평등한 영향을 주지 않도록 좁고 길게 사유 농토를 설계했다는 것이다. 즉 스미스와 페넬은 활동의 규모로 보아 어느 쪽도 무시할 수 없을 정도로 공유와 사유가 결합되어 양자 사이에 긍정적인 상호작용이 일어나는 경우를 세미커먼즈라고 불렀다.

중세시대는 물론 거의 모든 공공재와 공유자원을 클럽재와 사유 경제재로 바꾸려고 하는 신자유주의 시대에도 커먼즈는 존재하고 사유재산과 어떤 방식으로든 결합되어 있으므로, 디지털 시대의 커먼즈는 기존 사유제도와 어떤 관계를 맺

브강의 예에서 나타난다.

표 5 대안적 기술혁신체제의 비교(Dosi&Stiglitz, 2014)

속성	혁신 체제				
	특허	상금공모	정부재원 연구	개방혁신 (open source)	비지적재산권 시장접근
선택	분산, 자기선택 조정의 결여	분산, 자기선택 조정의 결여	관료적 더 많은 조정의 가능성	분산, 자기선택 때때로 "스스로" 조정	분산, 자기선택 조정의 결여
재원조달 (세금)	매우 왜곡되고 불공정	덜 왜곡될 수 있으며 더 공정할 수 있음.	가장 효율적	재원의 과소조달 가능성 재단, 정부, 다른 사업의 부산물	특허보다 덜 왜곡적일 가능성
위험성	소송 가능성	덜 위험	가장 위험하지 않음	제한적	제한적
혁신유인	강하지만 왜곡됨	강하고 덜 왜곡됨. 잘 정의된 목표 제시 필요	강하고 비금전적인 유인	강하고 종종 비금전적 유인	강하고 덜 왜곡됨
확산유인	제한적 - 독점	강함 - 경쟁시장	강함	강함	제한적 - 보수는 비밀의 정도에 의존
거래비용	높음	낮음	낮음	낮음	낮음

어야 하는지 고민해 보아야 할 것이다. 추상적 차원에서 말한다면 전 인류 전 역사에 나타난 소유제도는 세미커먼즈라고 말할 수도 있을 것이다.

오스트롬의 말대로 커먼즈의 문제를 푸는 만병통치약은 존재하지 않는다(Ostrom, 2008). 위에서 본대로 커먼즈라는 똑같은 이름으로 불려도 대상 재화의 서비스의 성격이 다르고 또 커먼즈가 파묻혀 있는(embedded) 사회의 성격에 따라 커먼즈의 관리 방식, 거버넌스는 서로 다를 수 있다. 사유와 공유, 어느 한편의 선택이 아니라 대상의 성격에 따라 어떤 거버넌스와 관리방식을 취할 것인지를 선택해야 한다.

3) '공유경제'와 플랫폼 협동조합주의

공유경제는 매우 혼란스러운 개념이며 최근에 논란이 되고 있는 우버나 에어비앤비는 오스트롬의 자연자원 커먼즈나 벵클러의 디지털커먼즈와는 무관하다. '공유'(sharing)는 인류의 역사와 궤를 같이 할 정도로 오래된 개념이며, 인류 역사에서 가장 오랜 기간을 차지하는 수렵채취시대에는 식량확보의 불확실성이 매우 높았으므로 식량공유라는 협동 메커니즘은 생존의 비결이었고(최정규, 2009), 식량공유는 공동육아와 함께 인간을 '초협력자'(Nowak, 2011)로 만들었다. 이러한 진화는 혈연선택, 직접 상호성, 간접 상호성, 네트워크 상호성, 집단선택이라고 하는 협동의 5가지 규칙에 따랐고 인간의 행동을 규제하는 근본적 규범이 되었다(Nowak, 2006). 즉 기본적으로 공유는 부족 내에서 상호성에 입각한 반복행위와 평판, 그리고 집단경쟁 속에서 진화했다. 현실 세계에서 이러한 공유는 가족, 친구, 이웃 사이에서 매우 일반적인 현상이다.

2014년 샌프란시스코에서 'SHARE'라는 구호를 내건 학회에서 공유경제의 창업자, 자금 제공자, 그리고 지지자들은 공유경제가 더 공정한 경제, 저탄소경제, 더 투명한 경제, 참여적이고 사회지향적인 경제를 이룩하리라는 약속을 하기도 했다 (Frenken&Schoir, 2017). 하지만 최근 10년 동안 우버나 에어비앤비와 같은 사업을 지칭하는 현실의 구체적 '공유경제'는 원래의 공유나 인류발전의 비결처럼 이들이 내세운 '공유'의 의미와는 매우 다르다. 여기에서 공유는 '분할'과 '부분들로 쪼개기'(dividing and breaking up in parts)에 가장 가까우며 처음 만나고, 또다시 만나지 않을 가능성도 매우 높은 낯선 이들(strangers) 사이에서 일어나는 '공유'[14]이다. 그 대상은 과소 사용되는(under-utilized) 내구재나 노동시간, 일반적으로 말해서 '놀고 있는 능력(idle capacity)'이다. 즉 공유자원 또는 커먼즈가 아니라 개인 소유의 내구재, 또는 개인의 노동시간이 그 대상인 것이다.

어떤 시대에도 사람들은 낯선 이들과의 공유를 꺼렸다. 사회적 딜레마 게임에서 보듯이 1회로 끝나는 죄수의 딜레마 게임의 해는 배반-배반이다. 다시 보지

---

[14] 그런 의미에서 우버의 공유는 매우 어울리지 않는 개념이다.

않을 사람들 사이에서는 상호성이 작동하지 않기 때문이다. 반복 또는 장기 거래라는 속성 이외에도 단 한 번의 거래로 끝난다면 평판이라는 요소가 작동하지 않기 때문에 위험성이 매우 높아지며 이런 거래에서는 협동 행위가 일어나기 어렵다. 이를 가능하게 만들고 있는 것이 플랫폼이라는 개념이다. 이 신종 '공유경제'는 '플랫폼 경제'의 일부다. 플랫폼에는 데이터와 정보가 모이고 알고리즘은 이런 어마어마한 정보를 순식간에 처리할 수 있다. 바로 데이터의 양과 처리 속도가 우버나 에어비앤비 서비스를 가능하게 하는 것이다. 플랫폼 경제는 서로의 필요에 대한 정보를 제공하고 낯선 이들끼리의 거래에 내재하기 마련인 위험성을 낮춰줄 수 있다.

예컨대 같은 직장에 다니는 이웃 사람끼리는 기꺼이 출퇴근 카풀을 할 수 있지만 옆 건물의 다른 회사에 다닌다면 옆집 사람이라도 그러기 쉽지 않다. 그런 정보 자체를 알지 못하기 때문이다. 인터넷과 디지털 기술은 이런 문제를 일거에 해결했다. 이른바 거래비용, 특히 탐색비용을 줄여주고, 회원으로 등록할 때 작성해야 하는 각종 정보는 비대칭성의 문제도 일부 해결해 줄 수 있다. 더욱이 사용 후기나 센서 기술을 적절히 이용하면 평판에 의한 참여자 평가도 가능해진다. 이러한 앱을 제공하여 각종 정보를 모아서 성업 중인 곳이 플랫폼이다. 플랫폼은 눈덩이 효과 또는 네트워크 효과를 지닌다.[15] 정보가 빨리 쌓이는 선도기업들은 독점 이익을 누릴 수 있으며 나아가서 플랫폼에 등록된 각종 정보를 이용한 가격 차별화(예컨대 자동차 종류와 연식, 그리고 운전자의 경력, 성별, 인종에 따른 가격 차별화)로 소비자 잉여 대부분을 흡수할 수 있다. 공유의 이미지와 달리 사람과 사람(P2P)의 대화는 없다. 오직 플랫폼에 내장된 미지의 알고리즘이 거래를 성한다. 물론 프로그래머는 우버나 에어앤비가 최대 이익을 누리도록 알고리즘을 설계할 수 있을 것이다. 우버나 에어비앤비는 가격의 20~30%를 플랫폼 사용료로 받는 것으로 알려져 있다. 거의 모든 고정 자본과 정보를 일반 시민이 제공하는 데도 그 이익은 플랫폼이

---

15   이들 공유경제는 티롤(Jean Tirole)의 양면시장, 또는 다면시장 개념으로 설명할 수 있을 것이다. 하지만 아직도 양면/다면시장의 필요조건과 현실의 '공유경제'를 명쾌하게 연결하지는 못하고 있다(Codagnone & Martens, 2016 참조).

독점한다.

　이들 기업은 기존 업체가 준수해야 하는 규제로부터도 자유롭다. 자기 자동차로 우버 파트너(기사)를 하는 경우 사실상 개인면허를 딴 것이나 마찬가지지만 그들의 자격은 기계가 부여한 것이다. 미국에서 이들 파트너는 법적으로 노동자가 아니라 개인사업자(독립계약자)라서 노동법이나 사회복지 관련법이 보장하는 혜택을 누리지 못한다. 사실상 이 사업을 완벽하게 통제하는 플랫폼은 사회보험료를 낼 필요도 없고 최저임금을 주지 않아도 되며, 각종 의무를 지지 않는 것은 물론 사고가 나도 책임이 없고 미비한 법규를 활용하여 탈세도 한다. 아마도 소형차의 상대적 운행 비율이 늘어날 테니 생태 쪽의 이익도 의심스럽다.

　우버 파트너와 같은 노동자가 늘어나면 동종의 서비스를 제공하는 노동자들마저 극히 불안정한 프리케리아트(precariat)로 전락할 것이다. 아예 태스크래빗처럼 사람의 능력과 시간을 토막내서 활용하는 초단기 노동력 플랫폼도 있다. 이른바 '긱경제(gig economy)' 속에서 노동자들은 시간 당으로 마당의 잔디를 깎고 난 뒤, 일주일치 설거지를 하며 이케아의 가구조립을 한 뒤, 밤에는 소프트웨어 알고리즘 일부를 만들기도 한다. 즉 이름은 '공유경제'지만 실은 내구재와 노동력을 플랫폼 업체가 최대한 활용하는 결과를 낳고 있다. 뿐만 아니라 플랫폼 기업에 모이는 데이터는 실로 방대해서 프라이버시를 침해할 가능성이 있을 뿐 아니라 알고리즘에 의해 민주주의를 무너뜨릴 수도 있다. 모든 기술이 그렇듯 디지털 플랫폼 기술이 이렇게 이용되도록 결정되어 있는 것은 아니다. 쇼어(Juliet Schor)는 현재 나타나 있는 플랫폼 경제를 공급자의 유형과 플랫폼의 시장 지향 정도에 따라 다음 네 가지로 분류하고 있다(Schor, 2017).

　예컨대 수도권의 원거리 출퇴근자를 위해 집과 회사의 위치, 출퇴근 시간을 알려주는 앱을 개발해서 시민들이 플랫폼 협동조합을 구성하면 이 사업은 '공유경제'가 내건 모든 장점을 온전히 누릴 수 있다. 사실상 대리운전자인 우버 '파트너'들은 나름의 협동조합을 구성할 수 있고, 기존 택시업체도 협동조합으로 운영하는 경우가 늘고 있다. 나아가서 코레일과 지역 렌터카 협동조합이 공동사업을 할 수도 있다. 예컨대 전주까지는 기차로, 역에서부터 렌터카를 예약할 수 있다면 자가

용 운전은 대폭 줄어들 것이고 편하고 싸게 여행할 수 있을 것이다. 오직 필요한 것은 적절한 앱과 사람들의 자발적 네트워크다. 요컨대 플랫폼 기술은 협동과 연대의 방식으로도, 시장 만능의 방식으로도 활용될 수 있다.

표 6 플랫폼의 유형(Schor, 2017)

		공급자의 유형	
		P2P(Peer to Peer)	B2P(Business to Peer)
플랫폼의 지향	비영리	식량 교환(Food Swap), 시간은행(Time Bank)	제조공간(Makerspaces)[16]
	영리	우버(Uber), 에어비앤비(Airbnb)	짚카(Zipcar)

서울은 글로벌 공유도시 네트워크에 협동조합 방식을 제시한 바 있다. '플랫폼 경제를 위한 도시연합(Cities Alliance for Platform Economy)'이 그것이다. 이렇듯 전 세계적 규모의, 위로부터의 대안도 구상해야겠지만 지역공동체와 소비자협동조합(생협)을 중심으로 아래로부터 각종 플랫폼 협동조합을 만들어서 각 지역을 네트워크로 묶어 나갈 수도 있다. 이러한 운동을 '플랫폼 협동조합주의(Platform Cooperativism)'라고 말한다. 이 운동은 공공 또는 민간에 수집된 정보를 민주적으로 공유하면서 시민의 데이터에 관한 권리도 보호하려는 것이다.

4) 커먼즈로서의 도시(city as a commons)

한편 이아이오네와 포스터는 도시 자체를 커먼즈로 본다(Iaione, 2016, Foster & Ianione, 2018). 그들은 코시티(co-city)론, 또는 커먼즈로서의 도시에서 시민들이 주도하는 소규모 프로젝트의 중요성을 강조하는데 이를 위해서는 시 정부가 특수한 규제를 채택해야 한다고 주장한다. 이러한 규제를 담은 법과 조례야말로 시민주도 도시재생(civic regeneration of urban commons)을 개시하는 기초라는 것이다. 2014년 볼로냐시는 "도시 커먼즈의 돌봄과 재생을 위한 시민-정부 간 협력 조

---

[16] 여기에는 뒤에 소개하는 DGML이 포함된다.

례(Regulation for collaboration between citizens and the administration for the care and regeneration of urban commons)"에서 최초로 도시 커머닝 협력 가버넌스를 명시적으로 표현했다. 즉 볼로냐는 도시라는 경계 안에 있는 모든 유무형 재화, 디지털 재화를 커먼즈로 보고 시와 시민이 협력해서 생산하고 활용해야 한다는 사실을 법적으로 규정한 것이다. 여기서 볼로냐 시민의 사고가 경계 내의 모든 자산을 커먼즈로 생각하여 시민이 공유하고 함께 누려야 한다는 단계에 이른 것을 알 수 있다. '커먼즈로서의 도시'는 앞으로 도시재생을 비롯한 도시정책을 세울 때 새로운 관점을 보여줄 것이다.

볼로냐와 함께 커먼즈의 도시로 각광을 받고 있는 바르셀로나의 각종 실험을 망라한 **그림 2**는 보웬스의 다양한 커먼즈운동을 포괄하고 있다. 그림 하단에는 다양한 실험이 있고 상단에는 운동의 주체들이 표현되고 있는데, 왼쪽부터 커먼즈 협

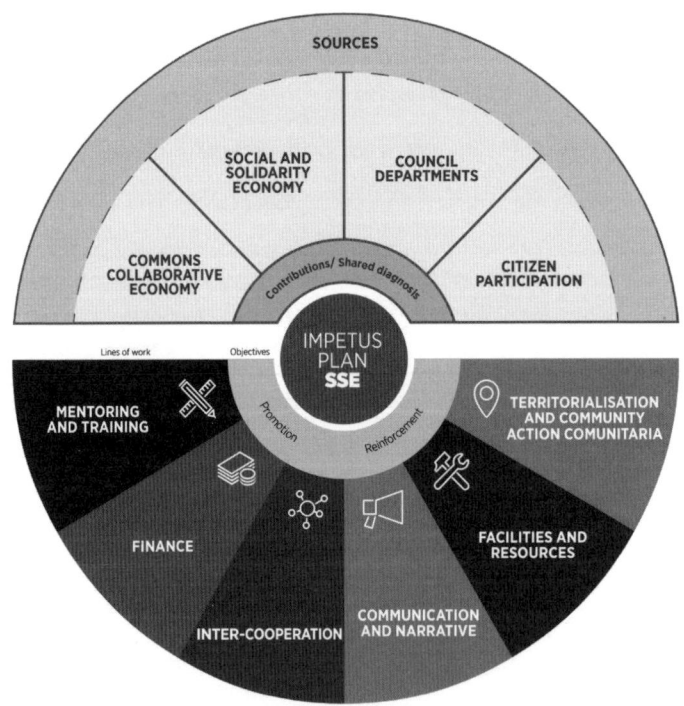

그림 2 바르셀로나의 커먼즈와 사회연대경제 운동(Bauwens 외, 2017)

력경제, 사회연대경제, 시정부의 해당 부처, 그리고 시민의 참여를 나열하고 있다. 물론 서울시가 협동조합도시, 공유도시의 이름 밑에 행한 각종 사업과 실험도 '커먼즈로서의 도시'나 '코시티'로 포괄할 수 있다. 이아이오네, 포스터의 코시티 개념 역시 보웬스의 커먼즈운동과 똑같은 이유로 훨씬 더 정교해질 필요가 있다. 각 운동, 그리고 시의 정책이 발전하면서 결합 원리도 발견될 텐데, 이를 표현하는 가장 추상적인 개념은, 세미커먼즈가 될 수 있을 것이다.

3 사회적경제 혁신의 해외사례

일반적으로 시장경제(자본주의)의 기술혁신은 '규모의 경제', '범위의 경제'로 구분될 수 있다. 규모의 경제를 기술적으로 표현하면 자본과 노동이 같은 비율로 증가했을 때 산출이 그 비율 이상으로 증가하는 경우를 말한다. 즉 주로 실행학습에 의한 숙련 등을 반영하여 공정이 혁신되어 산출이 증가하는 것을 말한다. 일반적으로 대기업의 기술이 성숙하면서 나타나는 현상이다. 한편 범위의 경제는 서로 다른 두 제품을 동시에 생산할 때 각각의 생산의 합보다 더 많은 산출이 나오는 것을 말한다. 즉 두 제품의 기술이나 공정 사이에 보완성이 있는 경우를 말하는데 주로 산업지구나 클러스터에서 나타나는 현상이다.

한편 혁신의 성격은 돌파형 혁신(breakthrough, 실리콘밸리형)과 부가적 혁신(incremental, 에밀리아 로마냐형)으로 분류힐 수 있다. 실리콘 밸리형은 과학적 지식에 의해 새로운 지식이 나타나서 과거와는 다른 제품이나 나타나는 것을 말한다. 실리콘 밸리에서 반도체산업, IT 산업, BT 산업이 차례로 나타나면서 1970년대 이래의 디지털 혁명을 이뤄낸 것이 대표적이다. 에밀리아 로마냐형은 부가혁신이 일어나는 것을 말하는데 지역과 네트워크에 쌓인 지식이 상호작용을 하면서 제품혁신이나 공정혁신을 이루는 것을 말한다. 주로 산업지구 또는 클러스터, 지역혁신체제, 그리고 개방혁신과 관련된 유형이라고 말할 수 있을 것이다.

표 7 실리콘밸리형 클러스터와 에밀리아 로마냐형 클러스터의 비교(정태인·이수연, 2013)

클러스터 유형	에밀리아 로마냐형	실리콘밸리형
지식 유형	종합적	분석적
혁신 유형	응용에 의한 혁신 또는 기존 지식의 새로운 조합	새로운 지식 창출에 의한 혁신
필요한 활동	응용 및 문제 해결에 관련된 지식과 기술이 중요 종종 귀납적 과정을 통해 지식 획득	과학적 지식이 중요 종종 연역적 과정 과 형식적 모델이 기반한 지식
학습 유형	고객과 공급자 간의 상호 학습	기업의 R&D 부서 간의 공동 연구와 공동연구 조직
지식의 성격	더 구체적인 노하우, 실제 기술, 제조 능력에 필요한 암묵적 지식의 우위	특허와 출판에 필요한 코드화한 지식의 우위
혁신의 성격	주로 부차적 혁신	더 근본적인 혁신

1) 규모의 경제와 몬드라곤의 곤경

몬드라곤은 협동조합으로서 제조업에서 규모의 경제에 성공한 보기 드문 사례이다. 톰슨은 몬드라곤의 독특한 조직 문화는 바스크의 종족 문화이기 때문에 이식 불가능한 것이 아니라 사실상 그 문화는 조직 구조, 특히 거버넌스 체제, 소유권, 보상체계, 조직, 그리 협동조합간 협동에 의해 유지되므로 발렌시아 등에 이식된 것처럼[17] 다른 지역에서도 모방할 수 있다고 주장했다(Thompson, 2015a, 2015b, 2016). 또한 2009년 미국의 노조연합회(USW)는 몬드라곤과 함께 '노조-협동조합 모델(Union Co-op Model)'을 제창해서 기대를 모으기도 했다(Schlachter, 2017).[18]

몬드라곤은 1960년대 스페인의 고도성장에 힘입어 눈분신 발전을 했다. 규모가 커지면 아무리 교육에 힘을 기울인다 해도 협동의 규범은 무너질 수 있다. 따라서 규범을 보완하는 제도 혁신이 필요한데, 몬드라곤이 택한 방식은 수직적 네트워크의 건설이었다. 1990년 EU의 결성을 계기로 출범한 '몬드라곤협동조합기업

---

[17] 그러나 톰슨(Spencer Thompson)의 박사학위 논문(2015a)에 나오듯이 발렌시아 지방의 수십년에 걸친 이식 노력은 눈물겹다.

[18] 슐레히터는 USW-Mondragon 모델을 실제로 적용한 신시내티 노조-협동조합을 조사한 결과

(MCC, Mondragon Cooperative Corporation)'이 바로 그것이다. 즉 몬드라곤은 두 번의 획기적 시장 확대에 거버넌스 개혁과 규모화로 대응했다. 그러나 2008년의 세계금융위기, 그리고 이어진 유럽의 재정위기라는 외부 충격은 몬드라곤의 전통적인 연대와 내부 개혁의 힘을 넘어서는 것이었고 결국 몬드라곤 최초의 협동조합이며 몬드라곤의 상징이었던 파고르전자가 2013년 11월 파산을 선언했다.

파고르전자의 파산에 관해서는 아직도 논의가 진행 중이며[19] 그것이 과연 협동조합의 퇴행 등 한계를 드러낸 것인지 의문이다. 사실만 보면 첫째, 파고르전자 등 몬드라곤 제조업 분야는 글로벌화에 외국의 경쟁 기업과 유사한 방식으로 대응했다는 것[20], 즉 외국에 제조공장을 차리거나 부품을 외국에 외주화하는 방법을 사용했다는 것, 둘째, 몬드라곤의 협동조합 정신은 몬드라곤 본사의 노동자-조합원에게 주로 적용되었고 문화나 법제의 미비 때문에 외국의 자회사나 부품공급회사에는 적용되지 않았다는 것은 확실하다. 결국 시각에 따라서는 본사의 조합원에게 외국의 노동자가 착취되어 왔다고 판단할 수 있으며, 1970년대부터 오랜 몬드라곤 비판자인 카스미르는 자본주의의 대안을 추구하는 사람들로부터 완전히 분리됐다고까지 폄하했다(Kasmir, 2016).

섣부른 평가에 앞서 과연 몬드라곤 실패의 원인이 협동조합 고유의 거버넌스

세 가지 가능성과 세 가지 딜레마를 찾아냈다. 가능성은 첫째, 노조가 노동자 협동조합의 규모화를 가로막는 자원을 제공할 수 있다, 둘째, 노조가 연대를 강화하여 경영자-일반 노동자 간의 갈등을 관리할 수 있다, 셋째, 노조가 조합의 노동자-소유자를 다른 노동계급투쟁에 연계힘으로써 노동자 운동 간의 연대에 기여했다는 것이다. 세 가지 딜레마는 첫째, 단체협상이 신생 민주적 작업장에 적대를 불러 일으켰고, 둘째, 노조의 직접적인 개입이 협동조합의 자율성을 침해하며, 셋째, 노조가 협동조합 문화에 대립하는 차별적 실천을 도입했다는 것이다.

19 특히 이 보고서는 스페인어로 된 문헌에 접근할 수 없기 때문에 소수의 필자(주로 사라고사대학이나 바스크주립대학의 연구자들)가 출판한 영어 논문에 의존할 수밖에 없다는 결정적 한계를 지니고 있다.

20 이 점은 파고르전자 뿐 아니라 금융부문에서도 드러난다. 2008년 금융위기가 일어났을 때, 캐나다의 데자르댕은 파생상품을 취급하지 않아서 아무런 피해가 없었고 오히려 성장한 반면, 몬드라곤의 노동자금고는 파생상품으로 인해 상당한 피해를 입었다.

의 특징에 있는지, 아니면 전략적 오류에 있는지를 판단해야 할 것이다. 일반적으로 노동자가 스스로의 자본으로 기업의 경영을 맡는 경우 거대한 자본을 지속적으로 모으기 어렵다는 점, 민주적 의사결정의 어려움 때문에 외부 충격에 신속하게 대응하지 못할 수 있고 자기 자산 대부분을 투자한 노동자는 혁신의 위험성과 불확실성을 회피하려 할 것이라는 점 등은 인정할 수 있을 것이다.[21] 이러한 속성은 성숙 산업의 경우 투자의 규모가 경쟁력을 결정하므로 대학이나 연구소에 의한 외부 지식 주입도 뚜렷한 성과를 거두기 힘들고 더구나 가치연쇄가 길어서(즉 부품이 매우 많아서) 비용절감 경쟁을 위해 외부, 특히 외국에서 부품을 조달해야 하는 경우 협동조합기업은 특히 대응하기 힘들게 된다. 위험과 불확실성이 매우 큰 경우 민주주의는 신중한 결정을 위해서 많은 시간을 요구할 수 있는데, 이 때문에 우연히라도 신속하게 올바른 결정을 내린 다국적기업에게 경쟁에서 밀릴 수 있다.

파고르전자 파산에 대한 연구들의 인터뷰에서 드러난 조합원들이나 단위 조합의 생각도 이를 뒷받침한다. 수직적 네트워크에서는 아무리 상향식 의사결정(단위 협동조합의 조합원 총회가 가장 기본적인 결정을 하고 그것이 상위 네트워크로 올라가는 방식)이라 해도 사업장의 현장 조합원은 무력감을 느낄 수 있으며, 최상위 경영위원회가 내린 고도의 경영 판단에 사회위원회나 일반 조합원 집단이 이견을 제시하기는 어려울 것이다.

또한 에로스키(Eroki, 몬드라곤의 유통사업부문)가 전국으로 체인망을 확대하거나 제조업 사업체가 해외 공장을 만들면서, 이들 지역의 법이나 문화 때문에 기존의 주식회사를 자회사로 합병했고, 조합 내에 비조합원 노동자, 그리고 비정규직 노동자가 다수 생겨났다. 이렇게 이질적인 구성원이 늘어나면 협동조합 규범은 점점 힘을 잃어서 결국 퇴행이 증명될 수 있을 것이다. 즉 대량생산을 하고 규모의 경제 매우 긴 가치연쇄를 요구하고 부품 생산과 최종조립이 글로벌화할 필요가 있을 경우 협동조합의 장점은 작동하기 힘들 것이다. 결국 대량생산을 하는 경우에는 글로벌화하더라도, 주요 부품을 사회적경제기업이 생산하는 등 외부의 사회적경제

---

[21] Dow, 2000 등.

네트워크가 존재하는 곳끼리만 협동조합의 장점이 힘을 발휘할 수 있을 것이다.

몬드라곤은 협동조합 규범이 위험에 처할 때마다 결단을 내렸다. 예컨대 에로스키의 주식회사 자회사를 부분적 노동자참여기업으로 바꾼다거나, 전체 노동자의 70% 이상을 조합원으로 만들자는 결정이 그러했고 실제로 이런 목표는 달성됐다. 2014년 몬드라곤이 다시 '생각의 해(year of reflection)'를 선언한 것도 다시 호세마리아신부의 '생각'에 비춰 현실의 위기를 헤쳐 방법을 강구하자는 뜻일 것이다. 호세마리아 신부의 제자 5명이 만든 몬드라곤 협동조합은 2014년 현재 매출액 109억 유로(약 13조원), 고용 74,117명, 교육센터 학생 수 11,439명, 산업분야 R&D/부가가치 비율 8.9%, 기술센터와 R&D단위 15개, 연구자 1,676명을 거느리는 거대한 협동조합기업집단이 되었다(이상 Mondragon, 2014년 연례보고서). 과연 호세마리아 신부의 '생각'을 따랐기에 이런 눈부신 성과를 거둔 것인지, 그의 '생각'이 얼마나 영향을 끼친 것인지를 계량해 내는 것은 불가능하리라. 하지만 몬드라곤기업집단이 새로운 문제에 부닥칠 때마다 수십 년 쌓인 '몬드라곤의 협동조합 체험'이 복기되고, 호세 마리아 신부의 '생각'이라면 어떤 해법을 내놓았을지 숙의하는 것은 분명하다.

몬드라곤 창설자, 호세마리아 신부의 생각[22]

호세 마리아 신부를 억지로 기존의 사상사에 끼워 맞춘다면 '공동체 자유주의(communitarian lieberalism)'에 가까울 것이다. 현대의 학자로는 마이클 샌델이나 아마티야 센이 여기에 속한다고 할 수 있을텐데, 특히 그의 자유와 능력에 대한 '생각'은 센의 능력이론을 떠올리게 한다.

그는 스페인 내전 때 공화파의 종군기자로 참전했다 체포되어 처형될 뻔할 정도로 전체주의에 적극적으로 저항했다. 프랑코가 카톨릭을 자신의 통치 이념의 한 축으로 삼은 것은 그에겐 천행이었다. 그야말로 "교회를 친

---

[22] 호세 마리아 아리스멘디아리에타, 《호세마리아신부의 생각》, 2016, 칼폴라니사회경제연구소.

구처럼 곁에 둔 민중은 운이 좋다". 그는 이 공간의 경계를 넘나들면서 '아라사트-몬드라곤 카톨릭 행동'을 이끌어 간다.

그러나 그는 좌파 사상의 영향(특히 초기 마르크스주의)을 받았을지언정, 폭력혁명을 명시적으로 거부한다. 그것은 우선 '인간을 제거하는 방식'이므로 수용될 수 없고, "자유와 존엄성과 참여를 모두 담보 잡힌 채" 혁명을 완수한다 해도 그 이후에 이러한 가치가 보장될 수 없기 때문에 동의할 수 없다. 더구나 협동조합주의의 전통이 살아 있는 바스크 지방에서는 더욱 더 혁명적 좌파 정당이 성공할 가능성이 적다. 따라서 그가 원하는 '신사회질서'란 바로 '산업협동조합'이며 그것은 "우리가 진실되게 추구해 온 사회진보와 발전이 진정한 사회평화로 이어지는 가장 좋은 길"이다. 즉 그에게 협동조합 공동체는 단순한 사업체가 아니라 지닌 사회적 혁명이요, 실천이다. 인간은 "하느님의 고유한 과업의 협력자"이며 노동은 그 실천이다. 따라서 노동은 존엄성이며 동시에 "공동체가 보유한 최고의 재산"이다. 또한 인간은 처음부터 공동체의 일원으로만 존재하며, 노동공동체, 즉 협동조합이야 말로 "민중을 진보하게 하는 임무를 맡은 것"이다. "개인이 속박으로부터 해방되는 것은 오직 광범위한 사회적 기반에 뿌리내린 공동체구조를 튼튼하게 함으로써 가능하다".

하지만 자본주의 사회에서는 경제적 불평등으로 인해 노동은 소외되고 계급적대가 생겨난다. 따라서 "한 기업의 노동자들이 기업 내부에서 노동요소로서 자신의 위치를 명확히 하기 위해서는 자신의 대표를 갖고 회사 운영에 참가해야 한다. 노동공동체는 법적 기구를 갖출 필요가 있다" 즉 노동조합을 통해 노동자가 스스로 주인이 되는 노동공동체를 만드는 것이 호세마리아신부에겐 더 올바르고 현실적인 길이다(몬드라곤의 이런 측면에 대한 마르크스주의의 비판은 Kasmir, 1999를 참조하라).

그러나 협동조합원도 인간인 이상 이기적 속성을 지니고 있고("모두의 내면에는 이기주의자가 웅크리고 있다"), 특히 타인의 이기적 행동이 처벌받지 않을 때, 모두 이기적 행동으로 치달을 수 있다("다른 이들이 아주 살짝이라도 이기적인 태도를 보이면 그것을 금세 간파하는 재주를 갖고 있다"). 호세마리아 신부에게도 이 문제는 가장 기본적인 것이었다. 즉 "사회적 선(공공의 이익)을 확보하는 가장 효과적인 방법은 각 개인이 이타적인 완전성을 추구하는 것이다". "이기주의자들과 개인주의자들은 협동(조합)의 제5열이다"

호세마리아 신부의 인간과 노동관은 우리는 성숙하고 발전하기 위해 공동체 안에서 "타인들도 자유를 원한다는 것을 간과해선 안되"며 타자를 인정해야 한다. 이것은 곧 수학적으로 도출되는 사회적 딜레마의 해와 동일하다. 즉 규범이야말로 협동조합이 사회적 딜레마를 푸는 주된 수단이다. 그래서 자유와 동시에 책임이 강조된다. 몬드라곤의 10원칙, ICA의 7원칙은 사회적 딜레마를 푸는 핵심 규범인 것이다. 호세마리아 신부가 강조하는 대로 협동, 또는 연대야말로 협동조합의 경쟁력이다.

몬드라곤의 제조업 부문은 생산물의 절반 이상을 수출한다. 세계적인 자본주의적 기업과 경쟁하기 위해서는 규범 이상의 무엇인가가 필요하다. 그 때문에 호세마리아신부는 지식과 교육에 대한 강조를 되풀이한다. 이를 위해서는 현대적인 제도, 예컨대 교육기관이나 금융기관을 설립해야 한다.

그가 첫 생각에서 '진리의 전파자'로 삼은 다섯 젊은이들이 1955년 난로 회사 '울고'를 세우면서 '몬드라곤의 협동조합 체험'은 시작된다. 이들의 회고담은 호세마리아신부가 얼마나 교육과 훈련을 중요하게 여겼는지, 규범과 더불어 현대적인 제도들을 도입하는 데 얼마나 힘을 기울였는지 알 수 있다. "처음에는 기술을 배우라고 해서 배웠고, 경영자가 되어야 한다고 해서 사라고사에 있는 대학에 가서 교육을 받았는데, 이제는 은행가가 되라고 하다니요? 그것만은 못하겠다고 했죠"

이들이 단계적으로 능력을 갖춤에 따라 산업협동조합, 기술학교협동조합, 그리고 은행협동조합(노동자인민금고)를 만들게 된다. 즉 협동조합을 하는 사람이라면 누구나 겪는 어려움인 인재와 금융의 문제를 처음부터 인식

> 하고 협동조합의 방식으로 해결해 나간 것이다. 호세마리아 신부는 아주 오랜 시간을 들여서 주민들을 설득해서 스스로의 돈으로 기술학교를 만들어냈다. 이 정도면 아이아코카나 스티브잡스를 뛰어넘는 혁신적 경영자가 아닌가? 더구나 그는 단지 물질적 부를 쌓는 게 아니라, 동시에 협동조합원 모두의 개인적 완성과 공동체의 발전을 동시에 추구했으니 한 차원 높은 경영자임에 틀림없다.

2) 범위의 경제와 볼로냐의 생명력

범위의 경제는 한 기업이나 지역에서 여러 종류의 제품이나 서비스를 생산하는 다품종 소량생산에 적합한 혁신이다. 이탈리아의 에밀리아 로마냐(를 포함한 '제3이탈리아')는 대량생산을 대체하는 '유연전문화'로 유명하며 영세소기업과 협동조합으로 이뤄진 에밀리아 로마냐의 산업은 이탈리아 경제위기 속에서도 강한 생명력을 자랑하고 있다. 에밀리아 로냐먀주의 주도인 볼로냐는 전통적인 협동조합의 도시인데 창조도시, 나아가서 공유도시의 성공사례로도 손꼽히고 있다. 이 지역에 면면히 내려오는 신뢰가 결정적인 역할을 하고 있을 것이다. 이를 볼로냐 모델(사회적경제 분야에서는 에밀리아 로마냐 모델)이라고 부른다.

주로 영세 중소기업으로 구성된 에밀리아 로마냐 지역 산업네트워크의 놀라운 경쟁력을 두고 1982년 이탈리아 경제학자 브루스코(Brusco)는 '에밀리아 모델'이라는 이름을 붙였다. 이후 많은 학자들이 지역을 연구하며 '제3이탈리아(3rd Italy)', '유연전문화(flexible specialization)' 등의 용어로 이 지역을 묘사했다. 이곳에는 포드주의의 특징인 대기업이나 수직통합기업이 존재하지 않는다. 수많은 중소기업이 내수와 수출을 담당하며 경제를 떠받치고 있었다. 그리고 이 중 1만5000개가 협동조합이며 이들은 대기업에 속하는 경우가 많다. 에밀리아 로마냐의 삶 자체가 협동조합이라고 할 수 있다. 소비자협동조합부터 농업이나 건설 등 각종 분야에서 협동조합이 운영되고 있기 때문이다.

학계에서는 에밀리아 로마냐의 성공 요인으로 산업지구(Industrial district), 즉 클러스터를 꼽는다. 가장 선구적인 학자인 베카티니(Becatini), 스포르자이(Sforzi), 사벨(Sabel) 등에 따르면 이탈리아의 산업지구는 전통적인 장인기술에 바탕을 두었다는 점, 유연적 생산기술과 생산방식을 접합하여 소비자들의 기호 변화와 기술혁신에 신속히 대응했다는 점을 추가적인 특징으로 갖고 있다. 특히 이탈리아 학자들의 산업지구 정의는 독특해서 '기업과 주민의 공동체'로 정의한다. 이는 공동체 내의 신뢰가 단순히 부수적인 요인이 아니라 필수적 요인이며 주민들의 동의, 다시 말해 민주주의가 동반되어야 함을 의미한다. 이런 점에서 이탈리아와 산업지구는 우리가 흔히 아는 클러스터와는 상당히 다르며 이런 성격, 즉 주민과 지역공동체에 뿌리박은 산업이라는 점, 그리고 수공업 길드의 전통을 발전시켰다는 점[23]에서 주도인 볼로냐가 창조도시라는 새로운 발전전략도 능히 소화할 것이라고 짐작할 수 있다.

에밀리아 로마냐에서는 정치와 경제의 분리, 사회와 경제의 분리라는 경제학적 이분법의 세계가 적용되지 않는다. 시장경제가 사회 안에 단단히 뿌리 박혀, 묻어 들어간 상태이자 상호성의 원리가 경쟁의 원리를 제약하는 상태이다. 이탈리아 경제학자들이 '시민경제'라고 부를 때 그것은 시장경제와 사회적경제가 결합되어 있는 상태를 뜻하는데 그 역시 이런 현실을 반영하고 있는 것이다. 이 모델을 중소기업 네트워크로 파악하는 기존 연구에서 강조하는 신뢰와 협동은 곧 협동조합의 정신이다. 실제로 이 지역 공무원들이나 일반 시민은 협동조합과 일반 기업을 구분하지 않으며 법적 형태를 바꾸는 기업들도 많이 있다.

산업지구 내의 중소기업들은 정보, 장비, 사람, 주문을 공유한다. 수많은 중소기업을 지원하기 위해 시장 조사, 기술 훈련, 인력 관리, 연구개발 등과 같은 사업서비스 기업과 금융서비스 기업이 등장했다. 마케팅과 유통을 돕는 기업도 생겨났다. 전문화된 소기업들이 지속적이고 효율적인 네트워크를 형성하고 있다. 각 기업의 기술과 노하우는 산업지구 내에서 자유롭게 공유되면서 지역 공동의 지식과 제도로 존재하게 된다. 또한 장기 반복 거래와 평판 효과로 쌓인 신뢰는 각종 거래

---

[23] 앞으로 볼 기업연합조직 CNA의 A는 이탈리아어로 수공업이라는 뜻이다.

비용을 획기적으로 낮출 수 있다. 공식적 계약이나 제도보다는 비공식적 관계가 저비용 고신뢰의 공유자산이 된다. 만일 공동체 내의 규범을 어긴다면 지역사회에 발붙이기는 어려우므로 한국의 하청체제에서 흔히 관찰되는 '단가 후려치기'는 존재하지 않는다. 지역의 고유문화와 역사는 구성원들의 정체성으로 자리 잡았다. 규범과 정체성은 다시 상호성을 강화하여 협동을 촉진한다. 이런 것들이 모두 이 지역의 사회적 자본이다. 사회적 자본이란 말을 유행시킨 퍼트넘(Robert Putnam)이 이 지역을 모델 중 하나로 삼았을 정도다. 앞에서 본 바대로 신뢰와 규범, 네트워크가 구성하는 사회적 자본은 사회적경제기업을 발전시키고 규범을 원리로 삼는 사회적경제기업은 또 다시 사회적 자본을 축적시킨다.

에밀리아 로마냐에서는 일찍부터 우리가 주장한 네 가지 공유자원의 하나인 사업서비스를 제공하는 조직들이 발전했다. 협동조합들의 협동조합인 레가코프(Legacoop, 협동조합전국연합)와 중소기업연합회인 CNA는 회계와 금융, 법률과 정부 로비 등 일반적인 사업서비스를 제공한다. 1970년대 말에 지방정부는 협동조합과 중소기업들이 변화하는 경제 환경에 대응할 수 있도록 산업진흥공사인 ERVET(Emilia Romagna Valorizzazione Economica del Territorio)를 세웠다. ERVET에서는 각 지역마다 실질서비스센터(Real service center)를 세워 각각 전문화된 산업에 필요한 구체적 정보와 서비스를 제공했다. 흔히 금융, 마케팅, 기술개발과 같은 사업서비스는 중소기업의 지속적 발전 앞에 놓인 죽음의 계곡으로 불린다. 하지만 에밀리아 로마냐에서는 이러한 사업서비스들이 네트워크를 통해 공유자산으로 형성되어 있다.

기업을 운영하는데 필요한 사회적 자본이 충분하면 기업가 정신이 고양될 수 있다. 지역의 공유자산을 이용하여 언제든지 기업을 창립할 수 있기 때문이다. 따라서 노동자와 기업가라는 계급적 차이 또한 절대적이지 않다. 사장과 노동자가 공산당(현재의 민주당)에 같이 가입해서 활동한다. 에밀리아 로마냐는 이탈리아에서 노동조합이 가장 강한 지역이지만 동시에 노동자들이 기업가 정신에도 익숙하여 노동조합이 나서서 기술변화와 구조조정에 아주 유연하게 대응한다.

공산당(현재 민주당)과 지역정부 같은 공공 부문의 뒷받침도 에밀리아 로마냐의 성공 요인 중 하나이다. 50년대 국제공산당인 코민테른에서는 '반독점 테제'가 결정되어 각 국가와 지역으로 내려왔다. 하지만 에밀리아 로마냐에는 독점적인 대기업이 없었다. 때문에 이 지역 공산당과 지역 정부는 반독점을 중소기업 육성으로 해석하고 실천에 나섰다. 당시 기술은 있지만 돈이 없는 중소기업들에게 놀고 있는 땅을 개발해서 시장가격 이하로 제공했다. 산업지구의 인프라 건설과 금융 지원에 나섰다. 이후 70년대에는 앞에서 본 바대로 ERVET와 실질서비스센터 등을 설립하여 사업서비스 지원에 나섰고 80년대에는 공동 브랜드를 개발하고, 해외 마케팅을 지원하는 등 수출 촉진 정책을 폈다. 90년대에는 혁신지구 프로젝트에 나서 에밀리아 로마냐의 중소기업 네트워크는 최신기술의 혁신클러스터의 면모까지 지니게 되었다. 특히 주정부는 사회적 합의를 이끌어내는데 탁월하여 공동체 내에서 신뢰와 협동이 유지되도록 했다.

집단 네트워크의 단점 중 하나는 폐쇄성을 가질 수 있다는 것이다. 학자들은 이를 잠김효과(lock-in effect)라고 부른다. 잠김효과는 산업 기술적 측면에서도 나타나고 사회문화적 측면에서도 나타날 수 있다. 기존의 기술체계의 성공에 대한 집착은 외부의 커다란 변화를 제 때에 알아차리지 못하게 할 수 있다. 또한 변화를 인식했다 하더라도 수많은 중소기업들이 상호작용하고 있으므로 새로운 기술체계로 전환하는 것이 어려울 수도 있다. 구성원 간의 친밀성이나 유대감은 외부 구성원에 대한 배타적 태도로 나타나거나 새로운 구성원을 유입하는데 장애가 될 수 있다. 산업지구의 성공을 가져왔던 요인들이 역설적으로 위기를 불러올 수 있는 것이다.

뿐만아니라 대외 환경의 변화 속에서 과연 에밀리아 모델이 건재할 수 있을 것인가에 대한 의문도 제기되고 있다. 과연 세계화와 정보통신 혁명 속에서, 중국이 세계의 공장으로 부상하는 환경에서 에밀리아의 중소기업들도 몰락하지는 않을 것인가? 보통 치열한 국제 경쟁 속에서 자산특수성과 시장의 불확실성이 높아지면서 중소기업들은 수직적으로 통합되거나, 하청기업으로 전락하거나, 해외 이전하는 등의 길을 걸을 수밖에 없다는 것이 경제학자들 일반적인 예측이었다. 하지만 이런 우려들은 아직까지 현실화되지 않고 있다. 먼저 에밀리아 로마냐가 가진 매우 강한 시민 인본주의의 전통이 사회문화적 잠김효과를 방지하고 있는 것으로 보인다. 인구 40만 명의 소도시 볼로냐에서 온갖 인종을 다 만날 수 있으며, 최대 노동조합인 CGIL(이탈리아의 좌파계열 노동조합 총연맹)은 외국인 노동자의 권리 증진에도 힘쓰고 있다.

변화하는 경쟁 환경에 적응하고자 외부와의 연계를 강화하고 내부의 기술혁신을 촉진하기 위한 다양한 노력도 기울이고 있다. 이 지역에 독특한 개방성도 이런 변화에 일조하고 있을 것이다. 물론 변화도 있다. 브랜드, 마케팅, R&D 등 전략 부문에 집중하면서 산업지구 전체의 기술 및 조직 변화를 주도하는 선도기업과 지구그룹(district group)이 등장하고 있다. 선도기업이란 말 그대로 새로운 기술과 체계를 가장 먼저 도입하여 변화하는 기업이다. 이런 기업이 있으면 서로 긴밀하게 형성하고 있는 네트워크를 통해 혁신과 변화의 성과가 전파될 수 있다. 지구그룹은 몇 개의 중소기업들이 법적 독립성을 유지한 채 주식의 교차 소유를 통해 하나의 집단을 이룬 것을 말한다. 쉽게 말해 여러 기업이 뭉쳐서 선도기업의 역할을 하는 것이다. 과거에는 친밀함이나 연대감 등으로 이어진 비공식적 관계가 계약을 통해 공식적인 것으로 변하고 있는 것도 사실이다. 이들은 소기업이 담당하기 어려운 마케팅, 금융, 신기술개발 등 전략 분야를 담당한다. 고용 규모가 클수록, 글로벌 경쟁에 노출되는 기업일수록 그룹화의 경향은 강하다.

그렇다고 이들을 한국의 재벌이나 일본의 게이레츠(系列) 같은 대기업의 폐쇄적 네트워크로 볼 수는 없다. 제품차별화를 강화하기 위한 수평적 네트워크와 함께 품질 향상을 위해 수직적 네트워크를 강화하는 것은 사실이지만, 기존의 중소기업 네트워크가 대기업에 흡수된 것은 아니기 때문이다. 오히려 중소기업 간의 네트워크는 더욱 강화되고 있다. 중소기업 간의 인수 역시 합병을 하기보다는 기존의 브랜드와 시설은 그대로 유지한 채 소유지분을 통합하는 방식으로 통합이 이루어지기 때문이다. 즉, 중소기업 간 네트워크와 유연성 있는 체계라는 산업지구의 특징은 지금도 여전하며 위기와 정보의 공유가 얼마나 경쟁력이 있는지 실증하고 있다.

레가코프는 70년대 말에 세계 최초로 협동조합에서 주택, 보육 등 사회서비스를 제공한 것으로 유명하다. 카디아이(CADIAI)는 레가코프 산하에 있는 사회서비스 협동조합이다. 레가코프의 수많은 조합원이 카디아이의 고객이 된 것은 물론이다. 이탈리아는 카디아이의 경험을 토대로 '사회적 협동조합법'을 제정했고 이 법이 한국 사회적기업의 주요 모델이 되었다. 에밀리아 로마냐와 볼로냐는 전통적 산업과 지역공동체라는, 따뜻하지만 다소 답답한 폐쇄성을 뛰어넘어 첨단산업을 발전시키고 사회서비스 협동조합과 같은 사회혁신을 통해 주민들의 삶의 질을 높이고 있다. EU의 수많은 지방정부 중에 경제지표는 물론이고 사회지표 상으로 몬드라곤이 있는 바스크주와 에밀리아 로마냐주가 항상 1, 2위를 다투는 것은 결코 우연이 아닙니다.

90년대부터 첨단산업도시를 표방한 볼로냐는 바코드 리더 장치를 생산하는 데이터로직사로 대표되는 첨단기술산업과 예술문화 컨텐츠를 다루는 소기업을 육성해서 기존의 산업지구에 멀티미디어 산업지구를 추가했다. 오랜 역사 속에서 익숙해진 '공방' 방식으로 문화적 가치와 경제적 가치를 겸비한 고품질의 제품을 만들어내고 있다.

볼로냐에는 중세시대의 모습이 고스란히 남아 있다. 지진으로 무너진 옛 시청의 모습을 강화유리 아래 보존할 정도다. 지역 주민협의회에서 철저한 토론을 거쳐 강제력 있는 도시계획을 작성하기 때문이다. 나아가서 볼로냐는 전통유산과 함께 최신의 현대예술을 결합하고 있다. '유럽문화도시'로 선정되었을 때 벌인 '볼로냐 2000'은 정부, 상공회의소, 대학, 예술가와 예술단체가 협력해서 빚어낸 대표적 작품이다. 이 행사에는 300회의 음악회, 230회의 전람회, 260회의 집회가 열렸으며 이를 위한 대대적인 문화시설 정비가 이뤄졌다. 전통과 첨단의 조화라는 볼로냐의 정신은 옛 증권거래소의 천정의 프레스코화와 중세풍의 외관을 그대로 살리는 동시에 내부를 컴퓨터 네트워크로 연결된 900 좌석의 멀티미디어 도서관으로 탈바꿈한 사례, 1970년대에 무너진 옛 극장과 폐허가 된 궁전을 옛 전통장인의 방식으로 개축하면서 내부에 현재 20여개에 달하는 문화협동조합을 유치한 사례에서 잘 드러난다.

사사키(Masayuki Sasaki)는 볼로냐가 창조도시로 성공한 조건을 다음과 같이 제시했다. ① 예술가와 과학자의 자유로운 활동과 노동자와 장인의 능력 발휘에 의해 유연생산체계를 구축했으며 이는 글로벌화의 파도에 맞서는 혁신능력을 갖추도록 했다. ② 대학, 전문학교, 연구소 등 연구기관과 극장, 도서관 등 문화시설을 완비했다. 또한 영세기업과 장인기업의 권리를 보호하여 신규창업을 쉽게 했으며 각종 협동조합이나 협회 등 비영리부문이 발전하여 시민의 창조성이 발휘될 수 있는 도시가 되었다. ③ 산업발전과 더불어 시민의 삶의 질 향상을 도모했다. 카디아이 등 사회적협동조합이 사회서비스를 제공하여 환경, 의료, 예술 등에서 새로운 산업이 발전할 조건을 마련했다. 문화생산과 문화소비가 균형있게 발전했다. ④ 시 정부와 시민이 주도하여 도시환경을 보전해서 창조성이 발휘될 수 있는 조건을 만들었다. ⑤ 행정에 대한 주민참여 시스템(협의의 자치)과 더불어 광역 환경 관리를 담당하는 광역행정시스템을 갖췄다. 이러한 시스템이 도시주민의 창조적 활동을 보장한다.

결국 볼로냐의 사례를 보건데, 사회적경제기업은 전 세계적 가치연쇄를 갖춰야 하는 대량생산기업에 어울리지 않는다고 해야 할 것이다. 사회적경제의 장점이 살기 위해서는 각 지역에 네트워크를 갖추고 지역에 쌓인 지식을 활용해서 글로벌 수요의 변화에도 민감하고 유연하게 대응해야 하는 것이다.

4 사회적경제에서 공동생산과 동료생산

1) 공동생산

시장경제(시장)와 공공경제(국가), 그리고 사회적경제(공동체)가 어떠한 원리로 결합해야 하는가는 거의 해명되지 않았다. 이런 의미에서 최근 '사회혁신' 논의는 이러한 결합 원리에 대한 시사점을 던지고 있다. 멀건(Jeff Mulgan) 등은 시장과 정부가 충족시키지 못한 필요(needs)를, 공급 거버넌스의 변화와 숙의민주주의를 통해 공급하는 것을 사회혁신이라고 정의한다(Mulgan, 2006, Mulgan et.al.,2007,

Moulaert et al., 2007, Bouchad ed., 2013). 즉 시장실패와 '시장의 근원적 한계'[24] 뿐 아니라 정부실패까지 교정하는 수단이 사회혁신이라는 것이다.[25] 이는 곧 사회적경제라는 영역이 사회혁신과 밀접한 관계를 맺는다는 것을 짐작케 한다.

예컨대 캐나다 퀘벡지역의 사회적경제, 즉 퀘벡모델을 개관한 책(Bouchard ed., 2013)의 제목이 《혁신과 사회적경제 – 퀘벡의 경험》이며 서론은 '퀘벡의 사회적경제: 사회혁신의 실험장'이다. 이 책은 퀘벡 사회혁신의 핵심이 정책의 공동수립(co-construction)과 공동생산(co-production)이라고 주장한다. 퀘벡 주정부와 사회적경제조직(샹티에 등)의 정책의 공동수립과 실행이 곧 사회혁신인 것이다. 즉 진정한 사회혁신이란 단순히 사회적경제의 확대가 아니라 시장경제, 공공경제, 사회적경제(그리고 생태경제)가 조화를 이루는 다원적 경제(plural economy)를 만들어 나가고 경제에서도 참여(직접)민주주의의가 관철되는 것을 의미한다.[26] 우리는 특히 사회적경제와 공공경제의 관계에 주목하는데 전 세계의 사회혁신 논의가 공공서비스의 생산 및 전달의 혁신에 집중되고 있기 때문이다. 요즘 서울 등 지방자치단체의

---

[24] '시장의 근원적 한계'는 균형가격 밑에 있는 수요곡선 부분에 해당한다. 예컨대 식량이 남아도는데도 아프리카에서 기아자가 속출하거나 치료약이 개발됐는데도 에이즈로 사망하는 것은 곡물값이나 약품값을 치를 돈이 이들에게 없기 때문이다. 이 경우 시장이 '성공'한다 하더라도 문제를 해결하지 못한다(정태인·이수연, 2013).

[25] 시장실패를 교정하는 수단으로는 피구 해법이 흔히 제시된다. 즉 보조금이나 세금에 의해 (주로) 공급곡선을 이동시키는 방법이다. 거래비용이 없는 조건에서 코즈 해법은 개인 간의 계약을 사용할 수 있다는 점을 보여준다. 코즈의 의도와 상관없이 이러한 수상은 민영화에 이용되었다. 한편 오스트롬은 사회적 딜레마라는 인간 사회 고유의 문제를 '시장과 국가를 넘어서' 해결해 왔다고 주장했다. 실제로 오스트롬의 해법, 특히 공동생산과 다중심성(polycentricity) 개념은, 사회혁신 이론가들이 의식했건, 하지 못했건 그들의 주장을 뒷받침하는 중요한 이론적 자원이다.

[26] 오스트롬의 공유지 관리 8원칙은 500여개의 지역공동체를 조사해서 추출한 것이지만 오스트롬은 집단행동의 문제를 해결하는 마술적 공식, 또는 만병통치약은 존재하지 않는다고 단언한다. 단지 8원칙이라는 일반적 설계 원리가 존재하지만, 이것이 설계도의 역할을 할 수는 없다는 것이다(Ostrom, 2007). 예컨대 무한 접근성과 (디지털 기술을 활용할 경우) 경합성이 없는 지식커먼즈의 경우 오스트롬의 자연 커먼즈와는 성격이 다르다. 그러나 신뢰와 협동이라는 일반 해법은 여전히 적용될 수 있으며 이것이 벵클러의 '동료생산' 개념의 기초를 이룬다.

정책 원리로 부각된 '협치'[27]와 '사회혁신'에 대한 강조 역시 이런 맥락에 있다.

그렇다면 사회혁신, 또는 협치는 어떻게 이론적으로 해명될 수 있을까? 오스트롬(Ostrom, 2008, 2009 등)의 '다중심성'과 '공동생산' 개념, 그리고 공유지관리의 8원칙은, 현실의 이러한 움직임을 설명해 주는 중요한 이론적 자원이 될 수 있다.[28] 오스트롬 부부(Vincent Ostrom & Elinor Ostrom)의 다중심성과 공동생산 개념은 1960년대의 공공서비스 논쟁에서 비롯되었다. 당시 미국에서는 행정의 광역화, 일원화가 주류였는데, 오스트롬 부부는 실증을 통해서 모든 공공서비스의 중심은 여러 수준에 걸쳐 존재하며 각 수준의 공동생산이 없이는 공공서비스의 효율성이 달성될 수 없다고 주장했다.

예컨대 경찰 서비스에서도 범죄의 유형 분류나 과학수사는 광역 수준에서 하는 것이 효율적이지만 순찰은 군·구 단위가 중심이라는 것이다. 예컨대 범인의 검거 역시 주민이 얼마나 적극적으로 신고를 하느냐, 즉 경찰과 시민이 치안 서비스를 공동생산하는 정도에 달려 있는데, 이러한 공동생산은 군·구 단위에서 자율적으로 하는 것이 훨씬 효율적이라는 것이다. 즉 어떠한 공공, 또는 사회서비스도 각 차원의 중심(마을, 시·군·구, 광역시, 국가)을 가지며 공공/사회서비스의 성격과 사회의 조직 정도(주로 사회적 자본의 정도)에 따라 각각 자율적으로 할 일이 있다는 것을 보여준다. 예컨대 오스트롬은 기후변화에 대한 대처 역시 국제협약, 국가의 정책, 기업과 지역공동체의 행동 원리 등이 조화를 이루느냐에 달려 있다고 주장한다. 특히 공유지 관리의 규칙 7번은 하위 수준에 이미 존재하는 규칙을 상위 수준이 인

---

[27] 아마도 governance의 번역일 텐데, 정치학에서는 협력적 거버넌스(collaborative governance)라는 용어를 사용한다. 협력적 거버넌스란 공공기관이 정책을 만들고 실행하기 위해서 집합적 의사결정과정에 민간의 이해관계자를 직접 참여시키는 제도이다. 안셀과 개시(Ansell & Gash, 2008)의 글을 참조하라.

[28] 전 세계의 사회경제적 위기, 생태위기를 극복하기 위한 노력은 사회과학의 흐름에도 변화를 일으키고 있는데, 행동/실험경제학의 상호성과 협동에 관한 이론들이나 행정학의 '신거버넌스론', 정치학의 '협력적 거버넌스론' 등이 그것이다. 학문 분과는 다르지만 이들 논의 모두 오스트롬의 두 개념에 주목하고 있다.

정해야 한다는 것이다.

유럽의 사회적경제 이론가들은 공동생산 개념을 발전시켜서 공공서비스와 사회적경제의 관계, 즉 공공경제와 사회적경제 간의 관계 일부를 설명하고 있다 (Pestoff 2012, 2014, Bovaird, 2007, Brandsen & Pestoff, 2006). 특히 사회서비스 또는 친밀서비스는 사회적경제와 친화성이 매우 높다(Zamagni, 2005). 이들의 논의를 종합하면 공공서비스나 사회서비스의 생산과정을 따라서 오스트롬이 원래 말한 '광의의 공동생산 개념'은 각각 공동설계(co-design, 퀘벡 학자들은 co-construction으로 표현), 협의의 공동생산(정책의 실행), 그리고 공동평가(co-evaluation)로 이뤄진다고 할 수 있다. 오스트롬의 다중심성 시각이 그리는 사회는 '다수준 둥지 구조(nested multi-layered structure)' 등의 용어로 표현되는데 사회적경제 영역을 도식화하면 다음과 같은 모습이 될 것이다.

즉, 가장 작은 단위인 동·면 수준의 둥지는 군·구 수준의 더 큰 단위의 둥지 안에 들어있고, 광역과 국가의 둥지가 그 바깥에 존재하는 구조이다. 각 둥지는 사회적경제 기업이나 협의체, 지방정부 등 요소들로 구성된 네트워크를 이루고 다시 그 둥지들의 네트워크가 상위의 구조를 이루게 된다. 이 둥지들은 각각 자기 수준에 걸맞은 사회적경제 정책을 수립하고 사회적경제조직(기업 및 협의체)들과 지방정부의 공동생산으로 공공서비스를 공급하는 것이다. 또한 수준이 다른 둥지들은 다중심성 개념에 의해 일정 부분은 분업을 하고 일정 부분은 협업을 하는데, 이 역시

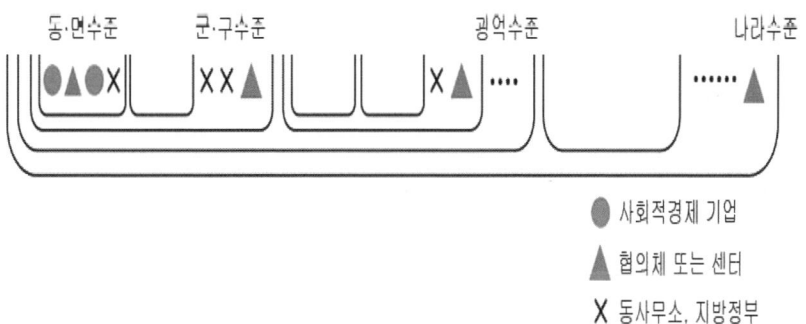

그림 3 다수준 둥지 구조

양 수준에서의 공동생산 결과에 따르게 된다.

서울의 경우 2016년 현재 25개 자치구 중 23개 지역에 자치구별 사회적경제 네트워크가 만들어졌고 매우 다른 수준이지만 이들과 구청이 일정한 사업을 같이 하면서 공공/사회서비스 일부를 공동생산하고 있다. 서울시에서 이러한 정책의 공동입안/공동실행이 일정한 성과를 거두고 더 많은 공공/사회서비스로 확장된다면 공동생산은 다른 지역에서도 충분히 시도해 볼만하다.

공동생산 개념은 이미 1960년대에 빈센트 오스트롬에 의해 제기되었지만 행정학에도 새로운 경향이 나타났다. 즉 신자유주의 시대를 풍미했고 우리나라에도 지대한 영향을 미쳤던 신공공관리모델이 퇴조하고 특히 유럽을 중심으로 신거버넌스 모델, 또는 공공가치관리모델이 확산되고 있다. 기존 시장실패론에 입각한 전통적 공공관리론은 1980년대에 정부실패론에 입각한 신공공관리론에 자리를 넘겨줬다. 하지만 약 40년의 신자유주의는 불평등의 심화와 공동체의 해체를 초래했다. 이에 따라 주민이 참여하는 공공가치행정론이 새롭게 대두된 것이다. 이러한 공공가치관리론이 지향하는 바가 오스트롬의 '공동생산'개념과 일치한다는 것은 명확하다.

또한 그동안 공동체운동의 발전은 지역에 랜드마크를 세우는 식의 전략에서 내생적 발전 전략, 또는 자산기초 공동체운동으로 주안점이 옮겨졌다. 이러한 공동체 발전전략이 공공가치행정론, 그리고 캐나다 공동체발전전략 중 내생적 발전 전략, 그리고 미국의 자산기초 발전전략과 궤를 같이 하는 것 또한 명확해 보인다.

표 8 거버넌스 모델의 비교(Sicilia 외, 2016)

공공서비스 조달	전통적 공공행정모델	신공공관리모델	신거버넌스 모델
조직적 가치	위계, 통제, 관료	시장 지향, 성과 위주, 내주화/외주화	네트워크, 조직간 관계와 다수 행위자의 정책 형성
시민의 역할	수혜자(client)	소비자	공동생산자
공무원의 역할	공급자	커미셔너	관리자와 중재자
정치인의 역할	마스터(master)	감독자(scruinizers)	촉진자(facilliators)

공동체발전전략과 사회적경제의 결합은 결코 단선적인 것이 아니었고 지금도 수많은 작은 실험이 복합적으로 행해지고 있다. 하지만 지난 20여년의 발전을 표 9와 같이 도식화할 수 있을 것이다. 왼쪽의 유형은 공동체 수준에서 재현되는 과거의 경제성장전략이며 한국 대부분의 지자체가 채택하고 있는 전략이다.

두 번째 유형은 한국에도 소개됐고 서울에서 일부 시행중인 사회투자국가론이 제시한 개인의 자산/능력형성 전략과 맞닿아 있는 패러다임이다. 세 번째 유형은 현재 캐나다가 도달한 사회경제와 공동체 중심의 발전전략이다. 물론 현재의 CED에서는 세 유형의 발전전략이 한 프로젝트 내에서도 동시에 시행되는 경우도 있다. 또한 한국처럼 사회적경제의 형성이 미흡한 곳에서 세 번째 유형을 전격적으로 실행할 수도 없을지 모른다.

하지만 공동체 발전의 원천을 외부에서 찾는 것이 아니라 공동체의 자산을 내부에서 찾아내서 공동체 성원의 능력을 끌어올린다는 관점은 미국에서 '필요에 기초한 공동체 발전'에서 '자산에 기초한 공동체 발전'으로 패러다임이 전환된 사실을 거의 정확하게 반영하며 사회적경제가 그 중심에 있다는 것을 보여준다(Kretzman & McKnight, 1993). 결국 사회적경제와 공동체발전전략의 결합이란 협동조합 등 사회적경제의 구성요소들이 스스로 공동체의 문제를 해결하는 방법을 찾

표 9   공동체 경제발전(CED)전략의 변화(Mathie & Cunningham, 2002.)

발전 과정		
밖으로부터 ←——————————————————————→ 안으로부터		
경제시스템의 개혁에 초점 (I 유형)	개인의 경제적 능력 계발에 초점 (II유형)	그룹의 경제적 능력계발에 초점 (III 유형)
CED는 경제성장의 수단	CED는 가난한 사람의 능력을 계발하여 자율적인 사람으로 만드는 수단	CED는 개인과 집단이 권한을 강화하여 지역의 자원을 통제하도록 만드는 수단
공동체는 명확하게 행정구역으로 정의됨	공동체는 인구학을 포함-누가 경제적으로 주변화 했는가에 초점을 맞춤	공동체는 스스로 정의됨-'공동의 가치'를 공유하는 집단
자원의 사유화 금융시스템 개혁 외부 투자 유치	확장된 서비스 (extension service) 마이크로 파이낸스 기업가정신의 개발	공동체에 기초한 자원관리 마을은행, 신용조합, 저축신용협동조합 협동조합, 공동체기업

아내는 것을 말한다. 이러한 점은 창조도시, 문화에 의한 도시재생 전략에서도 되풀이 확인된다는 것을 미리 지적해 둔다.

2) 디지털커먼즈와 '동료생산'

사회적경제 역시 기술의 발전에 커다란 영향을 받는다. 예컨대 근대의 대표적 사회적경제인 협동조합의 역할 또한 변하였다. 공장제 사회에서 처음 싹튼 소비자협동조합은 노동자의 소비를 확보하는 수단이었고 독일의 라이파이젠이나 캐나다의 데자르댕 신용협동조합은 19세기 전후의 심각한 농촌고리대를 해결하기 위해 출현했다. 앞에서 소개한 신사회적경제는 일반적으로 국가가 공급하던 주택, 육아 등 사회서비스를 협동조합 방식으로 공급했다. 복지국가의 위기에 따른 사회적 필요에 대응한 결과이다.

최근의 기술혁신은 디지털 혁명이 주도하고 있다. 인터넷의 보급과 속도의 향상으로 사람들은 세상 곳곳의 지식에 거의 무상으로 신속하게 접근할 수 있게 되었으며 지식을 사용한다고 해서 자원이 소모되는 것도 아니다(비경합성). 원래 지식은 글로벌 공공재였지만 인터넷과 검색도구의 발전으로 이제는 말 그대로 무한 접근이 가능하게 되었다. 또한 무한 복제가 가능하게 되어 지식은 '한계비용제로'(리프킨)의 재화가 되었다. 또한 4차산업혁명의 핵심인 빅데이터와 인공지능에 의한 실시간 분석은 거래비용, 특히 탐색과 매칭비용을 획기적으로 줄였다. 보엔스와 같은 커먼즈 운동가, 벵클러와 같은 법학자들은 이러한 성격의 자원을 디지털커먼즈라고 이름붙였다.

모두가 사용하는 공동의 자원이라는 점에서 분명히 인터넷 상의 정보와 지식은 디지털커먼즈라고 불릴 만하지만, 글로벌 공공재의 성격을 띠고 있기에 디지털커먼즈의 문제는 오스트롬의 커먼즈와 달리 과잉사용이 아니라 과소생산이다. 과소생산을 해결하는 경제학의 방식은 지식생산자에게 보조금을 주거나(피구 해법), 소유권을 명확히 하여 서로 거래하게 하는 것(코즈 해법)이다. 후자의 논리로부터 탄생한 것이 지적재산권이며 이 새로운 소유권은 각국의 국내법은 물론 WTO의 무역관련 지적재산권(TRIPs), 각종 자유무역협정(FTA)과 양자간 투자협정(BIT)에 의해 법적으로 강제된다.

자연자원 커먼즈(오스트롬의 커먼즈) 딜레마에 대한 시장경제의 해법이 사유화, 즉 인클로져였던 것처럼 디지털커먼즈의 딜레마에 대한 해법도 인클로저가 제시된 것이다. 하지만 이 해법은 헬러(Heller)가 반공유지 딜레마(anticommons dilemma, '반(反)공유지의 비극')라고 부른 현상을 새롭게 만들어냈다. 즉 지식 커먼즈 곳곳에 설정된 지적재산권이 오히려 이들을 포함한 새로운 지식의 생산을 방해하는 현상이 나타나는 것이다. 헬러는 특히 생물 신약, 토종 종자, 유전자지도 등에 설정된 지적재산권은 대기업의 지대를 늘릴 뿐 지식생산을 방해하여 전 인류의 후생을 떨어뜨린다고 비판한다(Heller, 2003).

벵클러는 '동료생산(peer production)'이 디지털커먼즈라는 조건에서 점점 더 중요한 역할을 떠맡게 될 것이라고 주장한다(Benkler, 2017a, 2017b). 그에 따르면 정보통신혁명이 표준 경제모델의 세 가지 핵심 측면을 변화시켰기 때문이다. 첫째, 물질적 유인이 아니라 내적, 사회적 동기가 혁신과 성장에 더 중요해진다.[29] 둘째, 소유권이 성장에 대해 가지는 중요성이 감소하고 소유권과 커먼즈 간의 상호작용이 부각된다. 셋째, 혁신과정에서 기업이 가지는 중요성도 감소한다. 이제 혁신은 네트워크로 연결된 학습이 주도한다.

나아가서 빅데이터와 인공지능으로 구성되는 4차산업혁명은 데이터의 생산과 분석을 획기적으로 높여서 거래비용, 특히 탐색비용을 획기적으로 줄여준다. 즉 세계 어디서나 디지털커먼즈에 접속해서 네트워크화된 개인과 기업들이 혁신과 생산을 수행할 수 있게 되었다는 것이다. 정보통신혁명 이래 마이크로소프트에 뒤지지 않는 리눅스의 보급, 모든 전통적 백과사전을 능가하는 위키피디아의 성공, 수없이 많은 자유소프트웨어가 이를 증명한다. P2P 재단 등의 커먼즈운동은 세계

---

[29] 기술혁신의 역사를 보면 공공의 투자, 문제해결을 위한 경쟁, 커먼즈에 입각한 지식 생산, 지적재산권 순으로 혁신에 기여했다. 따라서 벵클러는 특허, 저작권, 비경쟁 협약, 기업 비밀 등은 낡은 세계관에 기초한 것으로 새로운 환경에 맞춰 변화되어야 한다고 주장한다. 지적재산권은 혁신을 촉진한다기 보다 지체시킨다. 이제 지식은 학습네트워크에서 나오며 시장과 비시장 모델을 혼합하고 커먼즈와 소유권을 엮어야 생산될 수 있다.

곳곳에서 디지털커먼즈를 활용하는 실험을 전개하고 있다.

이러한 논리와 사실로부터 벵클러는 디지털커먼즈를 무료로 이용하여 지적, 물질적 제품을 생산한 뒤, 그 결과와 제작 방식을 다시 디지털커먼즈에 제공하는 생산, 즉 '동료생산'의 필연성을 주장한다. 앞에서 간단히 언급했지만 오스트롬의 커먼즈와 디지털커먼즈, 21세기 동료생산은 거버넌스가 다를 수밖에 없다. 따라서 오스트롬의 원칙을 특정 디지털커먼즈의 관리에 적용해서 규칙을 수정할 필요가 있다.

'글로벌한 디자인과 로컬한 생산(DGML, Design Globally, Manufacture Locally)'은 디지틀 커먼즈를 이용한 '동료생산'의 하나이다. DGML은 디지털 공유자원 위에 설립된 프로젝트와 커머너들의 협력으로 각 지역에 필요한 제품이나 서비스를 생산하는 운동을 말한다. 예컨대 각 지역에 적합한 농기구, 재생에너지 발전, 의료기기(의수 등)를 글로벌 지식과 분산된 생산수단에 의해 생산한다. 이러한 생산은 초국적기업이 생산하는 농기구나 의료기기에 비해 생산 단가와 유지 보수 비용을 극적으로(약 1/10로) 낮추는 데 성공했다. DGML은 가볍고 저렴한 비용으로 복제할 수 있는 지식을 글로벌하게 이동시키고 원료나 생산 수단 등의 수송거리를 최소화하며, 도덕적 마모에 의한 제품의 단종을 막고 저렴하게 유지 보수함으로써 생태적으로 유력한 생산과 소비 방식이다.

공동생산과 동료생산, 그리고 플랫폼협동조합은 기본적으로 협동, 특히 오스트롬과 벵클러의 커먼즈에서 구현되는(또는 구현되어야 하는) 협동이 없으면 실천할 수 없다. 그것은 기존의 경제형태 중에 사회적경제기업이 이러한 역할을 할 수 있다는 것을 의미한다. 이제 사회적경제는 전통적인 지역공동체와 더불어 디지털 공동체의 공유자원을 바탕으로 사회의 필요를 충족시킬 수 있게 된다. 오스트롬의 지역공동체가 자연 커먼즈의 딜레마('공유지의 비극')를 공동체 내의 규칙의 수립과 실행으로 해결했다면, 벤클러의 디지털커먼즈는 '반(反)공유지의 비극'을 해결하는 데 유용하다. 양자 모두 사회적 필요를 충족시키며, 따라서 교환가치보다는 사용가치를 목적으로 생산한다는 점에서 폴라니의 실체경제(substantive economy)에 속하는 사회혁신이다.

한편 DGML은 대량생산에 밀려 고사하고 있는 지역의 제조업 기반을 되살릴 수 있는 새로운 방식의 기술혁신이다. 에밀리아 로마냐의 중소기업 네트워크에 DGML을 결합한다면 지역 경제를 활성화하는 유력한 수단이 될 수 있을 것이다.[30] 앞에서 언급했듯이 우버나 에어비앤비에서 드러난, 플랫폼의 독점에 의한 수익 전유와 정보독점의 위험을 동료생산과 플랫폼협동주의에 의해서 막을 수 있을지도 모른다. 이러한 지식공유화는, 젠트리피케이션 대책에서 언급할 공동체토지신탁(Community Land Trust)이라는 자산공유화와 결합할 수 있다. 동료생산과 공유는 실리콘밸리를 타락시킨 '승자독식'의 사회규범을 '공유'의 사회규범으로 대체시킬 수 있으며 이는 사회적경제가 사회적자본을 생산-확산하여 사회에 기여하는 현상의 일부라고 할 수 있을 것이다. 디지털 시대의 사회적경제는 다음 그림과 같이 이제 두 차원에서 구성될 수 있을 것이다. 왼쪽은 전통적인 사회적경제와, 주로 공공/사회서비스를 공동생산하는 신사회적경제를 구성하고 있으며 오른쪽은 젊은이들이 적극적으로 참여할 수 있는 '동료생산'을 표현하고 있다.

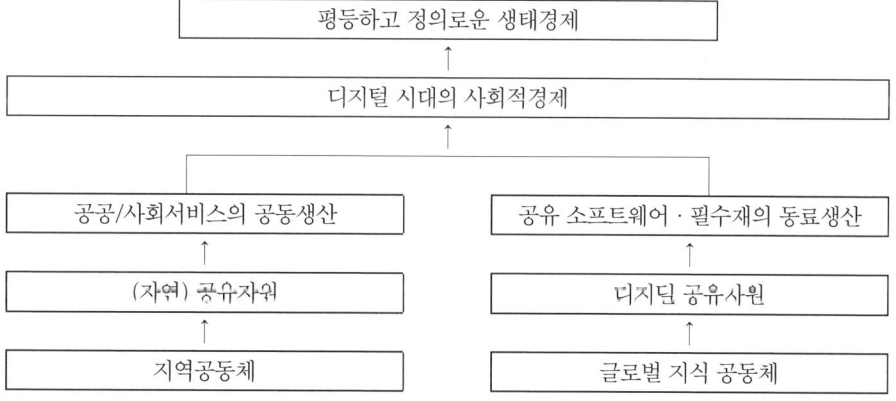

그림 4 디지털 시대의 사회적경제

---

30 실제로 볼로냐는 창조도시로서 디지털커먼즈의 활용, 공유도시(Sharing City)에서도 선두에 선 도시이기도 하다(Iaione, 2016 참조).

5 서울시의 공유도시와 리빙랩 실험

서울시는 2012년 전 세계 최초로 '공유도시 서울'을 선언하며, 시 정부 차원에서 공유경제로의 진입을 선도했다. 커먼즈는 공유재, 공유자산, 공유경제 등으로 번역이 되기도 하지만, 이러한 기존의 단어가 커먼즈의 정의와는 약간씩 차이가 있어 '커먼즈'라고 그대로 외래어 표기를 하는 게 보통이다. 이를테면, 오스트롬의 Common-Pool Resource(CPR)에 해당하는 '공유자산'은 주로 경합성을 가지는 자연자산에 국한된 의미로, 커먼즈보다는 협의의 개념이라고 할 수 있다. 그렇다면, 서울시의 '공유'는 커먼즈의 의미를 얼마나 담고 있을까? 커먼즈와 어떤 차이가 있을까?

2012년 10월 공유도시 서울을 선언하며 제정한 '공유 촉진 조례'에서 '공유'는 "물건, 공간, 재능, 시간, 정보 등을 함께 나누어 활용함으로써 자원의 경제적, 사회적, 환경적 가치를 높이는 활동"으로 정의되어 있다. '공유도시'는 "시민사회, 기업, 공공부문의 소통과 협업을 통해 공유활동이 활발히 이루어지는 도시"를 일컫는다(서울특별시, 2012). 이 같은 정의에 근거하여, 서울시는 다섯 개 분야(물건, 공간,

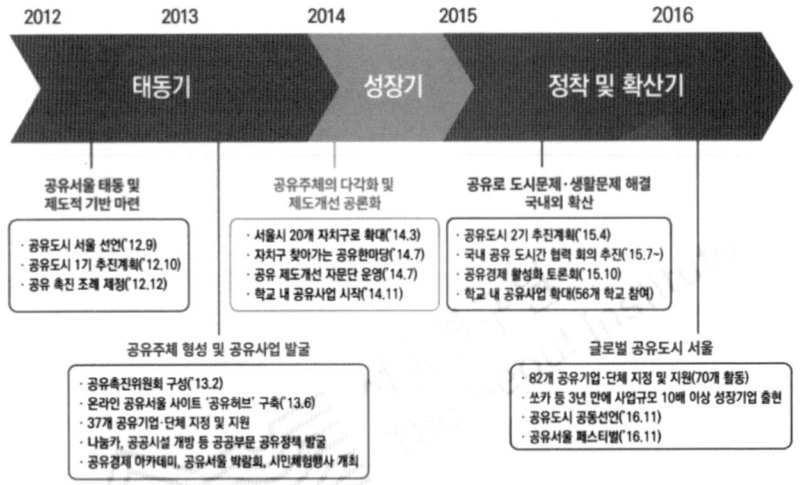

그림 5 '공유도시 서울' 추진 개념도(서울특별시, 2018)

재능, 시간, 정보)를 중심으로 공공사업을 추진했다. 또한 조례에 공유기업 및 단체에 지원을 위한 조항을 포함시킴으로써, 민간기업에 대한 지원을 제공하는 법적인 근거를 마련하기도 했다. 서울시는 선언 첫 해인 2012년에 37개 기업을 공유기업 및 단체로 지정하여 행·재정적 지원을 제공했고, 20개 창업 기업을 선발하여 사무공간과 월 활동비, 교육 및 컨설팅을 제공했다.

2018년 현재까지 서울시는 지속적으로 공유관련 사업을 확장하여, 6년이 지난 지금 정착 단계에 이르렀다는 평가를 받고 있다. 반정화는 2016년까지 5년간의 '공유도시 서울' 정책을 태동기·성장기(2012~2014년)와 정착 및 확산기(2015~2016년)로 구분했다. 태동기·성장기에는 공유경제의 기반을 조성하고, 주체 형성과 사업 발굴에 집중했고, 정착 및 확산기에는 국내외 도시와 네트워크를 구축하고 자치구와 협력하는 등 공유경제를 안정화시키고 확산하는 데 초점을 둔 것으로 보인다(반정화, 2017).

그 후로 2년이 지난 2018년 현재 어떤 단계에 이르렀을까? 정말로 정착기라고 할 수 있을까? 서울시 공유도시팀에서 공개한 공유도시 추진계획 보고서를 중심으로 2018년까지 공개된 공유도시 추진계획 보고서를 바탕으로 '공유도시 서울' 정책을 보다 구체적으로 살펴보자. 첫째, 서울시 추진 공유사업이 있다. 도시교통본부, 여성가족정책실 등 서울시 내 각 부서와 협력하여 공유 자동차, 주거 공유 등 다양한 사업을 추진했다. 대표적으로 보행자전거과에서 '따릉이' 사업, 교통정책과에서 '나눔카' 사업이 있다. 그 외에도 공구도서관, 아이옷 공유, 공공시설 개방, 주차장 공유 등 사업 규모를 확대하고 있다. 또한 2015년부터는 자치구로 시울시 사업을 확산시키며 지역화 과정을 거치고 있다. 나눔카 설치 및 주차공간 공유 등 서울시 주요 사업을 전 자치구로 확대하는 것을 목표로 하고 있고, 주민의 생활에 보다 밀접한 나눔카 및 따릉이 설치를 중심으로 공유마을(아파트 단지) 조성을 지원하고 있다.

둘째, 공유기업 및 단체 지원을 했다. 서울시는 지난 6년간 총 97개 기업(단체) 지정을 통해 12억 7천 6백만 원 지원을 했다. 셋째, 공유 홍보 및 인식 개선 활동 차원에서 박람회, 축제, 컨퍼런스 등 관련 행사를 추진하고 국내외 공유도시 네트워크에 참여했다. 넷째, 정책 및 제도 마련을 위해 연구사업 등을 추진했다.

서울시의 '공유도시 서울' 정책의 성과는 서울시 내 공유기업 수 증가 및 다양화, 이용자 및 회원 수 증가, 시민의 인지도 향상 등으로 나타나고 있다. 지난 5월을 기점으로 서울시 지정 공유기업 및 단체 수가 100개를 넘어섰고 양적 증가와 함께 사업모델과 사업분야도 다양해졌다. 또한 서울 공유정책은 프랑스 'Place Marketing Award' 수상했고, 박원순 시장은 한국인 최초로 '예테보리 지속발전상'을 수상했다.

하지만 이러한 성과가 다른 분야의 정책과 연결하여 시너지효과를 내고 있는지는 의문이다. 기본적으로 정책 비전에 커다란 그림과 줄은 정책 줄기가 보이지 않으며 담당 부서들 역시 각개약진하고 있는 상황이다. 앞으로 사회적경제 정책과의 연계를 포함해서 커다란 비전을 보이고 각 사업이 융합할 수 있도록 해야 할 것이다. 주민참여의 부족은 유사한 모든 사업이 가지고 있는 한계이며 비전과 운동을 통해서 극복할 수 있을 것이다.

한편, 서울시에서는 현재 여러 부처 및 조직을 통해 리빙랩 사업이 진행되고 있다. 대표적으로 서울시 정보기획담당관, 사회혁신담당관, 서울디지털재단 세 곳과 유사 사업을 진행하고 있는 서울산업진흥원까지 총 네 곳을 꼽을 수 있다. 서울시가 직접 수행하는 사업으로는 정보기획담당관에서 도시문제 해결을 위한 리빙랩이 있다. 2015년 북촌의 사물인터넷(IoT) 시범사업을 시작으로 2020년까지 서울시 전역으로의 확산을 목표로 하고 있다. 사회혁신담당관 민간위탁 기관인 서울혁신센터에서는 2016부터 2년간 리빙랩 프로젝트를 공모하여 시민들의 아이디어로 사회혁신을 이루는 성과를 이뤘다. 올해 2018년부터는 서울시 사회혁신담당관으로 리빙랩 사업이 이관되어 진행되고 있다.

서울시 출연기관 중 서울디지털재단과 서울산업진흥원 두 곳에서도 리빙랩 사업을 진행하고 있다. 2016년에 설립된 서울디지털재단에서는 올 하반기부터 처음으로 리빙랩 방식의 '시민랩'을 시도 하고 있다. 마지막으로, 리빙랩과 유사한 수요자 중심의 연구사업을 진행하는 곳으로 서울산업진흥원이 있다. 서울산업진흥원은 2012~2014년에 '지역사회 사회기술 지원사업'을 통해, 2015~2016년에는

'도시문제 해결형 기술개발 지원사업'을 통해, 2017년 이후로는 '서울 혁신 챌린지'를 통해 수요자 중심의 연구 지원을 제공하고 있다.

　기술개발 과정에 시민이 참여했다는 점에서, 그리고 생활공간을 실험 대상으로 삼았다는 점에서 리빙랩은 중요한 성과를 남겼다. 하지만 아쉬움도 있다. 우선 '북촌 사물인터넷 시범사업'처럼 시민이 참여한 리빙랩의 결과물이 기업의 전유물이 되었다는 점이다. 2015년 북촌 시범사업에 참여한 기업의 상당수가 리빙랩 경험을 바탕으로 개발한 기술을 특허로 보유하고 있다. 이는 다른 리빙랩 사례에서도 갖는 한계다. 저렴한 휴대용 안저 카메라를 개발해 건강불평등을 완화한 사례로 꼽히는 리빙랩 프로젝트도 개발된 기술에 대한 특허를 이화여대 산학협력단이 가지고 있는 것으로 보인다. 2012년부터 서울산업진흥원에서 수행한 수요자 중심의 '도시문제 해결형 기술개발 지원사업' 또한 도시문제 해결 자체보다는 기술의 상용화 촉진을 더욱 강조한다는 점에서 같은 맥락의 문제를 지니고 있다. 사회문제를 해결을 추구하는 과학기술혁신정책의 변화에도 불구하고, 여전히 기업 중심의 경제적 가치 창출을 장려하는 모습이 아쉽다. 이 같은 방식의 리빙랩에서는 참여한 시민이 공동생산자가 아닌, 사용자로 전락하기 쉽다. 앞으로 리빙랩이 결과물을 오픈소스로 개방하는 등 시민 자산으로 되돌려주는 방안을 모색할 필요성이 있다.

표 10　서울시 리빙랩 (유사)사업과 주체

사업 주체	사업명	사업 수행 형태
서울시 정보기획담당관	사물인터넷 도시조성 (북촌 사물인터넷 시범사업)	서울시 자체 수행
서울시 사회혁신담당관	서울혁신파크 리빙랩 프로젝트(2016~2017년)	민간위탁
	사회혁신 리빙랩 프로젝트(2018년)	서울시 자체 수행
서울 디지털재단	디지털 시민랩	출연기관 수행 (주무부서: 경제진흥본부)
서울 산업진흥원	지역사회 사회기술 지원사업(2012~2014년) 도시문제 해결형 기술개발 지원사업(2015~2016년) 서울 혁신 챌린지(2017년~)	출연기관 수행 (주무부서: 경제진흥본부)

서울시 리빙랩 사업의 또 다른 문제점은 지나치게 기술 중심적이라는 데 있다. 서울디지털재단에서 수행하는 '디지털 시민랩' 사업 역시 리빙랩 방식을 활용한다. 디지털 기술의 장벽을 극복할 수 있도록 기회를 제공하고 있기는 하지만, 여전히 기술 활용에 능숙하지 못한 일반 시민들이 소외될 것으로 여겨진다. 서울산업진흥원에서 2017년부터 추진한 '서울혁신챌린지'도 마찬가지다. 리빙랩 방식은 아니지만, 시민이 과제를 선정한다는 점에서 시민참여형 연구를 지향하고 있는데도, 4차산업혁명 기술(AI, 빅데이터 등)에 제한시킨 점이나 이로인해 과제 수행 과정에서 시민이 배제된다는 점이 한계로 보인다.

반면 서울시 사회혁신담당관에서 2016년부터 3년간 운영하고 있는 '사회혁신 리빙랩'에서는 기술 활용에 앞서 지역사회 문제로 우선 접근한 프로젝트들이 다수 선정되었다. 독산동 주차문제 해결을 위해 센서를 활용한다거나 청소년 교육을 위해 VR 기술을 활용하는 등 기술을 접목한 사례도 있지만, 기술 활용에 사회문제를 곁들인 앞선 사례에 비해서 사회문제 해결에 기술을 얹은 느낌이다. 그리고 '마포공동체경제 네트워크 모아', '세눈컴퍼니' 등 기술을 활용하지 않는 리빙랩 프로젝트들도 있다.

이는 기업을 대상으로 지원하지 않았기에 가능한 것으로 보인다. '사회혁신 리빙랩' 프로젝트의 참가대상은 서울 소재의 단체인데, 임의단체를 구성해서 참가할 수도 있다. 따라서 '독산4동 행복주차주민위'처럼 지역사회 구성원들이 지원을 받을 수가 있었다. 지금까지 서울시 리빙랩 사업에 대한 평가를 통해 시민참여가 형식적인 아닌, 실제로 시민이 참여하는 진정한 리빙랩을 구축하기 위한 방안을 짚어봤다. 리빙랩 등 시민참여 연구가 늘어나 예전보다는 시민 참여의 범위가 확대되었다는 점은 긍정적이지만, 시민참여를 지속시키기 위해서는 시민에게 자산으로 되돌려줄 수 있는 방안과 더 폭넓은 시민이 참여할 수 있는 방안을 적극 모색해야 할 것이다.

6 사회적경제에서 혁신은 가능한가?

사회적경제에서 혁신은 불가능한가? 앞에서 본 에밀리아 로마냐의 사례는 전혀 그렇지 않다는 사실을 보여준다. 하지만 에밀리아 로마냐의 성공 조건들을 단시간에 갖추기란 매우 어렵다는 것도 사실이다. 지역공동체의 발전전략이라는 관점에서 봐도 1990년대 후반부터 지역공동체가 주도하는 내생적 발전으로 전환하려는 시도는 자생 능력의 제고라는 난관을 좀처럼 벗어나지 못하고 있다.

하지만 디지털커먼즈의 논의에서 봤듯이 벵클러와 리프킨과 같은 낙관론자들은 최근 경제의 디지털화에 따른 변화가 사회적경제나 지역공동체에 더 유리하다고 생각한다. 디지털화에 따라 시민사회가 지식과 정보의 커먼즈에 무한 접근할 수 있으므로 네트워크를 이룬 집단들의 지성이 기업의 능력을 뛰어넘을 수 있다는 것이다. 과학기술정책 집단에서는 이들이 모색하는 혁신을 '사회문제 해결형 혁신', 또는 줄여서 사회혁신이라고 부른다.[31] 이 사회혁신은 보건복지, 의료, 교육, 위생, 환경, 안전분야에서 사회문제를 해결하고 '사회적 목표'를 달성하기 위해 새로운 아이디어를 개발하고 구현하는 활동이다(송위진, 2018).

최근 유럽에서 활발하게 실험이 이뤄지고 있는 리빙랩, 또는 크리에이티브 랩은 사회혁신을 달성하기 위한 정책 수단 가운데 하나다. 한국 정부 역시 지역주도의 혁신을 리빙랩에서 찾고 있으며 정부지원에 따라 전국에 리빙랩이 우후죽순처럼 생겨나고 있다. 앞에서 보았듯이 서울은 이미 리빙랩 사업을 시행하고 있으며 행안부의 사회혁신사업도 리빙랩을 위주로 한다. 앞에서 우리는 이들 리빙랩이 원래 의미의 '공유경제'를 달성하는 플랫폼 협동조합 앱을 만들 수 있고, 의료나 농기구 등에서 지역의 수요에 부응하는 DGML의 기반이 될 수 있다고 주장했다.

플랫폼 앱을 만들거나 신기술에 의해 현실의 사회적 필요를 해결한다면(그리

---

31 앞에서 우리는 오스트롬의 공동생산을 사회혁신의 핵심 개념으로 삼았는데, 과학기술정책 쪽에서는 디지털화에 따른 시민사회의 혁신을 사회혁신으로 정의하고 있다. 이는 디지털커먼즈에 입각한 '동료생산'에 해당한다.

고 적절한 보수가 주어진다면) 도전적인 젊은이들이 자발적으로 참여할 것이다. 실제 드론으로 쪽방촌 등 취약지역의 현황을 파악하는 생활환경지도를 만들어 취약지역의 생활환경을 개선하고 도시재생사업을 효율화한 엔젤스윙도 있고 디지털커먼즈에 올라와 있는 식탁의 디자인을 사용하여 지역의 목공협동조합에서 제작하는 청년 사업가도 나오고 있다. 사회의 숨겨진 작은 필요가 무궁무진한 만큼 디지털커먼즈의 지식을 활용해서 해결하는 방법도 무궁무진할 수 있다. 성대골의 에너지 전환 리빙랩, 대전의 건너유 프로젝트는 시민사회 스스로 지역문제를 해결하기 위해 문제를 정의하고 기술을 탐색한 대표적 사례이다. 젊은이들이 서울의 각종 사회문제의 해법을 리빙랩에서 해결하는 모습은, 어쩌면 사회적경제의 밝은 미래상일지도 모른다.

참고문헌

반정화, 2017, 공유서울은 도시사회 문제 해결 수단 / 공유기업·시민 주도형 네트워크 구축, 서울연구원.

서울시, 2012, 서울시 사회적경제 종합지원계획

송위진, 2018, 한국 리빙랩 활동의 성찰과 과제, 제7차 한국 리빙랩 네트워크 포럼(PPT 자료)

정태인, 이수연, 2013, 《협동의 경제학》, 레디앙.

최정규, 2009, 《이타적 인간의 출현》, 뿌리와 이파리.

호세 마리아 아리스멘디아리에타, 2016, 《호세마리아신부의 생각》, 칼폴라니사회경제연구소.

Ansell, C., A. Gash, 2008, Collaborative governance in theory and practice, Journal of public administration research and theory, 2008

Bauwens,M., Niaros,V., 2017. Changing societies through urban commons transitions, P2P Foundation.

Benkler, Y., 2017a, Peer production, the commons, and the future of the firm, Strategic Organization, V15, I2.

Benkler, Y., 2017b, Law, innovation, and collaboration in networked economy and society, Annual Review of Law and Social Studies, V13.

Bourchard, M. ed., 2013, Innovation and the Social Economy, Univ. of Toronto Press

Bovaird,V., 2007, Beyond engagement and participation: User and community coproduction of public services, Public administration review, V67, N5.

Brandsen,T. Pestoff, V,, 2006, Co-production, the third sector and the delivery of public services: An introduction, Public management review, V8, I4.

Buchanan, 1965, An economic theory of clubs, Economica, V32, N125.

Buchanan,j., Yoon, Y., 2000, Symmetric tragedies: Commons and anticommons, Journal of Law and Econopmics, V18.

Chalmers, D., Balan-Vnuk, E., 2012, Innovation not-for-profit social ventures: Exploring the microfoundation of internal and external absorptive capacity routines, International Small Business Journal.

Cordagnone, C., Martens, B., 2016, Scoping the Sharing Economy: Origins, Definitions, Impact and Regulatory Issues, JRC Technical Report.

Dosi, G., Stiglitz,J., 2014, The role of intellectual property rights in the development process, with some lessons from developed countries: an introduction, Cimoli et. al. ed. Intellectual Property Rights.

Dow,G., 2000, Allocating Control Over Firms: Stock Market Versus Membership Markets, Simon Fraser University Department of Economics, Discussion Paper #00-3.

Foster, S. & Iaione, C., 2018, Ostrom in the city: Design Principles and practice for the urban commons. Routledge Handbook of the Study of the Commons.

Fennell, Lee, 2011, Commons, Anticommons, Semicommons, Research Handbook on the Economics of Property Law.

Frenken, K., Schor, J., 2017, Putting the sharing economy into perspective, Environmental Innovation and Societal Transitions, V23.

Hippel, E., 2005, Democratizing Innovation, The MIT Press.

Iaione, C., 2016, The co-city: Sharing, collaborating, cooperating, and commoning in the city, American Journal of Economics and Sociology, V75, N2.

Kasmir, S., 2016, The Mondragon Cooperatives and global capitalism: A critical analysis, New Labor Forum, V25, N1.

Moulaert, F.,Martinelli, F. González, S. Swyngedouw E., 2007, Introduction: Social Innovation and Governance in European Cities, European Urban and Regional Studies, 창간호.

Mulgan, G., 2006, The process of social innovation, Innovations, V1,N2.

Mulgan, G., Tucker, S., Rushanara,A., Sanders, B. 2007 Social Innovation: What it is, why it matters and how it can be accelerated. Skoll Centre for Social Entrepreneurship.

Nakatsu, R., Grossman, E., Iacovou, C., 2015, A taxanomy of crowdsourcing based on task complexity, Journal of Information Science, pp.1-12.

Felin.T., Lakhani,K.,Tushman,M., 2017, Firms, crowds, and innovation, Strategic Organization, V15, N2.

Felin,T., Zenger, T., 2014, Closed or open innovation? Problem solving and the governance choice, Research Policy,V43.

Heller, M., 1998, The tragedy of the anticommons: property in the transition from Marx to markets, Havard Business Review. V111, N3.

Mathie,A.Cunningham,G., 2002, From Clients to Citizens: Asset-Based Community Development As a Strategy for Community-Driven Development, Occasional Paper Series, N4.

Kretzman j. McKnight J., 1993, Building communities from the inside out, The Asset-Based Community Development Institute.

Institute for Policy Research Northwestern University.

Nowak, M., 2006, Five Rules for the Evolution of Cooperation, Science, V314, December.

Nowak, M., 2011, 『Supercooperator』, 허준석역, 2012, 『초협력자』, 사이언스 북스.

Ostrom, E. 2007, A diagnostic approach for going beyond panaceas, PNSA.

Ostrom, 2008, Polycentric system as one approach for solving collective problems, Working paper 8-6.

Pestoff,V. 2012, Co-production and third sector social services in Europe: Some concepts and evidence, Voluntas.

Pestoff, V., 2014, Collective action and the sustainability of co-production, Public Management Review. V3, I3

Sasaki, M., 2003, Kanazawa: a creative and sustainable city, Policy Science, V10, N2.

Sasaki, M., 2010, Urban regeneration through cultural creativity and social inclusiton: Rethinking creative city theory through a japanese case study, Cities, S3-S9.

Schlachter, L., 2017, Stronger together? The USW-Mondragon Union Co-op model,

Labor Studies Journal, V42, N2.

Schor, J., 2014, Debating the sharing economy, Great Transformation Initiative.

Smith, S., 2001, Blooming together or Wiltering Alone? Network Externalities and Mondragon and La Lega Co-operative Networks, Discussion Paper N27. WIDER.

Teece, D., 2017, The "tragedy of the anticommons" fallacy: A law and economics analysis of patent thickets and FRAND licensing, Berkeley Technological Law Journal, V32.

Thompson, S., 2015a, Bringing Society Back into the Theory of the Firm: The Adaptation of the Mondragon Cooperative Model in Valencia and Beyond, Univ of Cambridge Doctoral Thesis.

Thopmson, S., 2015b, Toward an social theory of the firm: Worker cooperatives reconsidered, Journal of Co-operative Organization and Management, V3, N13.

Thompson, S., 2016, Is the Mondragon Co-operative experience a cultural exception? Journal of Co-operative Studies, V47, N3.

Zamagni, S., 2005, Civil Economic Theory of the Cooperative Firm, University of Bologna.

논문

협동의 원리와 협동조합 기업이론[1]

1 협동의 원리

"(사회)통합의 형태들, 즉 상호성, 재분배, 교환은 경제의 다양한 수준과 상이한 부문에 병렬적으로 나타날 수 있다. 그것들 중 지배적인 것을 꼽는 것이 불가능할 때도 종종 있을 것이다. 그러나 이들 형태는 경제의 부문과 수준 간에 분화함으로써, 비교적 간단한 방법으로 경제과정을 기술하는 수단을 제공하고 이에 따라 경제의 끊임없는 변화에 질서를 부여하게 된다"(Polanyi, 1957).

폴라니의 이 구절은 다른 문헌에도 반복해서 나타난다. 폴라니가 자기조정시장, 경제적 결정론을 비판할 때, 가장 강력한 근거는 인류학과 역사학에서 이미 증명되어 있는 바로 위 문장이었다. 즉 현실의 어느 사회에서도, 심지어 30여 년 간 신자유주의가 휩쓸어 제도와 사람이 시장 일변도로 흐른 현재에도 상호성과 재분배에 의한 사회통합은 엄연히 존재한다. 폴라니가 일관되게 비판한 호모 에코노미

---

[1] 이 글은 저자가 작업해 왔던 협동의 원리와 그에 입각한 협동조합(사회적경제기업)의 기업이론을 요약하고 그 뼈대 위에서 혁신의 논리적 가능성을 추적한 글이다.

쿠스라는 경제학의 인간관은 현대 행동경제학에 의해서 무너졌다. 물론 여타 사회과학에서는 이 인간관을 끝없이 비판했지만, 경제학 내부에서 이견이 나타났고 적어도 현실이 그렇다는 점을 경제학자들도 인정하기에 이르렀다. 현실의 일반인들을 향한 실험에서 인간은 이기성과 함께 상호성을 언제나 일관되게 나타낸다. 끝없이 반복되고 있는 최후통첩게임이나 공공재게임의 결과가 이를 증명한다.

수많은 실험과 현장 증거를 통해서 증명된 바지만 협동이라는 인간 행위는 상호성에 입각해서 설명된다. 상호성은 지난 30년간 생물학, 심리학, 사회학, 경제학의 인기 연구 주제 중 하나였다. 실로 (강한) 상호성은 협동의 기초이며, 따라서 '공공재의 딜레마'나 '공유지의 비극'과 같은 사회적 딜레마를 해결하는 원천이다. 사회적 딜레마는 전체의 합리성과 개인의 합리성이 일치하지 않는 경우로 정의되며, 실로 인류의 윤리와 종교가 해결해야 할 가장 중요한 과제였다. 해서 모든 종교나 윤리에는 황금률이 보편적으로 나타난다. 황금률은 "무엇이든지 남에게 대접을 받고자 하는대로 남을 대접하라"(마태복음 7장 12절)는 성경 구절이나 "己所不慾 勿施於人"(논어 12장) 공자 말씀, 그리고 불경이나 코란에서도 쉽게 찾을 수 있다.[2]

또한 근대 계약이론의 각종 학설도 결국 이기적 행동에 의한 갈등을 해소하는 다양한 방식으로 요약할 수 있을지 모른다. 홉스의 '리바이어던'과, 스미스의 '보이지 않는 손'은 과거의 상호성에 입각한 윤리학으로부터 다른 방향으로 탈주했다. 즉 국가가 무임승차자를 규제하거나, 또는 시장가격이 조절할 수 있다는 사상이 그것이다. 개인을 발견한 근대가 그로 인한 사회적 갈등을 해결하기 위해 국가와 시장이라는 탁월한 제도를 강조하게 된 것이다.

하지만 국가는 그 자체로 개인을 억압할 수 있으며 시장은 '사회적 동물'로서의 인간을 '악마의 맷돌'처럼 갈아버릴 수 있다. 폴라니가 누누이 강조했듯이 인간

---

[2] 예컨대 "내가 살기를 좋아하며 죽음을 좋아하지 않으며 쾌를 좋아하고를 달가워하지 않는 누구의 생명을 빼앗는다면 이는 그에게 유쾌하지도 즐겁지도 않은 일일 것이다. 나에게 즐겁지도 유쾌하지도 않은 것은 그에게도 마찬가지이기 때문이다"라는 불교 경전 상윳타 니카야(Samyutta NIkaya, 相應部 阿含)나 "네가 자신을 사랑하는 대로 네 형제를 사랑하라"는 코란의 말씀은 모두 유사하다.

	Payoff matrix		Cooperation is...				
	C	D	ESS	RD	AD		
Kin selection	C $(b-c)(1+r)$ D $b-rc$	$br-c$ 0	$\frac{b}{c} > \frac{1}{r}$	$\frac{b}{c} > \frac{1}{r}$	$\frac{b}{c} > \frac{1}{r}$	r...genetic relatedness	
Direct reciprocity	C $(b-c)/(1-w)$ D b	$-c$ 0	$\frac{b}{c} > \frac{1}{w}$	$\frac{b}{c} > \frac{2-w}{w}$	$\frac{b}{c} > \frac{3-2w}{w}$	w...probability of next round	
Indirect reciprocity	C $b-c$ D $b(1-q)$	$-c(1-q)$ 0	$\frac{b}{c} > \frac{1}{q}$	$\frac{b}{c} > \frac{2-q}{q}$	$\frac{b}{c} > \frac{3-2q}{q}$	q...social acquaintanceship	
Network reciprocity	C $b-c$ D $b-H$	$H-c$ 0	$\frac{b}{c} > k$	$\frac{b}{c} > k$	$\frac{b}{c} > k$	k...number of neighbors	
Group selection	C $(b-c)(m+n)$ D bn	$(b-c)m-cn$ 0	$\frac{b}{c} > 1+\frac{n}{m}$	$\frac{b}{c} > 1+\frac{n}{m}$	$\frac{b}{c} > 1+\frac{n}{m}$	n...group size m...number of groups	

그림 1 협동진화의 5가지 규칙(Nowak, 2006)

은 사회적 존재이며 일정한 사회적 규범 하에서 '공동선(common good)' 또는 '좋은 삶'을 누릴 수 있다. 즉 사회의 복귀가 필요한 것이다. 내 생각에 사회의 복귀란 곧 인간의 본성 중 상호성이 다시 제 자리를 찾는 길이다. 상호성에 관해서 여기서는 수학으로 표현되어 가장 간명하게 보이는 노박[3]의 이론으로 설명한다. 앞의 두 열은 "죄수의 딜레마"가 5가지 규칙(혈연선택, 직접상호성, 간접상호성, 네트워크상호성, 집단선택)에 의해 "사슴사냥게임"으로 변화한 것을 보여준다. 사슴사냥게임이 되었다는 것은 이기적 인간도 (협력, 협력) 해를 선택할 수 있다는 것을 의미한다. 단, 상호신뢰를 할 수 있을 때만 그러하다.

수학적으로 사슴사냥 상태에서도(현실에서 협동의 이익이 모두에게 크다는 것을 인지하게 되었을 때도) 상호신뢰가 없으면 (배반, 배반)을 택할 수 있다. 이런 상호신뢰를 돕는 것이 제도, 규범, 네트워크 등이다. 제도는 물질적 인센티브나 물리적 제재와 같은 법과 규칙(노스의 공식적 제도)을 말하며, 규범은 위반할 때 수치심이나 죄의식을 느끼게 하는 도덕적 규율(노스의 비공식적 제도)이다.[4] 폴라니가 사회제도와 함께,

---

[3] 노박은 오스트리아 출신 하버드 교수로, 오스트리아식 발음법에 의해 '노박'으로 불리지만, 국내 출판된 그의 대중적 서적《초협력자》에서는 '노왁'으로 표기되어 있는데 (아마도) 외래어 표기법을 따른 것으로 보인다.

[4] [편집자 주] 미국 제도경제학자 노스(Douglass C. North)의 연구를 말한다.

시장 정서(market mentality)를 바꿀 수 있는 규범을 강조한 이유가 여기에 있을 것이다. 제도를 강화하면 오히려 규범이 무너져서 오히려 역효과가 나타날 수 있다. 예컨대 아이의 심부름에 돈을 줘 버릇하면 돈 없이는 심부름하지 않는 게 당연하다고 생각할 수 있다. 즉 제도가 사람을 만들 수 있다.[5]

한편 위의 표에서 r,w,q,k,n/m은 모두 c/b라는 비용/편익의 비율과 비교된다.[6] 각 규칙에 조응되는 특수한 관계의 척도(r=유전자 공유 비율, w=거래의 반복확률, q=타인에 대한 정확한 파악의 정도, k=이웃의 크기, n/m=집단크기/집단의수)와 경제적, 또는 생물학적 수익률(의 역)을 비교하는 것이다. 이를 원용해서 시장 관계를 해석하자면 r의 크기를 최소화해서(즉 익명성) 수익률이 낮아도 협동(거래)이 이뤄지도록 만드는 제도라고 할 수 있다. 반면 민주주의는 토론을 통해서 (특히) 직간접 상호성에 의해서 협동이 이뤄지도록 한다고 할 수 있을 것이다.

디지털 혁명은 이 법칙에 중요한 변화를 가져온 것으로 보인다. 즉 시장관계가 아니더라도 p2p 관계의 위험성을 대폭 줄일 가능성을 보여준다. 가격에 모든 정보를 맡기지 않더라도 인터넷 상의 반복거래와 평판이 원거리의 실명 거래를 성립시킬 수 있다. 여기에서 디지털커먼즈와 사회적경제를 연결할 초보적 고리를 찾을 수 있을지도 모른다. 협동에 관해 우리가 찾을 수 있는 규칙들을 모아보면 다음과 같다.

노박은 게임이론을 이용하여 협동이 일어나는 5가지 조건을 추출했고(Nowak, 2006) 오스트롬은 전 세계의 공유자원(공동으로 이용하는 숲이라든가 강)관리 사례를 경험적으로 연구해서 8가지 규칙을 찾아낸 공로로 노벨경제학상을 받았다(Ostrom, 2009). 협동조합연맹(ICA)의 7원칙은 1840년대 로치데일의 경험 이래 그동안 쌓인

---

[5] 이스라엘 하이파 유치원의 실험이 대표적이다(Gneeezy & Rustichini, 2000. 정태인·이수연, 2013). 이 실험은 물질적 인센티브가 사람의 도덕적 규범을 변경해서 역효과가 나타날 수 있다는 것을 보여준다. 이는 경제/경영학의 당연한 정책들이 오히려 나쁜 결과를 낳을 수 있다는 것을 의미한다.

[6] 생물학의 해밀턴 법칙에 유비된다.

수많은 성공과 실패의 경험을 정리한 조직·운영 원리이다. 표 1은 이들을 병렬한 것인데 자세히 들여다보면 논리와 경험에서 추론된 여러 차원의 지혜가 일맥상통한다는 것을 발견할 수 있다.

즉 표 1은 협동에 관한 인류의 지혜를 총집결한 것이라고 할 수 있을 것이다. 예컨대 협동조합의 제1원칙인 공유와 공동이용은 협동조합에 오스트롬의 8가지 규칙이 적용된다는 것을 의미한다. 민주적 의사결정(그리고 참여와 교육)원칙은 자본주의적 기업의 경영에 비해 굼뜨고 중구난방이 되어 비효율적일 것 같지만 오스트롬과 노박의 규칙에서 협동을 촉진하는 필수적 수단들이라는 것을 알 수 있다. 협동조합이 돈과 사람의 동원에서 취약하다는 점을 보완하는 데 필수적인 제6원칙, 협동조합의 네트워크는 오스트롬의 더 넓은 거버넌스의 존재, 그리고 노박의 네크워크 상호성과 집단선택(집단 정체성)과 긴밀하게 연결되어 있다. 물론 공유자원 관리의 핵심 주체인 지역공동체는 또한 혈연선택과 집단선택이 일어나는 공간이기도 하니 협동조합의 생존에 필수적이다.

표 1 협동의 규칙들(정태인·이수연, 2013)

국제협동조합연맹의 협동조합 7원칙	오스트롬의 공유자원 관리 8가지 규칙	노박의 인간협동의 5가지 규칙
1. 공유와 공동이용 2. 민주적 의사결정 3. 참여 4. 자율성 5. 교육 6. 협동조합 간 네트워크 7. 공동체에 대한 기여	1. 경계의 확정 2. 참여를 통한 규칙 제정 3. 규칙에 대한 동의 4. 감시와 제재 5. 점증하는 제재 6. 갈등해결 메커니즘 7. 당국의 규칙 인정 8. 더 넓은 거버넌스 존재	1. 혈연선택 2. 직접상호성 3. 간접상호성 4. 네트워크 상호성 5. 집단선택
	* 이후 연구를 통해 협동을 촉진하는 미시상황변수 추가 1. 의사소통 2. 평판 3. 한계수익 제고 4. 진입 또는 퇴장 가능 5. 장기적 시야	* 이후 행동/실험경제학과 진화생물학이 찾아낸 협동촉진 변수 추가 1. 민주주의적 소통 2. 집단정체성 3. 사회규범의 내면화

협동의 원리는 시장이나 국가, 공동체에 모두 적용될 것이다. 하지만 일반적으로 국가에는 법에 의한 제도가, 시장에서는 개인 간의 계약이라는 제도가 훨씬 더 강하게 작용한다. 어쩌면 이들 두 영역에서는 애매한 사회규범을 되도록 회피해야 할 존재, 또는 약탈(악용)의 대상이 될지도 모른다. 흔히 말하는 회색지대가 그렇다. 하지만 공동체에서는 암묵적 규범이 훨씬 더 중요하다. 이러한 규범을 세세히 법이나 계약으로 규정하는 순간 공동체의 사회적 통합은 깨지고 사람들은 법과 계약의 하한선에 따라 행동할지도 모른다. 이 세 영역과 자연에 각각 어울리는 인간본성과 상호작용 메커니즘, 추구하는 가치, 그리고 단점을 아래에 요약했다.

표 2 시장경제, 공공경제, 사회적경제, 생태경제의 관계

	인간본성	상호작용 메커니즘	가치	단점
시장경제	이기성 (Homo Economicus)	경쟁 (교환)	효율성	불평등, 생태문제, 시장실성
공공경제	공공성 (Homo Publicus)	재분배	평등(공정성)	리바이어던, 관료화
사회적경제	상호성 (Homo Reciprocan)	협동	연대	가부장성, 배제성
생태경제	공생 (Homo Symblous)	공존?	지속가능성	세대 간 정의의 불가능성

각각의 경제제도는 고유의 상호작용 메커니즘과 가치, 그리고 약점을 지니는데 이들 경제제도를 어떻게 배열하느냐는 사회에서 결정될 것이다. 적어도 이 네 가지 제도를 어떤 하나로 일원화하는 것은 사회의 분열, 또는 경직화를 낳을 것이다. 예컨대 1920년대와 현재의 신자유주의는 불평등을 낳고 생태문제를 악화시킬 것이다. 과거의 국가사회주의는 공공경제라는 제도로 사회를 일원화함으로써 관료화를 통해 사회를 경직시켰다. 사회적경제 역시 고유의 가부장성이나 외부에 대한 배타성이라는 약점을 안고 있다. 낸시 프레이저(Fraser, 2013)가 이중운동에 해방을 추가한 삼중운동을 제안한 것도 이 때문일 것이다.

2 협동조합의 기업이론

1) 팀생산으로서의 기업과 사회적 딜레마

모든 기업은 팀생산을 한다. 앨키앤과 뎀제츠의 정의에 따르면 팀생산이란 각 개별 투입요소의 생산을 합한 것보다 결합생산이 더 많은 산출을 하는 생산이다(Alchian and Demestz, 1972). 또한 어떤 개인이나 소집단이 모든 투입요소를 모두 소유하고 있는 경우는 없다. 이것이 기업이라는 조직이 생겨난 최초의 이유일 것이다. 예컨대 과학자들에 따르면 인간은 약 100만년의 수렵채취시대를 거쳤는데 이때도 더 많은 식량을 확보하기 위한 사냥조직이나 과일 따기 조직은 존재했을 것이다. 팀으로 일한 결과가 각자 일한 것과 똑같거나 그보다 더 나쁘다면 팀으로 같이 일할 이유가 없을 것이다.

즉 기업은 다른 무엇보다도 기술적/조직적 이유로 생겨났다. 초기 경제학 문헌은 이 점을 강조했다. 아담 스미스의 저 유명한 핀 분업의 사례나 맑스의 노동과정 분석은 이를 잘 보여준다. 마샬(Alfred Marshall)의 산업지구에 대한 분석은 특정 지역에 유사 업종의 공장이 집중되어 있는 이유를 집적효과 또는 외부 경제로 설명한다. 현대의 산업경제학이나 기술경제학, 진화경제론은 특히 정보 및 위험의 공유와 학습 효과, 경로의존성 등을 강조한다. 즉 안정적인 조직이나 네트워크를 형성함으로써, (특히 암묵적) 정보를 공유하고 상호 학습을 통해 혁신을 이룰 수 있다는 것이다.

이런 점에서 신고전파가 기업을 생산함수로 표현한 것은 과거 전통을 충실하게 답습한 것이라고도 할 수 있다. 문제는 1930년대 이후의 경제학이 시장의 작동, 특히 가격의 결정에 관심을 가졌다는 데서 비롯되었다. 기업은 주어진 투입들의 가격아래에서 이윤극대화의 문제를 푸는 기계로 상정되었고 기업의 내적 구성이나 동학은 사실상 무시되었다. 1950년대에 벌어진 '총비용가격설정(full cost pricing, 사실은 평균비용 가격설정)'과 '한계비용가격설정(marginal pricing)' 간의 논쟁은 이런 상황을 잘 보여준다(Simon, 1978).

코즈(Ronald Coase)의 문제제기는 그렇게 완전한 시장이(실은 완전한 정보가) 존재한다면 왜 현실에 기업이 존재하고 더구나 수직통합으로 점점 규모가 커지는 경우가 생기는가였다. 코즈는 이론을 넘어 맨눈으로 사회를 바라볼 수 있는 능력을 가진, 실로 몇 안 되는 경제학자였다(이 점은 '사회적 비용의 이론' 역시 마찬가지다). 하지만 "태초에 시장이 존재했다"고 생각하는 경제학의 전도된 시각에 산뜻한 의문을 제기했지만, 그 역시 기업 자체를 바라본 것은 아니었다. 오히려 그도 완전한 시장이 존재하지 않기 때문에, 즉 가격 메커니즘 사용 비용으로 요약할 수 있는 거래비용이 존재하기 때문에 기업이 탄생하게 되었다는 사고, 여전히 시장 위주의 사고에서 벗어나지 못했다. 시장이 존재하지 않을 때도 기업(조직)은 존재했고[7] 이윤 개념이 존재하지 않았어도 잉여를 극대화하기 위해 기업(조직)을 만들었다. 인간은 이런 조직의 운영을 잘 하는 '초협력자(Nowak, 2011)'였기 때문에 지금과 같은 엄청난, 어쩌면 파멸에 이르는 성공을 거둘 수 있었다.

만일 거래비용이 줄어든다면, 즉 시장이 더 완전해지면(또는 정보가 완전해지면) 기업은 숫자와 규모, 양쪽에서 줄어들까? "거래비용의 존재 때문에 기업이 형성되었다"는 코즈의 논리가 참이라면 이런 주장도 성립해야 할 것이다. 하지만 시장은 더욱 정교해지고 있지만 기업의 규모나 숫자가 줄어든다는 증거를 찾기란 쉽지 않을 것이다. 아주 거칠게 말한다면 시장의 발전과 더불어 기업은 더 커지고 더 많아졌다고 하는 쪽이 더 올바를 것이다. 물론 완전한 시장이란 인간의 머리 속에나 존재하는 유토피아기 때문에 시장의 완전성을 수치화하는 건 불가능할 것이고 따라서 시장의 완전성과 기업의 크기나 숫자의 관계도 말할 수 없을 것이다. 하지만 그런 사실 자체가 코즈의 핵심 주장이 과녁을 빗겨난 것임을 보여주는 것이 아닐까?[8]

---

[7] 고대에도 기업조직은 존재했고 18세기까지는 상인이 기업을 조직하였으며 가족기업을 벗어난 대기업이 나타난 것은 19세기에 이르러서였다. 물론 임금이나 군대, 그리고 공동체의 주문에 의한 생산도 시장과 거래비용을 동원해서 묘사할 수는 있을 것이다.

[8] 코즈 이후 특히 윌리엄슨의 거래비용경제학이 거둔 성과를 부정하는 것은 아니다. 그것은 나의 이런 비판과 상관없이 관계특수투자, 또는 자산특수성 하의 쌍방 독점 문제에 주목하여 중요한 기여를 했다. 천동설을 기본으로 삼았어도 인류 역사상의 노련한 항해사들은 당면한 문제를 해결해 왔다.

기업이 사회적 관계라는 것 역시 초기 경제학자들의 주된 관심사 중 하나였다. 특히 맑스는 착취를 증명하기 위해 자본주의적 생산과정을 노동과정과 가치증식과정의 양 측면에서 분석했다. 맑스는 모든 사회 현상을 물적 측면과 사회적 측면의 대립, 그리고 변증법적 통일로 이해했는데 이런 사고는 기업이라는 조직을 이해하는 데 효과적이었다. 맑스는 모든 물적 재생산은 동시에 사회적 관계의 재생산이라는 점을 지적하고 특히 자신의 관점에 따라 계급의 재생산을 논증하는 데 자본론 1권을 거의 다 바쳤다.

여기서 맑스는 훗날 현대 기업이론에서 다시 각광을 받는 생산수단의 소유 – 생산과정의 통제 – 생산물의 소유 간의 (인과)관계를 제시한다. 즉 지주나 자본자가 생산물을 전유하는 것은 땅과 '(물적) 자본'이라는 생산수단을 소유하기 때문이며 이를 매개하는 것이 생산과정의 통제이다. 봉건시대에 전형적인 부재지주(영주)의 경우 생산과정을 통제하지 않기 때문에 '경제외적 강제'가 필요했는데 그것이 신분 및 종교 등의 윤리규범이다. 반면 자본주의 사회에서는 생산수단을 자본가가 소유하고 동시에 통제하기 때문에 기업은 윤리나 종교, 사회로부터 독립해서 생산물을 전유할 수 있다.**9**

자본론 3권에서 맑스가 주식회사와 협동조합에 주목한 것도 이런 사고방식의 연장이다. 주식회사는 전형적인 자본가가 아닌 일반 사람들이 주식을 소유한다. 이것은 이미 진행된 생산의 사회화에 걸맞은 소유의 사회화가 아닐까하고 맑스는

또한 코스에 대한 비판 시각은 불완전 계약이론에도 그대로 적용된다. 계약이라는 관념이 없을 때도 기업은 존재했고 미국처럼 법이나 계약이 세밀하게 규정되어 있는 사회에 기업이 더 적다고 말할 수도 없을 것이다.

9 이런 해석은 고등동물(현대사회)의 해부를 통해 하등동물(과거 사회)을 들여다 보는 맑스의 방법론에서 기인한다. 인류의 역사에서 어떤 사물에 대한 소유권은 자본주의 사회를 제외하곤 중층적이라고 표현할 만 하다. 예컨대 조선시대의 토지는 궁극적으로 왕의 소유였으나 실질적으로는 지주가 1차로 잉여를 수취했으며 소작농 역시 토지를 점유하고 생산물 일부를 소유할 권리를 지니고 있었다. 자본주의 사회에서도 소유의 여러 측면은 쉽사리 일원화하지 않아서 법적, 현실적으로는 다양한 권리가 인정된다. 예컨대 주류경제학이 기업의 소유자라고 상정하는 주주는 일정액의 증서를 소유하고 있을 뿐 기업의 어떤 물건도 사용하거나 처분할 수 없다.

조심스럽게 진단한다.[10] 만일 생산이 이미 사회화되었다면 이제 소유관계만 바꾸면 새로운 사회를 만들 수 있지 않을까? 맑스는 주식회사를 생산력의 발전에 의해 변화된 새로운 소유관계의 사례로 보았을 것이다. 반면 맑스에게 협동조합은 더 적극적인 소유의 사회화를 보여준다. 협동조합은 노동자가 바로 생산수단의 소유자이기 때문이다.

벌르(Adolf A. Berle)와 민즈(Gardiner C. Means)는 어떤 의미에서 반대로 주식회사 현상을 해석한다. 즉 소유와 통제의 분리라는 점에서는 같은 현상이지만 벌르와 민즈에게 경영자는 이제 독립적인 주체로 나타난다(Berle & Means, 1932). 벌르와 민즈는 이런 분리가 내포하는 문제점(주인 - 대리인 문제 등)을 알고 있었지만 경영자의 주주로부터의 독립보다 공동체로부터의 분리를 더 걱정했다. 그런 의미에서 벌르와 민즈의 '경영자 자본주의'는 현대 경영학이나 법학의 이해당사자론에 가깝다고 볼 수 있을 것이다.

대리인이론은 이런 흐름을 급하게 뒤바꿨다. 기업의 주인이 주주라는 관념은 이때 탄생했고 이제 정보경제학에서 주로 금융시장과 노동시장에 적용하던 '도덕적 해이', '역선택' 개념이 기업이론에 적용되기 시작하였다(Jensen & Meckling, 1976). 사실 대리인이론은 맑스와 유사한 사고 방향을 가지고 있다. 기업의 소유자인 주주가 잉여(잔여청구권)를 소유하는 것은 당연한데 이제 문제는 소유와 경영의 분리로 인해 경영자가 게으름을 부리거나 자기 이익을 추구하는 것을 막는 일이다. 거꾸로 이야기하면 잔여청구권을 가진 자만이 경영자와 노동자를 통제할 유인을 지니므로 기업의 소유자인 주주가 그 권리를 가져야 한다. 물론 일반적으로 주주는 경영자나 노동자의 통제에 별 관심을 갖지 않는다. 그러므로 이를 보충하는 논리가 탄생하게 되었는데 그것이 곧 금융시장에 의한 경영자 통제이다. 즉 주로 진

---

10 3권이 노트 수준이었기 때문에 과연 맑스가 주식회사를 어떻게 생각했는지는 확실하지 않다. 하지만 이후 기금사회주의 논의나 좌파 쪽의 주주행동주의는 맑스의 이런 생각을 이어 받은 흐름이라고 할 수 있을 것이다. 또한 맑스의 협동조합에 대한 견해도 애매하다. 훗날 엥겔스가 쓴 "공상적 유토피아에서 과학적 유토피아"는 이론의 천착이라기 보다 당시의 운동 상황을 반영한 것이라고 해석하는 쪽이 옳을 것이다.

입과 탈출에 관심이 있는 주주들을 대리하여 시장이, 더 정확히 말하면 헤지펀드와 같은 기관투자자가 경영자를 통제하도록 해야 한다는 것이다. 이들 기관과 주주는 주가를 올려야 한다는 점에서 이해가 일치할테니 말이다. '효율시장이론'이라는 유토피아가 현실을 대변하게 되었고 기업법의 해석과 개정에도 지대한 영향을 끼쳤다.[11]

대리인이론으로 정교하게 부활한 소유와 통제의 문제는 이후 거래비용경제론, 그리고 불완전 계약이론에서 다양하게 변주되었다. 특히 보울스(Samuel Bowles)와 애컬로프(George A. Akerlof)의 '효율임금이론', 윌리엄슨(Oliver E. Williamson)과 하트(Oliver Hart)의 '발목잡기 문제(hold-up problem)'는 기업이 마주친 사회적 딜레마의 두 요소를 핵심적으로 보여준다. 즉 (부품)생산계약과 관계특수투자, 그리고 노동계약과 노력(effor)의 지출 간의 문제가 그것이다. 기업 간 투자의 문제와 노동자의 효과적 통제 문제는 모두 팀생산의 성과를 어떻게 배분하는가와 직결되어 있다. 즉 팀생산 전체의 이익은 잉여를 최대화하는 것일텐데 이것이 생산 이전과 이후의 계약 및 재협상, 즉 분배문제와 연관되어 있는 것이다.[12] 문제는 여기서 계약의 당사자인 기업들, 그리고 경영자와 노동자간의 이해가 일치하지 않고 어떤 해법을 따르든 이들이 이기적으로 행동한다면 전체의 이익, 즉 잉여극대화가 달성되지 않을 것이라는 데 있다. 즉 전체와 (이기적) 개인의 합리성이 일치하지 않으므로 기업 내의 관계는 사회적 딜레마에 속한다. 그리고 이런 결정을 누가 내리느냐라는 의사결정 문제까지가 기업의 사회적 딜레마를 구성하는 핵심 요소가 된다.

---

11 한국에서 이 이론은 재벌을 규제하는 수단으로 이용되었다. 이 운동이 재벌의 문제점을 드러낸 성과는 가히 영웅적이다. 하지만 김상조가 고백하듯이 이 수단으로 현실에서 재벌을 개혁하는 데는 크나큰 한계를 보일 수밖에 없다.

12 기존의 미시이론은 분배를 다루지 않거나 한계생산성에 따른 배분, 즉 생산의 문제로 해소한다. 이 때도 전가의 보도 완전경쟁시장이 등장하며 1차동차 생산함수를 가정하면 시장 임금이나 부품 가격대로 계약을 하면 모든 문제가 해결된다.

2) 사회적 딜레마 해법으로서의 기업거버넌스

맑스는 노동력 지출의 문제를 사실상 시장 상황(또는 시대적 상황)으로 해소했다. 광범위한 산업예비군(비자발적 실업)이 존재하는 상황에서 노동력에 대한 임금은 최저 수준, 즉 사회적으로 결정되는, 노동력의 재생산비까지 떨어질 것이다. 물론 그렇지 않더라도 노동자가 받는 임금은 그의 노동시간 중 일부에 불과할 것이므로 나머지는 착취라는 것이 그의 논증이다. 즉 모든 잉여(가치)는 착취의 결과이다. 한편 보울스는 광범위하게 존재하는 실업의 존재를 효율임금이론으로 해석한다. 신고전파 경제학은 무시할 만큼 적은 비용으로 사법부에 의해서 청구권을 강제할 수 있다고 가정하지만, 현실은 이런 외생적 강제 계약을 구체화할 수 없는 경합교환상태이다. 이런 불완전 계약 상황에서는 내적 강제가 필요하다.

고용계약 후에 노동자의 노력을 법적으로 강제할 수 없고 사전적으로 고용계약에 모든 경우를 반영할 수도 없으므로 경영자와 노동자 간의 관계는 경합교환이다. 경영자(A)가 노동자(B)의 노력을 추출하기 위해서는 실직비용이 양(+)이어야 한다. 즉 고용이 가져다주는 가치(=고용의 가치)가 실업 상태에서 얻을 수 있는 가치(=후방진지, fallback position)보다 커야 한다. 노동자는 유보임금(실직비용을 0으로 만드는 임금) 이상을 지급하면 경영자의 통제에 응해서 더 많은 노력을 제공할 것이고 그 결과 노동시장은 청산되지 않는다.[13] 즉 이러한 효율임금 하에서 공급과잉과 실업이 존재하게 될 것이다. 즉 경영자는 노동자를 통제하기 위해서 시장 청산임금보다 더 많은 임금을 지급하고 그 결과 비자발적 실업이 존재하게 된다는 것이다. 한편 기업 내에서는 효율임금이 경영자에게 권력을 부여하게 된다.[14] 보울스와 긴티스(Herbert Gintis)의 이 논리는 기업 내의 권력(위계)의 근거를 설명함으로

---

[13] 물론 실직비용을 늘리기 위해 현재의 청산임금을 낮출 수 있다면 굳이 효율임금을 지급할 필요가 없을지도 모른다. 그러나 어떤 제도(예컨대 과거 영국의 신구빈법이나 농촌의 몰락 등 사회적 요인)에 의해서 실직비용이 늘어난다면 이후 청산임금이 낮아질 것이므로 현재의 임금은 효율임금의 위치에 서게 될 것이다.

[14] 보울스와 긴티스의 이런 주장은 노동시장에서도 자유로운 교환이 이뤄지므로 기업 내에 권력이란 존재할 수 없다는 앨키엔과 뎀제츠류의 주장을 비판한 것이다.

써 민주적 책임성이 필요하다는 규범적 주장으로 이어진다.

한편 애컬로프는 "선물교환으로서의 노동계약"으로 효율임금을 설명한다. 애컬로프는 1950년대 한 공장의 노동자들이 동일한 임금을 받으면서도 회사가 제시한 최소기준을 평균 15%가 넘는 성과를 내는 현상에 주목한다. 더구나 이 노동자들은 임금 인상이나 승진을 바라고 이런 행동을 한 것도 아니다(Akerlof, 1982, 1984). 모든 개인이 물질적 이익만 추구한다면 이런 상황에서 회사는 최소 기준을 올리려 할 것이고 노동자는 최소기준에 딱 맞춰서 일할 것이다. 그러나 현실에서 위와 같은 현상이 나타나는 것은 노동자들이 '공정한 하루치(fair day's work)'라는 노동규범을, 그리고 회사는 청산임금 이상의 임금과 관대한 최소기준을 서로 선물로 교환했기 때문이다. 즉 고용계약은 선물교환의 성격을 지니고 있다. 만일 회사 쪽에서 임금을 낮추고 평균 수준의 최소기준을 제시한다면 노동자들은 노력을 줄여서 오히려 회사의 잉여는 줄어들 수 있다.[15]

보울스와 긴티스는 이기적 인간이라는 가정을 유지한 채 효율임금을 설명했고 애컬로프는 이미 '상호적 인간(homo reciprocan)'을 상정한 것이었다. 훗날 보울스와 긴티스는 카펜터(Jeffrey Carpenter), 황성하와 함께, 상호성에 입각한 실험경제학 논문을 발표해서 1997년 논문의 두 번째 논점을 보완했다(Carpenter, et al., 2009). 즉 민주적 기업은 상호감시 비용을 줄여서 자본주의적 기업보다 더 효율적일 수 있다는 점을 실험실에서 보였다. 한편 애컬로프는 이 논문의 사회규범을 집단 정체성의 문제로 발전시켰다(Akerlof & Kranton, 2011).

물론 이런 수상은 대리인 이론과 성면으로 부딪힌다. 대리인 이론은 노동자에게 잔여청구권을 부여하는 경우 사회주의처럼 실상 아무도 소유하지 않은 상태가 되어 감시가 소홀하여 태만이 만연할 것이라는 점을 강조한다. 하지만 노동자의 상호성은 첫째, 회사에 대해서 유보임금(또는 뒤에서 제시할 참조임금)보다 높은 경

---

[15] 벨러메어와 셔러(Bellmare & Shearer, 2009)는 기업 수준 실험에서 선물주기가 생산성을 올린다는 것을 실증했다. 현실에서는 공유자본주의론의 많은 연구가 노동자의 이윤공유가 경영참가를 동반할 때 생산성을 향상시킨다는 것을 실증했다.

우 더 많은 노력을 지출하고 둘째, 노동자 간 상호감시와 자발적 응징을 통해 팀생산에 필연적인 무임승차(즉 태만)를 줄여서 전체의 효율성을 높일 수 있다. 회사 내의 이런 협동(노박의 직접 상호성)과 기업간 경쟁(노박의 집단선택)은 노동규범을 확립시켜 소유와 통제의 비용을 더욱 줄일 수 있을 것이다. 값비싼 응징에 참여하려는 의지는 커다란 팀에서도 잔여청구권과 이타적 응징을 연결하는 기초가 된다. 팀원 모두에게 잔여청구권이 있는 경우에는 동료의 무임승차가 전체에 해를 끼치게 되므로 집단정체성에 의한 "사회적 선호"가 발생할 것이므로 이런 메커니즘은 더욱 효율적으로 작동할 것이다(Carpenter. et.al., 2009).[16]

한편 대리인 이론이나 불완전계약이론은 기업법을 보완하는 제도로서 물적 인센티브제도(성과급이나 보너스, 또는 벌금)를 제안한다. 하지만 첫째, 물적 인센티브 제도는 오히려 사회규범을 무너뜨려서 비효율을 높일 수 있다. 둘째, 팀 인센티브가 개인적 인센티브보다 더 효과적이라는 연구 결과가 많다. 셋째, 물적 인센티브 제도는 추가적인 노력 한 단위를 추출하기 위해 점점 더 많은 인센티브를 필요로 할 가능성이 높다. 보울스–긴티스의 민주적 기업이론과 애컬로프의 선물교환이론[17], 그리고 후일 이뤄진 실험경제학들은 노동자의 잔여청구권 보유, 그리고 자치(self policing)가 더 효율적일 수 있다는 명제를 뒷받침한다.

카네기 멜론의 '행동기업이론' 전통 위에 서 있던 윌리엄슨(Williamson, 2009)은 전형적인 거래비용이론과 불완전계약이론(Hart & Moore, 1988, Grossman & Hart,

---

16 사람들은 "내 이익을 위해서"가 아니라 "전체를 위해서" 더 흔쾌하게 행동한다. 또 남의 행동을 판단할 때도 이런 기준을 사용한다.

17 맑스의 착취이론은 사실상 대리인 이론과 마찬가지로 노동자의 완전한 통제가 가능하다고 가정한 것이다. 이것은 그가 임금이 사회적 필요노동의 최저선까지 떨어질 것이라고 가정했기 때문에 가능하다. 광범위한 산업예비군의 존재, 밤샘 노동과 아동 노동이 그가 관찰한 현실이었다. 한편 보울스&긴티스나 애컬로프의 효율임금은 상한선을 결정한다고 볼 수 있다. 실제 임금은 그 사이 어디에서 결정되거나 노동시장이 분절될 것이다. 즉 핵심노동자에게는 효율임금을, 그리고 언제나 대체가능한 단순 노동자에게는 맑스의 하한 임금을 주는 체제도 성립할 수 있다. 이런 상황이라면 핵심 노동자는 노동자로서의 집단정체성보다 팀원으로의 집단정체성이 더 강해질 것이고 단일한 노동자 정체성, 나아가 일국이나 세계규모의 정체성은 더욱 형성하기 어려울 것이다.

1986, Hart & Moore, 2007, Hart, 2011)을 이어주는 인물이라고도 볼 수 있다. 특히 그가 초기의 불완전계약이론이 초점을 맞춘 '발목잡기 문제'를 분석한 선구자라는 점에서 그러하다. 어느 한편이 관계특수적 투자를 해서 상대방에게 발목을 잡힐 수 있다면 그는 그 투자를 꺼릴 것이다. 그러므로 자산특수성이 높은 관계에서는 한 쪽이 다른 쪽을 수직통합하는 것이 효율적이라는 게 그의 거래비용이론이다.

불완전 계약이론은 인간이 제한 합리적이고 미래의 모든 가능성을 미리 알 수 없다는 점에서 모든 계약은 불완전하다고 가정한다. 기실 모든 제도는 불완전하다. 글로 쓰여진 명시적인 법이나 제도는 비유컨대 면을 지나는 선에 불과하다. 그러므로 현실에는 법이나 계약에 명시할 수 없는 광범위한 공백이 존재하는 셈이다. 불완전계약이론은 이 공백을 잔여통제권이라는 개념으로 메꾸려고 한다.[18]

그로스만과 하트(Grossman & Hart, 1998), 무어와 하트(Moor & Hart, 1988)는 코즈와 윌리엄슨의 한계를 비판하면서 수직통합의 비용과 이익을 동시에 고려해야 한다고 주장한다. 예컨대 A와 B가 각각 투자를 해서 둘 다 이익을 볼 수 있지만(팀 생산의 이익), 그 기여를 정확히 측정하지 못하는 경우 잔여통제권을 가진 A가, 상대방 B의 자산에 대한 접근을 막을 수 있다면 B는 투자를 꺼리게 될 것이다. 이런 경우라면 전체의 이익을 최대화할 수 있는 쪽, 즉 투자의 한계생산성이 높은 쪽이 잔여통제권을 가져야 한다는 것이 그들의 설명이다.

직관적으로 이해하기 위해 아기옹 등(Ahgion et.al., 2011)의 숫자례를 게임이론의 틀로 옮기면 다음과 같다. 부품 판매자가 5달러 짜리 투자를 하면 16달러에 생산되던 부품을 10달러에 생산할 수 있다. 한편 부품 구매사가 5달러 짜리 투자를 하면 현재 32달러에 판매하던 완성품을 40달러에 팔 수 있다. 이들이 투자를 결정하는 순간 윌리엄슨이 말하는 '근본적 전환'(fundamental transformation)이 일어나서 이들 관계는 발목잡기 상황에 들어간다. 투자가 일어나기 전에 이들은 부품의 판매가격 또는 분배 규칙을 미리 계약할 수 없기 때문에 투자가 이뤄진 뒤 부품의 가

---

[18] 반면 우리는 규범이 이 공백을 메꾼다고 생각한다. 결국 이 문제는 뒤에서 보듯이 잔여통제라는 위계와 (합의) 민주주의라는 규범의 대립으로 환원된다.

격을 협상해야 한다. 판매자와 구매자가 통합되지 않은 상태에서 잉여를 50:50으로 나누기로 한다면 이들은 투자할까? 이들이 투자 또는 발목잡기 전략을 선택하는 데 따라 얻게 될 보수는 표 3처럼 죄수의 딜레마를 이루므로 아무도 투자하지 않을 것이다.

표 3 불완전계약과 발목잡기(Aghion 등의 예)

		판매자	
		투자	발목잡기
구매자	투자	10, 10	7, 12
	발목잡기	11, 6	8, 8

그로스만과 하트는(그리고 아기옹 등도) 이 경우 부품판매자가 구매자를 인수(상방통합)하는 것이 낫다고 주장한다. 왜냐하면 (투자, 발목잡기)의 잉여 19=7+12가 (발목잡기, 투자)의 잉여 17=11+6보다 크기 때문이다. 즉 윌리엄슨의 직관과 달리, 완성품업체가 부품업체를 수직통합하는 것이 유리한 경우는 자신의 투자가 더 많은 잉여를 증대시키는 경우뿐이다. 하지만 우리는 어느 한편에 의한 수직통합보다 둘 다 투자하고 잉여를 둘로 나누는 (투자, 투자)의 협동해가 가장 낫다는 점에 주목한다. 물론 불완전계약 이론에서는 팀생산의 한계 기여를 확정할 수 없고 정보가 불완전하기에 이런 계약이 불가능하다고 가정했기 때문에 협동해에 도달할 수 없다. 즉 판매자가 구매자를 수직통합해도 그 회사는 완성품 기업이 투자하도록 강제하거나 그런 계약을 맺을 수 없다고 가정했다.

그러나 만일 어느 한 쪽이 그런 계약을 맺도록 강제할 능력을 지니고 있거나 서로의 정보를 최대한 공개하고 최종의 총 잉여를 공정성에 입각해서 분배할 것으로 신뢰한다면 더 나은 결과를 얻을 수도 있을 것이다. 전자는 한국의 재벌체제에서 나타나는 현상에 가까울 것이다. 물론 그 경우 결합 이익의 분배는 (10, 10)이 아니라 극단적으로 (20,0)이 될 수도 있겠지만 만일 하청관계를 포기하는 게 더 손해라면(즉 실직비용='하청해제비용'이 양이라면) 하청업체(판매자)는 이 관계를 받아들일

수밖에 없을 것이다.[19]

즉 보울스 - 긴티스의 권력관계는 발목잡기 문제에도 적용할 수 있다. 또 보울스 - 긴티스가 상정한 민주적 기업이론을 기업 간 관계에도 적용할 수 있을 것이다. 모든 관계특수투자가 정태적으로 죄수의 딜레마 상태에 들어 있다면 협동해를 택해서 더 큰 전체의 이익을 얻어서 공정하게 분배할 수도 있다. 이 점에 관해서 최근의 실험경제학은 흥미로운 결과를 제시한다. 페어 등(Fehr et.al., 2008)은 상호적 인간과 이기적 인간이 상호작용하는, 조금 더 현실적인 상황에서 관계특수투자와 공정성의 문제를 다뤘다. 이들의 실험은 소유구조가 관계특수투자에 영향을 미친다는 점, 그리고 사람들은 서로 다른 초기 조건에서 출발해도 가장 효율적인 소유권 할당에 도달하다는 점을 확인했다. 즉 재산권이론(불완전 계약이론)과 동일한 결론이다. 하지만 재산권이론과 달리 이들 실험이 도달한 소유권 할당은 합작소유(joint ownership, 수직통합이 되지 않은 상태에서의 협력 투자)였다. 저자들은 이를 어느 한 쪽의 수직통합보다 공동 소유가 (여전히 불완전하지만) 공정성을 암묵적 계약의 이행 수단으로 사용하는 데 적합하기 때문이라고 해석했다.

물론 스위스의 뮤니히 대학생들이 행한 이 실험을 기업의 행동과 동일시할 수는 없을 것이다. 하지만 그동안의 각종 실험들은 개인이나 기업이 특정 상황의 사회규범에 의해 행동함으로써 이기적 인간을 상정한 제도보다 더 효율적인 결과를 낳는다는 것을 보여 왔다. 이 점에서 앞으로 (모델링이 지극히 어렵기는 하겠지만) 규범이 작동하는 환경에서 기업들 간의 상호작용이 어떤 결과를 낳는지 연구할 필요가 있다.

나는 이런 실험 결과가 에밀리아 로마냐 지방 중소기업 네트워크를 설명해 줄 수 있으리라 믿는다. 이 지역의 특징은 정보와 위험의 공유이다(정태인 이수연, 2013). 너무나 작은 기업들이기에 관련 기업이 동시에 투자를 하지 않으면 안 된다. 이는 고도의 신뢰가 전제되지 않으면 불가능한 일이다. 이 지역에서는 지식과

---

19 보통 대칭적 죄수의 딜레마를 상정하지만 비대칭적 죄수의 딜레마도 얼마든지 만들 수 있다. 또 다스굽타(Dasgupta, 2005)는 구체적으로 '착취가 은폐된 협동'의 모델을 만든 바 있다.

정보 자체가 공공재에 가까운데 이런 공유하는 자산에 대해 기여를 하지 않는다는 것은 규범을 어기는 일이고 상호성의 작용에 의해 퇴출된다. 페어 등의 실험은 그런 상황이 가능하다는 것을 보여주는 것이 아닐까?

정치학자 달(Robert Dahl)은 왜 정치에는 1인 1표의 민주주의를 적용하면서 기업에 들어가는 순간 리바이어던(즉 전제)을 당연시하느냐는 문제제기를 했다. 그는 국가에서 민주주의를 효과적으로 운용할 수 있다면 기업에서도 마찬가지이고 반대로 기업에서 불가능하다면 국가에서도 그럴 것이라고 주장했다. 이 문제에 대한 기존 기업이론의 답은 각각 다르다. 거래비용을 줄이기 위해 기업이 성립한다고 주장하는 코즈와 윌리엄슨은 당연히 권위 또는 위계(hierarchy)를 인정한다. 수직통합을 한 이유가 복잡한 정보의 탐색과 계약의 체결과 이행 비용을 줄이기 위한 것이기 때문이다. 한편 대리인 이론가들은 권위를 아예 인정하지 않는 반면(왜냐하면 다른 이해당사자와는 완전하고 자유로운 계약을 맺은 것으로 상정하기 때문에), 보울스 등은 내적 강제의 메커니즘으로서 권력을 상정하므로 이를 견제할 민주적 책임성을 강조한다.[20]

우선 기업이 기술/조직적 필요에 의해 생겨났다는 점에서 중요한 의사결정을 하는 집단 또는 개인은 필요할 것이다. 그 기술이나 조직을 가장 잘 이해하는 자가 리더가 되는 것은 어쩌면 당연하다. 맑스의 비유를 따르자면 오케스트라 지휘자의 통제를 따라야 하는 것이다. 그러나 사회적 딜레마 측면에 이르면 얘기는 그리 간단하지 않다. 앞에서 보았듯이 분배나 통제권의 결정은 곧 생산 효율성에 영향을 미친다. 현실의 대기업에서는 대부분 법적으로 의사결정권을 이사회가 보유하고 있지만 이 권한은 일시적이거나 조건부이다. 그런 의미에서 "결정권은 대출(loan)되는 것이지 소유(own)되는 것이 아니다"(Baker et.al., 1997).

일반적으로 작업 현장의 정보는 하급자가 더 많이 가지고 있고 금융이나 최신 기술, 심지어 기업과 관련된 정치적 정보는 상급자가 더 많이 가질 것이다. 하지만 하급자가 자신의 정보를 생산해서 상급자에게 전달할 유인은 별로 없다. 그러므로

---

[20] 보울스와 긴티스는 노동자들의 투표에 의해 이사회를 구성하는 것이 현실적이라고 주장한다.

하급자에 대한 적절한 권한 위임은 정보를 생산하고 촉진하는 수단이 될 수 있다. 팀생산에서 각 이해당사자는 자신이 소유한 자산을 생산에 투입했고 그에 대한 보상은 단순히 계약에 의해서 완결되지 않는다. 특히 위에서 본 것처럼 가장 중요한 투입인 노동이나 투자의 경우 인간(집단) 간의 상호작용, 그리고 공정성은 대단히 중요한 역할을 한다. 그러면 이상의 논의와 팀생산 참여자의 권리는 어떤 관계에 있는 것일까?

이런 점에서 경영학의 이해당사자론(Freeman et.al., 2004)과 법학의 이해당사자론(Blair, 2012, Blair & Stout, 1999)을 검토할 필요가 있다. (법학의) 이해당사자론은 팀생산 이론, 그리고 상호성 이론에 기초하고 있다. 이 이론에 따르면 팀의 생산에 기여한 이해당사자는 기업에 대해 일정한 권리를 가지고 있으며 이사회는 이들의 이해를 조정하는 역할을 한다. 즉 기업법인에서 이사회는 오케스트라 지휘자의 역할을 한다. 법적으로 대리인이론에 입각한 '주주우선론(shareholder primacy)'은 회사법의 주주 투표권, 경영자 보상 규칙, 인수 규칙 등에 반영되어 있다. 하지만 "팀생산 분석은 모든 참여자들이 법인기업(coporate enterprize)에 참여함으로써 이익을 얻기 원하며…참여자로부터 지지와 협동을 끌어내는 데 효과적인 가버넌스배열을 찾아내는 데 관심을 지니고 있다는 가정에서 출발"한다(Blair, 2012). 즉 이해당사자가 합의하는 거버넌스가 중요하다.

이들에 따르면 상당한 의사결정권을 지닌 독립적 이사회의 역할은 내생적으로 발전한 것이다. 그러므로 주주이론과 달리 통제권과 소유권의 분리는 고쳐야 할 어떤 질환이 아니라 회사 형태의 본질적 부분이 된다. 한편 경영학의 이해당사자론은 주로 전략적 경영과 경영윤리의 관점을 강조한다. 프리만은 현재의 경영에서 가장 큰 문제는 윤리를 분리시킨 데서 비롯됐다고 주장한다. 현실에서도 이해당사자의 이해를 고루 추구하는 기업들이 더 나은 성과를 얻는다. 예컨대 콜린스의 '좋은 기업에서 위대한 기업으로(Good to Great)'는 이런 주장의 좋은 사례로 간주된다. 이 점에서 경제학자 프리만 등의 공유자본주의론도 궤를 같이 한다. 프리만 등은 미국과 영국 등에서 지난 30년간 종업원지주제(ESOP), 이윤공유제를 각종 경영참가제도와 결합한 기업들이 높은 성과를 얻었음을 실증하고 있다(Freeman, R.

et.al., 2011). 그들은 이런 실증적 결과들을 애컬로프의 선물교환이론과 최근의 실험경제학이 이론적으로 입증할 수 있을 것이라고 기대하고 있다.

어떤 경우든 이들은 각 이해당사자가 중요한 의사결정, 특히 기업의 존속이나 치명적 손실과 관련된 의사결정에 관여해야 한다고 주장하고 있다. 이들의 주장은 모두 이론보다 현실에 기대고 있는데 법률학자들은 주주의 권한을 축소하고 이사회의 재량권을 광범하게 허용하도록 기업법(특히 신의의 원칙)을 해석해야 한다(또는 법원이 이미 그렇게 해석하고 있다)고 주장하며 경영학자들은 이사회가 이해당사자들의 이해를 최대한 반영해야 한다고 강조한다. 한편 경제학자들은 노동자의 의사결정 참여와 이윤공유의 제도들이 효율적이라는 사실을 증명한다. 즉 이해당사자론이 더 효율적이면서도 공정의 규범에 걸맞다는 것이다.[21]

나는 기업에도 민주주의가 적용되어야 한다고 믿는다. 적어도 한국의 재벌처럼 지배주주=경영자가 경제력과 정보력, 심지어 정치력까지 갖추고 기업 내외에서 독재를 하는 상황은 효율성이나 공정성이라는 두가지 측면에서 장차 크나큰 문제를 야기할 것이다. 이를 어떻게 교정할 수 있는지에 관한 이론은 아직 존재하지 않는다. 지금까지 본 것처럼 주주(또는 금융시장)에 의한 통제나 국가의 규제가 능사는 아닐 것이다. 하지만 팀생산과 이해당사자론에 따르면 노동자에게는 노동조합이나 이사회 참여를, 하청 기업에는 단체협상권을, 소비자에게는 소비자 집단 행동의 권리를 부여하는 등 이해당사자 각자에게 적절한 견제 능력을 부여하는 (empowerment) 거버넌스를 만드는 것이 첫 번째 과제일 것이다. 이들의 상호작용이 적절한 제도와 규범을 구성함으로써 이해당사자들의 능력을 최대한 끌어내는 게 효율과 공정을 동시에 달성하는 길이라는 방향만은 확실하다.

---

21   한편 사회학이나 심리학자들은 집단 사고, 집단 정체성을 강조한다. 예컨대 포스와 린덴버그(Foss & Lindenberg, 2011)는 개인을 단위로 하지 않고 팀 자체의 동기, 팀 추론, 팀 정체성과 목표 등 심리학, 진화인류학의 성과를 차용하고 있다. 또한 아르간도나(Argandona, 2012)는 기업이라는 집단이 공동선을 인지하고 추구할 수 있다고 주장한다. 이러한 주장은 집단선택이론과 기업이론을 연결하는 출발점이 될 수 있을 것이다.

3 협동조합의 기업이론을 향하여

이상의 논의에 비추어 볼 때 협동조합의 거버넌스는 공정하면서도 효율적일 수 있다. 협동조합은 잔여청구권과 잔여통제권 모두 조합원에게 있으며, (물론 규모가 커지는 경우에 이들이 선출한 독립적 이사회에 상당한 의사결정권을 위임하겠지만) 기본적으로 출자액과 무관하게 중요한 의사결정이 1인 1표의 민주주의에 의해 이뤄진다. 무엇보다도 협동조합은 ICA 7원칙[22]은 대단히 추상적이지만 협동조합 이해당사자들의 행동 규범을 정하고 있다. 이런 면에서 협동조합은 상호적 인간관에 입각해 볼 때, 이상적인 기업 모델이라고 할 수 있다. 협동조합의 7원칙은 협동에 의한 사회적 딜레마 해결을 이름에서부터 표방하고 있다.

협동조합의 공유와 공동이용, 그리고 자율성(자치)는 오스트롬의 공유자산 관리의 8원칙에 부합하며 협동조합의 협동은 단위 조합간의 네트워크를 의미하는데 오스트롬의 다중심 가버넌스에 해당한다. 즉 협동조합의 규모 및 범위의 경제는 단위조합의 자율성을 인정하는 가운데 네트워크를 확대하는 방식으로 달성되어야 할 것이다. 협동조합에서는 일반적으로 이해당사자간 보수의 격차가 그리 크지 않다. 팀생산에서 한계생산성을 측정하는 것은 불가능하며 협동조합의 규범에 비춰 볼 때 성과급 등 물질적 인센티브의 부과는 극히 제한적이어야 하기 때문이다. 오히려 공정성의 규범에 의해 팀의 투입을 증가시키는 쪽이 더 나을 것이다. 지금까지의 논의에 비춰 볼 때 협동조합의 거버넌스는 이상적이라 할 만 하다.

그래서 그런 것일까? 경제학자들은 좌우를 막론하고 협동조합을 싫어했다. 앞에서 논의한 맑스는 물론이고 자유주의자라 할 수 있는 밀, 그리고 한계효용학파의 효시인 발라스(왈라스)[23]까지 19세기의 경제학자들을 폭넓게 망라하고 있다. 주식회사와 협동조합의 본질적 차이는 투자자가 기업을 통제하는가, 아니면 노동자

---

[22] 각 국의 협동조합의 네트워크, 단위 협동조합은 이 7원칙을 적절하게 변형하여 사용하고 있다. 협동조합을 대상으로 하는 이 논의는 사회적경제 일반에도 대체로 적용할 수 있을 것이다.

[23] 발라스는 사회개혁의 3대 목표로 토지국유화, 협동조합 진흥, 그리고 독점규제를 내세웠다.

가 기업을 통제하는가에 있다. 바꿔 말하면 투자자가 노동을 고용하느냐, 노동자가 투자를 고용하느냐의 문제이다. 현실에서 이 둘 간의 근본적 차이는, 물리적 자산의 소유권은 언제든 바뀔 수 있지만 인간에 대한 소유권은 쉽게 이전될 수 없다는 사실에 있다. 즉 주주는 언제든지 탈출(exit)라는 선택지를 사용할 준비가 되어 있지만[24] 조합원, 특히 노동자 조합원은 그럴 수 없다.

우선 자본동원의 면에서 주식회사는 주식시장을 통해 유한책임의 소유권을 자유롭게 이전할 수 있기 때문에, 어떤 이유로든 시장에서 인정을 받으면(단순하게 거품이 생긴다 해도) 대규모 자본을 동원할 수 있다. 반면 협동조합은 조합원의 가입비(up front fee)와 비분리 자산(Indivisible Reserve, 협동조합에 유보되는 자산은 조합이 해산한다 하더라도 개인에게 양도될 수 없다)이라는 제약 속에서만 자본을 동원할 수 있으며 소유권의 이전은 노동자 구성의 변화를 전제로 한다. 위험기피 성향의 조합원이라면 자신의 전 재산을 출자하기 어려우므로 출자만으로 투자자금을 대는 것은 한계가 있을 수밖에 없다. 또한 금융기관은 협동조합에 대한 대출을 기피하는데 가장 평범하지만 일반적인 이유는 은행이 협동조합의 구조에 익숙하지 않아서 적절한 평가가 어렵다는 것이다.

한편 앨키앤(Armen A. Alchian)과 뎀제츠(Harold Demsetz) 등은 "모든 사람의 소유는 아무도 소유하지 않은 것과 마찬가지"여서 아무도 태만을 감시하지 않을 것이라고 비판한다(Alchian & Demsetz, 1972). 따라서 노동자들은 노력을 기울이지 않을 것이다. 의사결정에 있어서도 주식회사에서는 최대 주주의 신속한 의사결정이 가능하지만 1인 1표에 의한 의사결정은 노동자 간의 갈등을 야기할 소지가 있다. 노동자의 구성이 이질적이고 규모가 클수록 그럴 가능성이 높아진다(Hansmann, 1990, Kremer, 1997). 다수결에 따라 의사결정이 이뤄진다면 평균적 노동자들이 높은 생산성을 가진 노동자의 임금을 깎으려 할 것이므로 고능력자는 협동조합을 기피할 것이다(Kremer, 1997).

---

[24] 바로 그 때문에 주주는 경영자나 노동자를 통제할 유인을 갖지 않는다. 오히려 그는 기업의 전망이 나쁘다는 정보를 접했을 때 탈출 시기를 따질 것이다.

이상의 비판은 우리가 앞에서 본 바대로 대리인이론과 불완전 계약이론의 노력 지출 문제(또는 태만 문제), 투자의 문제, 그리고 의사결정의 문제를 지적한 것이다. 이 외에도 신고전파의 워드-도마-바넥(W-D-V firm)의 고전적인 비판이 있다. 협동조합은 노동자/조합원 1인당 순수입의 극대화를 목표로 하기 때문에, 공급대응에 비탄력적이며 심지어 수익성이 좋을 때 고용을 줄이거나, 비조합원 노동자를 고용하여 주식회사로 타락할 것이다(이른바 '워드효과'). 또한 은퇴에 가까운 노동자일수록 미래의 투자수익을 누릴 수 없으므로 현재의 투자에 반대할 것이다(Pejovich, 1992, Jensen & Meckling, 1979). 따라서 과소투자의 문제가 발생하거나('시야문제 horizon problem') 새로운 조합원을 받지 않으려 할 것이다('공동소유문제 common property problem'). 또한 소규모 협동조합은 기술혁신에도 불리할 가능성이 크다.

이 중에는 현재 주식회사가 지배적이고 이에 따라 모든 제도가 이뤄져 있으므로 협동조합이 점점 더 불리해지는 경로의존성이 작용하기 때문에 발생한 문제들이 있다. 예컨대 평가의 어려움에서 비롯되는 대출 기피라든가, 불신 때문에 지급해야 하는 프리미엄이 그러하다. 이런 측면은 사회적경제의 존립을 위한 제도적 보완이 필요하다. 특히 협동조합의 상위 네트워크에 기금을 적립하는 경우 면세 혜택을 주고(이탈리아 레가의 조합기금의 사례), 협동조합 금융기관의 설립을 촉진해야 할 것이다.[25] 장차 대규모 시설이 필요한 제조업에서도 협동조합형 기업이 성공하려면 금융의 문제는 해결되어 있어야 한다.

다른 한편 협동조합의 사회적 규범, 조합원들의 상호적 행동으로 인해 경제학의 예측이 빗나간 경우도 많다. 예컨대 협동조합이 대규모 자본을 동원하는 데 불리한 것은 사실이지만 '시야문제'나 '공동소유문제' 때문에 과소투자가 발생하는 것으로 보이지는 않는다. 일반적으로 협동조합의 구성원들은 수익을 배당하지 않

---

[25] 몬드라곤의 노동자금고, 레가의 우니폴, 퀘벡의 데자르뎅 등, 협동조합이 성공한 지역에는 항상 탁월한 협동조합 금융기관이 존재했다. 그러므로 현재 발효되어 있는 협동조합 기본법이 사회적 협동조합을 제외하고 금융 행위를 금지한 것은 커다란 약점이다.

고 조합 내에 자본을 축적한다든가, 상위 기관에 기금을 조성하는 데 반대하지 않는다. 또한 협동조합은 경기 상황에 대해 주로 임금의 변화로 대응하기 때문에 고용의 안정성이 보장된다. 최근의 유럽위기 상황에서도 몬드라곤이나 에밀리아 로마냐 지방의 실업률이 훨씬 낮은 것은 이를 증명한다. 감시와 응징이라는 면에서도 서로 정보를 많이 알고 있는 동료 간의 상호감시가 더 효율적이고 노동자 간에 상대적으로 높은 합의(commitment)와 신뢰가 존재한다면 아예 규범 위반이 줄어들 것이다. 현실에서 협동조합은 적은 감시자와 이윤 공유로 높은 생산성을 누리는 경우가 많다(Kruse, 1993).

마지막으로 의사결정의 문제에 관해서는 젠센이 이해당사자론에 대해서도 제기한 질문, 즉 여러 목표를 추구하는 데서 오는 어려움, 그리고 한스만이 지적한 부분, 즉 조합원의 이질성이 증가할 때 의사결정이 어려워질 것이라는 우려를 고민해 볼 만하다. 여러 이해당사자(조합원)을 동시에 고려할 때 생기는 난점은 문제 해결을 위해 수학모델을 만들어야 한다면 극히 곤혹스럽게 느껴질 것이다. 현실에서도 여러 목적을 동시에 달성하는 묘수를 찾기가 어려운 것이 사실이지만 인간은 명쾌한 연립방정식을 세운 뒤에 문제를 풀지는 않는다. 정보의 공유와 상호 학습, 그리고 토론이 '주먹구구(heuristics)'처럼 보이는 해법을 도출할 수 있을지도 모른다.[26]

이질적 구성원이 많아질 때 의사결정의 어려움도 마찬가지일 수 있다. 에밀리아 로마냐 지역에 외국인 노동자가 대규모로 유입됐을 때 생긴 노동문제, 몬드라곤이 국내 일반 기업을 인수하거나 해외 자회사를 만들었을 때 발생한 문제를 해결한 것 역시 오랜 기간의 숙의였다. 물론 급박한 경영상의 결정은 조합원 총회에서 선임한 이사회가 책임을 지지만 특히 협동조합의 정체성과 관련한 문제는 조합원 스스로 합의를 끌어내는 것이 중요할 것이다.

이상의 반비판은 앞에서 본 협동의 경제이론과 기업이론의 재해석에서부터

---

26 논문을 쓰는 일과 비교해 볼 때 집안일은 여러 목적을 동시에 달성해야 해야 한다. 하지만 가정주부들은 수많은 주먹구구를 루틴으로 만들어 너무나 쉽게 일을 처리하고 있다.

쉽게 도출된다. 즉 협동조합의 경제학은 기존의 호모 에코노미쿠스에 입각한 기업이론이 아니라[27] 상호성에 입각한 기업이론에 의해 구성되어야 한다. 그래야 앞으로의 문제점을 제대로 인식하고 올바른 정책방향도 찾을 수 있을 것이다.

    한국에 협동조합이 희귀한 데는 그동안 협동조합 등 사회적경제가 우리에게 익숙한 존재가 아니었다는 사실이 제일 강하게 작용했을 것이다. 하지만 지금 한국에는 협동조합을 배우고 직접 만들려는 바람이 거세게 불고 있다. 세계 협동조합의 역사가 그랬듯이 만성적인 위기 속에서 스스로 살길을 모색하는 것일 테지만 현재의 붐은 세계적으로도 유별나다. 하여 인식의 한계는 단숨에 넘을 수 있을 것이다. 협동조합의 네트워크화, 지역공동체에 뿌리 내리기, 복지제도와의 적절한 연결을 통해서 한국의 협동조합은 상당한 성공을 거둘 수 있을 것이다. 현재의 한국 사회에서 사회적경제는 상호성이라는 인간의 본성에 맞으므로 더 따뜻한 사회를 만들 수 있을 뿐 아니라 내수를 확대함으로써 경제를 살리는 역할도 할 수 있다.

---

[27] 예컨대 거래비용이론에 입각해서 협동조합을 기업과 시장 사이의 혼합종(hybrid) 또는 네트워크로 파악하려는 시도를 들 수 있다. 물론 에밀리아 로마냐에서 보듯이 협동조합은 네트워크를 많이 활용하고(Zamgni, V, 2009), 다스굽타의 사회적 자본=신뢰의 네트워크로 파악할 수는 있겠지만 이것과 자산특수성에 의해 분류된 네트워크는 분명 다른 기준에서 도출된 것이다.

참고문헌

정태인, 이수연, 2013,《협동의 경제학》, 레디앙.

Nowak, M., 2011, Supercooperator, 허준석역, 2012,《초협력자》, 사이언스 북스.

Akerlof, G. & R. Kranton, 2011, *Identity Economics: How Our Identities Shape Our Work, Wages, and Well-Being*, Princeton University Press.

Aghion, P., & Richard Holden, 2011, "Incomplete Contracts and the Theory of the Firm: What Have We Learned over the Past 25 Years?" *JOURNAL OF ECONOMIC PERSPECTIVES* VOL. 25, NO. 2, SPRING 2011.

Aghion, P., & Richard Holden, 2011, "Incomplete Contracts and the Theory of the Firm: What Have We Learned over the Past 25 Years?" *JOURNAL OF ECONOMIC PERSPECTIVES* VOL. 25, NO. 2, SPRING 2011.

Alchian, A., & Harold Demsetz, 1972, "Production, Information Costs, and Economic Organization." *The American Economic Review*, Vol. 62, No. 5.

Argandona, 2012, "The Common Good, Stakeholder Theory and the Theory of the Firm." The Role fo Business in Society and the Prusuit of the Common Good the 1st International Workshop.

Baker, G., Robert Gibbons & Kevin J. Murphy, "Implicit Contracts and the Theory of the Firm." *NBER Working Paper* 6177, September 1997.

Bellemare, C. & Bruce Shearer, 2009, *Games and Economic Behavior*, Volume 67, Issue 1.

Berle, A., Gardiner Means, 1932, *The Modern Corporation and Private Property*, Transaction Publishers.

Carpenter, Bowles, Gintis, Hwang, 2009, "Strong Reciprocity and Team Production: Th eory and evidence." *Journal of Economic Behavior & Organization*, Vol. 71.

Foss, N. J. & Siegwart Lindenberg, 2012, "Teams, Team Motivation, and the Theory of the Firm." *Managerial and Decision Economics*, Vol. 3.

Fraser, N., 2013, *A Triple Movement? Parsing the Politics of Crisis after Polanyi.*

Freeman, R. E., Andrew C. Wicks, Bidhan Parmar, 2004, "Stakeholder Theory and The Corporate Objective Revisited." *Organization Science*, Vol. 15.

Freeman, R. E., Andrew C. Wicks, Bidhan Prmar, 2011, "Stakeholder Theory as a Basis for Capitalism, Corporate Social Responsibility and Corporate Governance." *International Economic Association Series*. Palgrave Macmillan, London.

Grossman S. J., Oliver D. Hart, 1986, "The Costs and Benefits of Ownership: A Theory of Vertical and Lateral Integration." *Journal of Political Economy*, Volume 94, Number 4.

Hansmann, H. 1990, "When Does Worker Ownership Work? ESOPs, Law Firms, Codetermination, and Economic Democracy." *The Yale Law Journal*, v99, n8, Jun.

Hart, O., 2011, "Thinking about the Firm : A Review of Daniel Spulber's The Theory of the Firm." *Journal of Economic Literature*, Vol. 49.

Hart, O., John Moore. "Incomplete Contracts and Renegotiation." *Econometrica*, vol. 56, no. 4, 1988, pp. 755-85.

Hart, O., John Moore, 2007, "Incomplete Contracts and Ownership: Some New Thoughts." *American Economic Review*, Vol. 97.

Jensen, M. C., William H. Meckling, 1976, "Theory of the Firm: Managerial Behavior, Agency Costs and Ownership Structure, Economics Social Institutions." *Rochester Studies in Economics and Policy Issues*, vol 1.

Jensen, M. C., William H. Meckling, 1979, "Rights and Production Functions: An Application to Labor-Managed Firms and Codetermination." *The Journal of Business*, vol. 52, no. 4.

Kremer, M., 1997, "Why are Worker Cooperatives So Rare?" *NBER Working Paper* 6118, July 1997.

Kruse, D. L., 1993, "Profit Sharing: Does It Make a Difference?: The Productivity and Stability Effects of Employee Profit-Sharing Plans." *Upjohn Institute for Employment Research*.

Nowak, M., 2006, "Five Rules for the Evolution of Cooperation." *Science*, V314, December.

Ostrom, E., 2009, "Beyond markets and states: polycentric governance of complex economic systems." Nobel lecture.

Pejovich, S., 1992, "A Property Rights Analysis of the Inefficiency of Investment Decisions by Labor-Managed Firms." *Journal of Institutional and Theoretical Economics*, vol. 148, no. 1.

Polanyi, K., 1957, *The Great Transformation: The Political and Economic Origin of Our Time*. Beacon Press, Boston.

Simon, H. A., 1978, "Rationality as Process and as Product of Thought." *The American Economic Review*, vol. 68, no. 2.

Williamson, O. E., 2009, *Opening the Black Box of Firm and Market Organization: Antitrust. The modern firm, corporate governance and investment.* Edward Elgar Publishing.

칼럼

협동의 유전자를 타고난 인간

태어난 지 1년 남짓한 그야말로 갓난쟁이와 어른 원숭이 중 어느 쪽이 더 남을 잘 도울까? 어쩌면 둘 다 '유인원'이라고 부를 수 있는 이 두 개체 앞에서 한 어른이 열심히 일을 하는 모습을 보여준다. 종이 더미를 스테이플러로 묶는 단조로운 작업이다. 방에서 나갔던 어른이 종이 뭉치를 들고 다시 돌아와서 스테이플러를 찾으려 두리번거린다. 두 '유인원'은 스테이플러가 탁자 밑에 떨어져 있다는 것을 안다. 누가 어른에게 스테이플러 위치를 더 잘 알려줄까? 놀랍게도 우리 아가들이다.

저명한 심리학자 토마셀로(Michael Tomasello) 등이 2006년에 한 이 실험에서 한살 아가 24명 중 22명이 손가락으로 어른들에게 위치를 알려주었다. 원숭이도 그런 행동을 하기는 하지만 그들은 그럴 만한 이유가 있을 때만(자기에게 이익이 되거나 당위적인 이유가 있을 때) 그랬다. 돕기, 알려주기, 공유 등 이타적 행위에 관한 각종 실험에서 우리의 아가들은 침팬지나 원숭이보다 훨씬 뛰어났다. 이런 행위에 보상을 한다고 해서 아가들이 더 열심히 남을 돕는 것도 아니고 때로는 역효과를 낳았다.

교육과 같은 사회화 과정을 전혀 거치지 않은 아가들도 협동할 줄 안다. 말하자면 인간은 협동의 유전자를 타고 태어난 것이다. 인간이 이기적이지 않다는 얘기가 아니다. 생존경쟁의 운명을 인간이라고 해서 어찌 벗어날 것인가? 하지만 생물학적으로 봐서 어디 하나 잘난 것이 없는 인간은 무려 100만년 동안의 수렵채취 시대에 맹수들의 습격, 혹독한 기후변화, 굶주림을 이겨냈다. 오로지 인간만이 수십명에서 수백명 단위의 집단을 이뤄 성공적으로 협동을 했기 때문이다. 얼마나 위대한 성공이었는지 이제 인간 스스로 기후변화를 만들어내 지구를 위협하기에 이르렀을 정도다. 이런 진화의 역사가 인간 유전자에 알알이 박혀 있다고 추론하는 것도 무리는 아닐 것이다. 실제로 최근의 뇌경제학(neuroeconomics) 실험은 인간이 서로 돕거나 불공정한 인간을 응징할 때 쾌락(비물질적 효용)을 느낀다는 것을 밝혔다. 인간은 생물학자 노바크(Nowak)의 표현대로 가히 '초협력자'이다.

낮에는 보육원 아이를 돌보고 밤마다 아프리카 아이들의 털모자를 짜는 우리 아내 '차 여사'가 느끼는 행복은 어쩌면 인간의 이런 본성을 되찾았기 때문일지도 모른다. (나 역시 그 덕을 톡톡히 보고 있다.)

그렇다면 끝없는 경쟁 속에서 우리가 느끼는 절망은 그 본성을 거스르고 있기 때문이 아닐까? 오죽하면 자살률 세계 1위일까? 만일 경쟁의 장으로 느껴지는 직장에서 거꾸로 협동의 기쁨을 매 순간 누릴 수 있다면 어떨까? 사회적경제가 바로 그곳이다.

사회적경제는 최근에 만들어진 것이 아니라 인류 집단 생존의 터전이었다. 농경시대에는 두레나 품앗이, 계가 있었고 자본주의 시대의 대표적인 사회적경제 형태가 협동조합이다. 하지만 협동조합이나 사회적 기업의 구성원들이 협동의 규범, 상호성의 규범을 잘 지킬 때만, 즉 진정한 협동을 이룰 때만 효율성(경제적 목표)과 연대(사회적 목표)를 동시에 달성할 수 있다.

한겨레신문 2013.06.25.

칼럼

'공유경제'와 플랫폼 협동조합

2018년 10월 21일 홍영표 민주당 원내대표는 기자간담회에서 '카카오 카풀' 논란과 관련해 "(택시업계의) 반발은 이해하지만, 공유경제 패러다임을 거스를 수는 없다"며 "4차 산업혁명 시대에 공유경제는 대단히 중요한 정책과제"라고 말했다. 홍 대표가 확신하는 공유경제 패러다임이란 도대체 뭘까? 우선 공유경제 하면 연상할 수 있는 오스트롬이나 벵클러의 커먼즈와는 무관하다. 우버나 에어비앤비로 대표되는 '공유경제'는 일반적인 경제재화를 대상으로 하기 때문이다. 그중 상당히 고가이면서 실제로 사용시간은 짧고(자동차의 평균 이용 시간은 5%에 불과하다), 동시에 이용하지 않는 기간이 상당히 고정적인 재화가 그 대상이다.

약 10년 전부터 각광받은 새로운 '공유경제'는 디지털 플랫폼이라는 기술혁신에 기초한 것이며 '4차 기술혁명'의 성공사례로 손꼽힌다. 같은 직장에 다니는 이웃 사람끼리는 출퇴근 카풀을 할 수 있지만 옆 건물의 다른 회사에 다닌다면 옆집 사람이라도 그러기 쉽지 않다. 그런 정보 자체를 알지 못하기 때문이다. 인터넷과 디지털 기술은 이런 문제를 일거에 해결했다. 이른바 거래비용, 특히 탐색비용을 줄여주고, 회원으로 등록할 때 기입해야 하는 각종 정보는 비대칭성의 문제도 일부 해결해 줄 수 있다. 더욱이 사용 후기나 센서 기술을 적절히 이용하면 평판에 의한 참여자 평가도 가능해진다. 이러한 앱을 제공하여 각종 정보를 모아서 성업 중인 곳이 플랫폼이다.

플랫폼은 눈덩이 효과 또는 네트워크 효과를 지닌다. 정보가 빨리 쌓이는 선도기업들은 독점이익을 누릴 수 있으며 나아가서 플랫폼에 등록된 각종 정보를 이용한 가격 차별화(예컨대 자동차 종류와 연식, 그리고 운전자의 경력, 성별, 인종에 따른 가격 차별화)로 소비자 잉여 대부분을 흡수할 수 있다. 공유의 이미지와 달리 사람과 사람(P2P) 간 대화는 없다. 오직 플랫폼에 내장된 미지의 알고리즘이 가격을 정한다. 물론 프로그래머는 우버나 에어비앤비가 최대 이익을 누리도록 알고리즘을 설계할 수 있을 것이다. 우버나 에어비앤비는 가격의 20~30%를 플랫폼 사용료로 받는 것으로 알려져 있다. 거의 모든 고정 자본과 정보를 일반 시민이 제공하는데도 그 이익은 플랫폼이 독점한다.

이들 기업은 기존 업체가 준수해야 하는 규제로부터도 자유롭다. 자기 자동차로 우버파트너(기사)를 하는 경우 사실상 개인면허를 딴 것이나 마찬가지지만 그들의 자격은 기계가 부여한 것이다. 미국에서 이들 파트너는 법적으로 노동자가 아니라 개인사업자(독립계약자)라서 노동법이나 사회복지 관련법이 보장하는 혜택을 누리지 못한다. 사실상 이 사업을 완벽하게 통제하는 플랫폼은 사회보험료를 낼 필요도 없고 최저임금을 주지 않아도 되며 각종 의무를 지지 않는 것은 물론 사고가 나도 책임이 없고 미비한 법규를 활용하여 탈세도 한다. 필경 소형차의 상대적 운행 비율이 늘어날 테니 생태 쪽의 이익도 의심스럽다.

우버파트너와 같은 노동자가 늘어나면 동종 서비스를 제공하는 노동자들마저 프래카리아트(precariat, 극히 불안정한 임시 노동자)로 전락할 것이다. 아예 태스크래빗처럼 사람의 능력과 시간을 토막내 활용하는 초단기 노동력 플랫폼도 있다. 이른바 '긱경제(gig economy)' 속에서 노동자들은 시간당으로 마당 잔디를 깎고 난 뒤, 일주일치 설거지를 하며 이케아의 가구조립을 한 뒤, 밤에는 소프트웨어 알고리즘 일부를 만들기도 한다.

플랫폼 기술은 이렇게 이용되도록 결정되어 있는 걸까? 예컨대 원거리 출퇴근자를 위해 동네 사람들의 집과 회사, 출퇴근 시간을 알려주는 앱을 개발해서 이용자들이 협동조합을 구성하면 이 사업은 '공유경제'가 내건 모든 장점을 온전히 누릴 수 있다. 사실상 대리운전자인 우버파트너들은 나름의 협동조합을 구성할 수 있고, 기존 택시업체도 협동조합으로 운영하는 경우가 늘고 있다. 나아가서 코레일과 지역 렌터카 협동조합이 공동사업을 할 수도 있다. 예컨대 강릉까지는 기차로, 역에서부터 렌터카를 예약할 수 있다면 자가용 운전은 대폭 줄어들 것이고 편하고 싸게 여행할 수 있을 것이다. 오직 필요한 것은 적절한 앱과 사람들의 자발적 네트워크다. 요컨대 플랫폼 기술은 협동과 연대의 방식으로도, 시장만능의 방식으로도 활용될 수 있다.

서울은 글로벌 공유도시 네트워크에 협동조합 방식을 제시한 바 있다. '플랫폼 경제를 위한 도시연합(Cities Alliance for Platform Economy)'이 그것이다. 이렇듯 전 세계적 규모의, 위로부터의 대안도 구상해야겠지만 지역공동체와 소비자협동조합(생협)을 중심으로 아래로부터 각종 플랫폼 협동조합을 만들어서 각 지역을 네트워크로 묶어 나갈 수도 있다. 이러한 '플랫폼 협동조합'이야말로 '공유'의 원래 의미에 값하는 진정한 대안이며 우리 시대의 경제민주화를 한 걸음 더 진전시킬 것이다.

경향신문 2018.10.22.

칼럼

피케티의 '21세기 자본'과 사회적경제

우리가 '세월호'의 절망에 빠져 있는 동안 바다 건너에선 세계의 아이들 수십억 명 역시 마찬가지 상황이라는 '묵시록'이 화제다. 이제 마흔을 갓 넘긴 프랑스 경제학자 토마 피케티(Thomas Piketty)의 〈21세기의 자본〉이 그것이다. 문체는 발랄하고 스스로 자신의 얘기는 묵시록이 아니라 낙관의 메시지라고 말하고 있지만….

피케티에 따르면 자본(이 책에서는 모든 자산, 즉 토지자산, 금융자산, 산업자산)의 수익률(r)은 자본주의 역사 내내 4~5%였다. 심지어 로마시대에도 그랬단다. 이런 상황에서 성장률(g)이 떨어지고, 자본/소득 비율(현재의 자산이 국민소득의 몇배인가)마저 올라가면 r-g가 커져서 부(자산)의 집중이 일어날 수밖에 없다. 이 얘기는 경제학의 정설을 정면으로 부정한 것이다. 리카도, 마르크스 등 고전적 정치경제학자들은 물론 쿠즈네츠의 역U자 가설, 모딜리아니의 평생저축 가설, 베커의 인적자본론, 그리고 경제학의 기초 중 기초라고 할 만한 한계생산력설, 심지어 시장실패론까지 피케티의 화살을 피하지 못했다. 아마도 지금 생물학계에서 '집단선택이론'을 놓고 대혼란이 벌어지고 있듯이 경제학계도 한동안 시끄러울 것이다. 어떤 이론을 들이대든 부의 집중은 부정할 수 없는 현실이 되었다.

피케티는 '글로벌 자본세'(전세계가 모든 자산에 대해 세금을 매긴다)를 대안으로 제시했다. 앞에 글로벌이 붙은 것은 자본을 향한 각국의 경쟁적 구애 때문에 어떤

한 나라가 나홀로 세금을 매기지 못하는 상황 때문이다. 피케티 스스로 "유토피아적"이라고 수식어를 붙일 만큼 그리 쉬운 일은 아니다. 멀리 갈 것도 없다. 참여정부 초기에 부동산 가격을 잡기 위해 이정우 당시 청와대 정책실장이 상위 1%에만 해당하는 종합부동산세를 제시했을 때 당시 한나라당과 언론, 심지어 당시 수도권 민주당 의원들까지 "세금 폭탄"이라며 반대했다는 걸 기억하는가? 글로벌 자본세는 그보다 훨씬 더 강력할 수밖에 없는데 언론을 장악하고 있는 세계의 상위 1%가 가만히 있을까?

우리는 사회적경제가 부의 집중을 막고 사람들의 창의성을 북돋는 또 하나의 대안이라고 생각한다. 사회적경제는 기본적으로 자산의 공유에 기초한다. 특히 개인의 자산이 되어서는 안 될 자연자원을 공동체가 소유하고 거기에서 나오는 수익을 모두가 똑같이 누린다면 부의 집중을 막는 것은 물론 다음 세대를 위해 자연을 보전할 수도 있을 것이다. 자본주의 역사상 딱 한번 자산의 재분배가 성공적으로 이뤄졌는데 그건 두 번의 세계전쟁과 대공황을 겪은 뒤였다. 이런 비극을 거치지 않고 사회적 합의에 따라 자산 재분배를 할 수 있다면 그 나라야말로 선진국이라 불러 마땅할 것이다.

한겨레신문 2014.05.20.

칼럼

한국 복지 모델의 명암, 그리고 사회적경제

석 달여 프로젝트를 하느라 눈코 뜰 새 없었다. 한 광역지자체의 사회적경제 발전 모델을 만드는 것이었는데, 우리나라 복지서비스 실태 전체를 훑어보는 기회가 되었다. 주마간산의 덕일까, 복지 전공자들에겐 상식일지도 모르는 공통점이 눈에 들어왔다. 각 서비스가 다소간 모두 안고 있는 이 문제를 해결하지 않고선 필수 복지에도 이르지 못할 수 있다.

고도의 경제성장과 빠른 사회변화는 복지수요 또한 무더기로 만들어냈다. 과거엔 가족이, 그리고 지역공동체가 어떻게라도 해결했던 일이 이제 불가능해졌기 때문이다. 국가는 그때마다 재정이 허용하는 대로 수요 보조금을 주는 제도를 만들있다. 건강보험, 아동수당, 노인요양보험, 각종 생계보조금, 그리고 최근의 바우처 제도 모두 소비자 보조를 뼈대로 한다.

국가가 확보해 준 수요에 대응해서 민간 공급은 짧은 시간에 대폭 늘어났다. 예컨대 2005년 210개에 불과하던 노인요양병원은 2012년 5월 1014개로 7년 만에 5배 가까이 증가했고 의료비 청구액도 5배 증가했다. 육아나 의료 역시 마찬가지였다. 즉 국가가 새로운 시장을 열어 자본의 신속한 유입을 유도한 것이다. 빠른 시간 내에 복지시스템을 만드는 데 이보다 더 효과적인 방법이 있을까, 싶을 정도로 눈부신 성공이다.

하지만 빛이 있으면 그림자도 생기게 마련이다. 사회서비스의 양극화는 대표적인 그늘이다. 대규모 자본을 끌어들일 수 있는 민간 공급자는 고수익을 노려 고급서비스를 만들어냈다. 쾌적한 시설과 필수 이상의 서비스를 제공하면 추가로 돈을 내려는 소비자가 생기기 마련이다. 예컨대 의료 부문에선 건강보험에서 보장하지 않는 비급여부분이 늘어났다. 고급 장비에 의한 검사라든가, 상급 병실 등이 그것이다. 이런 양극화 현상은 정도의 차이는 있지만 보육과 노인요양, 그리고 교육에서도 나타났다. 불행하게도 현 정부는 영리자회사를 허용하여 아예 이런 서비스를 장려하고 있다.

반면 소규모 민간 공급자들은 나머지 수요를 놓고 피 튀기는 경쟁을 벌이고 있다. 불법적 소비자 유치 경쟁을 벌이는 한편으로 노동자의 임금이나 노동조건을 악화시키기 일쑤다. 그 결과 보건과 사회서비스 영역에서 비정규 저임금 노동자가 양산되었다. 서비스의 질은 떨어지고 심지어 성희롱까지 노동자들의 인권이 유린되고 있다. 툭하면 비효율적이라고 비난받던 국공립 시설의 대기자 줄이 길어진 이유가 여기에 있다.

그렇다고 국공립 시설을 늘리거나 규제를 강화하는 것도 그리 만만치 않다. 민간 공급업자들의 카르텔이 어느덧 막강해졌기 때문이다. 예컨대 참여정부가 국공립보육원을 늘리는 정책을 발표하자 원장들이 장관실을 점거했고 국회의원들은 지역유지들에게 굴복했다. 설상가상으로 이 영역의 전문직 역시 수익성의 노예가 되었다. 고급 서비스 기관은 자기 기관의 평판을 위해 고급 인력 스카우트 경쟁을 벌였고 이들의 임금은 천정부지로 치솟았다. 그러니 투자한 만큼 돈을 벌어들여야 하지 않겠는가? 히포크라테스 선서와 같은 전문직 윤리는 내팽개쳐진 지 이미 오래다.

어떻게 해결해야 할까? 우리 모두 동의할 수 있는 원칙은 적정 서비스를 적정 가격에 공급하는 것이다. 의료, 보육, 노인요양, 의료 복지 원래의 의미에 충실한 적정 서비스를 요구해야 한다. 나아가서 우리 스스로 그런 서비스 수급체계를 설계해서 운영할 수도 있다. 최근에 일고 있는 공동육아 협동조합이나 의료 사회적 협동조합 운동이 그것이다.

정부는 적정 서비스에 한해서 공급 보조금을 주어야 한다. 이들 서비스가 관계형인 만큼 지역공동체의 안정된 서비스 공급망은 소비자들의 정보를 축적해서 질병이나 사고를 예방할 수 있다. 모두에게 골고루 적정 서비스를 제공하면 오히려 비용도 줄어든다. 이제 정부에 그저 수요보조금을 늘리라고 요구할 때가 아니라 우리 스스로 적정 서비스를 요구하고 그에 가장 걸맞은 공급 형태를 선택하고 조합하는 지혜를 발휘할 때다. 이에 맞춰 전문직의 윤리가 회복된다면 금상첨화일 것이다.

경향신문 2014.03.09.

3부

동북아질서와 한반도

편집자 주

노무현 정부시절 청와대 정책실장을 했던 이정우 교수는 당시를 회상하면서 이런 글을 남겼다. "정태인이 5년간 동북아 문제를 연구했으며 인수위 때도 이 사안을 주도했다는 사실을 대통령은 전혀 모르고 있었다. 사실 정태인은 누구보다 먼저 정치인 노무현이 흙 속의 진주임을 알아보고 그에게 한국 정치의 미래 희망을 걸었던 사람이다. 경제 가정교사에 방송 출연 때 코치 노릇까지 하면서 누구보다 열심히 노 대통령을 도운 이유다. 여기에 전문성까지 갖췄으니 바로 동북아비서관으로 결정됐다." 이렇듯 동북아 평화정책은 정태인에게 초창기부터 중요한 정책의제 중 하나였다.

경제학자 정태인의 동북아시아에 대한 관심과 연구는 이후에도 끊이지 않고 심화되었고, 2020년 제출된 그의 박사학위 논문 "사회주의경제에 관한 논쟁 재검토: 북한경제의 개혁방향 탐색" 역시 동북아시아의 평화를 전제가 되는 북한의 경제개혁에 관한 교훈을 찾으려는 시도였다. 2010년대 이후 그가 언론에 기고한 칼럼 주제 가운데 가장 많은 비중을 차지한 것 역시 동북아 평화였다.

정태인의 동북아 분석은 2017년 트럼프 정부시절부터 시작되고 바이든 정부에서 오히려 강도를 높여가고 있는 미중 갈등이라고 하는 새로운 질서에 한국이 어떻게 대응할 것인가 하는 난제에 대한 통찰을 줄 수 있다. 그는 2018년 미국의 국제정치학자들이 제기해온 미국의 동아시아 안보 트릴레마를 적절히 한반도에 적용하여, 복잡하게 얽힌 한반도의 전쟁위험을 피하고 평화를 모색할 틈새를 찾아내려 하고 있다. 그가 다방면에서 강조하는 '피벗국가의 지위'나 '제3지대' 등은, 최근 이데올로기적 진영논리에 휩쓸려 신냉전의 길로 가려는 윤석열 정부정책이 결코 불가피한 것도 아니라는 점을 확인해주고 있다.

특히 우리는 정태인이 미중 기술경쟁의 와중에 한국의 적극적 포지션을 강조한 다음과 같은 대목을 2020년대 내내 숙고할 필요가 있다. "우리는 여기서 한 발 더 나아가서 5G와 플랫폼 산업의 공동 규범을 만들어야 한다. 이 산업이 가지는 안보상의 위협을 어떻게 제거할 것인지, 나아가서 개인정보의 문제를 어떻게 해결할 것인지에 관한 국제규범 수립에 앞장서야 한다. 미국과 중국의 제외한 '제3지대'가 모두 이런 목소리를 낼 때, 전쟁을 예방하거나 완화할 수 있다. 한국은 제3지대를 선도할 만큼 이미 강해진 나라다"

논문

미·중 마찰과 한반도의 향방[1]

1 경제 측면에서의 미 · 중 마찰

1) 미국의 '대전략' 논쟁과 투키디데스 함정

1989년 사회주의권의 붕괴 이래 30년 가까이 미국의 학자들은 이른바 '대전략' 논쟁을 벌였다. 국제관계이론이 근거했던 냉전체제에서 미국의 주류는 '자유주의 헤게모니'를 구축해야 한다고, 즉 시장경제와 민주주의를 상대국가에 이식해야 한다고 주장했다. 매파는 선제공격이나 예방전쟁을 통해서라도 관철시켜야 한다고 주장하고(신현실주의자가 많다) 비둘기파는 대체로 외교를 택했을 뿐(자유주의자들이 많다) 미국의 경제제도와 가치를 전파시켜야 한다는 점에서는 동일했다. 과연 이 전략은 그 체제가 무너진 이후에도 지속되어야 하는가? 아니면 이제 미국은 전선에서 '후퇴(retreat)'해야 하는가?

---

[1] [편집자 주] 이 글은 2021년 한미 정상회담 등 지난 1년 간의 변화를 반영하여 정태인의 박사논문(2020, 사회주의 경제에 관한 논쟁 재검토 – 북한경제의 개혁방향 탐색, 북한대학원대학교) 일부를 발표용으로 다시 쓴 것을 편집자가 다듬은 것이다.

이 논쟁은 2000년경부터 중국이 새로운 강국으로 떠오르면서 더욱 불이 붙었다. 결정적으로 2008년 금융위기 이후 '역외 균형전략'을 필두로 미국의 후퇴를 주장하는 목소리가 점점 더 커지고 있다.[2] 미어샤이머와 월트 등의 신현실주의자는, 자유주의 헤게모니가 1990년대 초 사회주의 붕괴부터 2008년 세계금융위기까지 미국의 단극 패권 때나 유효한 논리이며, 현재는 중국과 러시아라는 헤게모니가 존재하는 양극 또는 다극 헤게모니의 현실주의 세계라고 주장한다. 이런 구조에서 자유주의 헤게모니는 바람직하지 않을 뿐 아니라 불가능하다는 것이다 (Mearsheimer, 2019, Mearsheimer & Walt, 201).[3]

한편 대표적인 자유주의 헤게모니론자인 아이켄베리(G. John Ikenberry)의 글을 시기 별로 이어서 읽으면 여전히 자유주의 제도와 가치에 입각한 미국의 관여를 주장하지만 점점 더 여러 지역 헤게모니의 공존 쪽으로 다가가고 있으며 최근의 논문에서는 미국 헤게모니의 약화는 물론 국내의 불평등 심화 등 민주주의의 약화를 들어 자유주의 국제질서의 실패를 인정했다(Ikenberry, 2014, 2015, 2018a, 2018b, 2020a). 예컨대 아이켄베리는 2014년까지만 해도 "동맹, 동반관계(partnerships), 다자주의, 민주주의. 미국 리더십의 도구인 이들은 지정학과 세계질서를 둘러싼 21세기의 투쟁에서 이기고 있다. 지고 있는 것이 아니"며 "(후퇴론자들은 중국과 러시아 같은) '악의 벌레들(axis of weevils)'의 능력을 과대평가"하고 있다고 썼다. 하지만 2020년에는 "자유주의 세계질서는 붕괴하고 있다. 미국과 함께 했던 주요 후원자들이 이 질서를 포기했다. ... 그러나 이러한 미래는 불가피한 것이 아니며 확실히 바람직한 것도 아니다"라고 기술한다(Ikenberry, 2014, 2020a).

아이켄베리는 이러한 패배가 트럼프의 잘못된 정책 때문이라고 주장하고, 미어샤이머와 월트 등 현실주의자들은 오바마도 마찬가지이며 민주당이 정권을 잡더라도 미국의 가치와 제도를 타국에 이식하려면 타국의 주권을 침해할 것이며 결국 모든 이데올로기 중 가장 강력한 민족주의 앞에서 무릎을 꿇을 것이라고 역설

---

2 2016년 트럼프 대통령의 국제전략은 '역외균형전략'에 '국수주의'가 결합한 것이라고 볼 수 있다.
3 미어샤이머와 월트에 대한 최근의 비판으로는 Jervis, R., 2020을 참조하라.

한다. 이제 양극, 또는 다극의 구조가 지배하는 현실주의 세계질서를 인정해야 한다는 것이다. 코로나19 위기까지 터진 현재의 시점에서는 국제적 세력 분포로 현실을 진단하는 후퇴론자의 지적이 학계에서는 점점 더 힘을 얻고 있지만 현실 정치에서 바이든 정부는 새롭게 해석된 '장기적(또는 부드러운) 자유주의 헤게모니'를 천명했다.

아이켄베리가 끝까지 믿고 있는 국제제도의 힘은 그 자체로 편향되어 있다. 예컨대 단극 패권 시대에 가트(GATT)를 세계무역기구(WTO)로 개편하면서 미국은 신이슈(서비스 및 지적재산권, 투자)를 교역의 문제로 만들었고, 미국에 일방적으로 유리한 협정(GATs, TRIPs)을 맺었다. IMF는 구제금융의 조건으로 규제완화, 민영화라는 신자유주의의 교조를 관철시켰다. 세계금융위기 이후 어떤 사안에 대해서도 비토를 놓을 수 있는 미국의 의사결정권은 아주 조금 수정되었을 뿐이다. 여전히 국제제도 자체가 단극 헤게모니를 관철시키고 있으며, 그와 함께 헤게모니를 관철하기 위한 2000년대 이래의 전쟁은 미국의 소프트 파워, 가치의 우위도 약화시켰고 트럼프의 외교는 상황을 더욱 악화시켰다. 바이든의 자유주의 헤게모니는 어떠한 변화를 가져올 것인가? 이 글은 최근의 한미 정상회담(과 한일 정상회담)의 결과에서 이러한 변화를 읽으려고 한다.

이러한 논쟁에 미·중 헤게모니 투쟁이라는 현실적 맥락을 명시적으로 덧붙인 것이 '투키디데스 함정' 논쟁이다. 신흥강국(아테네)의 불만과 기존 강국(스파르타)의 공포가 맞물려 상호 불신에 휩싸여 상호보복의 악순환을 거듭하면 결국 역사를 뒤흔드는 전쟁(펠로폰네소스 전쟁)을 일으키게 된다는 것이 투키디데스 함정이다. 그레이엄 앨리슨(Graham T. Allison)과 조지프 나이(Joseph S. Nye)의 연구에 따르면, 지난 500년 동안 이러한 '세력전이'는 16번 일어났고 그중 12번 전쟁이 벌어졌다. 앨리슨은 투키디데스 다이내믹스가 당사국이나 정치인의 의도와 관계없는 '구조적 압력(structural stress)' 때문에 벌어진다고 거듭 강조했다(Allison, G,., 2017, Haenle & Allison, 2018).

트럼프의 당선 이래 경제전쟁이 본격화됐지만 2000년대에 접어들면서 중국과 미국의 불신과 대립은 차곡차곡 쌓였다. 과거와는 달라진 모습이다. 1999년 미국이 베오그라드의 중국 대사관을 오폭했지만 양국은 대화로 이 문제를 해결했고 2001년의 하이난섬 사건도 악순환을 불러오지는 않았다. 하지만 지금 이런 실수가 일어난다면 어떻게 될까? 불확실성과 불신은 전쟁도 불러올 수 있다. 중국은 부시의 대테러 전쟁을 도왔고 이란 핵협상도 지원했으며, 무엇보다도 중국이 없었다면 2008년 위기의 회복은 훨씬 지지부진했을 것이다. 트럼프는 마치 어떤 협력도 필요 없다는 듯 여러 나라가 애써 맺은 파리협약에서 탈퇴했으며, 이란 핵협정을 없던 일로 만들었고 중국과의 무역전쟁에 돌입했다. 대중국 봉쇄는 오바마 시절 힐러리 클린턴 국무장관 주도의 '아시아로의 귀환' 전략 때 이미 시작됐고, 현재의 미·중 무역전쟁에 대한 민주당의 전폭적 지지를 고려하면 국내의 정치적 대립을 뛰어넘는 '구조적 압력'이 작용한다고 해석할 수 있다.

트럼프가 노골적으로 '중국 때리기'와 '멕시코 때리기'를 내걸어 대중의 불만을 밖으로 돌렸다면, 중국 CCTV의 '대국굴기(2007)'로부터 시진핑의 '중국몽'에게 이르기까지 '자만'의 표출 역시 대내 문제와 연관되어 있다. 불평등은 위기와 때로는 전쟁을 낳고 포퓰리즘과 민족주의는 이런 곳에 창궐한다. 양국의 힘겨루기는 세계 전략 차원에서 중국의 일대일로 전략과 미국의 인도태평양 전략의 대립으로 나타났다. 양국의 불만과 의심은 점점 더 커지고 무역전쟁과 투자규제로 인해 경제적 상호의존은(적어도 전체에서 차지하는 양국 간 의존의 비중은) 줄어든다.

경제적 상호의존이 평화를 촉진할 것이라는 '민주평화론'의 논지는 적어도 단기적으로 설 자리를 잃었다. 안보의 이유로 경제적 상호의존이 축소되는 현상이 벌어질 수 있고 두 나라 뿐 아니라 동맹국에게도 이른바 '거대한 분리(great decoupling)'를 천명하고 있다. 앨리슨이 제시한 12개의 비결 중 오직 핵 관련 처방들(핵무기의 보유, 선제공격의 불가능성, 대규모 상호파괴억제)만 그래도 '차가운 평화' 정도를 유지시킬 것이다.[4] 최근의 코로나19 위기, 그리고 지구 전체를 위협하고 있

---

[4] 양국은 결국 전후의 유엔과 브레턴우즈체제에 버금가는 국제제도들을 다시 논의해야 한다. 전후 30여 년간의 평화와 성장, 평등을 뒷받침했던 브레턴우즈체제의 케인스 초안처럼 경상수지 흑자국과 적자국이 동시에 불균형의 부담을 져야 할 테고 새로운 국제통화체제도 고려해야 한다. 각종 불평등

는 기후위기를 극복하려면 2008년 세계금융위기 때보다 더 광범위하고 즉각적인 협력을 해야 한다. 미·중 양국은 세계적 협력을 외치면서도 바이러스의 진원을 놓고 증거도 없는 무익한 논쟁을 벌이고 있으며 관세 25% 부과로 봉합한 경제마찰의 차원을 첨단산업의 기술 마찰로 한 단계 높였다.

현재의 투키디데스 함정은 경제적 측면, 그것도 첨단산업(미래의 전쟁과 관련되어 있다)을 둘러싼 갈등으로 나타나고 있다. 문제의 화웨이를 중심으로 보면 '반도체전쟁'은 크게 두 국면을 거쳤다. 첫째는 화웨이 제품에 대한 '수요 규제'다. 2019년의 대통령 행정명령으로 미국의 통신사업자들은 화웨이와 거래할 수 없게 되었다. 두 번째는 2020년 9월15일부터 시행된 화웨이에 대한 '공급 규제'이다. 미국 기술이 들어간 반도체 소재·부품·장비에 대한 수출을 규제하기 위해 외국기업에도 일일이 수출 허가(license)를 받도록 했다. 미국의 안보를 위해 외국 정부나 기업도 이를 따라야 한다는 것이다.

옛 냉전이 그러했듯이 미국의 동맹과 동반자들이 참여해야 이런 봉쇄가 효과를 발휘한다. '수요 규제'는 곧 이들 나라의 5G 사업에서 화웨이를 배제시키라는 요구가 된다. 예컨대 이미 화웨이 설비가 안보를 위협하는지를 검토한 후 화웨이를 사업대상자로 선정했던 영국 정부는 결국 그 결정을 뒤집었다. 하지만 이탈리아나 독일, 폴란드처럼 화웨이와 계속 거래하는 나라들도 있다. 이 첫 번째 요구는 각국이 국익을 바탕으로 결정하면 그만이며 더 이상의 개입은 주권침해의 소지를 안고 있다. 트럼프 정부에 비해서 바이든 정부가 강압 정도는 현저하게 낮아질 가능성이 높다.

하지만 '공급 규제'는 확연히 다르다. 화웨이의 자회사인 하이실리콘은 5G의 반도체 칩을 설계하지만 이를 주문생산하는 것은 대만의 TSMC를 비롯한 파운드리 회사다. TSMC는 결국 미국의 압력에 밀려 화웨이에 대한 공급 중단을 선언하고 애리조나주에 파운드리 공장을 설립한다고 발표했다. 또한 중국 하이실리콘의

과 불확실성을 높이고 있는 자본 이동의 제한, 인류 공동의 지식 커먼즈에 대한 인클로저인 지적재산권 문제, 절박한 생태 문제에 대한 협력 등은 현재의 전쟁이 잦아든다 해도 합의해야 할 문제다.

5G 칩 설계에는 소프트웨어인 자동화 설계 프로그램(EDA)은 미국 회사들이 공급하고 있으며, 초정밀 반도체를 생산하기 위한 하드웨어로는 극자외선(EUV) 노광장비가 필수적인데 네덜란드의 ASLM이 독점하고 있다. 이런 소프트웨어와 장비가 앞으로 핵심 목표가 될 것이다.

바이든 정부가 어떤 구체적인 조치를 취할지 아직 알 수 없지만 그 대상을 최소한으로 줄이지 않는다면 외국 기업 및 정부는 물론 미국 기업의 반발도 거셀 것이다. 자국의 안보가 아닌 미국의 안보 때문에, 뚜렷한 기준도 없이 외국 기업을 제재하는 것은 정당성이 매우 약하기 때문이다. 단지 미국의 금융 헤게모니를 이용해 금융제재(2차 보이콧)를 통해 강요할 수 있을 뿐이다. 영국의 경제주간지 이코노미스트는 "반도체산업을 탈중국화하려는 트럼프의 시도는 오히려 이 산업의 탈미국화를 초래할 것"(2020년 5월22일자)으로 예측했다. 실제로 중국에는 미국 제재를 피할 수 있는 반도체 장비 카탈로그가 돌아다니고 있으며, 화웨이가 아닌 중국 회사에 칩을 수출할 수도 있고 금융규제를 피하기 위해 가상통화를 사용할 수도 있다. 부당한 제재를 받는다면 기업들은 주저하지 않고 갖가지 우회로를 찾을 것이다. 당장 중국이라는 거대한 시장을 잃어버릴 미국의 장비 및 소프트웨어 전문 기업들의 반발도 확실해 보인다.

한편 투키디데스 함정의 내부를 보면 전쟁의 핵심 동인이 쇠퇴하는 강국 내부에서 비롯되었다는 사실을 확인할 수 있으며 종종 주변의 소국 간 전쟁에서 불이 옮겨 붙었다는 사실도 발견할 수 있다. 미·중 마찰의 격화가 앞으로의 북핵협상에 미치는 영향은 부정적일 수밖에 없다. 어떠한 합의안도 양국의 제로섬 게임 안에서 해석될 것이기 때문이다. 결국 현재의 교착상태가 장기화할 가능성이 높으며 북한이 미국을 직접 위협하지 않는 한, 미국은 현상유지를 선호할 수 있다. 이는 사실상의 핵보유로 인정되어 인접국 간의 안보딜레마를 불러일으킬 수 있다.

어느 한 나라의 군사력과 경제력이 압도적이거나 대부분의 나라가 합의할 수 있는 규범이 존재하지 않는 현재의 상태는 신현실주의적 세계질서에 가까워진다. 즉 투키디데스 함정은 앞으로 동아시아 세력판도를 좌우할 수 있다. 하지만 팬데믹과 기후위기, 세계적인 경제회복의 필요성 등은 그 어느 때보다도 국제협력을 요구한다. 따라서 과거의 냉전과 같은 현실주의적 패권구도가 형성되더라도 그때보다 훨씬 빈번하게 서로의 협력을 필요로 할 것이다. 바로 이러한 이중적 상황 때문에 각 지역에 완충지대 및 중재자의 역할을 하는 국가들이 존재할 여지가 생긴다. 바이든 정부의 '전략적 경쟁'도 팬데믹, 기후위기, 북핵 위기를 협력의 대상으로 삼고 있다. 한국이 전략을 제대로 세운다면 상당히 넓은 행동반경이 존재할 수 있다.

2) 바이든 정부의 리버럴 국제주의와 한미정상회담

2020년 11월 대통령선거에서 바이든후보가 우여곡절 끝에 당선되었다. 바이든 정부의 외교전략은 정통 리버럴 헤게모니론으로의 복귀다. 앞에서 아이켄베리의 리버럴 국제주의가 확연하게 약해졌다는 것을 보았는데, 2020년 9월 말에 발간된 아이켄베리의 저작, "민주주의가 안전한 세계(A World Safe for Democracy)"는 리버럴 헤게모니를 구성하던 신자유주의적 분파(네오콘)와의 (완전한) 결별을 선언했다(Ikenberry, 2020b). 예컨대 그는 리버럴 국제주의는 글로벌화가 아니라고 선언한다.[5] 즉 1990년대 유일 패권의 시대에 미국은 안보와 경제 양면에서 글로벌화의 기치 아래 자국의 제도와 가치, 즉 시장경제와 민주주의를 관철하려고 하였다. 공화당의 네오콘뿐만 아니라 민주당의 민주평화론자들도 리버럴 헤게모니를 신봉했다. 그는 이후 30년 동안 리버럴 국제주의가 완전히 빛을 잃었다고 진단한다. 중국의 발전으로 인해 상대적으로 힘이 약해졌을 뿐 아니라 이라크 점령 등의 일방적 전쟁으로 소프트 파워도 무너졌으며, 나아가 트럼프 시대에는 동맹에 상압외교를 실행하고 이란 핵합의를 파기하며 WHO를 일방적으로 탈퇴하는 등 국제제도마저 무시했기 때문이다.

나아가서 그는 자유주의 질서(liberal order)란 원래 취약한 것이라며 유일 헤게모니 시대의 신념을 철회했다. 개방된 자유주의 질서는 외부 체제와의 경쟁과 내

---

5 2021년 6월 5일 G7이 글로벌 기업들에 대한 세금을 올리기로 합의한 것은 '초세계화(hyerglobalization)'를 이제는 지양하겠다는 선언이다(Rodrik, 2021).

부의 민족주의 등의 도전을 받으며, 따라서 국제적 제도와 규범으로 이뤄진 국제제도의 도움을 받지 않으면 안된다는 것이다.[6] 자유주의라는 가치 자체가 역시 자유와 평등, 개인주의와 공동체주의, 주권과 국제주의 등 모순된 결합이므로 국제질서 속에서 항상 새롭게 방향을 모색해야 하는 존재라는 것이다. 이는 다분히 진화론적인 설명이며 '역사의 종말'이라는 결정론에서 벗어난 것으로 평가할 수 있다.

바이든 정부는 장기적이고 한결 부드러워진 자유주의 헤게모니론을 따르는 것으로 보인다. 따라서 리버럴 헤게모니를 구성하던 네오콘의 강압외교를 버리고 국제적 규범이나 동맹국의 의견을 훨씬 더 존중하는 태도를 취할 것이다. 이런 점은 2021년 4월 미일정상회담과 5월 한미정상회담의 공동선언에도 반영되었다. 즉 바이든의 외교전략은 중국과의 '전략적 경쟁'을 회피하지 않지만 경쟁의 방식을 과거와 달리 하려고 한다. 예컨대 화이자, 모데나 백신의 접종과 함께 코로나 바이러스의 확산이 진정되자, 바이든은 백신의 지적재산권 유예를 지지한다는 발언을 했다. 팬데믹의 진원이 인수 공통감염에서 비롯된 것이 아니라 우한의 연구소에서 인공적으로 만들어졌다는 의혹을 계속 제기하면서도, 백신의 분배에서는 다른 나라들, 특히 중국 체제에 호의적인 저발전국들에 전향적인 태도를 취한 것이다.

즉 바이든은 중국과 직접 힘을 겨루기보다는 소프트 파워에 의해 다른 국가들의 지지를 끌어모으는 전략을 사용하고 있다. 이제 과거와 같은 민주주의의 절대적 우위가 아니라 중국의 권위주의에 비해 상대적으로 나은 제도이며, 더구나 민주주의국가들의 힘을 합쳐야만 지킬 수 있는 존재로 자유주의 국제질서를 묘사한다. 한미 정상회담 공동선언에도 이러한 기조가 반영되었다. 이 문건은 중국이 가장 중요한 핵심이익으로 생각하는 대만 문제를 거론하면서도 평화로운 질서의 유지로 중국포위를 표현했으며 사실상 '거대한 분리'를 꾀하면서도 트럼프 정권처럼 일방적 수단을 취하지는 않을 것 같은 여지를 두었다.

바이든 정부에서 중국과의 '전략적 경쟁'은 트럼프 정부처럼 단기 이익을 꾀하는 것이 아니라 장기적 승리를 도모하는 것을 의미한다. 따라서 동맹을 강화하

---

[6] 그는 자유주의 질서를 계란으로, 국제제도를 골판지로 만들어진 계란판에 비유했다.

되 '민주주의에 동의하는 국가들'과의 자발적 비용 분담을 꾀하며, 글로벌 가치사슬을 분리하되 안보상의 이유로 각국이 5G 네트워크에 화웨이의 설비를 사용하면 안 된다고 명시하지는 않는다. 이보다 더 문제가 많은 공급 제한, 즉 미국의 기술이 들어간 장비로 생산된 반도체 등을 중국에 수출하기 위해서는 미국의 허가를 받아야 한다는 주장은 소수의 핵심 부품으로 한정할 가능성이 높다. 이는 일방적인 관세 부과에 의해 무역전쟁을 치른 결과가 신통치 않은 상태에서[7] 글로벌 가치사슬의 분리가 현재 미국의 힘만으로 가능하지 않다는 현실적 인식에 기초하고 있는 것으로 보인다. 예컨대 이러한 '분리'의 직접적 계기가 되었던 AI와 5G 기술이 속한 ICT 분야의 글로벌 가치 사슬을 보면 특정 부문이 아닌 전체의 사슬을 분리하려는 시도는 무망해 보인다(Bo, et.al., 2019).

그림 1, 2는 2000년과 2017년의 ICT 부문 복합 글로벌 가치사슬 무역 네트워크

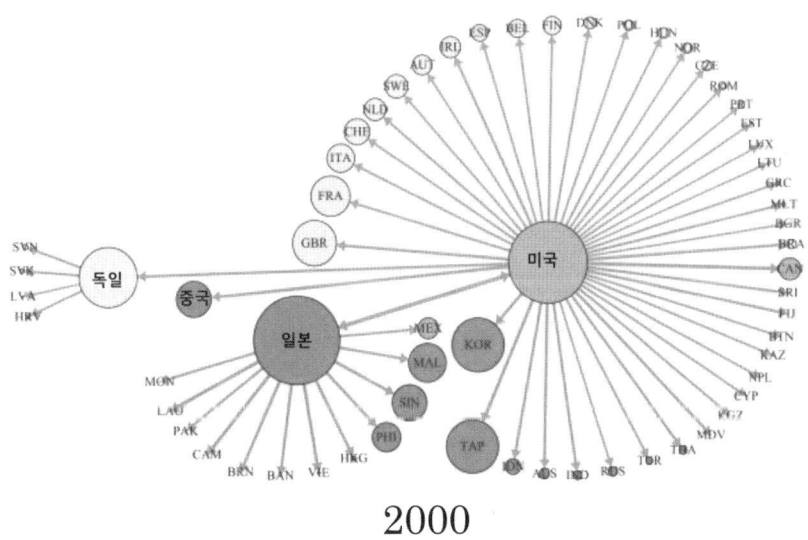

그림 1 2000년의 복합글로벌 정보통신 글로벌가치사슬

---

[7] 미국의 적자는 줄어들지 않았는데, 중국 기업의 가격경쟁력이 떨어졌어도(그마저도 수입 기업이 비용 상승을 많이 부담했다). 중저가 상품의 경우 동남아나 중남미 기업이 이를 대체했을 뿐이기 때문이다.

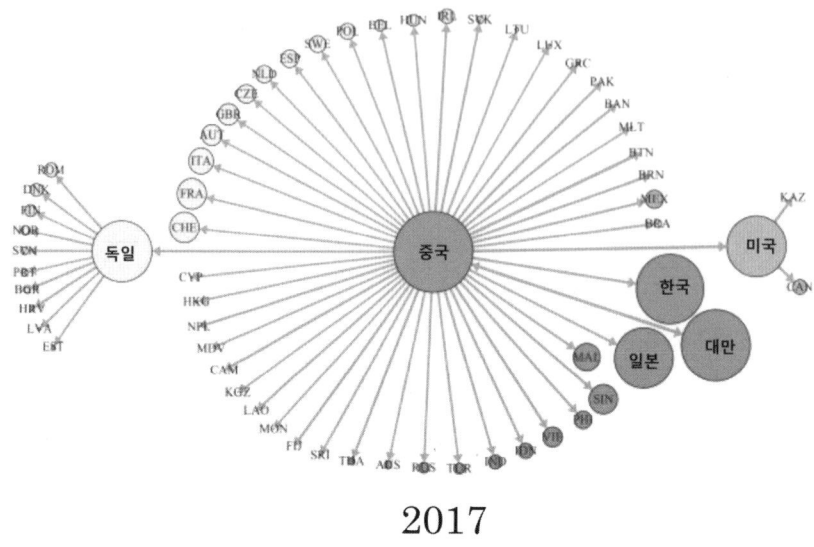

그림 2 2017년의 복합글로벌 정보통신 글로벌가치사슬

를 비교하고 있다. 2000년에는 미국이 가장 많은 스포크를 가진 허브로서 일본 및 독일 허브와 나란히 존재했지만 2017에는 중국이 가치사슬의 압도적 허브가 되었다는 것을 알 수 있다. 아무리 미국이 압력을 가한다고 하더라도 미국의 글로벌기업과 타국의 기업들이 이러한 네트워크에서 벗어나서 독자의 네트워크를 구성하는 것은 불가능해 보인다. 미시적으로 봐도 최근의 보도에 나타난 애플의 공급망 변화를 보면 적어도 현재까지는 베트남 기업이 대만 기업을 대체하는 현상이 두드러지게 나타나고 있는데, 그 베트남 기업 중 1/3은 중국계이다. 즉 애플의 공급망은 중국 기업으로부터 분리되지 않은 채 미국의 압력을 직접 받을 가능성이 높은 대만기업만 다른 동남아 기업으로 대체했을 뿐이다.

물론 핵심 기술과 연관된 기업들, 예컨대 TSMC나 삼성이 미국에 반도체 기업을 세우는 것은 '전략적 경쟁'의 압력에 따른 것이며 미국의 투자와 고용에 직접 도움을 줄 것이다. 이는 또한 장기적으로 이번 정상회담에서 거론된 6G나 Open Ran((Open Radio Access Network) 방식의 반도체 생산 등 미래의 기술 합작을 꾀하는 일이기도 하다. 하지만 이 역시 기존의 '거대한 분리'라는 용어가 자아냈던 직접적 느낌과는 거리가 멀다. 즉 바이든 정부가 장기적으로 미래 기술에서 중국으로부터 추월을 허용하지 않는 방향에서, 특히 미래 전쟁[8]과 연관된 신기술 분야에서 현재의 글로벌가치사슬을 앞으로도 계속 '조정'해 나갈 것이라고 보는 쪽이 더 현실적일 것이다(Latiff, 2017).

이러한 결과는 한국 기업(과 정부)에 손해라고 볼 수 없으며, 기술 및 산업 쪽에서 한국이 중국, 미국과의 전략적 삼각형에서 꼭지점에 해당하는 피벗 국가의 위치에 있다는 것을 의미한다(Dittmer, 1981). 즉 현재 한미 정상회담 공동선언에 나타난 기술-경제적 부분은 결코 한국에 불리하지 않다. 한국 정부가 독자적인 안보에의 영향을 조사하지 않은 채, 지레 화웨이 설비를 금지하지 않는다면(현재 LG가 화웨이의 5G 설비를 수입하는 것으로 알려져 있다) 당장의 혼란도 발생하지 않을 것이다. 나아가서 한국기업과 정부의 전략에 따라서는 미·중 양쪽의 기술 아키텍처에 모두 참여할 수도 있을 것이다.[9, 10]

---

[8] 잘 알려진 대로, 반도체나 인터넷 등 미국의 신기술은 초기에 국방성의 예산으로 개발되었다. 이란의 2인자를 드론으로 살해한 것은 미래전쟁이 이미 현실이라는 사실을 보여준다. 미국이 AI 등을 사용하는 '미래 전쟁'에서 중국에 뒤지면 현재 압도적 우위를 보이는 군사 방면도 더 이상 자신할 수 없게 된다.

[9] 미국의 특허에 의해 중국을 공급망에서 제외하는 것도 그리 간단하지 않다. 정보통신분야에서는 각 분야의 표준화 기구가 표준필수특허(SEP, Standard Essential Patents)를 지정하며, 각 기업은 자신의 특허를 SEP로 인정받은 대신 그 그룹 내에선 '공정하고 합리적이며 비차별적인(FRAND)' 라이센스 계약을 맺기로 약속한다. 수천 개에 이르는 표준특허 기업들이 일제히 중국에 판매하지 않기로 결정하는 것은 사실상 불가능한 일이다.

[10] 로드릭과 월트는 '메타체제'에 의한 협상을 제시하고 이 방법에 의한 반도체 마찰의 해결 사례를 제시했는데, 그 결과는 우리의 견해와 유사하다. 메타체제는 우선 '금지된 행동' 범주를 일단 배제하는데, 화웨이가 그 '금지된 행동'의 근거인 국가안보를 해쳤다는 증거는 없다. 두 번째로 '협력적 협상'을 위해서는 먼저 각국이 화웨이 설비가 자국 안보에 미치는 영향을 공개적으로 평가한 뒤 여기서 나타난 증거들을 중심으로 협상을 할 수 있다는 것이고, 세 번째로 '독립적 반응'은 화웨이가 입힌 상해에 비례적이어야 하고 갈등을 에스컬레이션시키면 안되는데, 수출금지 조치는 이를 위반했다는 것이다. 네 번째 범주는 '다자 거버넌스'인데 화웨이에 대한 수출금지가 제3국에 피해를 입히지 않기 위해서는 다자간의 협의가 필요하다는 것이다. 로드릭과 월트의 제안은 앞으로 미·중 마찰을 평가할 때 유용한 도구가 될 수 있을 것이다(Rodrik & Walt, 2021).

2 안보 측면에서의 한반도 트릴레마

1) 한반도 트릴레마와 미·중 마찰의 심화

북핵 문제가 난항을 겪는 것은 관련 국가들의 트릴레마가 중국과 미국 간의 투키디데스 함정 속에서 해결되어야 하기 때문이다. 2018년 미국의 국제정치학자들은 미국의 동아시아 안보정책에 존재하는 트릴레마를 지적했다. 미국의 동아시아 정책(Alexandre Debs & Nuno Monteiro, 2018), 그리고 북핵 대응의 트릴레마란 1) 전쟁없는 평화유지, 2) 미군의 전진배치에 기초한 지역 안정화, 3) 핵우산 등 적극적인 안전보증(security assuarance)에 기초한 핵 비확산 중 어느 두 개만 선택할 수 있다는 것이다(ackson,Van, 2017, Anderson,Nicholas D., 2017). 구갑우는 이에 대응하는 한국의 트릴레마로 1) 평화체제, 2) 한미동맹과 주한미군, 3)비핵화를 들었는데 이는 앞의 트릴레마 순서에 대체로 조응한다(김상기 외, 2019). 3)은 미국의 세계 전략에 속하고 2)는 특히 중국을 겨냥한 동아시아 전략, 그리고 1)은 동아시아 평화체제('따뜻한 평화') 또는 공포에 기초한 평화('차가운 평화')를 의미한다.

> **게임이론과 핵전략 – '차가운 평화'와 '따뜻한 평화'**
>
> 미국의 원자폭탄을 설계한 맨해튼 프로젝트의 주축이며 1950년대 초기 게임이론의 정립에 기여한 폰 노이만(John von Neumann)은 일관되게 선제공격(또는 예방전쟁)을 주장했다. 아주 거칠게 요약하면 공격을 받은 소련은 보복하거나 보복하지 않거나 둘 중 하나일 텐데, 보복하지 않으면 그 자체로 승리이고 보복한다 해도 소련의 선제공격을 받는 것보다는 피해가 적을 것이라는 논리다. 그가 사용한 게임모형은 제로섬 게임일 것이다.[11]
>
> 북한은 수십 개의 핵탄두를 가지고 있으며 장거리 미사일은 물론 스커드도 수백기 갖춘 나라이다. 이런 상황에서는 전쟁이 일어날 수 없다는 것

---

11   폰노이만은 선제공격을 주장한 것으로 유명하지만 그가 이 주장을 문서로 남기지는 않았다.

이 이른바 '억제이론'이다. 스텔스건, 드론이건, 그 어떤 신무기도 1960년대부터 '전국의 요새화' 전략에 따라 건설된 지하 기지를 남김없이 파괴할 수는 없으며, 북한의 보복은 한국과 일본, 나아가서 미국에도 심각한 타격을 입힐 것이다. 실제로 20여 년 전 1차 북핵위기 때 클린턴 정부는 최소 100만 명이 희생되리라는 군의 예측에 따라 북폭을 포기한 바 있다. 결국 양국 간에 '공포의 균형'이 유지된다는 건데 전후의 냉전('차가운 평화')를 설명하는 유력한 이론이기도 한다. 노벨 경제학상 수상자 셸링(Thomas Schelling)이나 신현실주의의 대표학자인 월츠(Kenneth Waltz)는 이란의 핵무기는 평화를 저해하지 않으며 오히려 평화를 촉진한다('많으면 많을수록 좋다')는 주장도 했다. 셸링의 핵전략은 치킨게임을 바탕으로 구상되었다.

한편 이 둘을 싸잡아 비판한 또 한 명의 천재 게임이론가가 있었다. 악셀로드(Robert Axelroad)의 반복 죄수의 딜레마 토너먼트에서 '눈에는 눈, 이에는 이'(Tit for Tat) 전략으로 두 번 우승한 래퍼포트(Anatol Rapport)가 그 사람이다. 그는 게임이론을 아무 데나 적용하는 게 아니며 전쟁에 이길 확률과 그 피해액을 누가 계산할 수 있느냐고 주장했다. 셸링과 래퍼포트는 서로의 책에 대한 서평 형식으로 치졸한 말싸움을 벌이기도 했는데, 이 평화주의 싸움꾼의 생각은 훗날 '핵 없는 세상'으로 발전했다. 래퍼포트는 반복 죄수의 딜레마를 사용하여 협동에 의한 평화('따뜻한 평화')를 주창했다. 이 세 명의 게임이론가들이 착안한 아이디어는 지금도 선제공격, 상호확증파괴(MAD), 그리고 핵 없는 세상이라는 주요 전략으로 남아 있다.

예를 들어 두 정부, 특히 미국이 각각 1), 2)에 해당하는 전쟁 없는 상태와 지역안정(한미동맹)을 선택하면 핵비확산('비핵화')은 이룰 수 없다. 핵 전략자산이나 미군을 전진배치하면서 전쟁이 일어나지 않으려면 북한의 핵무기 보유를 용인할 수 밖에 없다(MAD에 의한 평화). 북한이 그런 상황에서 비핵화를 택하지는 않을 것이기 때문이다. 반대로 비핵화를 핵심 목표로 삼고 평화체제로 발전시키려면 한미

동맹의 변화를 꾀하지 않으면 안된다. 실제로 한미연합군사훈련의 연기(지역안정의 약화)가 북한을 대화로 끌어냈고[12] 반면 북한의 안전보장(평화체제) 없이 비핵화 협상이 더 이상 나아갈 수 없다는 점이 지난 북핵 협상에서 확인된 것은 이러한 트릴레마가 상당한 현실성을 지닌다는 것을 의미한다.

첫 번째, 비핵화를 택하는 동시에 주한미군의 전진배치도 유지하는 방안은 북한의 체제에 심각한 위협이 된다. 따라서 전쟁없는 상태, 즉 평화는 심각한 위협을 받는다. 북한은 물론 중국도 이를 받아들일 수 없다. 선제공격, 또는 국제제재에 의한 북한 정권의 붕괴는 대규모 난민의 발생, 1,300킬로미터에 이르는 조·중 국경지대에서의 미·중 군사적 대립, 무엇보다도 동아시아의 불안정으로 인한 중국의 핵심 이익 저해가 초래되기 때문이다. 따라서 북한은 모든 수단을 동원해서 상황을 타개하려고 할 것이다. 이미 핵을 보유한 현재로서는 핵무기의 사용마저 불사할 수 있다. 핵대응으로 치명적 피해를 입을 수 있는 한국과 일본, 그리고 ICBM이 완성될 경우 미국의 국민도 결코 찬성할 수 없는 안이다. 그러나 미국 대통령들은 "모든 선택지가 탁자 위에 있다"는 말로 선제공격의 가능성을 암시함으로써 자신의 목표를 강압적으로 달성하는 데 사용하고 있다.

두 번째는 비핵화를 포기하는 선택지이고 세 번째는 미군의 전진배치, 미국의 중국 포위를 포기하는 선택지이다. 우선 두 번째부터 살펴보자. 앤더슨(Nicholas D. Anderson)은 '북핵 위기'가 기본적으로 동아시아의 구조적 상황에서 비롯됐고, 미국은 동아시아 지역에서의 우위, 아시아 재균형이라는 전략적 목표를 결코 포기할 수 없기 때문에 결국 1)과 2)를 택할 수 밖에 없다고 결론을 내렸다(Anderson,Nicholas D., 2017). 즉 북한을 핵보유국가로 인정하고 핵무기에 의한 상호억제, 즉 MAD에 의한 차가운 평화(갈퉁의 소극적 평화), 또는 공포에 의한 균형이 답

---

[12] 1992년의 남북 협상은 1991년 미국이 남한의 전술 핵무기를 철수시키면서 시작되었다. 북한은 상대의 '협동'에 대해서는 '협동'으로 대응하고 '배반'에는 '배반'으로 대응하는 TFT 전략을 구사한다. 배반과 배반이 반복되어('표류') 상호 에스컬레이션이 일어나면 치킨게임이 되고 북한은 벼랑 끝 전술로 대처한다. 이 상황에서 빠져나오려면 남북 어느 쪽이 협동으로 먼저 돌아서는 관대한 TFT(GTFT) 전략을 구사해야 한다.

이라는 것이다. 현재 벌어지는 미중 간의 '신냉전' 상황은 이러한 현실주의적 예측의 실현 가능성을 높이고 있다.

하지만 이 방안은 언제나 북한의 국지전 또는 제한전의 위협에 시달려야 하는[13] 한국이 받아들일 수 없는 안이다. 한국의 처지에서 핵을 보유한 북한이 과거처럼 간헐적으로 국지전의 위협을 하는 상황은 최악의 결과이다. 미국 본토도 북한의 대륙간 탄도탄에 의해 위협을 받으면서 더 이상 미국의 확장억제를 믿지 못한다면[14] 한국이나 일본에서 독자적 핵무장론이 득세할 것이다. 이는 일본을 비롯한 동아시아의 안보딜레마를 불러일으킬 것이고 월러스틴의 예언대로 동아시아의 거의 모든 나라가 핵무기 보유국이 될지도 모른다(Wallerstein, I., 2007, 2008).

더구나 이 결론은 핵비확산이라는 세계 차원의 전략을 충족시키지 못하므로 미국에게도 그다지 만족스럽지 못하다. 또한 동맹국들이 경쟁적으로 핵무장을 한다면 이제 미국은 하위 파트너를 효과적으로 통제할 수 없게 된다. 이는 핵확산금지라는 세계 차원의 전략은 물론 아시아의 재균형이라는 지역 전략도 난관에 부딪힌다는 것을 의미한다. 이 해법은 당분간 동아시아의 세력균형 속에서 경제발전을 지속하고 점차 자신의 세력권을 넓혀가려고 하는 중국에게도 불만스럽다. 현재 상황은 미국의 끝없는 개입을 유도할 것이고[15] 이는 중국의 상위 전략인 아시아 지역전략을 교란할 것이다. 중국의 처지에서는 북한이 비핵화 상태에서 중국식 경제전략을 택해서 상당한 경제성과를 거두는 것이 가장 바람직하다.[16]

북한은 딜레마를 안고 있다. 현재의 국제제재 하에서 북한은 핵무장과 경제

---

13 게임이론에 의한 논증은 Powell, Robert, 1985, 2003, 2015를 참조하라.

14 확장억제에 대한 불신, 즉 방기(abandonment)에 대한 우려는 프랑스의 드골 대통령이 독자적으로 핵무기를 개발할 때 내세운 논리이다.

15 바로 이 때문에 힐러리 클린턴 당시 미 국무장관의 말대로 미국은 현재의 상태를 별로 나쁘지 않다고 판단할 수 있다.

16 시사인의 남문희 기자는 미·중 마찰 속에서 중국이 북한의 도발을 유도하고 있다고 판단하는 글을 2020년 가을 이래 지속적으로 내고 있는데, 이는 미·중 마찰을 남북관계와 안보라는 좁은 시야에서 관찰했기 때문으로 보인다.

발전을 동시에 달성할 수 없다. 핵무장은 국내 정치 안정과 함께 갈 수 있지만 국제제재의 강화로 경제 발전을 가로막는다. 또한 경제발전에 의한 정치적 안정을 선택하려면 핵무장을 포기해야 한다. 핵무장과 경제발전을 동시에 이루려는 목표(핵-경제 병진노선)는 기술적으로 불가능할 뿐 아니라 현실의 국제 정세상 불가능하다. 북한은 이런 상황을 타개하기 위해서 간헐적인 도발의 유혹에 빠질 것이며[17] 이는 더 강한 국제제재를 불러올 것이다. 즉, 핵보유는 경제발전과 양립할 수 없다. 핵보유를 한 상태에서 독자적으로 경제발전을 이룰 수 있다면 북한의 처지에서 최선이겠지만 중국의 경험에서 보듯이 경제발전을 위해서는 수출을 비롯한 국제교류가 필수적이다.[18] 따라서 국제제재를 상당히 완화시킬 수 없다면 이 안은 북한도 장기적으로 받아들이기 어렵다.[19] 이렇게 앤더슨의 결론, 즉 비핵화의 포기는 모든 관련 국가가 만족할 수 없는 결론이다. 이런 결론은 앤더슨이 구조적 신현실주의로부터 동아시아의 대립구조를 유치하고 현재를 균형상태로 보았기 때문에 나온 것이다. 미·중 마찰이 심화된다면 미국은 세 가지 선택지 중에서 앤더슨의 주장대로 미국 군사력의 전진배치를 가장 중요하게 여기게 될 수 있다. 이는 앤더슨의 신현실주의적 판단이 더 현실성을 지니게 된다는 것을 의미한다.

한미 정상회담의 안보 분야는 굳이 대만 문제를 거론하고 한-미-일의 공동행동을 강조함으로써 대중 포위망의 구축이 '전략적 경쟁'의 핵심이라는 사실을 보여주었다. 미국이 점진적-단계적 협상전략을 택했다는 점에서는 전향적이지만

---

[17] 핵보유국의 벼랑끝 전술과 국지전 또는 제한전의 관계에 관해서는 Powell, 2015를 참조하라. 상호 에스컬레이션이 일어나는 상황에서 승리는 단순히 핵무기의 숫자나 폭발력에 의해 결정되지 않는다. 결의(resolve)도 매우 중요한 역할을 한다.

[18] 미중의 경제적 마찰, 특히 거대한 전환으로 인한 동아시아 생산네트워크의 변화는 북한에 커다란 기회일 수 있다. 중국의 본격적 경제성장은 1986년 플라자협정과 미일반도체 협정 이후 일본의 기업이 외국으로 대거 진출하는 등 동아시아 생산네트워크의 변화에 힘입은 바 크다.

[19] 국제제재가 더 강해진다면 북한경제는 지탱하기 어렵다. 북한의 붕괴는 중국의 핵심 이익을 침해한다. 따라서 중국은 북한의 활로를 열어주어야 한다. 하지만 북한의 생존 이상이 가능할 정도로 중국이 국제제재를 위반하기는 어려울 것이다. 중국이 지역 헤게모니 이상이 되려면 국제규범의 준수자가 되어야 하기 때문이다. 물론 미·중 마찰의 격화는 이러한 균형을 변화시킬 수 있다.

협상의 개시까지, 그리고 협상 중에도 북한의 핵보유를 상당 기간 용인할 수밖에 없고, 이와 함께 미군의 전진배치가 선택될 것을 예고했다. 하지만 미국은 여기에서도 중국과의 직접적 충돌을 피하려고 하였다. 한국의 미사일 사거리 제한을 푸는 등, 한국의 독자적 억제력을 강화하는 것은 한국 내의 매파들을 어느 정도 만족시킬 수 있으며 미국 군사력의 직접적 전진 배치를 우회함으로써 (사드 배치 때와는 달리) 중국의 반발을 회피할 수 있다. 전작권 회수와 더불어 일정한 억제력 강화는 미국 군사력의 전진 배치를 피하기 위해서는 불가피한 것으로 보인다.

그러나 북한과의 협상이 현재처럼 중단된 채 북한 경제가 계속 나빠진다면[20] 북한의 도발이 한반도를 둘러싼 안보딜레마를 악화시킬 가능성은 여전히 남아 있다. 또한 바이든 정부 기간동안, 또는 미국 차기 정부 기간동안 동중국해나 남중국해에서의 충돌로 중국과의 관계가 악화된다면 미군의 전진배치와 파견 등이 사태를 악화시킬 수 있다.

2) 한반도 비핵지대화 방안

결국 우리는 아시아 지역에서 미.중의 대립을 완화하고(즉 미국의 트릴레마 중 두 번째, 미 군사력의 전진배치를 포기하고) 북한의 안전을 보장하는 동시에 완전한 비핵화를 달성하는 방안을 고려해야 한다. 북한이 1950년대부터 주장해온[21] '한반도 비핵지대'는 유력한 후보 중 하나다(정욱식, 2020, 김상기 외, 2019). 이 방안을 실현하기 위해서는 남북한이 비핵지대 안의 당사자로서 조약을 체결하고 미국, 중국, 러시

---

[20] 2017년 강화된 국제제재에 중국이 참여하면서 이후 3년 동안 북한의 대중교역은 90% 감소했고 2020년 팬데믹 감염이 일어나자 대중교역은 또다시 대폭 줄어들었다. 김정은은 '고난의 행군'을 다시 언급했다.

[21] 북한이 똑같은 '한반도 비핵지대'라는 용어를 사용했어도 각 시대에 따라 그 내용은 달라져 왔다. 냉전 초기(1950년대 중반에서 1960년대 중반까지)에는 미국의 핵무기 배치를 막기 위해 소련 및 중국의 비핵지대 운동에 동참한 것이고, 냉전 후기(1970년대 중반에서 1980년대 까지)에는 미국의 핵위협을 해소하기 위해 한반도 비핵지대 창설 운동을 추구했으며 2000년대 이후에는 북한과 미국의 핵 위협을 공동으로 청산하기 위해 비핵지대화를 주장했다(이중구, 2019).

아 등 공식적인 핵보유국들이 비핵지대 바깥의 당사자로서 이 조약에 참여해야 한다. 이 조약에 따라 남북이 함께 국제원자력기구 등의 핵 검증을 받는다. 만일 미국이 북한의 다른 대량살상무기, 즉 생화학 무기를 문제 삼는다면 한국도 똑같이 여섯 나라가 동의한 절차에 따라 검증을 받아야 할 것이다. 지대 안의 모든 나라가 똑같은 검증을 받는다는 것은 이 방안이 지니는 미덕 중 하나이다.

또한 이 조약은 국제법적 구속력도 부여한다. 남북한 어느 한쪽이 조약을 위반한다면 조약의 규정에 따라 강력한 제재를 받게 된다. 주변국들도 비핵지대에 책임을 지게 되는데 예컨대 한반도에 어느 나라도 핵무기 및 그 투발수단을 배치·전개·경유할 수 없으며 이를 어기면 해당국도 제재를 받게 된다. 나아가서 한반도 비핵지대화가 상당한 기간 동안 좋은 성과를 낳는다면 일본을 포함한 동북아 비핵지대를 이루어서 기존의 아세안 비핵지대와 합친다면 동아시아 비핵지대로 발전할 수도 있다. 요컨대 이 방안의 장점은 남북의 대칭성을 전제로 국제법의 구속을 받으며, 주변국 모두 책임을 지는 평화체제를 구축할 수 있다는 데 있다.

우선 남북한이 당면할 문제부터 보면 남한의 부담은 북한과 달리 도발하지 않았는데도 똑같이 검사를 받아야 한다는 점에 있고 북한의 부담은 핵 검증을 받고 핵을 완전히 폐기할 때까지의 안전보장을 확증 받아야 한다는 사실에 있다. 다시 남북의 대칭성으로 돌아가면 남북이 똑같이 전쟁의 위험 속에 있으면서도 한국이 핵을 보유하지 않은 것은 미국의 확장억제 약속 때문이다. 그렇다면 비핵지대가 완성될 때까지, 북한 지역에 중국이 확장억제를 약속할 수 있고 북한이 원한다면 중국군이 일시적으로 주둔할 수도 있을 것이다. 북한이 이를 수용할 수 있다면, 즉 중국의 확장억제로 인해 미국이 북한을 공격할 가능성을 획기적으로 낮출 수 있다고 믿는다면 비핵지대화의 수순을 본격적으로 밟을 수 있을 것이다. 결과적으로 남한은 핵 위험을 없애고 북한은 국제제재를 없앨 수 있다.

물론 북한의 역사를 보면 중국의 확장억제를 거부할 가능성도 있다. 하지만 젊은 김정은 위원장이 과거의 역사[22]에 얼마나 구애받을지 의문이며 김위원장의

---

[22] 1930년대 만보산 사건, 1956년 종파 사건, 1960년대 말 이래의 문화대혁명 시기에 중국과 북한

집권 이후에는 그 어느 때보다도 많은 핵과 미사일 실험에도 불구하고 중국이 무역을 통해 북한 정권의 생존을 도왔다. 15년여 전 6자 회담 때, 중국은 미국의 기대와 달리 북한에 압박을 가하지 못했다. 당시 북한과 중국의 군사력 및 경제력의 격차에 비춰 볼 때 동맹 내부의 비대칭성은 그리 크지 않았고 북한 고유의 주체사상도 강했기 때문에 중국이 북한의 협상전략을 좌지우지 할 수 없었다.[23] 하지만 이제 중국은 북한의 경제력과 군사력을 압도하고 있으며 실질적으로 북한의 생존을 책임지고 있다. 따라서 핵문제 해결의 방도로 중국이, 또는 중국과 러시아가 함께 확장억제를 제안한다면 북한이 받아들일 가능성은 훨씬 커졌다.

한반도가 중국이나 미국, 또는 일본의 공격을 받을 수 있다고 모두 판단하면 비핵지대 조약에 참여한 국가들이나 남북이 동의하는 국가들로 소수의 한반도 평화유지군을 구성할 수도 있을 것이다. 한반도는 이런 과정을 통해서 미중의 직접 충돌을 완화하는 '제3지대', 또는 중립지대가 될 수 있다. 이런 조건이라면 북한은 동아시아형 경제발전을 추구할 수 있을 것이고, 남북의 평화공존 비용은 획기적으로 낮아진다. 즉 미국의 트릴레마 중 두 번째 조건을 완화함으로써 한반도의 평화와 북한의 경제발전 가능성을 얻을 수 있다. 북한은 핵보유의 조건 중 (조중)동맹에 대한 불신을 조건부로 해소함으로써 한반도 비핵지대를 만들 수 있다.

물론 미국의 대중국 포위망이 한반도에서 일본으로 후퇴한다는 점을 들어 미국 정부와 미 의회가 강하게 반대할 수 있다. 하지만 앞에서 살펴보았듯이 '대전략' 논쟁에서 후퇴 또는 자제쪽이 점점 더 힘을 얻어가고 있다. 미어샤이머와 월트 등의 '역외균형전략'은 앞으로 더 설득력을 지니게 될 테고, 클린턴의 자유주의 헤게모니든, 트럼프의 미국 우선주의든 현재와 같은 강압적 개입은 점점 더 힘들어질 것이다. 제네바 합의와 6자회담, 그리고 하노이 정상회담의 결렬에 볼턴(John Bolton)이나 재무부 같은 매파 집단이 결정적 영향을 미쳤다는 점을 감안해 보면

은 충돌했고 북한 지도부의 중국 불신은 상당했다. 최근에 와서도 시진핑 집권 이후 2017년까지 북.중 정상회담이 한 번도 열리지 않을 정도로 두 나라의 관계는 소원했다.

23 6자 회담 시의 북중관계와 미국의 의도에 관해서는 Buszynski,Leszek, 2013 참조.

이러한 힘의 변화는 협상의 성패를 상당 정도로 좌우할 수 있다.

시간이 지날수록 미국이 어차피 더 많은 양보를 해야 한다면 미국은 트릴레마 중 두 번째인 한미 동맹과 전진배치를 일정하게 후퇴시키고 비핵화와 평화체제를 선택하는 것이 낫다.[24] 또한 미국은 핵확산 방지라는 상위의 전략을 관철시키는 성과를 거둘 수 있다. 쿠바위기 이후 처음인 본토 위협을 종식시켰다는 것도 미국의 직접적 이익이다. 북한과의 관계를 장기에 걸쳐 개선한다면 한반도 전체가 중국과 미국 사이의 완충지대 역할을 할 수 있을 것이다. 미국의 목적이 직접 중국과 군사적으로 대립하는 것이 아니라면 이러한 완충지대는 양쪽 모두에게 나쁠 것이 없을 것이다.[25]

중국은 한미 동맹이 현재 미국의 전략인 한미일 삼각동맹으로 공고해지는 것만 막을 수 있어도 만족스러울 것이다. 북한이 중국식 개혁-개방에 따라 경제성장을 한다면, 그리고 한미동맹이 약화되고 주한미군이 철수하거나 평화유지군으로 성격을 변화시킨다면 중국으로선 최선의 결과일 것이다.[26] 남북한은 오랜 정전 상태를 종식시키고 평화로운 환경에서 경제를 발전시키고 장기적으로 통일을 바라볼 수 있으며 동아시아의 안정에 기여함으로써 남북이 동시에 국제적 위상을 높일 수 있다.

3) 2021년 한미정상회담에 대한 잠정적 평가

2021년 5월 한미 정상회담 이후 '대성공'부터 '참패'까지 아주 다양한 평가가

---

[24] 이는 '동결된 갈등(frozen conflicts)' 가설에서 동결의 외부 조건이 스스로 소멸하는 경로에 해당한다.

[25] 또 하나의 가능성은 북한이 1970년대 냉전 속에서 중국이 택한 길을 따르는 것이다. 하지만 북한이 대중국 포위망에 들어간다는 것은 경제적 이익으로 봐도, 1,300킬로미터에 이르는 북중 접경지역에서의 군사적 대립을 생각해봐도 선택하기 어렵다.

[26] 코로나19 바이러스 위기는 국제질서의 재편을 촉진할 것이다. 국제통상, 국제통화체제 논의에서 중국이 한반도 문제 해결을 조건으로 일정한 양보를 할 수 있을 것이다. 장기적 문제의 양보로 당장 급한 문제를 해결할 수 있다는 장점이 있다.

나타났다. 앞에서 보았듯이 바이든 정부는 오바마 이래 지속된 '아시아로의 회귀' 전략을 지속할 뜻을 명확히 밝혔으며 중국 포위가 그 핵심이라는 사실을 천명했다. 단 트럼프 시대처럼 동맹을 압박하고 국제제도를 무시하는 '전략적 경쟁'이 아니라 동맹을 재건하고 '민주주의 가치'로 국제제도를 재건설하자는 방향이다. 따라서 단기적 성과를 거두기보다 장기적 해결을 꾀하며 군사력보다는 소프트 파워에 입각해서 중국을 서서히 포위하겠다는 것이다. 이는 미국 스스로의 경제를 회복하는 것이 급선무이고 미국 사회 내부가 분열된 상태 때문이기도 하다.[27]

트럼프의 일방적인 무역 전쟁 이후 급기야 글로벌 가치사슬의 '거대한 분리'까지 내세웠지만 실제로 그런 상황이 전면적으로 벌어지기는 어렵다. 또한 아이켄베리의 말대로 글로벌 국제주의와 '글로벌화'를 분리하고 금융자본주의를 지양해야 한다는 의지는 읽히지만(그의 국내 개혁은 루즈벨트의 뉴딜을 연상케 하며 제조업에 대한 강조는 트럼프와 궤를 같이 한다) 대안적 자본주의의 모습은 매우 불투명하다.[28]

코로나19 위기는 미국체제의 취약성을 다시 한 번 드러냈다. 바이든이 트럼프식 진원 논란을 붙잡고 있는 것도 이 때문일 것이다. 결국 민주주의와 인권을 강조할 수밖에 없는데 이는 '민주주의 동맹국'에 대한 압박을 약화시킬 수밖에 없다. 5G 등 정보통신산업에서 한국은 미·중 사이에서 로맨틱 삼각형의 꼭지점, 즉 피벗국가의 지위를 차지하게 되었다. 영토문제가 걸려 있는 일본은 미국의 파트너가 될 수밖에 없고 대만은 직접적인 미국의 영향하에 있기 때문에 중국에게 기술과 고급 부품을 공급하는 생산 파트너로서 한국의 위상은 높아졌다. 따라서 미·중 마찰이 단기간에 한국 경제에 악영향을 미칠 것으로 보이지는 않는다.

---

27 이스라엘과 팔레스타인 간의 무력 충돌 등 중동 분쟁이 쉽게 해결되지 않으리라는 전망도 미국이 노골적인 중국 포위를 하지 못하는 이유가 될 수 있다.

28 아이켄베리는 대안 경제체제를 논의할 때 주로 로드릭을 인용한다. 하지만 로드릭은 '얕은 세계화'와 자본이동의 제한, 산업정책을 강조하며 중국 체제와 미국 체제의 공존을 주장한다. 바이든 정부가 중국을 배제하면서 동시에 IMF나 WTO 등 국제제도를 개혁하는 방안을 지니고 있을지도 의문이다. 2008년 이후 제출된 스티글리츠나 아이켄그린의 개혁 방안도 모두 중국과의 공존을 모색하고 있다. 이는 아이켄베리의 '장기적 글로벌 헤게모니론'과 서로 다른 방향이다.

북핵 협상에서 바이든 행정부는 트럼프와 달리 협상 개시의 전제로 CVID (Complete Verifiable Irreversible Dismantling)를 요구하지 않고 단계적-점진적 해법을 택할 것으로 보인다. 하지만, 아주 잘 설계된 다자간 협상이 진행되지 않는 한, 북한의 핵을 인정한다는 점에서는(명시적으로 북한의 핵보유국으로 인정하자는 사람들도 있다) 한국이나 일본 내의 매파의 목소리가 높아질 우려가 상존한다. 한미 정상회담 이후 수그러들었지만, 완전히 사라질 것으로 보였던 '적화통일' 이데올로기가 다시 등장했을 정도였다. 북한의 비핵화와 관계없이 미군사력의 전진배치가 강화된다면 중국이 2000년대 6자회담 때처럼 적극적으로 나설 유인은 없어질 것이다.

미·중 마찰의 강화, 대중 포위망의 정비는 한반도 트릴레마의 상황에 변화를 가져온다. 대중 포위망 강화가 미국의 '거대 전략'의 핵심이라면 이는 트릴레마가 신현실주의적 교착으로 귀결된다는 것을 의미한다. 트럼프 대통령은 주로 비용 감축의 이유로 일정하게 역외균형론을 수용했다. 트럼프 정권에서 북미 회담은 (실제로 북한이 체제의 위협을 느끼는) 한미군사훈련을 중지했기 때문에 급진전할 수 있었다. 즉 미군사력 전진배치의 일정한 유보를 의미했고 따라서 '비핵화'와 북한의 제재 축소를 바꾸는 협상이 가능했다. 하지만 미국 군사력의 전진배치와 합동군사훈련이 지속된다면 그 기간동안, 북한의 핵보유 용인과 공포에 의한 차가운 평화가 선택될 수밖에 없다. 만일 이런 경향이 뚜렷해진다면 중국은 현재까지의 북한 정권을 유지하는 정도에서 상당히 적극적으로 북핵을 인정하고 이용하는 쪽으로 선회할 수도 있다.

이에 대한 평화주의의 대안은 한반도(북한) 비핵화와 '따뜻한 평화'를 선택하는 길이다. 즉 미군의 철수 또는 약화, 군사훈련의 중지를 통해서 북한이 평화와 개방의 길로 나오게 하는 것이다. 하지만 이 대안의 맹점은 북한이 이 대안의 전제인 체제보장을 믿지 않는다는 것이다(완전하고 포괄적인 비핵화만큼이나 완전하고 포괄적인 체제보장을 전제하는 것은 불가능하다). 중국의 확장억제가 (남한이 지금 그러하듯이) 북한의 대안적 선택일 텐데, 북한의 과거 이데올로기가 변하지 않는 한 받아들이기 힘들다. 미국이 훨씬 전향적인 외교적 약속을 병행해야만 협상이 개시될 수 있을 것이다.

바이든의 단계적 협상은 또 다른 맹점을 안고 있다. 미국 행정부와 상하원 곳곳에 엄존하고 있는 비토세력의 돌출(?) 행동으로 언제든 회담이 결렬될 수 있다는 점이다. 참여정부의 6자회담 때는 재무부가 방코델타 아시아의 북한 계좌를 동결함으로써 협상이 결렬되고 이에 대한 응징으로 북한은 핵실험을 강행했다. 하노이 회담 때는 볼턴이 협상을 결렬시키는 역할을 했고 북한의 현재 대응은 과거 사례에 비추어 본다면 오히려 자제에 가깝다.

바이든 정부가 직접적 강압에 나서지 않는 한 중국과 북한도 강하게 대응하지는 않을 것이다. 한국경제도, 그리고 평화주의도 숨 쉴 공간을 얻은 셈이다. 한국은 미·중 사이의 이 전쟁에서도 '이럭저럭 버티기'와 헤징 전략을 사용할 수밖에 없다.[29] 단기적으로는 현실주의의 관점에서 철저한 국익 추구를 표방해야 한다. 삼성은 미국의 5G 산업에 참여하고 우회로로 화웨이에 반도체를 공급할 수도 있다. 우리는 여기서 한발 더 나아가서 5G와 플랫폼 산업의 공동 규범을 만들어야 한다. 이 산업이 가지는 안보상의 위협을 어떻게 제거할 것인지, 나아가서 개인정보의 문제를 어떻게 해결할 것인지에 관한 국제규범 수립에 앞장서야 한다. 미국과 중국을 제외한 '제3지대'가 모두 이런 목소리를 낼 때, 전쟁을 예방하거나 완화할 수 있다. 한국은 제3지대를 선도할 만큼 이미 강해진 나라이다.

1950년대 냉전의 강요가 '제3세계'라는 사고를 불러일으킨 것처럼, 미국이 억지로라도 만들고 싶어 하는 (기술경제적) '신냉전'의 요구에 우리는 '제3지대'로 맞설 수 있다. 한국만 미·중 사이에 끼어 있는 새우가 아니다. 모든 나라가 그렇다. 예컨대 유럽연합(EU) 같은 덩치 큰 국가연합도 미국의 요구에 어떻게 대응할지 골

---

[29] 미·중 마찰이라는 환경 변화를 놓고 '안미경중(안보는 미국, 경제는 중국)'이라는 기회주의적 노선을 버려야 한다는 목소리가 높아졌다. 하지만 이는 경제와 안보를 직선상의 제로섬 게임으로, 또는 비용편익분석에 의해서 수치로 환산할 수 있는 것처럼 사고한 결과이다. 안보의 영역과 정치경제의 영역에서 미·중 마찰은 확연하게 다른 양상을 나타내고 있다. 헤게모니 질서는 '사회적 관계'의 영향을 강하게 받으며 그 구조와 과정은 주변국이 어떻게, 얼마나 헤게모니에 동의하느냐에 달려 있다는 영국학파의 의견에 주목해야 한다. 즉 주변국들이 모두 '안미경중'을 택한다면 미국과 중국은 이를 받아들일 수밖에 없으며, 동아시아의 헤게모니 구조가 미국과 중국의 행동을 제약한다는 것이다 (Goh, 2019).

머리를 앓는다. 비동맹 운동, 제3세계 운동의 국제적 조건과 비교할 때 제3지대는 훨씬 더 유리한 지형에 서 있다. 미국은 중국의 '권위주의'를 비판하지만 소련 '공산주의'에 비해서는 설득력이 떨어진다. 미국과 소련은 당시 1년에 20억 달러어치 교역을 했지만 지금 미·중 교역은 매일 20억 달러에 이른다. 제2차 세계대전이 끝났을 때 미국과 소련의 GDP 합계는 세계 전체의 70%를 넘나들었지만 지금 미·중의 GDP는 합쳐야 기껏 40% 정도다.

이런 상황에서 제3의 나라들이 목소리를 모은다면 실리 면에서도, 규범 면에서도 미·중의 강요를 억누를 수 있다. 특히 바이든이 규범 경쟁을 강조하고 있는 지금, 단기적인 기술전쟁에서의 화해 뿐 아니라 국제통화체제(아이켄그린의 복수통화체제), 국제무역제도(케인즈의 '방코르' 체제) 등의 장기적 체제를 강조할 수 있다. 우리가 앞에서 본 한반도 비핵지대화('따뜻한 평화'의 지대)는 미·중의 마찰을 완화하고 중재하는 '완충지대'가 될 수 있다. 경제-안보 측면의 헤징은 동남아 국가와 함께 할 수 있고, AI와 플랫폼, 미래전쟁의 규제와 관련해서는 유럽과 함께 대안적 규범을 제시할 수 있을 것이다.

참고문헌

김상기 외, 2019,《한반도 평화체제 구축과 한미관계》. 서울: 통일연구원.

이중구, 2019, 북한 비핵지대 운동의 형성과 전개, 아시아지역리뷰「다양성+Asia」 2019년 6월호.

정욱식, 2020,《한반도의 길, 왜 비핵지대인가?》. 서울: 유리창.

Allison, G,., 2017, China vs America: Managing the Next Clash of Covilizations, Foreign Affairs, V80, I89.

Anderson,Nicholas D., 2017, Explaining North Korea's nuclear ambitions: Power and position on the Korean Peninsula, Australian Journal of International Affairs Vol. 71, No. 6, 2017, pp. 621-641.

Bo, et.al., 2019, Are global value chains truly global? A new perspective based on the measure of trade in value-added, IDE DISCUSSION PAPER No. 736, p18.

Buszynski,Leszek, 2013, Negotiation with North Korea-The Six Party Talks and the Nuclear Crisis (Abingdon-on-Thame: Routledge.

Dittmer, 1981, The Strategic Triangle: An Elementary Game-Theoretic Analysis, World Politics, V33, N4.

Debs,Alexandre & Monteiro, Nuno, 2018, Cascading Chaos in Nuclear Northeast Asia, The Washington Quarterly, V41, N1.

Goh, 2019, Contesting Hegemonic Order: China in East Asia, Security Studies, V23, N3.

Haenle & Allison, 2018, China in the World Podcast-Avoiding the Thucydides Trap, Carnegie-Tshinghua Center for Global Policy.

Ikenberry, 2014, The Illusion of Geopolitics, Foreign Affairs, V93, N3., Liff & Ikenberry, Racing toward Tragedy?, International Security, V39, N2.

Ikenberry, 2015, Between the Eagle and the Dragon, Political Science Quarterly, V20, N20.

Ikenberry, 2018a, The End of Liberal International Order, Deudney & Ikenberry,

Liberal World-The Resilient Order, Foreign Affairs, July/August.
Ikenberry, 2018a, Why the Liberal World Order Will Survive, Ethics & International Affairs, V32,, N1.
Ikenberry, 2020a, The Next Liberal Order, Foreign Affairs, July/August.
Ikenberry, 2020b, A World Safe for Democracy, Yale Univ. Press.
Jackson,Van, 2017, Deterring a Nuclear-Armed Adversary in a Contested Regional Order: The "Trilemma" of US-North Korea Relations, Asia Policy, Vol. 23, 2017, pp. 97-103.
Jervis, R., 2020, Liberalism, the Blob, and American Foreign Policy: Evidence and Methodology, Security Studies.
Latiff, 2017, Future War-Preparing the New Global Battlefield.
Mearsheimer, 2019, Bound to Fail-The Rise and Fall of the Liberal International Order, International Security, V43, N4.
Mearsheimer & Walt, 2016, The Case for Offshore Balancing-A Superior U.S. Grand Strategy, Foreign Affairs, July/August.
Powell, Robert, 2015, Nuclear Brinkmanship, Limited War, and Military Power. International Organization. Vol. 69, No. 3, 2015, pp. 589-626.
Powell, Robert, 2003, Nuclear Deterrence Theory, Nuclear Proliferation, and Nuclear Missile Defence. International Security. Vol. 27, No. 4, 2003, pp. 86-118.
Powell, Robert, 1985, The Theoretical Foundations of Strategic Nuclear Deterrence, Political Science Quarterly, Vol. 100, No. 1, 1985, pp. 75-96.
Rodrik, 2021, The G7 Tax Clampdown and the End of Hyper-Globalization, Project Syndicate.
Rodrik & Walt, 2021, How to Construct a New Global Order, HKS Working Paper No. RWP21-013.
Wallerstein, I., 2007, Northeast Asia and the World-System, The Korean Journal of Defense Analysis, 2007, Vol. 19, No. 3.
Wallerstein, I., 2008, Northeast Asia in the Multipolar World-System, Asian Perspective, 2008, Vol. 34, No. 4.

칼럼

미·중 기술전쟁서 살아남는 법

미·중 간 '신냉전' 또는 투키디데스 함정은 5G를 둘러싼 기술전쟁, 반도체전쟁의 형태로 나타났다. 미국의 화웨이 공격은 가히 1950년대의 매카시 선풍을 연상케 한다. 수많은 정치인이나 예술가가 스파이로 몰렸던 것처럼 화웨이는 5G 설비나 소프트웨어에 '안보 구멍'을 만들어 안보상의 비밀이나 기업 비밀을 훔쳐냈다는 것이다. 2013년 스노든(Edward Snowden)이 미국 NSA의 감시시스템을 폭로한 데 비견할 만한 국가 차원의 증거도 없다.

5G는 이른바 4차 산업혁명의 중추(back bone) 역할을 한다. 예컨대 '빅데이터'를 수집하고 분석하려면 인공지능이 엄청난 속도로 돌아가야 하고 사물인터넷이 제대로 작동하려면 송신이 끊겨서는 안 되며, 이 모든 작업에 최소한의 에너지를 사용해야 한다. 물론 전쟁 기획가들은 5G에서 드론이나 무인 자동차 간의 전쟁을 상상할 것이다.

2010년대 들어 화웨이에 대해 미 국방부가 시작한 경고는 이제 각 정부 부처와 위원회가 중국의 '기술거인'들을 어떻게 제압할 것인가의 경쟁으로 탈바꿈했다. 정쟁의 표본이던 미 의회는 필요할 때마다 초당적 법안을 신속히 통과시키고 있다. 화웨이가 파산할 때까지, 결국 중국 정부가 손을 들 때까지를 목표로 삼은 것처럼 계속 강화된 제재를 내놓고 있다.

화웨이를 중심으로 보면 반도체전쟁은 크게 두 국면을 거쳤다. 첫째는 화웨이 제품에 대한 '수요 규제'다. 2019년의 대통령 행정명령으로 미국의 통신사업자들은 화웨이와 거래할 수 없게 되었다. 두 번째는 지난 9월 15일부터 시행된 화웨이에 대한 '공급 규제'이다. 미국 기술이 들어간 반도체 소재·부품·장비에 대한 수출을 규제하다가 급기야 외국기업에도 일일이 수출 허가(license)를 받도록 했다. 미국의 안보를 위해 외국 정부나 기업도 이를 따라야 한다는 것이다.

옛 냉전이 그러했듯이 미국의 동맹과 동반자들이 참여해야 이런 봉쇄가 효과를 발휘한다. '수요 규제'는 곧 이들 나라의 5G 사업에서 화웨이를 배제시키라는 요구가 된다. 이미 화웨이 설비가 안보를 위협하는지를 검토한 후 화웨이를 사업 대상자로 선정했던 영국 정부는 결국 그 결정을 뒤집었다. 하지만 이탈리아나 독일, 폴란드처럼 화웨이와 계속 거래하는 나라들도 있다. 이 첫 번째 요구는 각국이 국익을 바탕으로 결정하면 그만이다.

하지만 '공급 규제'는 확연히 다르다. 화웨이의 자회사인 하이실리콘은 5G의 반도체 칩을 설계하지만 이를 주문생산하는 것은 대만의 TSMC를 비롯한 파운드리 회사다. TSMC는 결국 미국의 압력에 밀려 화웨이에 대한 공급 중단을 선언하고 애리조나주에 파운드리 공장을 설립한다고 발표했다. 중국 하이실리콘의 5G 칩 설계에는 소프트웨어인 자동화 설계 프로그램(EDA)이 있는데 이는 미국 회사들이 공급하고 있으며, 초정밀 반도체를 생산하기 위한 하드웨어로는 극자외선(EUV) 노광장비가 필수적인데 네덜란드의 ASLM이 독점하고 있다. 9·15 규제가 노리고 있는 핵심 목표이다.

하지만 자국의 안보가 아닌 미국의 안보 때문에, 뚜렷한 기준도 없이 외국 기업을 제재하는 것은 정당성이 매우 약하다. 다만 금융 헤게모니를 이용해 금융제재(2차 보이콧)라는 폭력 앞에 굴복하는 것일 뿐이다. 영국의 경제주간지 이코노미스트는 "반도체산업을 탈중국화하려는 트럼프의 시도는 오히려 이 산업의 탈미국화를 초래할 것"(5월22일자)으로 예측했다. 실제로 중국에는 미국 제재를 피할 수 있는 반도체 장비 카탈로그가 돌아다니고 있으며, 화웨이가 아닌 중국 회사에 칩을 수출할 수도 있고 금융규제를 피하기 위해 가상통화를 사용할 수도 있다. 부당한 제재를 받는다면 기업들은 주저하지 않고 갖가지 우회로를 찾을 것이다. 당장 중국이라는 거대한 시장을 잃어버릴 미국의 장비 및 소프트웨어 전문기업들의 반발도 확실해 보인다.

한국은 미·중 사이의 이 전쟁에서도 '이럭저럭 버티기'와 헤징 전략을 사용해야 한다. 단기적으로는 현실주의의 관점에서 철저한 국익 추구를 표방해야 한다. 삼성은 미국의 5G 산업에 참여하고 우회로로 화웨이에 반도체를 공급할 수도 있다. 우리는 여기서 한 발 더 나아가서 5G와 플랫폼 산업의 공동 규범을 만들어야 한다. 이 산업이 가지는 안보상의 위협을 어떻게 제거할 것인지, 나아가서 개인정보의 문제를 어떻게 해결할 것인지에 관한 국제규범 수립에 앞장서야 한다. 미국과 중국의 제외한 '제3지대'가 모두 이런 목소리를 낼 때, 전쟁을 예방하거나 완화할 수 있다. 한국은 제3지대를 선도할 만큼 이미 강해진 나라이다.

경향신문 2020.09.29.

칼럼

한반도 완충지대

처음엔 눈을 의심했다. "북한의 비핵화? 맞다. 빠르게 완료하자. 그런데 동시에 할 일이 있다. 미국 핵도 없애야 한다. 왜 북한 핵만 없애야 하나? 핵확산금지조약(NPT)은 결국 소수 핵보유국의 독점 보장 협약이다." 이런 글을 누가 썼을까? 이건 북한의 속마음이 아닌가. 하버드 경제학자, 제프리 삭스(Jeffrey Sachs)가 그 사람이다. 42세의 나이로 대통령 자문위원을 하면서 폴란드와 러시아에 '쇼크요법'을 퍼뜨린 바로 그 사람이다. 쇼크요법으로 인한 신속한 가격자유화는 하이퍼 인플레이션을 낳았고, 전격적인 사유화는 자산의 헐값 매각과 매판자본이나 외국자본의 자산탈취로 이어졌다. 대혼란을 수습하기 위한 안정화 정책까지, 이들 나라는 10여 년에 걸친 '전환 불황'을 겪어야 했다. 그는 말 그대로 자유주의 경제정책 또는 시장 확대의 사명을 띤 선교사였다. 무슨 수를 써서라도 시장과 민주주의를 세계에 전파해야 세계의 번영과 평화가 온다는 자유주의 헤게모니는 20세기 미국 외교의 성경이었다. 삭스는 이 성경의 '미국 예외주의'를 통렬하게 비판하는 책(《미국의 새로운 외교정책》)까지 썼다.

미국의 '대전략(grand strategy)' 논쟁은 1991년 소련이 붕괴하면서 앞으로 어떤 전략을 취해야 하는가로 시작했고, 2000년대 들어 중국이 우뚝 서자 한층 뜨거

워졌다. 미국이 헤게모니를 행사하기 위해 세계에 계속 관여하는 것이 옳은가, 아니면 냉전 시대가 끝났으니 이제 그만 후퇴해야 하는가? 아주 거칠게 분류하자면 후퇴를 주장하는 사람들은 크게 두 부류가 있다. "이제 미국의 힘이 예전만큼 압도적이지 못하니까 다른 지역문제는 그 지역에 맡기자"(역외 균형론)는 현실주의자들과, 원래부터 미국의 모든 군사적 개입에 반대했던 평화주의자들이다. 독재를 없애고 민주주의를 뿌리내리겠다는 미국의 개입은 곧잘 수많은 인명의 살상과 내전으로 이어졌다. 아름다운 기치와 달리 또 다른 독재 집단을 지원하는 경우가 많았고, 곧잘 종족 간 힘의 균형을 깨뜨렸기 때문이다. 삭스는 말하자면 관여론자에서 평화주의 후퇴론자로 변신한 것이다.

미국과 중국의 힘겨루기는 "21세기판 투키디데스 함정은 이런 거구나", 한탄하게 만든다. 그 어느 때보다 광범한 국제협력이 필요할 때 두 강대국은 바이러스의 진원지를 놓고 설전을 벌였다. 미국 대통령은 이럴 때 능력을 발휘하라고 만든 세계보건기구(WHO)에 돈을 대지 않겠다고 위협한다. 25% 관세로 미봉한 1차 미·중전쟁은 5G의 주도권 싸움으로 번졌고 급기야 거미줄처럼 얽혀 있는 글로벌 생산사슬에서 중국을 빼버리자는 주장으로 치달았다. 미국은 아예 탈중국 경제번영네트워크(EPN)를 만들어서 다른 나라에 선택을 강요한다. 중국에 바로 붙어 있는 한국이야말로 이 포위망에 없어서는 안 될 존재일 것이다. 지난 10년 내내 양대국 사이에 끼여 시달렸으니 그리 새삼스러운 일은 아니지만 갈수록 압력의 강도가 높아지니까 점점 더 괴롭다.

이런 와중에 북핵 협상이 진행되고 있다. 관련국 어디든 중재안을 내놓으면 두 나라는 어느 쪽에 이익인가를 따져서 조금이라도 손해다 싶으면 단호하게 반대할 것이다. 제로섬게임이다. 미국은 오바마 정부 때처럼 '우아하게' 현재의 교착상태를 방치할지도 모른다. 계속되는 경제제재에 숨쉬기 힘들어진 북한이 눈길이라도 끌려고 도발을 한다면 이번엔 정말 위험해질 것이다. 대륙간 탄도탄, 즉 미국 본토를 확실하게 위협하는 것밖에 별수가 없기 때문이다.

시간이 얼마 남지 않았다. 마침 평화연구자, 정욱식이《한반도의 길, 왜 비핵지대인가?》라는 상세한 지도를 내놓았다. 이미 몇 지역에 선례가 있는 비핵지대 조약은 국제법적 구속력을 지니고 있고 관련국들도 한반도평화에 대한 의무를 지게 된다. 남북한이 모두 검증을 받으니 그 범위와 수단의 선택도 공정해진다. 핵사찰과 핵무기 제거에는 오랜 시간이 걸린다. 그동안 한국은 미국의 확장억제를 보호막으로 삼을 것이다. 그렇다면 북한도 중국(과 러시아)의 한시적 확장억제라는 방패를 사용할 수 있다. 마침내 한반도가 비핵지대가 되었을 때 미국과 중국, 또는 일본 어느 나라의 공격도 불가능하게 하는 일종의 '공동안보' 방안도 조약에 포함되어야 할 것이다. 이 완충지대는 정의상, 주변 강대국 어느 한쪽의 손을 들어주면 안 된다.

미국과 중국이 자제하지 않으면 세계는 말 그대로 결단난다. 한반도가 두 나라 사이의 완충지대가 되어 절단을 막는 것은 둘 모두의 이익이다. 제로섬게임의 해를 찾는 방법은 간단하다. 내가 선택지를 만들고 상대가 고르게 하면 된다. 물론 그 선택지를 남북이 만들 수도 있다.

경향신문 2020.06.09.

칼럼

한반도 트릴레마

　선거가 민주주의의 꽃이 되려면 각 당은 정책을 내놓아야 할 것이다. "그럼 상대 당을 찍으란 말이냐"라는 주장만 난무한다면 선거는 진흙탕이 될 뿐이다. 4년 전 총선에선 '복지논쟁'이 우리의 선택을 이끌었다면 지금은? 불평등위기, 생태위기, 그리고 북핵위기가 현재의 3대 당면과제라는 데는 별 이견이 없을 것이다. 아직까지는 오직 정의당과 녹색당만 '넷제로(탄소 순배출 제로)'라는 기후위기 대책을 내놓았고 불평등위기에 대해 종합부동산세 강화나 소유제한을 대안으로 제시했을 뿐이다.

　문재인 정부의 가장 큰 성과로 꼽힐 북핵 문제의 해결, 나아가서 한반도 평화체제의 건설은 싱가포르 회담 이후 교착상태에 빠졌다. 북핵 문제가 난항을 겪는 것은 관련 국가들의 트릴레마(세개의 목표 중 한개는 포기해야 한다)가 중국과 미국 간의 투키디데스 함정 속에서 해결되어야 하기 때문이다. 2018년 미국의 국제정치학자들은 미국의 동아시아 안보정책에 존재하는 트릴레마를 지적했고 한국의 북한대학원 교수들은 이 트릴레마가 한·일 갈등과 어떤 관련이 있는지(김정), 그리고 한국 정부의 대북정책 트릴레마(구갑우)를 제시했다.

　미국의 동아시아 정책(뎁스와 몬테이로의 공동 논문), 그리고 북핵 대응(잭슨, 앤더슨의 독립 논문 두 편)의 트릴레마란 ①억제에 기초한 전쟁 방지, ②전진배치(forward deployment, 김정 교수는 '전방전개'로 번역)에 기초한 지역 안정화, ③핵우산 등 적극적인 안전보증(security assuarance)에 기초한 핵 비확산 중 어느 두 개만 선택할 수 있다는 것이다. 구갑우 교수는 한국의 트릴레마로서 ①평화체제, ②한·미 동맹과 주한미군, ③비핵화를 들었는데 이는 앞의 트릴레마 순서에 대체로 조응한다.

예를 들어 두 정부가 각각 ① ②에 해당하는 전쟁방지(평화체제)와 지역안정(한·미 동맹)을 선택하면 핵비확산(비핵화)은 이룰 수 없다. 핵 전략자산이나 미군을 전진배치하면서 전쟁을 하지 않으려면 북한의 핵무장을 용인할 수밖에 없다(상호억제에 의한 평화). 반대로 비핵화를 핵심 목표로 삼고 이를 평화체제로 발전시키려면 한·미 동맹의 변화를 꾀하지 않으면 안된다. 실제로 한·미 연합군사훈련의 연기(지역안정의 약화)가 북한을 대화로 끌어냈던 반면, 북한의 안전보장(평화체제) 없이 비핵화 협상이 더 나아갈 수 없다는 것은 이러한 트릴레마가 상당한 설득력을 지닌다는 것을 의미한다.

한편 미·중 간 투키디데스 함정을 보면 경제 쪽의 미·중 통상마찰은 미봉의 합의로 일단 빠져 나왔지만, 안보 쪽은 남중국해 문제가 여전한 가운데 북한 비핵화에 대한 물밑 대립이 지속되고 있다. 예컨대 중국은 미국의 예방전쟁에 절대 반대하고, 경제제재를 극단적으로 강화하는 비핵화 방안에는 소극적이다. 무엇보다도 북한의 파멸이나 자멸 모두 미군이 압록강과 두만강까지 진출하는 것을 의미하기 때문이다. 사드의 추가 배치 역시 마찬가지이다.

북한 역시 트릴레마를 지니고 있다. 북한은 핵무장과 경제발전, 그리고 국내외 정치적 안정을 모두 달성할 수 없다. 핵무장은 국내 정치 안정과 함께 갈 수 있지만 국제제재의 강화로 경제 발전을 가로막는다. 또한 경제발전에 의한 정치적 안정을 선택하려면 핵무장을 포기해야 한다. 핵무장과 경제발전을 동시에 이루려는 목표(핵·경제 병진노선)는 기술적으로 불가능하다는 사실이 증명되었을 뿐 아니라 극심한 외부의 반발을 낳을 것이다.

결국 우리는 미·중의 대립을 완화하고 북한의 안전을 보장하는 동시에 완전한 비핵화를 달성하는 방안을 선택해야 한다. 예컨대 현재의 미군을 평화유지군으로 재편하고 동아시아의 집단안보체제 구상을 북한이 믿을 수 있도록 해야 하며 한반도를 미·중 직접 충돌 완화의 '제3지대' 또는 중립지대로 만들 수 있다. 이럴 때만 북한도 동아시아형 경제발전을 이룰 수 있고, 남북의 평화공존 비용은 획기적으로 낮아진다.

물론 저 유명한 경제학의 트릴레마(유명한 고정환율제, 자본이동, 금융정책의 자율성)가 그렇듯이 이러한 조건이 엄격하게 고정되어 있는 건 아니지만 그 자체로 훌륭한 토론 대상임에는 틀림없다. 총선이 북핵 문제, 불평등, 생태위기를 해결하기 위한 백가쟁명의 장이 되기를 바란다. 전국의 와이파이는 이러한 토론을 기술적으로 도울 수 있을 뿐이다.

경향신문 2020.02.17.

나오며

시대를 따라 공부하다 떠난 정책연구자, 정태인

이상헌(국제노동기구 ILO, 고용정책국장)

이미 저 세상으로 떠난 사람이 이 세상에 남긴 원고를 읽는다는 것은 필연적으로 복잡미묘한 일이다. 글 속에 꼼꼼하게 만들어 둔 길을 따라가는 즐거움이 첫째일 것이고, 그 길이 불현듯 끊어져 있을 때의 막막한 아쉬움이 둘째일 것이고, 지상의 시간이 좀더 주어졌더라면 그는 어디로 갈려고 했을까 짐작해 보려는 막막함이 세번째일 것이다. 마르크스에게는 엥겔스가 있었고, 프란츠 카프카에게는 막스 브로드(Max Brod)가 있었지만, 정태인에게는 재주가 잼뱅이인 '우리' 밖에 없다. 그가 어디로 갈려고 했을지 알 수가 없다. 그만큼 회환이 크다. 그가 남긴 글을 이렇게 세상에 내어 놓고 두고두고 되새김질하는 수밖에 없다.

물론 그의 '책임'도 만만치 않다. 정태인의 연구는 한마디로 정의하기 어렵다. 그리고 방대하다. 흔히 '자유로운 연구자'라는 표현을 하기도 하지만, 이 또한 정확하지 않다. 그는 그저 제 마음이 가는대로 옮겨다니며 제멋대로 연구했던 사람이 아니다. 끊임없이 변화하는 시대와 상황에 따라 정책내용과 우선순위가 바뀌기 마련이고, 정태인은 이 변화를 충직하게 따라갔을 뿐이다.

"사실이 변하면 나는 내 생각을 바꾼다. 당신은 어떻습니까?"라는 유명한 말이 있다. 메이너드 케인즈의 말인지 폴 사뮤엘슨의 말인지는 여전히 논란이 있긴 하지만, 이 질문에 '나는 당연히 그런다'고 정태인만큼 자신있게 말할 사람은 드물다. 그의 과제는 '주어진' 것이고, 그런 의미에서는 역설적으로 그의 연구는 전혀 '자유'롭지 않았다. 시대적 충직함이 근원이고, 학문적 자유로움은 그 결과적 현상일 뿐이다.

게다가, 시대의 변화에 반응하지 못하고 같은 레파토리를 반복하면서도 큰 발언권을 누리는 많은 기성연구자의 '자유'가 정태인에게는 없었다. 시대의 과제에 복무하면서 그가 치른 비용은 실로 컸다. 그는 떠나기 전에 오랜 친구에게 말했다. "비정규직으로 산 삶이 많이 힘들었다."

당대와 호흡하는 공부는 폭넓음을 전제로 한다. 정태인은 경제학자이지만 정치와 경제의 인위적 구분을 경계했다. 전형적인 경제학자가 보기에는 너무 정치적이고, 전형적인 정치학자가 보기에는 너무 경제학적이었다. 무릇 진보적이고 현실적인 정책이란 이런 경계에서 설 때에만 나올 수 있는 법이니, 그의 애매한 팔자는 피할 수 없었다. 한국경제가 무역에 크게 의존하는 개방경제인만큼, 정태인은 국제정치에 관한 공부도 게을리 않았다.

공부와 지식의 폭으로 보자면 그는 제프리 삭스(Jeffrey Sachs)에 비견할 만한 한데, 그는 결코 삭스 류의 엘리트주의의 함정에 결코 빠지지 않았다. 그를 '괴팍한' 연구자로 평가하는 이들은 그 '괴팍함'이 그의 성정 때문이 아니라 허접한 엘리트주의와 싸우던 치열함에서 나온 것이라는 점을 헤아리지 못했다.

정태인은 변화무쌍하지만 동시에 매우 일관된 학자다. 나는 그가 틈만 나면 끌어와 인용하는 엘리너 오스트롬의 '다중심성 원리'는 그의 학문적 일관성의 징표에 가깝다고 생각한다. 오스트롬의 책을 발견하고 탐독하기 전에도 그는 이미 그 원리를 사실상 실천하고 있었다. 인간이 편협한 개별적 경제적 이익만 배타적으로 추구하는 것이 아니라는 '과학적' 사실에서 출발하여 시장근본주의를 경계하지만, 그렇다고 국가지상주의로 넘어가지도 않는다. 세상에는 국가와 시장만 있는 것이 아니라 공동체와 같은 무수한 단위의 인간조직들이 존재하며, 후자를 고려하지 않은 정책은 바람직하지도 효과적이지도 않다.

이런 관점에서 본다면 경제학자들이 짐짓 진지하게 국가냐 정부냐를 두고 벌이는 논쟁은 시답지 않은 해프닝이 된다. 환원주의를 배제하고 이분법적 접근을 뛰어 넘어 실제로 따져할 궁극적인 문제는 국가, 시장, 공동체를 포함한 다양한 행위주체를 어떤 방식으로 끌어들이고 결합할 것인가 하는 점이다. 결국 결합(articulation)의 문제이고, 그가 오랫동안 주창해왔던 '협동'(cooperation)의 문제이다.

따라서 정태인이 수십년동안 사회적경제에 천착해 온 것은 전혀 놀라운 일이 아니다. 다양한 이론을 흡수 통합하면서 이론적 틀을 만들었을 뿐만 아니라 현실의 정책사례를 꼼꼼히 살폈다. 그의 특유의 방식대로 경탄하고 실망하기도 하면서 각종사례에서 성공의 요인들을 적출했다. 그런 다음 이를 다시 한국이라는 현실토양에 적용시키려 했다. 박원순 시장 시절의 서울은 그에게 정책실험실을 제공했다. 건강이 그다지 좋지 않았던 그가 이런 정책 실험에서는 왕성한 에너지를 발산했다.

하지만, 정태인은 앞만 보고 내달리는 사람인지라 자신의 연구업적을 정리해서 출간하질 않았고, 서울시의 정책실험은 시장의 '운명'과 함께 끝났다. 아쉬움이 크다. 이제 누가 할 것인가는 질문이 생기면 그에 대한 원망이 생기는 것도 어쩔수 없다.

정태인의 다중심성 원리는 특이점도 있다. 오스트롬이 다소 건조하게 공동체와 지방단위 행위자를 강조하는 데 그쳤다면, 그는 이 원리를 더 밀어부쳐서 '시민'의 역할을 핵심적 사안으로 부상시켰다. 나는 그가 도시, 협동조합, 사회적경제에 열광했던 결정적 이유가 거기에 살아서 숨쉬고 움직이는 실제의 인간, '시민'이 있었기 때문이라고 생각한다.

제 아무리 명석한 인간도 경험의 노예일 뿐이다. 오스트롬에게 공동체의 첫기억은 2차 대전 당시 마을 사람들이 서로 도와서 작물을 가꾸고 옷을 만들고 군인들에 보낼 물자를 같이 준비하는 것이었다. 공동의 사회적 작업을 중시했기 때문에 그녀는 노벨상 수상하고서 그 공을 그녀의 '작업공동체'(workshop)에 돌렸고, 상금은 동네 장학금으로 쓰이도록 했다.

짐작컨대, 정태인은 같으면서도 다르다. 그는 거리에서 시민들과 어깨를 나누고 토론하면서 공동체와 시민을 경험했다. 시민의 행동과 협력이 새로운 정책의 길을 열고 그게 무너지면 정책도 같이 무너진다는 것을 고통스럽게 배웠다. 전통적인 도시공동체가 결여되었거나 존재하지 않는 한국 상황에서는 행정단위체(예컨대, 서울)나 경제단위(예컨대, 협동조합)에 시민의 적극적 행위를 결합시키는 방식으로 공동체를 구상했을 것이다. 이런 면에서 정태인은 독보적이고, 오스트롬의 원리를 한발 더 진전시킨 사람이다.

정태인 방식의 다중심성 원리는 생태전환론에서 보다 집약적이면서 적극적으로 드러난다. 정의로운 녹색전환이라고 할 때 '정의'는 "시민이 자신의 능력을 펼치기 위해 필요한 물질적, 정신적, 사회적 조건을 갖추는 것"을 의미한다. 그의 관점에서는 지극히 자연스러운 방식의 정의다. 그리고 생태전환을 위한 '거대한 전환'은 당연하게도 "노동자와 시민이 적극적으로 참여하지 않으면 불가능하다". 그가 툰베리를 진정한 '혁명가'로 부른 이유도 여기에 있다. 한국적 상황에서 이는 곧 '촛불시민'이 생태동맹이 될 수 있느냐는 질문으로 연결되는데, 바로 이 질문을 두고 그는 투병생활 내내 고민했다.

정책 제안도 구체적인 것이 많다. 개인적으로는 "녹색마을 만들기" 운동이 그랬다. '새마을운동'과의 유사성 때문에 즉각적인 편견이 있을 수도 있으나, 정태인은 여기서 공동체와 시민을 구체적으로 결합시켜 생태전환을 할 수 있는 물리적이고 정치적 공간을 구성해 내고 있다. 생태정치, 생태경제, 생태일자리를 포괄하면서 생태전환의 재정적 정치적 지속성을 담보하는 방식이다. 그간 태양광 발전소 건립을 둘러싼 온갖 잡음은 거기에 시민이 없었기 때문이며, '생태시민'이라는 세력의 형성이 생태전환의 전제조건임을 강조한다. 이를 통해 청년 주체가 형성될 것도 기대한다. 자연의 미래와 인간의 미래를 동시에 키워가는 방식이다. 가장 정태인다운 방식이다.

그의 삶에 대해서도 몇 마디 덧붙여야겠다. 앞서 언급한 것처럼, 정태인의 공부는 삶에 온전히 뿌리 내린 것이었기 때문이다. 말하자면, 삶과 연구의 고차원적 변증법일텐데, 이 때문에 그의 삶은 바람 잘 날 없었다. 우선, 그는 바람같은 사내였다. 엄혹했던 대학 시절에 그의 이름과 존재는 내놓고 말하지 못하는 수군거림의 대상이었고, 세상에 날것의 민주주의가 찾아왔을 때 그는 마치 쏟아지는 비를 맞으며 여기저기 논에 물꼬를 내는 농부처럼 쉬지 않고 뛰어다녔다. 물을 이끌려고 했으나, 때로는 물에 쓸려가기도 했다. 그가 손을 내밀고 이끌며 만난 인연들이 넘쳐 봄날 고랑처럼 조잘대었지만, 물꼬를 어디에 낼 것인가를 두고 다퉜던 이들은 그를 힘겹게 기억한다. 과감했고 거침없었다.

1980년대 후반 경찰에 쫓길 때도 기독교사회문제연구원에서 상황분석을 했던 그는 서울대 경제학과 박사과정으로 들어갔다. 박사학위를 발판삼아 교수가 될 생각은 하지 않고, 잡지에 쓰고 방송에서 소리 내면서 늘 사회경제적 이슈의 한가운데 서 있었다. 단단한 얼굴에 목소리는 여물었고 논지는 짜릿할 만큼 명료했다. 그는 '진보'란 보란 듯이 깃발을 꽂아두고 외쳐대는 것이라 믿지 않았다. 내일의 세상은 하루만큼 변하고 또 변하는 것이라면, 진보란 사람들과 함께 천조각을 얼기설기 묶어가는 일이어야 했다. 논쟁하고 싸울 일 투성이었다. 오늘 어깨를 나누었다가도 내일은 날 선 말을 주고받는 일도 많았고, 그런 만큼 담배 연기에 잠기고 술에 허물어지는 날도 많았다. 술잔 소리마저 들리지 않을 때면 그는 노래방을 가자고 했다. 그 야물딱진 목소리를 가지고도 노래를 지독하게 못 했지만, 그의 '행위예술'은 대단했다.

그가 했던 일은 많고도 많았다. 2002년부터 노무현 정부 경제정책을 도왔지만 한미자유무역협정(FTA)을 반대하면서 한때 뜻을 같이했던 사람들과 소원해졌다. 무역을 반대한 것이 아니라 특정산업이나 계층에게만 유리한 무역형태를 반대했다. 무역뿐만 아니라 경제 전반에 일관되게 적용되는 그의 원칙이었다. 세월이 흘러 지금은 전 세계적으로 너나없이 하는 얘기다. 그 이후 그는 진보계열 정당 일을 힘써 도왔다. 늘 그랬듯이 배우고 나누는 일에 소홀함은 없었다. 연구소 소장직을 여러 군데서 하고, 부르는 곳이 있으면 쫓아가 강연했다. 정치인도 '저 사람이다' 하면 일단 무조건 도왔다. 세세한 뒷계산을 앞세운 적이 없었고, 그 때문에 쓸쓸한 일이 적지 않았다.

경제학자였지만 집안경제에 어설펐다. 중앙은행과 기재부의 돈 놀림에는 날카로운 칼을 들이대었지만, 헐거워진 제 살림을 북돋는 일에는 젬병이었다. 세상의 물꼬가 바뀔 때마다 앞뒤 살펴보지 않고 뛰어갔으니, 제 주머니 살림은 늘 출렁거렸다. 게다가 그에게 첫 '정규직'을 안겨준 파란기와집은 그의 삶을 뒤틀어버렸다.

정태인은 누구에게나 각별했다. 떠돌이 삶이 길어질 때 내 등을 토닥거리면서 "말하고 쓰라"고 한 사람이다. 한 발짝 내밀면 "잘한다"고 부추기며 한 발짝 더 나가게 한 사람이다. 돌이켜 보면, 그가 도움이 필요할때 돕는 사람은 적었을지언정, 그가 도운 사람은 셀 수 없이 많다. 도움의 상호성을 믿었던 정태인의 도움은 평생 일방적이었다.

그의 마지막도 일방적이었다. 이렇게 책만 훌쩍 남겨두고, 그는 지금 여기에 없다.

부록 1

그리움을 희망으로

정태인 박사 1주기 추모행사 자료집

고 정태인 박사 1주기 추모행사

그리움을 희망으로

2023년 10월 20일 (금) 오후 2시
한겨레신문사 청암홀

故정태인박사 1주기 추모행사를 함께하는 사람들

강남훈 강병구 강병일 강상구 강성모 강은빈 고병수 곽은경 구갑우 권지웅 길버트
김균 김남곤 김대훈 김동춘 김득의 김륜희 김미란 김민수 김민아 김병권 김성기
김성희 김세직 김양희 김영경 김영배 김영순 김유선 김은경 김정아 김정은 김종철
김지영 김창남 김창욱 김태동 김태진 김학규 김형미 김형민 나경채 노용진 노혜경
류덕현 류동민 류은화 류장수 류호근 류호정 문성근 문정은 문진수 박건표 박기용
박기주 박동철 박배균 박병규 박석운 박성희 박숙현 박영삼 박용철 박원석 박은하
박정환 박정훈 박종현 박종호 박준식 박준호 박진도 박창규 배문정 배재국 서준섭
성동현 성현석 손병옥 송경용 송기호 송원근 신언직 신정완 신혜진 신효진 심상완
심상정 안병진 안윤정 양우진 양한열 오건호 오연호 오진아 옥세진 유승찬 유승호
유이분 유철규 윤정숙 윤형중 이강준 이건우 이경미 이광호 이근 이대근 이덕희
이동걸 이명선 이명옥 이미정 이민선 이병천 이병희 이봉현 이상영 이상우 이상직
이상헌 이상현 이상호 이석기 이세리 이수연 이숙진 이원재 이유진 이은애 이인재
이일영 이재경 이정우 이종석 이종현 이진순 이헌석 이희건 임일섭 임재민 임정진
임종진 임주환 장경운 장석준 장유경 장윤석 장지연 장혜영 전강수 전광철 전병유
전승희 전효관 정건화 정관용 정달현 정문종 정미정 정상훈 정성인 정승연 정욱식
정원각 정원호 정이환 정제혁 정준호 정화령 제윤경 조금득 조돈문 조동진 조석곤
조성재 조영탁 조우석 조원경 조현경 조형제 조효래 조희연 주수원 주진우 주현
진남영 최민선 최성용 최승한 최영호 최우성 최준호 최혁진 하남석 하승창 허중강
한석호 한성호 한수정 한승헌 한영섭 한윤정 한정혜 허문경 허상수 현광훈 홍선
홍수연 홍찬욱 황덕순 황순식 Margie Mendell
랩2050 민주사회정책연구원 생태문명원 좋은동네연구협동조합 지속가능시스템연구소 칼폴라니사회경제연구소 한겨레경제사회연구원

차례

제1부 추도식
이정우 "시대의 책사 정태인" ··· 233
마거릿 멘델 "헌신에서 기쁨을 얻었던 행복한 사람" ································· 235
이은애 "한국형 사회적경제의 거버넌스모델을 제안했던 선배 정태인을 그리며" ···· 243
이상헌 "오구나무를 태워버린 가을바람 한 줄기" ······································ 247
노혜경 "정태인적 인간을 그려본다" ··· 251
                               255

제2부 추모포럼
청년, 그리고 정태인이 꿈꾸는 세상 – 청년에게 자리를 내주자 ····················· 259
세션1 학문의 위기 – 독립연구자와 지식생태계 ·· 261
  – 발제: 이재경(좋은동네연구소협동조합 연구위원, 정치학 박사) ··············· 263
  – 토론: 김소연(사단법인 시민 연구위원) ··· 283

세션2 지정학적 위기 – 동북아 평화로의 길 ·· 289
  – 발제: 황순식(북한대학원대학교 석사과정, 전 정의당 경기도당위원장) ······ 291
  – 토론: 구갑우(북한대학원대학교 교수) ·· 323

세션3 불평등 위기 – 사회적경제로 해법 찾기 ·· 327
  – 발제: 이경미(연세대학교 박사후 연구원, 사회적경제학 박사) ················ 329
  – 토론: 윤형중(랩2050 대표) ·· 345

세션4 기후위기 – 생태경제를 향해 ·· 355
  – 발제: 장윤석(연구활동가, 전 녹색전환연구소 연구원) ··························· 357
  – 발제: 김병권('기후를 위한 경제학' 저자) ·· 383
  – 토론: 장혜영(정의당 국회의원) ··· 393

1부

추도식

추도사

시대의 책사, 정태인

이정우(경북대 명예교수, 참여정부 정책실장)

세월이 유수 같다더니 정말 그렇다. 정태인 선생이 홀연히 우리 곁을 떠난 지 벌써 1년이 흘렀다. 돌아보니 정태인 선생과 내가 만난 연륜이 20년 정도 됐다. 첫 만남은 2001년 경 학술진흥재단에서였다. 그 무렵 교육부에서 인문사회 분야 BK21이란 큰 사업을 시작했다. 이 구상은 나태한 대학 교수들을 경쟁시켜 게으른 자들은 도태시키고 전체적으로 대학의 성과, 효율을 높인다는 것이었는데 많은 교수들이 반대했다. 나도 반대해서 서울 광화문의 교육부 앞, 그리고 부산대에서 있었던 전국 교수들의 BK21사업 반대 시위에 참가했었다. 대학교수들이 집단 시위에 나선 것은 4.19 이후 처음이지 싶다. 그럼에도 불구하고 교육부는 BK21을 강행할 태세였다. 다만 교수들이 맹렬히 반대하니 위원회를 만들어 인문사회 분야 BK21의 틀을 새로 짜는 작업을 했다. 이 위원회는 연세대 박준서 부총장을 위원장으로 해서 전국에서 10여명의 교수들로 구성됐는데 나도 위원으로 참가했다. 위원회는 처음에는 화기애애한 분위기에서 이야기가 잘 됐지만 나중에는 결국 서울대 중심의 서울에 있는 대학들과 지방대 사이에 심각한 의견 대립이 발생해 표 대결까지 가는 치열한 양상이 벌어졌다.

어쨌든 이 위원회에서 짠 틀에 따라 인문사회분야 BK21이 시작됐다. 전국 각

대학들은 BK21에 뽑히느냐 마느냐가 대학의 사활이 달린 문제라고 여겼다. 내가 일한 경북대에서도 경제학과, 경영학과 교수들이 20명 넘는 큰 팀을 짜서 신청했는데 내가 단장을 맡게 됐다. 그때는 정말 회의를 많이 했다. 그만큼 BK21 당락은 중요하다고 여겼다. 두 달 정도 열심히 준비해 신청했는데 결과는 아슬아슬한 낙방이었다. 도저히 승복이 안 되어 단장인 내가 학술진흥재단에 내용을 알아보러 갔는데 그때 담당자가 정태인 선생이었다. 만나 보니 서울대 경제학과 10년 후배였다. 정태인과 대학 동기이자 친구인 유시민도 당시 거기서 일하고 있었는데 그날 만나지는 못했다. 정태인 선생은 뒷날 말하기를 첫 만남에서 나한테 좋은 인상을 받았다고 했다. 낙방하고 따지러 오는 대학이 무수히 많은데, 설명을 듣고 두말 없이 선선히 승복하고 돌아가는 교수는 처음 보았다고 했다.

정태인 선생은 원래 진보 경제학자 박현채 선생 책을 읽고 마음속 깊이 존경심을 품고 자발적 제자가 되어 열심히 배우고 따랐다. 박현채 선생 회갑이 가까워 왔을 때 서울대 안병직 교수가 앞장서서 박현채 선생 회갑 기념 논문집을 출판하기로 했다. 나도 그 중 한 꼭지를 맡아 집필자들의 준비 모임에 나가 처음으로 박현채 선생을 뵙고 인사를 드렸다. 박현채 선생은 그때 아주 건강해 보였는데 회갑 기념 논문집이 나오기 직전 갑자기 세상을 떠나 많은 사람이 놀랐다. 정태인 선생은 세상이 무너지는 충격을 받았다고 했다.

그래서 정선생은 실의의 나날을 보내던 중 갑자기 혜성처럼 나타난 노무현이라는 정치인에서 새로운 희망을 발견했다고 나에게 이야기해 주었다. 그리고 얼마 뒤 16대 대선이 있었고, 정태인 선생은 노무현 후보의 경제참모 겸 방송토론 코치를 맡았다. 그 전에 CBS 방송을 맡은 경험이 있었기 때문이다. 정 선생은 고저장단이 분명하고 빠른 목소리로, 그리고 촌철살인 표현을 적절히 섞어 말하니 방송에 적임이었다. 나는 당시 다른 일로 바빠 그저 가끔 노무현 캠프에 이메일로 정책 공약 아이디어를 제공하는 미관말직의 일을 하고 있었다. 정 선생은 노무현 후보를 정말 열심히 도왔다. 전국 도처에 이런 열성을 가진 사람들이 많아서 기적처럼 노무현 후보는 당선됐다. 그리고 2002년 연말 대통령직 인수위가 구성됐는데 거기서 뜻밖에 내가 경제1분과 간사를 맡게 됐다. 나는 신문 보도를 보고 깜짝 놀라 취소

해보려고 노력했지만 실패했다. 경제1분과 위원은 허성관, 이동걸, 정태인과 나, 4인이었다. 인수위 두 달은 파란만장한 나날이었지만 온갖 재미있는 에피소드도 많았다. 특히 경제1분과는 개혁적 성향의 인수위원 네 명이 팀웍이 아주 잘 맞아 한 번도 삐꺼덕거리지 않고 일이 척척 잘 됐다. 네 명은 그 뒤로도 가끔 부부 동반 식사를 할 정도로 사이가 좋았다.

인수위 두 달 동안 정태인 선생은 부지런히 일했고 번뜩이는 머리를 보여줬다. 그런데 인수위 마칠 때쯤 각 분과별로 인수위원들이 당선자와 함께 기념사진을 찍었는데 그날 딱 하루 결근을 하는 바람에 기념사진에 정태인 위원만 빠져 아쉬웠다. 인수위가 끝날 무렵에는 어느 위원이 새 정부에 들어가느냐가 사람들의 화제에 올랐다. 그게 인수위원들의 희망사항이었고, 언론의 최대 관심사였다. 그중에서도 신설되는 대통령 정책실장 자리가 세간의 주목을 받았다. 학자냐 관료냐 하고 언론이 나팔을 불고 다녔다. 그게 새 정부의 방향을 보여주는 시금석이 된다는 것이다. 개혁파 학자가 가면 개혁을, 관료가 가면 보수를 선언하는 것이라고 언론은 해석하고 있었다. 몇 명이 후보 물망에 오르기도 했는데 그건 그냥 언론의 추측에 불과했고 당선자의 의중은 오리무중이었다. 정태인 위원은 인수위 두 달 동안 친해진 기자들에게 노골적으로 이정우 선전을 하고 다녔다. 정책실장은 이정우 아니면 안 된다는 억지 주장을 하고 다녔다. 다른 인수위원들은 새 정부에서 한 자리 맡아 일하기를 은연중 바라고 있었는데 정태인 위원은 자기가 한 자리 맡는 것은 아예 안중에 없었고 오직 나를 청와대에 보내기 위해 스피커를 크게 틀고 다녔나. 그래서 그런지 뜻밖에도 내가 초대 대통령 정책실장이 됐다.

정태인 선생은 새 정부에서 동북아시대위원회 실무를 총괄하는 비서관을 맡았다. 이 위원회는 업무 범위가 워낙 넓고 다양해서 처음에는 어떻게 일해야 할지 막막했는데 정태인 선생은 그 뛰어난 머리로 창의적으로 일을 해냈다. 초대 배순훈 위원장을 도와 외국인투자 유치, 금융, 에너지, 물류, 혁신클러스터 등 여러 분야에서 정말 많은 일을 했다. 그 위원회에는 학자들도 있었지만 재벌, 기업가, 관료 등 다양한 집단이 있어 대화와 합의가 쉽지 않은 구도였는데도 정태인 선생은 독창적 아이디어와 추진력, 화합력으로 많은 일을 해냈다. 두뇌 회전이 빨라 의사결정이 속전속결이었고, 추진력이 대단해서 전광석화처럼 일을 해냈다. 나중에 문제가 됐던 행담도 사업은 그 많은 사업 중의 하나였는데 워낙 몸을 사리지 않고 적극적으로 일하다 보니 생긴 약간의 오버 또는 실수였는데 결국 재판까지 받느라 몇 년 간 마음 고생이 심했다. 나중에 발병한 것도 그 때 얻은 스트레스 때문이 아니었을까 짐작한다.

정태인 선생은 나하고 비슷하게 2005년 청와대를 떠났다. 인수위 경제1분과의 소위 개혁파 4인방은 그 무렵 앞 서거니 뒷 서거니 참여정부를 떠났다. 언론에서는 참여정부 후반부는 개혁 색채가 옅어졌다고 평가했다. 그러다가 갑자기 한미 FTA를 한다는 소문이 돌았다. 나한테 한미 FTA를 반대하러 노대통령을 찾아가자는 연락이 왔다. 정태인, 안희정 등 5-6인이 청와대에 들어갔다. 청와대를 떠난 뒤 나의 첫 방문이었다. 노대통령은 정태인에게 행담도 재판이 어떻게 돼가는지 물었고 정태인은 1심에서 무죄를 받았다며 웃는 낯으로 보고했다(그 뒤 판결이 뒤집어졌는데 나는 승복할 수 없다). 곧장 한미 FTA로 화제가 옮겨가 우리가 이리저리 반대론을 폈지만 노대통령을 설득하는 데 실패했다. 이미 대통령의 생각은 한미 FTA를 하는 쪽으로 많이 기울어 있었고, 반대하는 우리들은 논리가 엉성했다. 그때까지만 해도 우리들의 FTA 공부가 부족했다.

그 뒤 정태인 선생은 진짜 열심히 FTA 공부를 했다. 그 무렵 정 선생이 출근하던 서교동 작은 연구실을 방문한 적이 있는데 서가에 꽂힌 FTA 관련 여러 책을 보여주면서 상당히 깊은 식견을 피력했다. 정태인 선생은 본격적으로 한미 FTA 반대에 나서 전국 순회강연을 다녔다. 전국 방방곡곡 안 간 곳이 없었다. 강연 횟수가 수백회로서 기네스북에 올라가야 할 것이다(정확한 횟수를 정태인 선생한테서 들었는데 잊어버렸다. 누가 아는 사람이 있으면 알려주면 좋겠다).

정태인 선생은 대단한 정열가라서 한 번 한다고 하면 누구도 말릴 수 없었다. 그 정열이 박현채에서 노무현으로, 그리고 한미 FTA 반대로 옮겨 갔던 것이다. 나는 소극적 반대자로서 신문 칼럼에 반대론을 쓰는 정도였다. 어느 날 청와대 고위인사한테서 전화가 왔다. 과거 대통령의 참모가 대통령 정책을 반대하니 곤란한데 그만둘 수 없겠느냐고 부드럽게 이야기했다. 나는 반대하는 것이 노무현 대통령을 돕는 것이라고 답했더니 그 사람은 알겠다고 전화를 끊었다. 과거 참모가 정부 정책에 반대하는 일은 한국에서는 드문 일이고, 배신이라고 평가하는 경향이 있다. 이것은 봉건적 사고방식이고 민주주의 시대에는 맞지 않다고 본다. 그 무렵 노무현 대통령이 "그래도 이정우, 정태인이 애국자야"라고 말했다고 한다. 평소 참모들의 쓴소리를 잘 포용하는 노대통령의 성향으로 보아 그랬으리라고 짐작한다.

그때 우리가 한미 FTA를 반대했던 핵심은 투자자-국가제소제(Investor-State Dispute, ISD)였다. 그게 뭐 일어나겠느냐고 방심했지만 실제 최근 들어 엘리엇 사건, 론 스타 사건에서 연달아 한국 정부가 패소해 거액을 배상해줘야 하는 상황이 벌어졌다. 금액도 금액이지만 추후 관료들이 정책을 입안할 때 미국 눈치를 봐야 하는 문제, 즉 정책주권이 위협받는 문제는 대단히 심각한 문제다. 단점은 명백하고 크며, 장점인 무역 이익은 작다, 이게 우리가 반대한 핵심 논리였다.

정태인 선생은 한미 FTA 찬반 TV토론에 나가 명쾌한 논리와 경쾌한 언변으로 상대방을 압도했다. 상대방 김종훈 통상교섭본부장은 논리에서 밀리자 정태인 선생을 향해 "알고 보니 박사가 아니더군요."이런 예의 없고 시시한 말을 했다. 정 선생은 웃어넘겼지만 그 뒤 만학, 열공해서 결국 박사학위를 받았다. 정 선생은 원래 서울대 경제학과의 좌파 안병직 사단에 속했다. 그런데 안병직 교수가 일본에 다녀온 뒤 교토대학 나카무라 사토루(中村哲) 교수의 '중진자본주의론' 영향을 받아 크게 우선회하는 바람에 제자들은 혼란에 빠졌다(나는 오래 전 경북대-교토대 학술세미나에서 나카무라 교수를 만난 적이 있다. 그는 세미나 뒤 저녁 회식 자리에서 술이 좀 취하자 일본 경제학자들과 함께 '인터내셔널'를 불렀다. 교토대 경제학부는 일본 좌파경제학의 메카다). 그 뒤 안교수를 따라간 이영훈 같은 제자도 있었고, 반대로 공부를 포기한 정태인 같은 제자도 있었다. 몇 년 전 타계한 방송통신대 김기원 교수는 뛰어난 머리와 부지런한 연구로 자타가 공인하는 좌파의 브레인이었다. 김기원 선생이 이런 말을 했다. "소련, 동구가 붕괴하고 사회주의가 틀렸다면 중간 쯤 오면 되지, 그렇다고 오른 쪽 끝까지 가는 건 이해가 안 된다." 그렇다. 과거 독재 시절 꿋꿋한 민주투사로서 존경스러웠던, 그래서 많은 제자들의 정신적 지주였던 안병직 교수의 변신은 나로서도 도저히 이해할 수 없다.

정태인 선생은 나이가 들수록 더욱 정열적으로 공부에 전념해 학문이 높은 경지에 올랐다. 학문적 관심이 협동조합과 사회적경제, 북한 및 동북아 문제, 에너지, 환경, 생태경제학 등 다방면으로 확대됐다. 대부분의 연구자들이 게을러지고 공부를 멀리 할 나이에 그는 오히려 더 열심히 공부했다. 공자 말처럼 發憤忘食, 분발해서 밥 먹는 것조차 잊어버릴 정도로 열심히 연구했다. 그래서 경남대 북한대학원에서 북한 경제를 주제로 박사논문을 완성해 드디어 박사학위를 받았다. 김태동 교수와 몇몇 경제학자들이 3년 전 내가 일하던 한국장학재단 서울 사무실에 정태인 선생을 초청해 박사학위 논문의 개요를 설명 듣고 토론하는 자리가 있었다. 북한 경제는 정 선생이 동북아시대위원회 일을 할 때부터 공부를 많이 한데다가 몇 년 더 집중적으로 파고 들어 대단히 우수한 학위논문을 완성했음을 확인할 수 있었다. 2시간 동안 열띠게 북한경제 토론을 하고 1층에 내려와 다시 차 한잔 하면서 잡담을 한 것이 엊그제 같은데 정태인 선생이 그만 불귀의 객이 되고 말았으니 인생무상을 느끼지 않을 수 없다.

그때 학위논문을 완성하느라 몸을 돌보지 않은 것도 화근이 된 것으로 보인다. 정태인 선생은 큰 병으로 투병하는 중에도 평소의 태연자약한 모습을 잃지 않았다. 이럴 경우 대개 사람들은 표정이 초조해지고 기가 죽는데 정 선생은 아무 일 없는 듯이 명랑하고 유쾌한 모습을 유지해 놀라웠다. 세상에 이런 사람도 있구나 싶었다. 그는 보통 사람이 아니었다.

정태인 선생은 시대의 책사였다. 중요한 문제가 떠오르면 바로 연구에 들어가고 얼마 뒤에는 확실한 답을 얻어 논리정연한 주장을 펴곤 했다. 남한테 잘 보여 뭔가 이득을 얻거나 출세하려는 행동은 그에게는 아예 없었다. 그는 요즘 세상에 보기 힘든 진정한 대인이었다. 불의를 보면 못 참고 직설화법으로 공격하곤 했다. 시대와의 불화로 술로 마음을 달래는 일이 잦았는데 그것도 건강을 해친 것 같다. 지금도 어디선가 단골 술집에서 사람들을 모아 놓고 명랑하고 높은 톤의 목소리로 이건 이렇고 저건 저렇고 쾌도난마처럼 결론내리고 있을 것 같은 느낌이 든다. 아, 후생가외 김기원 선생도 가고, 윤진호 선생도 가고, 정태인 선생도 가고. 왜 하늘은 욕심 없고 뛰어난 인재들을 일찍 데려가는지. 하늘에 책사가 필요해서 그런가. 무심하도다 하늘이여! 야단법석 이 땅에 진정 책사가 필요한데 우리는 어쩌라고 자꾸 데려가는가. 아수라장 이곳은 누가 구할까.

헌신에서 기쁨을 얻었던 행복한 사람

마거릿 멘델
캐나다 퀘벡주 몬트리올(Montreal, Quebec, Canada.)
콩코르디아 대학교(Concordia University)
지역 사회 및 공공 문제 대학 명예 교수
(Distinguished Professor Emerita, School of Community and Public Affairs)
칼 폴라니 정치경제연구소 소장(Director, Karl Polanyi Institute of Political Economy)

나의 옛 동료이자 소중한 친구인 정태인의 추도사를 할 수 있게 되어 영광입니다. 더 이상 그와 함께할 수 없다는 점은 큰 슬픔이지만, 지난 수년 동안 그와 협력하며 일하는 특권을 누렸다는 사실은 큰 자부심으로 남아 있습니다. 우리는 일을 같이하는 것에서 시작해서, 그의 사랑스러운 아내인 차정인과도 교류하는 우정으로 발전했습니다.

정태인은 길잡이이자 선구자였습니다. 사회적경제(사회연대경제)를 촉진하기 위해, 이론적 성찰에서 시작하여 전략적 방법으로까지 발전해나가는 그의 능력은 끝이 없었습니다. 그의 사무실을 방문했을 때, 그는 책과 문헌들 더미 뒤에 가려져 있었습니다. 그는 논문들을 모두 다운로드했고, 모두 읽었고, 항상 길게 토론하고 싶어 했습니다.

정태인과 나는 창조의 과정, 다시 말해 여러가지 새로운 시작을 만들어가는 과정을 통해 친분을 쌓게 되었습니다. 우리가 만난 2013년에는 그의 리더십과 헌신으로 GSEF(국제사회적경제협의체)의 사명과 임무가 수립되었고, 그가 부단히 노력한 서울 선언문은 국가와 대륙을 넘어 수많은 참가자들이 채택에 찬성하면서 받아들여졌습니다.

정태인은 2014년에 설립된 칼폴라니연구소 아시아 협동조합(Karl Polanyi Institute Asia Cooperative)의 초대 소장이 되었으며, 이 연구소를 아시아 전역의 사회적경제에 대한 지식 동원을 위한 지적 허브로 설립했습니다. 칼폴라니의 연구에서 영감을 받은 정 박사의 지적 리더십은 연구소 설립에 중요한 역할을 했습니다. 이 기간 동안 정태인은 GSEF, 서울시와 공동으로 2016년에 출간한 『서울의 사회적경제 발전 현황』을 공동 집필했으며, 이는 서울 최초의 사회적경제에 대한 광범위하고 종합적인 연구입니다. 2017년 칼폴라니연구소 아시아는 정태인 교수의 주도로 제14회 칼 폴라니 국제 컨퍼런스 "거대한 변혁과 현대의 위기"를 개최했는데, 이는 아시아 최초의 국제 폴라니 컨퍼런스였습니다.

오늘 정태인의 추모행사 제목인 '그리움을 희망으로'는 그가 누구였는지 말해줍니다. 우리가 함께 일하는 과정에는 항상 더 나은 세상, 더 큰 민주주의, 더 큰 평등에 대한 희망이 담겨 있었습니다. 내가 그와 보냈던 특별한 시간의 모든 시작은 희망에 관한 것이었습니다. 칼 폴라니의 연구에서 사회적경제의 지적 기반을 보여주고 아시아 전역에 걸쳐 더 큰 협력과 지식 공유를 추구하며 했던 독서, 토론, 그리고 일본 동료를 초대하기 위한 도쿄 방문은 '희망'에 대한 그의 열망이었습니다.

건강할 때나 아플 때나, 희망에 대한 이러한 갈망은 그의 에너지가 되었고, 그래서 그는 비극적이게도 그의 목숨을 앗아간 암에 맞서 용감하고 치열하게 싸웠습니다.

나는 내 친구 정태인을 자신의 일과 공동선, 모든 사람의 복지에 대한 지칠 줄 모르는 헌신에서 기쁨을 얻는 강렬하고 행복한 사람으로 항상 기억할 것입니다. 저는 우리가 함께 구례와 도쿄를 방문하고 2016년 제2회 GSEF 포럼을 위해 몬트리올에서 만났던 시간을 항상 기억할 것입니다.

정태인과 우정을 나눌 수 있어서 너무 감사하고, 추모행사를 주최해주신 관계자분들께, 특히 오늘 컨퍼런스에 친절하게 초대해주신 칼폴라니연구소 아시아의 한영섭 이사장님께 너무 감사드립니다. 정태인과의 우정과 협력으로 내 삶은 풍요로워졌고, 그것이 항상 고맙습니다. 편히 쉬세요, 사랑하는 친구여…

사진 1　제2회 몬트리올 GSEF 포럼에서

사진 2　구례 아이쿱 자연드림에서

······

한국형 사회적경제의 거버넌스모델을 제안했던 선배 정태인을 그리며 사회적경제 현장을 소중히 했던, 그리고 현장이 소중히 대했던 우리들의 진짜 경제학자 정태인님이 그립습니다

이은애(전 서울시 사회적경제지원센터장)

정태인소장님, 그 곳은 어떤가요?

사회 양극화나 기후위기도 없고, 협동의 경제로 이룬 풍요가 재분배되는 평화로운 곳인가요?

아니면 지구를 망치고 모인 분들이 이전의 삶의 방식을 고집해서 소장님의 쓴소리가 마를 날이 없나요?

정태인소장님 떠난 1년, 많이 그립습니다.

지금 정부가 시민사회를, 그리고 사회적경제를 이권 카르텔이라 규정하고 적대시하며, 내년도 예산을 60% 이상 감액한 상황입니다.

소장님 살아 계시면 분명 왜 세수부족 문제를 시민들의 노동통합 기회 상실과 다원화 되어야 할 경제 주체 몰살로 메꾸려 하냐며 비분강개하셨을 겁니다.

"예로부터 사회 문화적 공동체의 뿌리에 묻혀 있어서(embedded, 착근) 한갓 부속물에 불과했던 경제영역, 즉 인간의 살림살이에 필요한 물자를 조달하던 하위의 경제가 어떻게 뿌리에서 떨어져 나와(dis-embed, 탈착근) 거꾸로 인간과 사회와 자연을 자기 아래 종속시키는 제국의 왕관을 쓰게 되었나?"며 칼 폴라니가 그러했듯, 작금의 시장경제 만능주의에 서슴없는 비판과 대안을 제시해 주셨을 겁니다.

십년 전 정태인소장님은 서울시 부터, 한국형 퀘백모델로, 민관 거버넌스를 기초로 하여 부족한 사회적 자본, 시민적 투자 부족기를 돌파해보자고 사회적경제의 생태계 발전 전략을 제시했습니다. 더욱 중요하게는 시민들의 생애주기별 필수재인 돌봄서비스, 사회주택, 건강먹거리 등의 핵심사업을 중심으로 호혜적 사업연합체를 만들어 나가는 사업전략도 제시해주셨습니다. 지금처럼 사회적경제가 시민들의 생활 속 스며들기가 절실할 때, 소장님의 칼칼한 꾸짖음이 더욱 절실해집니다.

칼폴라니연구소 초대 소장을 맡아 사람을 살리는 생활의 경제, 커뮤니티순환적 경제 원리를 되찾고 대한민국의 오만한 주류경제 법칙이 낳은 사회 모순에 대항하자던 정의롭던 정태인.

박원순시장 앞에서나 뒤에서나 '경제, 고용 정책 좀 제대로 하자'며 늘 정직해야 했던 정태인.

사회적경제 200년 역사를 가진 도시들에게 햇병아리 서울시가 글로벌사회적경제포럼 발족을 제안했을 때, 세계의 사회적경제 리더들과 함께 서울선언문 초안을 작성하며 아시아 아프리카의 도시발전이 한국과 같은 지역간, 계층간, 세대간 불균형 성장을 반복되지 않도록 아시아펀드를 만들자고 제안했던 열정 넘치던 정태인.

캐리 폴라니 래빗, 낸시 닌탐, 마가릿 멘델교수 등 할머니가 된 사회운동가, 학자들에게서 무한 신뢰와 애정을 받으며 수줍어 하던 소년같던 정태인.

그런 정태인 선배가 그립습니다.

늘 의로워서 외로움도 컸을 정태인님께 위로와 감사를 더 많이 보내지 못한 그 시절이 미안합니다.

정태인소장님이 강조했듯, 인간은 이기적이지 않고 시장은 효율적이지 않습니다.

언젠가 다시 만나 천상의 술잔을 나눌 그 날까지,

물적 이해관계에 굴하지 않는 호혜적 경제를 한발짝 더 전진시키는데 온 힘을 다하겠습니다.

언제나 그랬듯이 저희들에게 명쾌하고 신랄한 응원의 에너지를 보내 주세요.

오구나무를 붉게 만든 가을바람

이상헌(국제노동기구 고용정책국장)

태인형,
얼마전에 오구나무를 봤습니다. 까마귀의 부리를 닮았다는 나무이지요.
벌써 잎이 발갛게 타오르기 시작했습니다.
단풍나무보다 단풍이 더 찬란한 나무인데, 이렇게 서둘러 붉어지는지는 미처 몰랐습니다.
참, 이상하지요.
죽일 듯 달려드는 더위에도 푸름으로 잘 견디던 잎들이
싸늘한 가을 바람 한 줄기에 금새 달아올라 제 몸을 태웁니다.
붉어질대로 붉어지고 제멋대로 날리고, 때로는 키득거리며 웃기까지 합니다.
제 삶을 송두리께 태우며 마무리하는 세, 저리 즐거울 일인가 싶을 정도로.

형 생각이 나더군요.
사진을 보고 확인해 봤습니다.
까마귀 입을 닮았던가? 닮을리가 없지요.
그럼, 오구나무도 아니면서 형은 왜 그리 홀로 내달려 붉어지고 떨어졌을까.
마지막 활공의 순간에도 참 부지런히도 우리 눈을 놀래키고 우리 귀에 재잘거렸었지요.

삶이 찬란했다면, 그건 푸름 때문일까 붉음 때문일까,
아니면, 가을빛을 가르는 활공 때문일까.
궁금해졌습니다.

형, 또 궁금해지더군요.
형의 삶을 마침내 태워버린 가을 바람 한 줄기, 그건 무엇이었을까.
언제였을까.
한때 고단했던 시간을 견디고 나서 젊은 세대와 힘을 키워나갔던 시절은
아마 푸름의 계절이었겠지요.
그땐 참 환했고, 또 자욱했습니다. 자욱했지만, 어둡지 않았지요.
그럼 그때였을까요.
다음 세대와 함께 하자는 말은 접어두고, 청년에게 기회를 내어주자고 했을 때.
형이 속한 세대에 대한 희망을 모두 접고, 다음 세대에 미안해서 어쩔줄 몰라할 때.
그래서 '함께'가 빠지고 '에게'라는 말로 옮겨갔을 때.
그때일까요?

그때 찬바람을 같이 맞았더라면, 형은 여전히 우리 옆에 푸르게 있었을까.
가을은 다시 오고, 바람은 불고, 오구나무는 붉어지는데,
형은 여기 없고 다시 오지는 않을테니,
구차한 시간의 흐름만 하릴없이 돌려 보고 또 돌려보게 됩니다.

형, 그거 아세요.
오구나무 잎에는 독성이 있답니다.
푸른 잎은 부스럼 약으로 쓰이고,
붉게 타버려 땅에 진 잎은 다른 식물에게 독이 된답니다.
주위에 아무도 얼씬도 못하게 한다지요.
그래서인지, 우린 아직 많이 아픕니다.

힘들더라도 버티어서 우리의 부스럼 약으로 남아있을 것이지,
뭐하러 그리 빨리 가서, 남은 이들의 아픔이 되었을까.

형이 타박하는 소리가 들리네요.
네, 잘 알지요.
아픔은 그리움의 다른 말이고,
크게 소리내어 투정하면 혹 들릴까 해서,
아프다, 아프다, 합니다.

그리고, 형.
알고보니 대단한 거짓말쟁이더이다.
맨날 승연이가 어떻다, 다연이가 어떻다, 볼멘 소리만 하더니,
세상에, 새빨간 거짓말.
정겹고 따스한, 세상에 똑부러지는 딸들을 옆에 두고 그리 자랑하고 싶었었나
봅니다.
그땐 몰랐습니다.

형수님은 또 어떤가요.
더 말하지는 않아도 될터니,
별 비쁘지 않은 그곳에서 한가로이 낚시만 하지 말고,
낮에는 바지런히 독한 잎들 모아 밤새 잘 찧고 말려서
용한 부스럼 약 하나 만들어서 보내주세요.
몸도 마음도 다 고치는 만병통치약이어야 합니다.
젊은 시절 슬렁슬렁 술 마시듯이 하면 안 됩니다.
온힘을 모아 만드셔야 합니다.

태인형,

잘 지내시지요?

이젠 아프진 않지요?

이거 하나 물어보려다 말이 길어졌습니다.

이곳 일은 저희들이 알아서 해볼께요.

벌써 엉망진창이지만 어찌어찌 해보려 합니다.

보고 싶다는 말은 하지 않을께요

그저 …

혹 가을 바람이 분다 싶으면, 저 오구나무 잎이 되어서 세상에 마실 삼아 오세요.

어느날 가을 햇살에 잎사귀 하나 유난히 붉게 빛나며 배시시 웃어대면,

그게 형인 줄 알겠습니다.

내내 평안히.

내내 평안히.

내내 평안히.

2023년 10월 20일

이상헌이 쓰고 옥혜숙이 읽다.

･････

'정태인적 인간'을 그려본다

노혜경(시인, 참여정부 국정홍보 비서관)

　정태인이 세상을 떠난 지도 벌써 한해가 되었다. 그를 잃은 사적 슬픔은 희미해져 가지만, 21세기 한국 사회에서 정태인적 인간의 공적 가치는 점점 더 아쉽고 아까워지고 있다. 정태인적 인간이란, 냉소하거나 체념하는 법 없이 희망을 믿는 인간에 대해 내가 붙인 이름이다. 순수하고 순진한 인간이라고 바꿔서 불러도 되겠다. 그가 없는 일년을 살고 나서 깨달은 사실이다. 정태인의 중요성은 그가 한 일, 만들었던 정책, 남긴 책이나 그의 공부와 연구에 있는 것이 아니었다. 정태인의 중요성은 그가 생의 마지막 순간까지 보여주었던 그 자세와 태도에 있었다. 그는, 요약하자면 사랑을 지닌 사람, 낙관하는 의지를 지닌 사람이었던 것이다.
　최근 이스라엘의 극우정치인 네타냐후가 가자지구를 향해 처참한 공격을 하면서 새로이 알게 된 사실이 있다. 가자지구는 인구밀도가 극히 높고 그 중 절반 가까이가 어린이들이며, 여성들의 교육수준도 대단히 높다고 한다. 정확도가 떨어지는 정보일지 몰라도 나는 그 이야기에 가슴이 두근거렸다. 언제라도 폭격으로 죽을 수 있는 장소에서 아기가 태어나고, 그 아기들을 남녀 불문 교육을 하고, 그렇게 교육받은 여성들이 또 아이를 낳고 기르며 죽어간다. 이것이야말로 사과나무 심는 이야기가 아니겠는가 하고 말이다. 이들은 희망을 가진다는 어찌 보면 고통과 허무로 가득찬 말을 생명 그 자체를 통해 힘센 말로 만들어내는 것이다. 아름답고 성스러운 이야기다. 정태인적 인간을 설명하는 데 적절한 이야기다.

그의 1주기 추모행사의 제목이 바로 [그리움을 희망으로]이다. 그 희망의 구체적인 내용을 준비위원들은 "청년, 그리고 정태인이 꿈꾸는 세상 – 청년에게 자리를 내주자"라는 문장으로 요약했다. 청년들이 살아갈 세상인데 이미 세상을 이러저러하게 바꾸고 망가뜨리며 살아온 자들은 뒤로 좀 빠져주자는 게 정태인의 평소 지론이었으므로, 저 말은 청년들이 꿈꾸는 세상에 자리를 내주자가 되는 셈이다. 올해초 황해문화에 쓴 추모글에서 나는 "진보는 누구를 사랑하며 정치를 해야 하는가"라는 질문을 던졌다. 이 질문이야말로 정태인이 사람들에게 말하고 싶었던 것이라고 생각해서였다. 좀더 구체적으로, "누구를" 사랑할 것인가가 그에게 중요한 가치였다고 생각한다. "누구"를 누구라고 보아야 할까. 이번 행사의 포럼 주제처럼 청년? 청년뿐 아니라 세상에는 꿈꾸고 싶으나 꿈의 언어를 지니지 못한 많은 외부자들이 있다. 그래서 나는 저 말을 이렇게 바꿔 말해본다. "모든 입없는 자들에게 입을 주자." "모든 자리 없는 자들에게 자리를 주자." 정태인은 틀림없이 공감했을 것 같다.

텔레그램엔 [정태인의 평화공부방]이란 제목을 단 그룹대화방이 있다. 2022년 7월 24일 개설되었다. 이 방에서 정태인은 지적 활동을 거의 하기 힘들어질 때까지 논문을 올리고 화두를 던져가며 탐구를 계속했다. 이 방의 주제는 동아시아의 평화를 지켜낼 방법을 찾아내는 것이다. 정태인이 최후까지 천착했던 세 가지 주제 중 하나다. 그 세 가지는 어떻게 하면 탈자본주의에 성공할까, 기후위기 시대를 극복하기 위한 경제학은 있는가, 그리고 동아시아의 평화는 어떻게 지켜낼까 라는 문제였다. 그중 정태인의 마지막 작업이 평화공부라는 사실을 잊지 않아야 하겠다. 점점 불안정해지는 동북아를 바라보며 그는 가버렸다. 하마스와 이스라엘 간 전쟁이 그 어느때보다 동북아의 긴장을 몰고 오는 지금, 하필 우리나라엔 역대 어떤 정권보다 더 호전적이고 평화의 가치에 무지한 정권이 들어서 있다. 희망을 만들어내려면 우리가 해야 할 일은 정태인의 공부를 이어받는 일일까. 아니 '정태인적 인간'의 그 의지를 이어받는 일이 더 중요하다. 그가 학자나 연구자의 길을 택하지 않고 정책가가 되기로 했을 때, 사람을 구체적으로 돕는 일을 하고자 했을 때, 지금 여기의 삶의 조건이 아무리 낙담하게 할지라도 끝내 방법을 찾는 일을 멈추지 않는 의지를 보였을 때, 그가 계속 지는 싸움을 해야 함을 알면서도 진보정당에 뛰어들었을 때, 나는 극도로 몽상적으로 보이는 그가 사실은 현실 그 자체를 붙들고 씨름했다는 것을 알아야 했었다.

    그러니 나의 추도사는 이렇게 맺어야겠다. 싸움을 멈추지 말자. 동북아의 평화를 넘어 자본주의의 반생명을 넘어 결국은 사라져갈 인류의 아름다움을 지키자.

2부

추모포럼

청년, 그리고 정태인이 꿈꾸는 세상 – 청년에게 자리를 내주자

세션1. 학문의 위기 – 독립연구자와 지식생태계

발제

학문의 위기-독립연구자와 지식생태계

이재경(좋은동네연구소협동조합 연구위원)

1 서론

발표를 맡기로 한 후 가장 처음 든 생각은 "나는 독립연구자인가"라는 것이었다. 몇몇 교수님의 호의로 대학부설연구소에 연구위원으로 이름을 올려두고 있고 불안정하지만 학교 안에 작은 연구공간도 쓰고 있다. 박사과정 이후 의도치 않게 약 10년간의 야전생활(?)을 하면서는 지역사회의 유무형의 도움으로 청년들과 지역연구 관련 협동조합을 만들어 어렵지만 4대보험도 들고 그럭저럭 먹고 살고 있다. 우연한 기회로 잠정적으로 포기했던 박사학위를 마친 이후에는 대학 강의를 맡아 요즘 상대적으로 귀해진(?) 시간강사의 삶도 경험하고 있다.

대학과 학회의 밖에 있는 연구자라는 좁은 정의에서는 그럭저럭 독립연구자가 맞는 것 같지만 연구자로서 주체적이고 자발적인 삶과 선택이라는 측면에서는 의구심이 든다. 대학원을 다닐 때는 교수는 아니어도 학교밖연구자가 될 것이라고 생각하지 않았고 여러 가지 상황 속에 학교를 나름 박차고 나왔지만 독립연구자가 될 것이라는 청운의 꿈(?), 어떤 담대한 포부를 가진 것은 아니었다. 그냥 솔직히 대학과 대학원 10년을 다니면서 누적된 화가 좀 났을 뿐이다.

이런 측면에서 독립연구자가 제도권으로부터 탈주하는 또는 배제된 연구자 두 가지 모두를 포함하는 존재론적 동요상태에 있다는 정의에 공감이 간다(김성윤,2018,"지금,여기,미증유의 실험",〈독립연구자네트워크무크지 궁리Vol.1〉). 이런 고민을 가지고 발표를 준비하면서 관련된 얼마 없는 문헌을 보면서 느낀 것은 "안도감"이었다. 다행히 문헌으로 만난 독립연구자들은 일부 대단한 분들도 있지만 (적어도 필자가 추정하기에) 대다수는 비슷한 고민과 감정을 가지고 있었다. 발표문을 쓰면서 혼자가 아니라는 위로를 받는 낯선 경험을 했다.

후술하겠지만 정태인 추모포럼임에도 불구하고 약간의 해프닝 이외에 개인적인 관계는 전혀 없었다. 그래서 언론에 나와 있는 정태인 선생님의 글과 그와 관련된 글들을 대략적으로 수집하여 읽는 과정을 거쳤다. 독립연구자의 측면에서 그의 삶이 어떠했을지에 대한 어렴풋한 상이 그려지기도 했지만 무엇보다도 정태인의 길은 아무나 갈 수는 없겠구라는 생각이 먼저 들었다. 현재의 시스템에서 그는 독립연구자가 아니라 독립운동가의 삶에 좀 더 가까운 삶처럼 느껴졌다.

이 자리에서 발표를 맡는 것 자체가 독립연구자 중에서는 괜찮은 편(?)에 속하는 것이 아닌가라는 생각이 들어서 한편으로 마음이 불편하다. "청년에게 자리를 내주자"는 정태인 선생의 일갈처럼 내 작은 공간이라도 청년과 다른 독립연구자에게 공유하는 삶을 고민하고 실천해야겠다는 다짐을 해본다. 다소 올드하고 촌스럽지만.

2 독립연구자와 "독립"의 의미

독립에는 여러 가지 의미가 있을 것이다. 독립연구자는 일단 "소속이 없이 개인연구를 진행하는 연구자"를 뜻한다(국민일보, "독립연구자 논문열람, 문턱 낮아진다", 2019년 3월5일). 즉, 무소속 연구자이다. 실업을 경험해본 사람들은 알겠지만 우선적으로 경제적 고통인 동시에 어딘가에 속하지 못했다는 막막함도 만만치 않은 어려움으로 다가온다. 즉, 현대사회에서 소속이 없는 무적자의 삶은 불안하며 그런 의미에서 독립연구자도 예외가 아니다.

> 최근 "독립연구자 네트워크" 등 무적 연구자들의 소속 만들기가 곳곳에서 포착되고 있다(김성윤, "독립연구자, 학술운동의 문턱", 한겨레 2019년 1월 16일).

연구는 기본적으로 대학과 학회를 거점으로 생산·유통된다(천장환, "대학 위기와 국가 역량의 위기", 경향신문 2021년 4월 22일). 독립연구자는 대학에 속하지 않은 연구자를 뜻하며 대학에 속하지 않은 연구자의 학회활동은 가능하지만 학회가 대학 소속 연구자들의 장이기 때문에 독립연구자가 끼기에는 사실 어색한 구석이 많다. 더욱이 많은 독립연구자들은 대학과 학회의 부조리와 권위적인 모습에 환멸을 느끼고 떠난 경우가 많은 것으로 알려져 있다. 그러나 독립연구자가 대학이나 학회로부터 완벽하게 독립하는 경우는 드물 것이다. 강사법 통화 이후 급격하게 줄어든 강의를 얻기 위해서 대학을 향해야하고 연구자로서 일정한 존재증명을 위해 학회에서 발표를 하고 학회가 발간하는 저널에 투고를 한다. 대학이나 공공연구기관의 취업을 완전히 포기하거나 심지어 거부하는 독립연구자도 있겠지만 상당수는 독립연구자 신분을 과도기적으로 받아들이거나 취업의 기회가 열리면 언제든지 제도권에 진입할 생각을 할 것이다. 그런 의미에서 독립은 불안하고 동요적이다.

경제적 측면에서도 독립의 의미를 따져볼 수 있다. 대학, 공공연구기관의 밖에 위치하는 독립연구자들은 경제적 강제로부터 일정하게 "독립"되어 있다. 임금을 받지 않기 때문에 원하지 않는 하기 싫은 실적용 연구를 억지로 할 필요가 없다. 금수저가 아닌 이상 대부분 여러 가지 형태의 경제력으로부터도 "독립"되어 있다. 사실 그래서 누가 시킨 것은 아니지만 원하지 않고 하기 싫어도 (경제적) 실적이 필요하여 억지로 특정한 연구를 하는 경우도 발생한다. 몇 년 전에 예술인고용보험 관련 연구에 참여한 적이 있다. 당시 관련 선행연구를 보니 월 평균 30만원 이하의 소득을 올리는 것이 평균적인 예술인의 삶이었고 부족한 소득을 메우기 위해 아르바이트 등에 매달리는 경우가 부지기수였다. 열악하고 처참했다. 그런데 문득 생각해보니 독립연구자를 포함해서 연구자들은 과연 얼마의 소득을 얻고 있는지에 대한 데이터는 보지 못했다. 그리고 그들이 어떤 활동을 통해 소득을 올리고 있는지도 알지 못한다. 숫자가 없으니 지원정책도 만들어지지 못한다. 더 열악하고 더 처참하다고 밖에 말할 수 없을 것 같다. 개인적 경험을 비춰보면 연구재단의 대규모 프로젝트(BK, HK, SSK 등)에 참여하는 경우도 있고 다양한 조사연구 용역에 공동연구원, 연구보조원을 할 수도 있다. 이런 경우는 운이 좋아야 하고 기간이 짧다는 아쉬움이 있다. 대학 강의를 하거나 특강 형태의 외부 강의를 하는 경우도 있다. 이 길은 일단 참여공간이 매우 좁고 강의료가 생계를 책임질 정도는 되지 않기 때문에 한계가 있다. 강사법이 시행되면서 이제 시간강사를 하는 것도 일종의 특권이 되었다.[1] 마지막 선택지는 학원강의 등 다양한 아르바이트를 하는 것이다. 이런 일들은 수입 규모를 떠나 연구자로서 정체성을 유지하는데 제약이 되기 때문에 고민을 던져준다. 연구자들은 먹고 사는 문제도 복잡하다. 과거에는 이런 고민도 인정해주는 사회분위기가 있었다고 하지만 지금은 조소와 조롱의 대상이 되기 쉽다.[2] 그래서 어디 가서 말도 못하고 속앓이를 한다.

이러한 특성을 공유하고 있는 독립연구자 내부는 결코 동질적이지 않다. 독립연구자에 대한 집중적인 논의를 전개한 〈독립연구자네트워크무크지 궁리Vol.1〉에 등장하는 다양한 독립연구자에 대한 정의는 이 개념이 아직 형성중이라는 것을 잘 보여주고 있다. 또한 독립연구자가 단지 제도와 경제적 측면의 주변인(marginality), 무언가 잔여적 존재로만 인식되지 않는다는 것도 포착되었다.

> "통상 독립연구자란 박사 이후, '적'이 없지만 연구를 지속적으로 수행할 의지가 있는 고학력박사 백수를 일컫는 말이 아닌가"

---

[1] 강사법 시행 이후 약 2만개의 강사자리가 사라지고 인문계열 신규박사의 취업률이 2016년 58.1%에서 2020년 26,4%로 급격하게 하락한 것으로 나타났다.

[2] 심슨가족에서 대학원생을 놀리는 장면이 회자되고 열악한 대학원생의 삶을 희화화하는 밈이 널

> "활동 한가운데서 '운동을 하다보니 필요해서' 연구를 하게 되었다는 말에서 현장과 이론이 떨어질 수 없음을 확인했다."
>
> "그는 독립연구자를 두 가지로 정의했다. 좁은 의미에서 교수가 되지 못한 연구자, 넓은 의미에서 자기 연구 현장이 있는 사람으로"
>
> "소위 학문후속세대들이 독립연구자라는 정체성에서 매력을 찾는 것 같아요…독립연구자다로 스스로를 규정함으로서 불안한 학문후속세대의 사회적 조건 속에서 그 호칭을 쓰는 사람들이 서로 공감을 하고 네트워크를 할 수 있게 한다는 거죠."

특히, 인상 깊은 것은 "현장"과 "네트워크"였다. 독립연구자는 대학에서는 한 평의 공간도 없을지 모르지만 자신만의 넓은 연구현장을 가진 연구자이며 독립했지만 혼자는 아닌 사람들이다. 최근 논의가 본격적으로 진행되고 있는 연구활동가, 액티비스트 리서처(Activist Researcher) 등이 이러한 특징을 압축적으로 보여주는 사례일지 모른다(윤형중, "시민사회와 학계를 연결하는 변화의 촉진자, 연구활동가", 솔라시중간포럼 자료집, 2023년 7월 20일).

이러한 독립연구자에 대한 다양한 정의를 살펴보면 오늘날 한국에서 독립연구자는 대략 세 개의 그룹으로 분류될 수 있을 것 같다. 첫째, 제도권 밖에 있지만 언제든지 제도권에 진입하려고 하고 그런 노력을 기울이는 그룹이 있을 것이다. 몸은 학교밖에 있지만 영혼은 학교 안에 있는 연구자들이다. 둘째, 학교 밖에 자신의 연구현장을 가지고 있으면서 학문과 사회를 연결하려는 그룹이다. 이들은 학교 안에서 배운 이론을 토대로 현장연구를 하고 현실을 해석하려는 연구자들이다. 셋째, 자신이 가진 학문적 역량을 토대로 사회문제를 해결하고 현실을 변화시키려는

리 퍼지는 현상은 이를 잘 보여주고 있다.

그룹이다. 이들은 제도권 진입여부에 가장 무관심한 때로는 적대적인 것처럼 보인다. 독립연구자들의 지식생태계의 향방은 이런 세 그룹이 어떻게 독립연구라는 숲에서 조화로운 협력을 이룰 것인지에 달려있다. 아직까지는 개별화되고 분리되어 따로 노는 것처럼 보인다.

독립의 여러 가지 측면에서 독립연구자의 조건은 불충분하다. 경제적 독립은 요원하고 불안과 동요로 인해 심리적 독립도 쉽지 않다. 경제적·심리적 요인은 필연적으로 신체와 건강의 문제로 이어진다. 이런 상황이 종합되고 악화되면 사회적 고립으로 이어질 가능성도 크다. 연구자의 일상 자체가 사회적 고립으로 향하기에 충분한 조건이다. 즉, 독립연구자의 진정한 독립을 위해서 해법을 찾아야 한다. 독립연구자는 사회문제를 풀기에 앞서 내 문제부터 풀어야 한다. 그래야 지속가능성을 확보할 수 있다.

필자는 해법의 실마리가 역설적으로 독립연구자와 사회와의 관계 복원 또는 강화에서 찾아야 한다고 생각한다. 여러 연구를 살펴보면, 사회적자립은 집 안에 틀어박혀 있는 것이 아니라 사회의 일원으로 사람들과 교류하는 것으로 정의된다. 독립연구자에 관한 스토리를 살펴보니 묘하게 "외로움"으로 귀결되는 것을 발견할 수 있었다. 무소속, 저소득의 사회경제적 조건에서 같이 이야기 나눌 동료연구자와 공론장의 부재는 독립연구자를 고독연구자로 만들고 있다. 그래서 독립연구자 네트워크가 활성화되는 양상도 포착된다. 그러나 이 문제는 연구자 간의 네트워크만으로는 해결되기 어렵다. 사회로부터 분리되고 있는 연구가 다시 사회로 돌아가고 연구자들이 시민사회의 일원으로 시민들과 호흡해야 외로움의 문제를 해결할 수 있다. 최근 행복연구에서는 "느슨한 관계"와 "낯선 사람과의 접촉"이 행복에 중요한 요소라는 점이 밝혀지고 있다. 즉, 독립연구자의 느슨한 네트워크와 함께 사회와의 접촉이 중요하다.

독립연구자들의 진정한 독립을 위해서는 연구자 권리선언도 필요하고 지식커먼즈를 만들고 연구자지원에 관한 법도 제정해야 할 것이다. 그런데 이러한 노력들이 성과를 거두기 위해서는 무엇보다도 연구자가 사회적으로 인정받고 연구자집단들이 사회적 신뢰를 확보하는 것이 중요할 것이다. 이를 위해서도 사회와의 적극적인 소통이 요구된다. 현재 독립연구자와 지식생태계에 관한 논의에서는 이러한 측면이 부족한 것처럼 보인다. 국가와 시장에 대한 풍부한 고민에 비해 시민사회와 어떤 관계맺음을 할 것인지에 대해서는 별로 논의가 보이지 않는다. 시민사회에 자원이 없기 때문일까? 아니면 생활세계 식민화의 결과물일까? 국가와 시장의 자원을 대학이 아니라 독립연구자에게 일부 돌리는 방식의 접근은 진정한 "독립"과는 거리가 먼 것으로 보인다.

3 학문의 위기

학문의 위기에 대한 여러 진단이 있을 것이다. 첫 번째로 제시할 수 있는 원인은 무엇보다도 폭망하는 사회에서 학문만 무사할 방법은 없다는 것이다. 저출생·고령화, 인구감소와 지방소멸 등의 현상과 함께 기후위기, 민주주의 위기, 사회재생산위기, 장기불황, 복합위기, 글로벌 위기 등의 다양한 위기담론의 현실을 보면 학문의 위기는 어쩌면 당연한 것처럼 보인다. 자연생태계가 교란을 넘어 멸종되고 있는데 지식생태계가 어찌 무사할 수 있는가? 학문의 기반인 세상에 무너져내리고 있는데 어떻게 학문만 무사하기를 바랄 수 있을까?

> "연구의 공공성 위기와 연구자의 생존 위기는 단순히 연구자라는 특정 직종의 위기만을 의미하지 않는다. 보편적이고 공공적 가치에 기반한 연구활동은 그 자체로 우리 사회의 미래와 밀접하게 연관되어 있다."- 교수노조 등 11개 교수학술단체, 〈연구자 권리선언〉

연구자들이 어렵다고 말하면 시민들은 "내가 더 힘들다"고 답할 것이다. 연구자들이 "학문의 위기가 곧 대한민국의 위기고 미래의 위기"라고 외치면 시민들은 "헬조선"과 "이생망"이 되도록 지금까지 한국에서 학문이 무엇을 했냐고 되물을 것이다. 각자의 위치는 다르겠지만 학문의 전당에 어디쯤에 위치하고 있는 연구자들은 이에 대해 무엇이라고 답을 할 수 있을지 모르겠다. 이것은 약간 억울하겠지만 독립연구자들 역시 마찬가지일 것이다.

인문사회 분야에 국한하면 학문의 위기는 "사회"와의 단절과 고립에서 원인을 찾을 수 있을 것이다. 한국사회의 담론을 주도하고 지식인으로서 인정받던 과거의 황금기는 지나고 이제 학문은 사회와 고립되어 과거 "상아탑"이라는 진부한 비판의 목소리도 들리지 않는다. 300개가 넘는 대학, 대학진학률 70%, 30만명의 박사, 23만명의 교원, 4천개의 학회, 6천개의 대학부설연구소과 학회지, 200만편의 논문, 연간 8조원이 넘는 연구지원예산(김소연,"시민사회 지식생태계의 동력, 연구+활동의 활성화 과제", 솔라시중간포럼 2023년 7월 20일) 이런 거대한 양적 성장에도 불구하고 대학이 보이지 않고 이것이 학문의 위기로 귀결되고 있다.

어떻게 보면 학문의 위기는 그간 학문을 대학과 학회 등의 독점을 강화한 것에서 원인을 찾을 수 있다. 19세기 서양에서 대학은 교양시민을 길러내는 가장 중요한 기관이었지만 당시에 지식인들은 대학 안팎에 존재했고 특히 대학 밖의 지식인들이 사회변화의 역할이 컸다(송호근,2023: 124-139). 쉽게 말해, 마르크스도 "학교밖지식인"이었다. 이러한 흐름은 대학을 중심으로 한 연구자의 제도화가 본격화되면서 사라지게 된다. 그 다음으로는 학문과 사회의 분리, 대학의 규율과 문법을 따르는 연구자들, 아무도 읽지 않는 논문의 양산 등 우리가 아는 현실 그대로이다.

이러한 흐름은 한국도 비슷한 측면이 있다. 현대 한국에서 가장 학문적 에너지가 넘치던 시기를 1980년대로 정의하는데 별로 이견이 없을 것으로 보인다. 1980년대는 재야학술운동이라는 이름으로 대학 외부에서 학문활동이 강력하게 전개된 시기였다(정정훈,2020). 학문은 사회와 적극적으로 교류했고 학문의 목소리가 민주화를 비롯한 일련의 사회운동에 막강한 영향력을 미쳤다. 이후 1990년대와 2000년대를 거치면서 대학을 중심으로 제도화가 전개되었고 1990년대 후반부터 국가의 개입(학술지평가, BK21사업 등)이 본격화되면서 오히려 학문의 위기가 심화되는 양상이 나타나고 있다. 이런 맥락에서 학문의 위기는 대학의 위기가 그대로 반영된 결과로 볼 수 있다. 대학의 위기가 학문의 위기로 연결되는 구조를 바꿔내기 위해서는 대학 내부의 개혁과 국가정책의 변화 등이 필요하겠지만 동시에 대학 외부에 다양한 학문적 거점과 공동체를 진지처럼 구축하는 것이 또한 필요하다. 또한 독립연구자는 대학과 학회, 공공연구기관이라는 거울을 내려두고 사회로 향해야 할 것이다. 지금 전통적인 연구기관들은 사회의 목소리를 잘 듣지 못하거나 국가 또는 자본의 목소리만 과도하게 반영하는 경향이 있다. 독립연구자라는 표현은 어떻게 보면 지극히 당연한 연구의 독립성이 얼마나 훼손되었는지를 드러내는 상징일수도 있다. 기존의 대학이나 학회, 연구기관에서 보장하지 못하는 할 수 없는 연구를 하기 위해 많은 연구자들이 독립을 선택하고 있기 때문이다. 물론 오늘날 한국의 학문은 과거의 안보나 레드포비아에 갇힌 국가의 검열, 사상검증 등으로부터는 분명 일정한 자유를 확보했다. 그러나 저항조차 꿈꾸지 못해 더욱 무서운 경쟁력과 자본의 논리와 같은 것 들이 오히려 연구자들의 호기심을 억압하고 사회로부터의 단절을 촉진하면서 연구의 독립성이라는 것 자체를 망각하도록 만들고 있다.

학문위기의 또 다른 단면은 분과학문이라는 철옹성과 칸막이에서 찾을 수 있다. 전문화라는 미명 아래 학문이 쪼개지고 분리되었다. 이러면서 현실에 대한 설명력을 잃어버렸다. 뒤죽박죽 혼재된 변화무쌍한 세상에서 학문만 고고하게 정해진 한쪽 길로만 가고 있으니 결국 길을 잃어버린 셈이다. 오로지 같은 길을 걷는 사람들하고만 대화를 나누다보니 편벽해지고 좁아진다. 안정적이고 변화가 적은 세계에서는 그래도 일정한 설득력을 가질 수 있었겠지만 가속화된 유동하는 세계에서 이러한 분과학문은 정말 쓸모를 잃어간다. 이런 배경에서 언제부터 융복합, 통섭 등의 용어로 학문 간의 칸막이를 허무려는 움직임이 나타나고 있다. 그러나 여전히 분과학문의 견고한 벽이 유지되는 현실에서 다른 분야에 대한 관심을 "기웃거린다"라고 표현하는 문화에서 융복합을 아무리 외친다고 해도 그것이 이루어질리 만무하다. 인문사회계열에서 Chat GPT를 활용한다는 것이 융복합일 수 없다는 것은 너무나 분명하지만 딱 그 수준에서 진행되고 있다.

마지막으로 학문의 위기는 학문하려는 사람이 점차 줄어들고 있다는 것, 즉 재생산의 위기를 통해서도 나타나고 있다. 1990년대 8만명 정도였던 대학원생이 2010년대 30만명으로 늘었다는 숫자를 보면 위기는 과장된 것처럼 보일 수도 있다. 그러나 내부를 살펴보면 매우 다른 양상이 나타난다. 강수영·김보경·유현미·이송희·조승희·전준하·현수진·이우창 8명의 신진연구자이자 대학원생이 쓴『한국에서 박사하기"(스리체어스,2022)라는 책이 있다. 이 책을 보면 대학원의 너무나 많은 문제들과 그 안에서 힘들게 학문하기를 하고 있는 대학원생들의 어려움이 잘 드러나 있다. 대학원을 떠난 지 10년이 지난 지금도 거의 달라지지 않은 학교의 모습을 보며 넓은 의미의 사회적 후배들에게 공부하라는 말을 권유하기 어렵다. 상당 부분 청년이라는 존재를 기반으로 한 학문세계가 막상 청년들에게 자리를 내주지 않고 홀대하고 착취하는 구조를 가지고 있는 것이다. 대학으로부터 탈주/배제된 존재인 독립연구자들에게 감히 대학(원)의 개혁과 변화를 위해 싸우자는 말을 할 수 없다. 다만, 많은 청년/신진 연구자들이 독립연구자의 장에 들어올 때 과연 이곳은 대학과는 다른 곳이라는 생각을 가질 수 있는 공간을 만들어내야 하는 과제는 맡아야 한다. 또한 잠재적 경쟁자가 아니라 느슨하지만 협력하는 관계로서 환대할 수 있는 마음도 필요할 것이다. 자원도 없고 먹고 살기도 팍팍한데 이 무슨 뜬구름 잡는 소리인가라는 반응도 있을 것이다. 다만 최소한 이런 사회적자본이라도 가지고 있어야 독립연구자로서의 삶, 독립연구자의 생태계가 유지될 수 있지 않을까?

사회의 위기, 대학의 위기, 사회와의 단절 등을 통한 복합적 현상으로 학문의 위기가 발생하고 있다. 독립연구자의 증가와 그들의 열악한 삶은 학문의 위기를 징후처럼 보이지만 다른 한편으로는 학문의 위기를 넘어가는 가능성이 될 수 있다고 생각한다. 독립연구자들이 사회와의 보다 깊은 관계속에서 함께 다양한 사회문제를 풀어나가고 대학의 학문독점체제를 흔들어 지식을 커머닝한다면 학문의 위기는 일정하게 해소될 수 있을 것이라 낙관한다. 이것은 다른 한편으로는 독립연구자 생존전략의 일환이기도 하다. 대학 등 제도권만 바라보는 것은 일부 개인적 성과는 있을 수 있지만 독립연구자 전체적으로는 성과를 거둘 가능성이 제로에 가깝기 때문이다. 또한 독립연구자들은 월경과 횡단을 통해 분과학문의 담벼락을 수시로 넘나들고 더 나아가 칸막이를 허무는 역할도 해야 한다. 어떻게 보면 이는 대학 밖에 제도권 밖에 있기 때문에 누릴 수 있는 특권이다. 다만, 이 역시 대학을 바라보는 독립연구자가 선택하기는 쉽지 않은 방향일 수 있다. 그러나 여기서 사회문제해결의 실마리가 잡힐 것이고 그래야 학문의 사회적가치를 인정받을 수 있을 것이라는 측면에서 누군가가 가야할 길임에는 분명하다.

4 독립연구자 정태인의 길

독립연구자도 사회의 구성원임은 명백하다. 더욱이 인문사회분야의 독립연구자는 원래 연구자를 직업적 지향으로 가지기보다는 어떤 사회현상에 대한 문제의식을 전제했을 가능성이 크다. 즉, 연구자라는 정체성에 앞서 "왜 학문을 하는가?"에 대한 질문이 선행되어야 한다.

> "사실 정태인은 누구보다 먼저 정치인 노무현이 흙 속의 진주임을 알아보고 그에게 한국정치의 미래 희망을 걸었던 사람이다. 경제 가정교사에 방송 출연 때 코치 노릇까지 하면서 누구보다 열심히 노 대통령을 도운 이유다."- 이정우, "정태인 진즉 내정하고도, 동북아위원장 찾느라 한 달 고생", 한겨레 2023년 5월 15일

필자는 정태인 선생을 잘 모른다. 언론에 나온 그에 대한 평가를 또는 그의 직접적인 목소리를 통해 추정할 수 있을 뿐이다. 위의 내용을 보면 그는 연구자 또는 그 이상으로 경세가의 삶을 꿈꾼 것으로 보인다. 다만 그리 성공적이었던 것처럼 보이지는 않는다. 진주였던 노무현 대통령은 이후 한미FTA를 추진했고 정태인 선생은 가장 격렬하게 대립각을 세우며 청와대를 떠났고 이후 새사연, 칼폴라니연구소, 정의당 등에서 활동하면서 세상에 큰 목소리를 냈지만 세상을 바꾸지는 못했다. 다만 끝까지 세상을 바꾸는 것을 포기하지는 않은 것 같다.

> "태인이가 마지막까지 답답해한 것 왜 이런 문제에 대한 대안을 만들이 않느냐는 것이었다. 투병 중에도 사람들을 모아서 큰 전환을 위한 선언을 해야한다고 말하고 했다(정건화 한신대학교 교수)"—경향신문, "큰 전환 꿈꾸던 진보경제학자 정태인 별세", 2022년 10월 21일

모든 독립연구자가 정태인 선생과 같은 사회적 목소리를 갖거나 내지 못한다. 솔직히 말하자면 많은 독립연구자들의 사회에 목소리를 내는 것을 주저하거나 두려워하거나 심지어 무관심한 것처럼 보인다. 대학과 학회를 떠났지만 여전히 관계는 중요하고 또 언제쯤은 제도권에 재진입할 수도 있기 때문에 조심스러운 것일까? 아니면 연구자로서의 정체성이 너무 강해서 세상에 목소리를 내기보다는 사회현상을 분석하고 이것을 글로 제출하는 것을 일종의 사명이라고 생각하는 것일까?

> "술집에서 만나면 그는 이미 취해 있었고 혀가 꼬부라져 있었다. 그를 술 취하게 만든 것은 한국 정치와 한국의 제도권 학회였다(김동춘 성공회대 교수)"—경향신문, "큰 전환 꿈꾸던 진보경제학자 정태인 별세", 2022년 10월 21일

필자는 개인적으로 지역사회 관련 사업 심사장에서 심사위원장과 발표자로 정태인 선생을 만난 적이 있었고 거기에서 필자의 발표내용이 "딱 연구자가 쓴 연구자스러운 내용"이라는 혹독한(?) 심사평을 받고 떨어진 악연을 가지고 있다.[3] 당시에는 일반적으로 점잖은 심사위원장의 모습과 다른 정태인 선생의 까칠함에 1차적으로 당황했고 본인도 연구자면서 "연구자스럽다"는 비판을 하는 모습에 2차로 충격을 받았다. 솔직하게 말해서 그때부터 10년이 지난 지금 "정태인스러운" 생

---

[3] 당시 자치구의 민관협력형 사업공모였고 필자는 지역연구자로서 지역사회 추천을 받아 사업계획서의 주집필을 맡았다.

각과 마인드를 가진 스스로를 발견하게 된다. 구체적인 맥락은 다르겠지만 학교밖 연구자로 10년 이상 지역연구를 하면서 점점 더 대학과 학회 등 나를 취하게 만드는 주류학계에 대한 실망이 점차 커진 탓이다. 우리 삶의 토대인 지역이 망가지고 무너지고 있는데 도대체 학교는 무엇을 하는 것인가? 일년에만 아마 수천편의 논문이 발표되고 있을텐데 왜 한국 사람들은 OECD 국가에서 최고 수준으로 자살을 하고 행복도는 그저 그런 수준일까?

필자의 개인적 경험 이후 정태인 선생의 "까칠담"을 몇 차례 우연히 듣게 되었다. 개인적으로 까칠과는 거리가 먼 성격이기도 해서 잘 모르지만 "저 양반은 왜 저럴까" 궁금하기도 했다. 다만, 과거 한미FTA과정에서 본인이 중요한 역할을 담당한 정권까지 비판하는 모습을 떠올리면 최소한 이것이 즉흥적 감정은 아닐 것이라는 알 수 있었다.

> "한국 지식인의 치명적인 문제는 치정주의다…자신의 치정·이해관계에 따라 평소 신념마저도 조율하는 경향이 농후하다는 뜻이다. 물론 정 많고 인간성 좋고 의리가 강해 그러는 것이겠지만 그게 지식인의 덕목이 아닌 건 분명하다. 노무현 정권과 치정·이해 관계로 얽히지만 않았다면 한미자유무역협정에 결사 반대할 것이 분명한 지식인들이 입을 꽉 다물고 있다…그 '법칙'을 깬 어느 희귀한 지식인에 관한 이야기를 하기 위한 서론으로 이야기한 것 뿐이다. 누군가? 전 청와대 국민경제비서관 정태인이다." - 강준만 칼럼, 2007년 5월 10일

사회적 통념으로 비춰보면 까칠함으로 인해 고독한 때도 많았을 것이라 쉽게 추정할 수 있다. 시간이 갈수록 고독이 자유로운 연구자의 전제조건이라는 말에 수긍이 된다(송호근,2023: 133). 다만 고독은 독립연구자 정태인에게 좋은 자양분이었을지 모르지만 동시에 외롭지 않았을까라는 괜한 생각도 든다. 다만 추모포럼 등 일련의 움직임을 보면 이것이 기우에 불과한 것처럼 보인다.

> "경제학 책 버려…자본주의의 새로운 대안을 고민해야 한다." - 김종철, "경제학 책 버려!…위기속에 간 정태인이 그립다", 오마이뉴스 2023년 4월 3일

사회적경제에 오랜 역사가 있지만 어떻든 한국에서 사회적경제가 이만큼 번성한 것은 2010년대 이후의 현상이며 이에 정태인 선생의 역할이 크다(특히, 서울에서)는 것을 부인할 수 없을 것이다. 경제학자 정태인은 자본주의의 대안을 찾으려 노력했고 사회적경제를 만나면서 개인뿐만 아니라 사회적 차원에서도 방향전환을 추구했다. 사실 자신이 오랜 시간 공부한 학문분야를 벗어나서 새로운 영역에 접근하고 심지어 환골탈태하는 것은 일반적인 연구자의 흐름으로 보면 쉽지 않은 일이다. 하물며 경제학 제국주의에서 벗어나는 것은 더더욱 어려운 일이다. 그런데 과감한 시도를 했고 더욱이 이 시도는 한번에 멈추지 않았다. 이후 정태인 선생은 칼폴라니사회경제연구소장을 마지막으로 적을 두지 않는 독립연구자로서 기후위기와 대북관계 등을 연구한 것으로 알려져 있다. 학문분야의 감옥에서 벗어나 연구독립을 한 것이다. 학문을 넘나들어 횡단했다는 사실만으로는 그를 진정한 독립연구자로 부르기에 충분할 것이다. 그러나 오늘날 많은 후배 독립연구자들에게 정태인을 길을 가라고 말하기는 어렵다. 지금의 분과학문의 틀에서 정태인의 길은 학계에서 한우물을 파지 않아 전문성이 없다고 평가절하되기 쉽다. 그렇다고 이러한 길이 쉬운 것도 아니다. 경세가로서 자신의 정체성에 맞도록 끊임없이 절차탁마하지 않는다면 갈 수 없는 길이다. 용기가 필요한데 청년에게 자리를 내주지 않는, 정해진 길을 조금만 벗어나도 망하기 십상인 현실에서 학문후속세대들은 겁이 난다.

> "(사회자) 우리가 당면해 있는 경제문제 중에서 가장 심각하게 보고 시급하게 해결해야 될 부분은 어느 부분이라고 보십니까?"
> "(정태인 정의당 정책자문단장) 제일 큰 문제는 청년들이 희망을 잃었다고 하는 거라고 생각합니다." - 2017년 4월 21일 KBS 방송 中

> "과연 우리 모두의 합의에 의해 이 불평등의 뿌리를 서서히 제거할 방법은 없는가? 촛불시민이 만든 문재인 정부마저 단기의 정치적 이익과 무지에 휘둘려 이를 외면한다면 우리 아이들의 미래는 도대체 어디에 있단 말인가?" – 정태인, "일본에서 한국을 보다", 경향신문 2018년 9월 17일
>
> "상위 10%를 부모로 두지 못한 90% 젊은이들이 절망하는 건 어쩌면 당연하다. 이들은 노오력해야할 이유를 찾을 수 없다. 자포자기한 사람들은 자기 안의 능력도 같이 버린다. 아니 발견조차 하지 못한다. 자신의 겪은 상실감과 무력감을 자식에게 상속하고 싶은 사람은 없다. 아이를 포기하고 결혼도 포기한다." – 정태인, "수수깡과 진흙", 경향신문 2018년 12월 17일
>
> "진정으로 아이들을 위한다면 시민 스스로 나서서 올바른 전략을 요구하고 고통과 비용을 나누어 져야 한다...툰베리의 외침은 지금 전 세계 젊은이들의 행동으로 번지고 있다. 이 젊은이들이 녹색수호대가 되어 정치를 주도할 때 비로소 우리는 전환에 성공할 수 있을 것이다." – 정태인, "너도 나도 생태시민이 되어야 한다", 경향신문 2019년 10월 28일

    2010년대 후반 독립연구자를 표방하고 정기적으로 발표한 어느 언론사의 논평에서 정태인 선생은 자주 청년, 아이들, 젊은이를 언급하고 걱정하는 모습을 보였다. 모든 세대가 힘들다고 절규하는 한국사회에서 일관되게 청년들을 이야기하는 선배를 만나기는 쉽지 않다.[4] 또한 설령 청년들을 걱정하더라도 그것이 자연스럽게 "내새끼 중심주의"로 좁아지는 모습을 자주 목도했다. 정태인 선생의 개인적인 삶을 자세히 모르기에 이 이상 말하기는 어렵지만 "민주화 세대는 실패했다, 청

---

4   필자 개인의 경험으로는 청년세대의 어려움에 대한 어느 발표장에서 나름 진보적이라는 기성세대들이 "왜 청년만 힘들다고 하느냐 우리도 힘들다"고 말하는 것을 듣고 충격을 받은 적이 있다.

년에게 자리라도 내주자"고 말하며 자신의 칼럼을 관두면서 "젊은 사람에게 쓸 기회를 내주자"라고 말하는 그의 거의 마지막 인터뷰(한겨레, "민주화 세대는 실패했다, 청년에게 자리라도 내주자", 2021년 11월 14일)를 보면서 그의 청년에 대한 걱정은 진심이었다고 말할 수 있을 것 같다. 가진 것 별로 없는 독립연구자도 내놓을 것이 있었다. 말 그대로 "독립연구자 우리가 돈이 없지 가오가 없냐"

독립연구자라는 측면에서 감히 정태인 선생을 평가한다면 어디쯤에 있을까? 그의 인터뷰를 보면 박현채 선생님의 "민중이 원하면 무조건 쓰고 말해야 한다"라는 표현이 유독 자주 등장한다. 민중은 현실을 살아가는 현실의 모순에 고통 받는 사람들이니 그는 이론 중심보다는 현장에 기반한 독립연구자라고 볼 수 있을 것이다. 대학에 속한 제도권 연구자들에 대한 그의 냉철한(때로는 가혹하다할 정도의) 비판은 민중과 분리된 즉 현실과 괴리된 지식인에 대한 분노였을 것으로 짐작된다.[5] 그러나 그는 단순히 현실을 해석하고 분노하는데 머무르지 않았다. 경제학자임에도 주류경제학을 과감히 포기하고 사회적경제로의 전환을 주장했고 후반에는 기후위기, 남북관계, 청년문제를 어떻게 풀어갈 것인지 고민했다. 그리고 자신의 얼마 되지 않는 사회적 자산을 과감히 청년들에게 넘겨주기 위해 노력했다. 이런 맥락에서 그는 앞서 언급한 독립연구자 그룹 중에서 특히 세 번째 그룹에 가까웠던 것으로 보인다. 물론, 느낌상 자신을 어느 분류표에 넣는 것을 싫어하고 완강히 거부했을 것으로 판단된다.

5 결론

독립연구자가 점차 늘어나고 있다(한윤정, "독립연구자, 신승철·정태인을 기리며", 경향신문 2023년 7월 22일). 1990년대 8만명 정도였던 대학원생이 2010년대 30만명

---

[5] 어느 언론사와의 인터뷰에서 그는 우리나라 지식인의 소득이 상위 10%에 들어간다는 점을 지적하면서 지식인은 중위계층보다 조금 못살아야 한다는 다소 과격한 주장(?)을 펼치기도 했다. 주간경향, "문재인노믹스 제안자 정태인 "민중이 원하면 무조건 쓰고 말해야 한다"", 2018년 7월 2일

으로 늘었다는 것은 독립연구자가 앞으로 폭발적으로 늘어날 것임을 예고하고 있다. 대학과 학회 중심의 지식생태계에서 점차 늘어나고 있는 독립연구자의 증가를 그 자체로 위기로 인식하는 사람들도 있을 것이고 오히려 반대로 다양성이 확보되어 생태계가 더욱 발전하는 기회로 여기는 쪽도 있을 것이다. 생태계의 다양성이 금과옥조라면 이를 긍정적으로 해석하고 좋은 방향으로 끌고나가는 인식이 필요하다.

또한 어떤 가치판단에 앞서 과연 지식생태계에서 협력이 가능할까라는 근원적인 질문이 발생한다. 현재와 미래의 연구자들이 모여 있는 대학원에서 구성원들이 서로를 잠재적 경쟁자로 여기는 경향이 만연해있고 연구재단을 비롯한 다양한 연구프로젝트 지원이 철저하게 경쟁공모방식으로 진행되고 있다. 반대로 신분과 연구비가 세습과 관계망을 통해 렌트 형태로 배분되는 모습을 목도하거나 소문을 통해 수시로 접할 수 있다. 이런 판에서 다양한 행위자들의 조화롭고 아름다운 협력과 그를 통한 생태계의 발전을 논하는 것은 신기루에 가까운 것일 수 있다. 앞서 언급한 것처럼 최소한 독립연구자의 생태계는 협력적인 공간이 되도록 렌트가 아닌 커먼즈가 지배적인 공간이 되도록 하는 다양한 노력이 필요할 것이다.

그래서 독립연구자들의 네트워크와 관계망은 필요하다. 그리고 무엇보다도 독립연구자 네트워크는 시민사회 안에서 존재하고 작동해야 한다. 그렇지 않으면 "그들만의 리그"처럼 게토화되거나 기존의 대학과 학회의 잠재예비군이 되거나 일종의 안티테제로서 협소해질 가능성이 크다. 이렇게 되면 네트워크는 개인들의 집합이 되어 일부 성공한 개인들은 등장하겠지만 전체적인 독립연구자의 장으로서는 역할을 하기 어려울 것이다. 무엇보다도 학문의 위기와 맞물려 주류학계보다 먼저 멸종의 시간을 경험할 가능성도 크다.

반면 독립연구자의 가능성에 대한 재인식도 필요하다. 여러 가지 위기 속에서 기존 방식으로는 안된다는 어느 정도의 합의가 마련된 것으로 보인다. 역사를 보면 변화의 에너지, 혁신은 결국 변방에서 시작되며 변방이 중심이 되는 패러다임의 전환이 위기를 돌파하는 핵심 동력이었다. 제도권 학계는 거대하지만 둔한 공룡과 같다. 반면 독립연구자들은 작지만 민첩하다. 아니 그럴 가능성이 크다. 이를 현실로 바꿔나가는 발상의 전환이 요구된다. "독립연구자=힘들다"라는 정형화된 설명과 인식은 독립연구자, 학문, 사회의 위기에 아무런 도움이 되지 않는다.

그럼에도 불구하고, 나와 내 가족의 삶을 돌보기도 힘겨운 독립연구자들에게 정태인처럼 세상을 걱정하고 실천하라는 말을 감히 하기 어렵다. 그렇지만 스스로를 독립연구자로 자처한다면 정태인의 길을 한번 살펴보고 고민해볼 필요는 있다고 생각한다. 다시 근원적인 질문이 필요한 시간이다. "도대체 나는 왜 학문을 하는가? 나는 왜 독립연구자의 길을 걷고 있는가?"

참고문헌

경향신문, "큰 전환 꿈꾸던 진보경제학자 정태인 별세", 2022년 10월 21일

국민일보, "독립연구자 논문열람, 문턱 낮아진다", 2019년 3월 5일

김성윤, "독립연구자, 학술운동의 문턱", 한겨레 2019년 1월 16일

김성윤, 2018, "지금, 여기, 미증유의 실험", 〈독립연구자네트워크무크지 궁리 Vol.1〉

김소연, "시민사회 지식생태계의 동력, 연구+활동의 활성화 과제", 솔라시중간포럼 2023년 7월 20일

김종철, "경제학 책 버려!...위기속에 간 정태인이 그립다", 오마이뉴스 2023년 4월 3일

윤형중, "시민사회와 학계를 연결하는 변화의 촉진자, 연구활동가", 솔라시중간포럼 자료집, 2023년 7월 20일

이정우, "정태인 진즉 내정하고도, 동북아위원장 찾느라 한 달 고생", 한겨레 2023년 5월 15일

정태인 "민중이 원하면 무조건 쓰고 말해야 한다"", 2018년 7월 2일

정태인, "너도 나도 생태시민이 되어야 한다", 경향신문 2019년 10월 28일

정태인, "수수깡과 진흙", 경향신문 2018년 12월 17일

정태인, "일본에서 한국을 보다", 경향신문 2018년 9월 17일

천장환, "대학 위기와 국가 역량의 위기", 경향신문 2021년 4월 22일

한겨레, "민주화 세대는 실패했다, 청년에게 자리라도 내주자", 2021년 11월 14일

한윤정, "독립연구자, 신승철·정태인을 기리며", 경향신문 2023년 7월 22일

강수영·김보경·유현미·이송희·조승희·전준하·현수진·이우창, 『한국에서 박사하기』, 북저널리즘, 2022

송호근, 『21세기 한국 지성의 몰락 – 미네르바 부엉이는 날지 않는다』, 나남출판, 2023

토론

독립연구자 정태인의 길
"대중이 원하면 무조건 쓰고 말해야 한다"

김소연(사단법인 시민 연구위원)

독립연구자의 의미와 역할, 지식생태계의 방향에 대해 솔직하면서도 묵직한 글을 발표해주신 이재경 선생께 감사드립니다. 많은 부분에 공감하며 글을 읽었습니다. 함께 발전시키고 싶은 부분을 강조해 토론문으로 적습니다.

1 독립연구자: 무엇으로부터 독립할 것인가?

흔히 대학과 학회에 소속되지 않은 연구자를 독립연구자라고 한다. 대학과 학회가 지식체계를 전유해왔기에 여기에 적을 두지 않으면 연구자로서 "독립"으로 여겨지는 현실이 씁쓸하기도 하고, 또 다른 한편으론 이 단어에 함축된 의미와 소명이 느껴져 마음이 무겁다.

우선, 나는 "무적자", "소속이 없이 개인 연구를 진행하는 연구자"로 독립연구자를 설명하는 방식에 동의하지 않는다. 이재경 선생도 독립연구자를 이렇게만 규정하진 않았다. 글의 서두에서 "대학과 학회의 밖에 있는 연구자라는 좁은 정의에서는 그럭저럭 독립연구자가 맞는 것 같지만 **연구자로서 주체적이고 자발적인 삶과 선택**이라는 측면에서는 의구심이 든다"로 밝히고, 여러 곳에서 '독립연구자'를 규정하는 다양한 스펙트럼이 있음을 논의했다. 하지만, 독립연구자를 세 개의 그룹으로 구분하는 논의에서 모두 학교(제도권)에 앞으로 진입할 것이냐, 진입 여부에 무관심하냐, 적대적이냐로 기준을 둔 것은 다소 아쉬움이 남는다.

'어디 소속'이냐보다는 '연구자의 철학과 태도', 즉, 왜 연구하느냐, 어떤 주제를 선택하느냐, 연구 방법은 어떠하냐, 연구 결과물을 어디에 어떻게 쓰느냐 등 연구 전반에 걸친 방법론에 중점을 둔 논의를 기대한다. 대학 밖에 있는 연구자라도 국가권력과 시장 자본에 철저히 구속되어 있다면, 그 사람을 우린 독립연구자라고 부르지 않는다. 반대로, 대학의 전임교수라도 노동, 인권, 지역 현장을 누비며 사회 문제의 구조적 모순을 드러내고 쓰고 말하는 이들에게 독립연구자란 호칭이 이상하지 않다.

독립연구자이든, 또는 연구활동가, 액션리서처(action researcher), 현장연구자, 실천학자 등 다양한 이름으로 자신의 정체성을 표현하는 연구자들이 있다. 연구자들이 독립해 자율성을 확보해야 할 상대는 대학이 아니라 국가권력과 시장자본이다. 권력과 돈의 합작이 만든 전횡에 대항하는 연구, 더 나은 사회로 향하는 길을 밝히는 사유, 논쟁하고 격려하는 연대가 정태인 이름 옆에 붙던 '독립연구자'가 보여준 의미가 아닐까 싶다.

2 학문의 위기와 (시민사회) 지식생태계의 복원

사회이론에서 '시민사회'는 국가권력과 시장자본의 전횡을 막아내고 시민적 활력과 대항력을 키우는 공간으로 그려진다. 대항지식의 창출, 시공간을 넘어선 철학적이고 인본적 사유가 가능했던 곳, 시민사회의 진지가 되곤 했던 대학이 힘과 자본의 논리에 완전히 투항한 것으로 보인다. 교수 개인이 엄청난 용기로 독립연구자로 살 수는 있겠지만, 집단으로서 교수집단, 사회기관으로서 대학은 독립연구자를 허락하지도 길러내지도 않는 현실이다.

이재경 선생은 학문의 위기를 1990년대와 2000년대를 걸쳐 일어난 대학 구조조정(교수평가제, 연구기금배분 등)에서 찾고, *"독립연구자들이 사회와의 보다 깊은 관계 속에서 함께 다양한 사회문제를 풀어나가고 대학의 학문독점체제를 흔들어 지식을 커머닝한다면 학문의 위기는 일정 정도 해소될 수 있을 것"* 이라고 전망했다. 이재경 선생은 독립연구자란 존재의 불안정성이 그 가능성을 현실로 만드는 "특권"에 해당한다고 보았다. 우리가 연구하는 이유는 사회가 처한 문제를 해결하는 지혜와 방법을 축적하기 위함이다. 독립연구자들은 분과학문체계의 사유와 방법에선 보이지 않는 복잡한 사회문제의 핵심 구조를 밝히고, 다양한 실천적 접점을 활용하여 지식을 더 널리 공유하고 문제해결에 사용하는데 제약이 덜하다는 가정이 가능하다.

그러나, 연구에는 많은 자원이 필요하다. 비단 생계뿐만이 아니다. 문제발굴, 조사연구, 지식의 축적과 활용, 교육 수단이 없이 개인적이고 일회성으로 끝나는 연구는 축적되고 후속으로 이어지기 어렵다. 지식생태계를 복원할 자생력은 잃었다지만, 대학/학계는 여전히 많은 자원과 시스템을 갖추고 있고 최소한 당분간은 그러할 것이다. 어느 식으로든 대학과 연을 맺게 되는 연구자들은 본래 시민사회의 것이었던 우리의 진지를 국가와 시장으로부터 되찾는 노력을 해야 한다.

또한, 이재경 선생은 *"국가와 시장의 자원을 대학이 아니라 독립연구자에게 일부 돌리는 방식의 접근은 진정한 "독립"과는 거리가 먼 것"* 이라 했는데, 나는 생각이 다르다. 이 선생도 언급했듯이 어떤 이유에서든 대학 밖의 연구자가 늘 수밖에 없는 조건이다. 십시일반, 민간자원을 만드는 노력에 더해 공적 자원의 배분에서 대학 소속이 아닌 연구자들이 배제되지 않도록 더 급진적으로 정책을 바꿔야 한다.

미세한 차이에도, 지식생태계의 복원을 *"독립연구자와 사회와의 관계 복원 또는 강화", "대학 외부에 다양한 학문적 거점과 공동체를 진지처럼 구축하는 것"* 에서 찾자는 이재경 선생의 방향에 전적으로 동의한다. 글에 언급한 과제들, 독립연구자들의 느스한 네트워크,[1] 연구자권리선언, 공론장 등과 함께 독립연구자들이 어떻게 사회적 신뢰를 확보할 것인지, 시민사회 현장과 어떻게 관계 맺음을 할지 등을 본격적으로 논의해야 한다. 가장 중요하게는 우리는 어떻게 "**많은 청년/신진 연구자들이 독립연구자의 장에 들어올 때 이곳은 대학과는 다른 곳이라는 생각을 가질 수 있는 공간을 만들**"지에 대해 더 깊은 성찰과 집중적인 논의와 관심이 필요하다.

3 독립연구자 정태인의 길: "대중이 원하면 무조건 쓰고 말해야 한다."

「마지막 지식인」에서 역사학자 러셀 저코비는 '대학'이 가져온 폐단을 신랄하게 비판했다. 요지는 토론하고 글을 쓰는 것을 업으로 하는 지식인들이 대거 대학에 흡수되면서 일반 대중에서 말을 걸고, 사회 공론장에 영향을 미치는 '공공지식인'이 사라졌다는 논지다. 이재경 선생을 비롯한 국내에 있는 많은 이들의 진단과 같다.

정태인 선생의 삶에서 공공지식인의 모습을 본다. 그는 정신적 은사였던 박현태 선생의 "대중이 원하면 무조건 쓰고 말해야 한다"는 지론에 따라, 열심히 글을 쓰고, 강연하고, 방송도 했다고 한다. 원장, 소장, 교수, 비서관 등 그럴싸한 직함을 가졌었고, 언제든 명예와 돈이 따르는 직위를 가질 수 있음에도 그가 독립연구자의 길을 선택한 이유는 더 자유롭게 대중과 소통하고, 그러기 위해 공부할 시간이

---

[1] 지난달 '연구+활동가' 포럼에 참석했었다. 포럼에서 이론과 실천의 분리가 연구+활동이 필요한 이유의 하나로 짚어졌는데, 한 원로학자는 본인의 경험에선 크게 공감이 안 된다고 했다. 평생을 노동사회학에 헌신했고, 지금도 현장을 누비는 누가 봐도 실천학자였기에 고개가 끄덕여졌다. 다른 한 참석자는, 자신은 현장연구소에서 일하는데, 원로학자의 말처럼 노동연구계는 학계와 현장이 자주 만난다며 자신도 그런 필요를 느끼지 못했었다고, 그러나, 최근 보건학자인 동네 친구와 맥주 한잔하며 새로운 통찰을 얻는 때가 많았다며 기존의 연결이 '노동'이라는 분과학문, 익숙한 사람, 실천안에서 맴돌았다는 걸 느꼈다고 말이다. 두 사람의 이야기는 현장연구자로, 나는 누구와 어떻게 연결되어 있는가를 생각하게 했다. 학계 보다 시민사회 실천 현장, 우리 연구자들의 교류가 더 막혀있는 건 아닐까 싶다.

필요했기 때문은 아니었을까 짐작해 본다.

나는 현장연구자, 연구활동가 등으로 나를 표현하곤 한다. 그간 나의 신랄한 비판은 대학, 학계로 향해 있었다. 독립연구자로서 정태인 선생의 삶은 정작 "나는 현장이 원할 때 쓰고 말했는가"를 묻는다. 부끄럽다. 실천 현장이 쪼그라들고, 동료 활동가들이 부패 카르텔에 얽힌 협잡꾼, 혈세를 빼먹는 도둑놈으로 몰려도, 민주주의, 지성, 자유가 궤변으로 도배되어도, 그리고, 애도조차 금기시되는 나라에서 대중을 향해 글을 쓰고 말하지 않았다. 근거가 부족해서, 말해봤자 소용없어서, 먹고 살기 바빠서 등등 여러 이유를 찾았다.

정태인 선생도 연구자로서 자신의 판단이 바뀔 수 있음을 모를 리 없고, 어떤 때의 발언이 자신을 옭아매고 미래의 말과 글의 신뢰를 떨어뜨릴 수 있다는 것을 모르지 않았을 거다. 그에게도 통계, 학술논문, 학계 테두리에서만 용기를 내는 안온함의 유혹이 없지 않았을 터다. 생계 걱정과 가족이 없었던 것도 아니다.

정태인 선생은 특별했다. 대중이 원할 때, 대중이 이해하기 쉬운 언어로, 방식으로 말하고 쓰는 것을 멈추지 않았다. 그러기에 한순간도 쉬지 못하고 공부했을 것이다. 선생의 길을 따르겠다는 말을 감히 꺼내지 못한다. "**정태인의 길은 아무나 갈 수 없겠구나 (...) 독립연구자가 아니라 독립운동가의 삶에 가까운 삶**"을 살았다고 평한 이재경 선생의 말처럼, 그 길이 얼마나 큰 용기와 소신, 현장과 민중에 대한 깊은 애정, 그리고 자기성찰과 근면함이 필요한지 짐작할 수 있기 때문이다. 다만, 그 길이 끊어지지 않게 힘을 보태는 데 최선의 노력을 다하겠다. 좋은 글로 많은 생각거리를 던져준 발표자 이재경 선생께 다시 한번 감사드린다.

세션2. 지정학적 위기 – 동북아 평화로의 길

발제

한반도 지정학과 평화의 기획

황순식(북한대학원대학교 석사 과정)

1 서론

"생명을 구하겠다는 약속이 이젠 절박합니다. 끔찍한 힘을 가진 푸틴, 시진핑, 바이든은 뭘 생각하는 걸까요. 서로의 믿음은 어떻게 쌓을 수 있을까요? 죽일 이유를 찾을 수 있을까요?"[1] 사회적경제와 공동체, 동북아 경제와 FTA, 환경과 기후위기, 그야말로 온갖 사회문제를 고민하고 대안을 찾았던 정태인이 페북에 남긴 마지막 메시지이다. 그는 암투병 중에도 병상에서 '생명'과 '평화'를 고민했다.

"샌프란체제가 다시 부활하고 있다. 대안이 필요해." 그의 요청이었다. 소련을 중심으로 하는 공산세력을 봉쇄하기 위한 미국 중심의 미일, 한미 동맹이라는 '샌프란시스코 체제'[2]는 미중데탕트와 냉전해체 이후 한동안 느슨해졌었다. 그러나

---

[1] 정태인, Facebook. 2022.10.5.(검색일: 2023.10.4.) https://www.facebook.com/taein.jung.31/posts/pfbid02aGeP499orKZAPzWGkBX7oPPz5RdanP6yDYbupqJQnnAUTh8Pk9GWXt2WDcw-8Ce5Pl

[2] "김영호 소장은 이 조약이 체결될 때까지 일본에 대한 미국의 태도가 세 단계를 거쳐 바뀌었다

미중갈등의 심화와 북한의 핵개발을 계기로 다시 강화되고 있다. 한반도의 적대적 분단을 공고화해 온 이 체제 하에서도 한국은 경제적·정치적으로 발전해온 것은 결과론적 사실이다. 그러나 그것이 지금도, 앞으로도 유효한가? 아니라면 우리의 대안은 무엇인가?

한반도에 긴장이 고조되면서 소위 '지정학'이 유행하고 있다. 지정학은 지리에 근거한 과학을 추구하지만 이해관계와 의도가 반영된 상상력의 산물이다. 한반도를 바라보는 지정학적 해석과 상상력은 다양하다. 흔히 한반도는 강대국이 충돌하는 지정학적 요충지로 여겨진다. 김동기(2020)는 이를 일본 대 러시아, 미국 대 중국이라는 시파워와 랜드파워의 충돌로 설명하였다.[3] 반면 김학노(2019)는 한반도가 전략적 요충지라는 통념을 비판하면서 실제로 두 세력 간의 충돌이 한반도 밖에서 더 많이 일어났음을 근거로 제시한다. 중국을 향한 침략은 오히려 동부와 남부 연해에서 이루어졌으며, 개항부터 일본에 대한 실제 위협은 태평양 너머 미국이었다는 것이다.[4] 지정학은 '이야기'이다. 그러나 이 '이야기'는 사람들과 국가의 행동을 만들고 자기실현적 예언이 되어 현실로 다가온다. 따라서 어떤 이야기를 만들고 하는가에 따라 우리의 미래는 크게 달라질 수 있다.

한반도를 포함한 동아시아는 세 번의 지정학적 대 격변을 겪었다. 동아시아의 새로운 질서를 향한 첫 번째 지정학적 구상은 일본으로부터 나왔다. 주권선-이익선과 한반도와 만주를 통한 대륙 진출이라는 일본의 구상은 청일전쟁, 러일전쟁

고 말한다. 첫 번째 시기(1945~1947)에는 전범국가 일본을 해체하는 데 중점을 두었지만, 두 번째 시기(1948~1949)에 미-소 냉전 체제가 들어서자 소련을 배제한 채 일본과 단독 강화를 맺는 방향으로 돌아섰다. 이어 세 번째 시기(1950~1951)에 중국 본토에 사회주의 체제가 수립되고 한국전쟁이 일어나자 일본을 냉전과 반공의 최전선에 선 파트너로 삼았다. 일본은 최대 전범국의 지위에서 벗어나 미국의 동아시아 전략의 최대 동맹국이 됐다.": 고명섭, "일본 우익 '역사 도발' 부추긴 '샌프란시스코 체제'"『한겨레』, 2022.4.29. (검색일: 2023.10.6.) https://www.hani.co.kr/arti/culture/book/1040893.html

3 김동기,『지정학의 힘: 시파워와 랜드파워의 세계사』(파주: 아카넷, 2020)

4 김학노, "한반도의 지정학적 인식에 대한 재고: 전략적 요충지 통념 비판,"『한국정치학회보』, 제53집 제2호(2019.6) pp. 15 - 17.

을 거쳐 한일병합과 태평양전쟁까지 이어졌다. 태평양 전쟁 후에는 미국의 지정학적 기획이 동아시아의 운명을 결정하였다. 지금은 미중경쟁이 노골화되며 새로운 지정학들이 충돌하고 있는 세 번째 대 격변의 시기이다. 그러나 그 양상은 훨씬 더 복잡해 졌다. 미국과 중국 뿐 아니라 한국과 일본, 북한의 힘도 강해졌다. 러시아도 다시 고개를 들이밀고 있다. 각 나라 내에서도 다양한 전략이 충돌하고 있다. '지정학적 위기'가 아니라 '지정학의 위기'이다.

그렇다면 우리의 지정학은 무엇인가? 한반도는 완충지대이다. '緩衝(완충)'은 말 그대로 충격을 완화하는 것이다. 강대국들의 힘이 충돌하는 수동적인 완충이 아니라 양측의 힘을 중재하며 평화로 전환시키는 적극적인 완충의 기획이 필요하다. 미국과 중국의 경우 상대 국가와의 충돌에 대한 손익계산은 복잡하다. 우선 정치적으로 국외의 적을 설정함으로써 국내 여론을 통합시킬 수 있고, 긴장완화는 비겁함이나 나약함으로 여겨질 수 있기 때문에 미국과 중국의 정부와 정치인들은 긴장완화에 대한 부담이 크다. 경제적으로도 미중갈등은 미국에게 리쇼어링과 국내투자유치를 통한 경제 활성화의 명분이 되고 중국에게도 수입대체를 통한 내수시장 확대와 기술개발 촉진의 동력이 되고 있다. 일본은 오래 전부터 한국이 통합되고 강해지는 것을 위협으로 느껴왔다. 그러나 한국의 입장에서 갈등의 격화는 경제·정치·안보의 모든 측면에서 손해만 있을 뿐 이익이 되는 요소가 전혀 없다. 긴장완화와 평화가 국가의 이익과 일치하는 유일한 나라이기에 한국은 이를 주도하는 센터 국가가 될 수 있다. 이것은 세계인의 동의를 통해 힘을 얻을 수 있는 가장 강력한 명분이다.

정태인(2021)은 다음과 같이 주장했다. "어느 한 나라의 군사력과 경제력이 압도적이거나 대부분의 나라가 합의할 수 있는 규범이 존재하지 않는 현재의 상태는 신현실주의적 세계질서에 가까워진다. … 하지만 **팬데믹과 기후위기, 세계적인 경제회복의 필요성 등은 그 어느 때 보다도 국제협력을 요구**한다. 따라서 과거의 냉전과 같은 현실주의적 패권구도가 형성되더라도 그 때보다 훨씬 빈번하게 서로의 협력을 필요로 할 것이다. 바로 이러한 이중적 상황 때문에 **각 지역에 완충지대 및 중재자의 역할을 하는 국가들이 존재할 여지**가 생긴다. 바이든 정부의 '전략적 경쟁'도 팬데믹, 기후위기, 북핵 위기를 협력의 대상으로 삼고 있다. 한국이 전략을 제대로 세운다면 상당히 넓은 행동반경이 존재할 수 있다".(강조는 필자)[5]

이 글에서는 19세기 말과 태평양전쟁 직후 한반도를 둘러싼 지정학을 먼저 살펴볼 것이다. 이를 통해 지정학은 운명이 아니고 상상과 인식(perception), 관념(concept)이 현실을 만들었음을 보여주려 한다. 다음으로 남북 통일방안 수렴과정을 살펴보며 평화의 기획을 위해 필요한 것은 공존에 대한 의식과 점진적 과정에 대한 사고라는 것을 밝혀보려 한다. 끝으로 현재 우리에게 필요한 평화공존의 구상을 제시해 볼 것이다. 이는 전체적인 조망을 통해 우리의 선택지와 가능성을 밝혀보려는 노력이다.

2 첫 번째 위기: 19세기 말, 일본의 지정학과 청일·러일 전쟁

19세기 말 첫 번째 지정학적 위기에서 조선은 누구를 적으로 보아야 하는지에 대한 선택에 직면했다. 1880년 중국의 외교관 황준헌은 "조선의 책략으로는 … 오직 중국과 친하고, 일본과 맹약을 맺으며 미국과 연계(연대)함으로써 '자강(自强)'을 도모하는 길뿐이다"라고 하였다.[6] 러시아가 가장 큰 위협이라는 것이었다. 이에 대해 한국의 유생들은 "저들은 형적形迹도 없는 러시아의 계략을 꾸며대고 아무 관계도 없는 미국을 등장시키며 강하고 사나운 일본을 앞잡이로 삼아 중간에서 연결하게 하려고 하옵니다. … 러시아, 미국, 일본은 같은 오랑캐라 할 수 있습니다. 그들 사이에 누구를 후하게 대하고 누구를 박하게 대하기란 매우 어려운 일이옵니다." 라며 등거리 외교를 주장하였다.[7] 실제로 러시아와는 1860년부터 국경을

---

[5] 정태인, "미중마찰과 한반도의 향방," 『한미정상회담 이후, 우리의 선택은?』 정의당 전문가초청토론회(2021.06.10.), pp. 15 – 16.

[6] 황준헌, 김승일 역 『조선책략(1880)』(파주: 범우사, 2016). pp. 69.

[7] 김승일 역, "영남만인소," 『조선책략(1880)』(파주: 범우사, 2016). pp. 117 – 119.

맞대고 있었으나 별다른 충돌이 없었다. 일본, 미국, 영국 다음으로 맺어진 「조·러 통상조약」(1884.5)도 가장 짧은 협상기간을 거쳐 맺어졌다. 그해 12월 갑신정변을 전후해서는 조·러 밀약이 추진되기도 하였다. 고종은 러시아를 일본과 청나라를 견제할 세력으로 보고 있었던 것이다.[8]

그러나 독립협회는 아관파천을 비판하였고, 1898년 초부터 러시아세력 반대 운동을 전개하였다. 안중근도 러일전쟁 당시 일본 편이었다. "만일 한·청 두 나라 국민이 상하가 일치해서 지난날의 원수를 갚고자 해서 일본을 배척하고 러시아를 도왔다면 큰 승리를 거둘 수 없었을 것이나 … 도리어 일본군대를 환영하고 그들을 위해 … 수고로움을 잊고 힘을 기울였다."[9] 때문에 「을사조약」 후 배신감과 상실감이 더욱 컸다. "슬프다. 자연의 형세를 돌아보지 않고 같은 인종 이웃나라를 해치는 자는 마침내 독부(獨夫)의 판단을 기필코 면하지 못할 것이다."[10] 안중근은 세계정세를 인종 간의 경쟁으로 인식하였고 한·일·청이 연합해야 한다고 주장하였다. 이러한 인식은 결과적으로 일본의 지배를 불러들였다. 김동춘(2018)은 "구한말 독립문은 친일로 가는 관문"이었다고 표현했다.[11]

1630년대 말부터 200여 년 간 쇄국정책 지속해왔던 일본은 1939년 아편전쟁의 충격과 미국의 포함외교에 굴복하여 1854년 개항하였다. 근대화가 상대적으로 빨랐던 일본은 1876년 강압적으로 조선과 강화도 조약을 체결하기도 하였으나 본격적인 침략의 야욕을 보이지는 않았다. 일본이 본격적으로 군비를 증강하기 시작한 것은 러시아가 시베리아 철도를 건설하기 시작한 1890년대였다. 당시 일본의 한반도에 내한 지정학직 인식은 "일본의 심장을 겨누는 단도"[12]로 방어적인 성격

---

[8] 연갑수, "접경에서 수교까지," 『러시아는 우리에게 무엇인가』(서울: 신인문사, 2011), pp. 89.

[9] 안중근, 『동양평화론(외)』(파주: 범우사, 2010), pp. 17.

[10] 안중근, 『동양평화론(외)』(파주: 범우사, 2010), pp. 32.

[11] 백원담·김동춘·마크 셀던·왕후이, "[좌담] 전후체제를 극복하는 한반도 평화 프로세스는 가능한가?," 『황해문화』(새얼문화재단), 통권 제100호(2018.9), pp. 126.

[12] 1885년 일본육군대학 교관이었던 프러시아 장교 클레멘스 메켈의 표현; 김동기, 같은 책, pp. 300-303.

이 강하였다.

19세기 말 일본은 '이익선'과 '주권선' 개념을 통해 군비확장의 길로 나아간다. 야마가타 아리모토[13]는 1888년 1월 「군사의견서」를 제출하는데 그 내용은 한반도가 러시아, 영국 등의 분쟁지대가 될 것이며, 청국이 장차 일본을 위협할 수 있다는 것이었다. 2년 뒤 1890년 3월에 다시 제출한 「외교정략론」에는 본격적으로 '주권선'과 '이익선' 개념이 등장한다. 그는 주권선인 일본열도를 수호하고 이익선인 조선반도를 방어하기 위한 군비증강, 강병부국론을 주장하였다. 그의 '이익선' 개념은 국경을 방어하기 위해 종심방어(defence in depth)가 가능한 세력권을 의미했다.[14]

이러한 인식 속에 청일전쟁을 치르고 승리한 후 일본의 지정학적 인식은 확장되었다. 야마가타는 1군 사령관으로 조선에 침공하여 1894년 9월 13일 한성에 도착, 10월에 압록강을 넘었다. 그가 11월 중국 지우롄성(九連城)에서 상주한 「조선정책상주(朝鮮政策上奏)」에는 "부산에서 경성을 거쳐 의주까지 철도를 부설"하고 "중심이 되는 요충에 우리나라 사람을 옮겨 두는 것"이라는 두 가지 책략이 들어있었다. "우리나라가 **패권을 동아시아에 떨치고** 영구히 여러 나라 사이에 큰 존재로서 인정받으려 한다면, 역시 반드시 이 길을 곧바로 인도로 통하는 넓은 길로 삼지 않을 수 없다"(강조는 필자)는 것이었다.[15] 즉 일본의 동아시아 패권을 위해 한반도를 대륙 진출의 교두보로 삼자는 것이었다. 야마가타는 종전조약 체결 직전인 1895년

---

13 야마가타 아리토모는 이토 히루부미, 이노우에 가오루와 더불어 조슈(長州) 3존으로 불리며 일본 군부의 조상, 일본 육군의 아버지로 평가받는다. 3대(1889.12.24.~1891.4.30.)와 5대(1898.11.8.~1900.10.19.) 내각총리대신이었으며 육군경(陸軍卿), 참모본부장(參謀本部長) 등을 거쳤다. 청일전쟁 당시 조선에 침공한 1군 사령관이었으며 러일전쟁 당시 참모총장으로 전쟁을 지휘하였다.; "야마가타 아리토모"『나무위키』(검색일: 2023.10.4.); 이승환(2021), pp. 3072.

14 이승환, "19세기, 새로운 지정학적 공간 한반도의 등장과 중일의 한반도 인식: 이홍장(李鴻章)과 야마가타 아리토모(山縣有朋)를 중심으로,"『인문사회 21』, vol.12, no.4, 통권 47호(2021), pp. 3077-3078

15 위의 글, pp. 3078-3079.

4월 15일에도 「군비확충의견서」를 통해 새로운 영토를 획득하고 이를 방어하기 위해 군비를 확충해야 한다고 주장하였다.[16]

당시 고종과 왕비는 일본을 견제하기 위해 러시아에 기대고자 했다. 1895년 10월 명성황후가 시해된 을미사변 후 고종은 1896년 2월 아관파천을 단행했다. 불리해진 일본은 러시아와 협상에 나서 평양(북위 39도선)을 기준으로 세력권을 분할할 것을 요구하였으나 러시아는 이를 거절하였다. 6월 3일 러시아는 러청비밀조약을 맺어 대일본 군사원조를 약속하고 동청철도 부설권을 얻어 내었다. 조선의 민영환은 조러동맹 체결을 요청하였으나 러시아는 이 또한 거부하였다.[17] 실제 러시아는 조선보다 만주의 이권에 관심이 많았고, 조선은 태국과 같이 러·일 사이의 중립지대로 남기를 바랐던 것으로 볼 수 있다.[18]

1899년 11월 의화단 운동 후 1900년 7월 러-청전쟁(만주전쟁)이 시작되어 10월 러시아가 만주 전체를 점령하였다. 위협을 느낀 일본은 만한교환론을 꺼내든다. 러시아가 만주를 세력권으로 두는 것을 인정하는 대신 한반도를 일본의 세력권으로 인정해 달라는 것이었다. 위협을 느낀 고종은 대한제국을 중립국으로 승인해 줄 것을 요청했다. 러시아는 이를 지지하였으나 일본은 단호히 거절한 후 1901년 6월부터 조선 완전 점령과 남만주 진출 전략을 입안하기 시작하였다. 1902년 1월 영일동맹이 조인되었는데 영국은 일본이 한국에 큰 이해관계를 가진다는 것을 인정하고 러·일 전쟁 시 타국이 러시아를 돕는 경우 참전한다는 내용이 포함되었다. 영국은 러시아의 남하를 막는 것이 목표였고, 이를 위해 일본의 방패막이를 자처한 것이다.[19]

---

16 위의 글, pp. 3080.

17 와다 하루키 외, 같은 책, pp. 71-74.

18 1896년 1월 프랑스와 영국 사이에 아프리카-극동 식민지 협정이 체결되며 태국은 완충국으로 남게 되었다. 러시아는 1898년 5월 태국과 수교한다. 1896년 6월 일본과 러시아 사이에 체결된 야마가타-로바노프 협정의 내용은 조선에 대해 러시아와 일본이 조언과 원조(차관), 군사 등에 있어 동등한 권한을 갖는다는 것이었다.

19 와다 하루키 외, 같은 책, pp. 79-87.

1903년 8월 일본은 시베리아횡단철도 완성을 앞두고[20] 마지막 교섭에 돌입하였다. 일본은 러시아에 조선에 대한 군대파견과 조언·원조의 전권 등 '우월적 이익'을 요구하였다, 러시아는 '우월적 이익'은 인정하였으나 조선영토의 '군사전략적 목적의 사용 불가' 원칙을 고수하였다. 서너 차례의 제안과 회답이 반복되었으나 결론이 나지 않았고 1904년 2월 일본의 공격으로 러일전쟁이 시작되었다. 러일전쟁 중 영국과 미국은 청과 조선의 독립과 러시아의 동아시아 지배에 대항하는 '자유를 위한 전쟁'이라며 일본을 지지하였다. 1905년 전쟁의 승패가 정해지자 미국과 일본은 각각 필리핀과 한국에 대한 지배를 상호 인정하는 「가쓰라–태프트 밀약」을 체결하였다. 가쓰라는 "조선이 다른 열강과 협정을 맺어 국제분쟁의 씨앗이 될 수 있다"고 하였고, 태프트는 "조선의 외교권을 빼앗는 것이 동양평화에 공헌하는 것"이라고 화답하였다.[21]

19세기말에서 20세기 초 일본은 처음에는 청을, 다음에는 러시아를 위협으로 상정하고 한반도를 방어를 위한 이익선으로 설정하였다. 조선병합 이후에는 태평양전쟁으로 패망할 때까지 한반도를 기반으로 만주와 대륙으로 뻗어나가려 하였다. 조선은 중립을 원했고, 청나라와 러시아는 한반도를 완충국가로 두려 하였으나 일본의 힘을 막지 못하였다. 당시 세계 최강대국이었지만 멀리 떨어져 있던 미국과 영국은 러시아를 견제하기 위해 일본을 도왔다가 그 일본과 전쟁까지 하게 되었다. 한반도는 더 많은 나라들이 원하던 바와 같이 중립지대로 남을 수도 있었다. 그러나 한반도의 운명을 결정한 것은 일본의 지정학적 관념과 그것을 실현시킬 수 있는 능력이었다.

러시아는 일본과 한국에게 진짜 위협이었을까? 당시 일본에게는 이토 히로부미가 주장한 러일동맹의 길도 있었고, 안중근 등이 주장한 일·청·한이 연대하여 서양의 침략에 맞서는 길도 있었다. 러일전쟁의 결과 러시아혁명이 일어났고 소련

---

20 시베리아횡단철도는 러일전쟁 와중인 1904년 6월 완공되었다. 일본은 시베리아횡단철도가 완공된 후에는 전쟁을 하기 어렵다고 보았다.; 하루키 왜, 같은 책, pp. 89.

21 와다 하루키 외, 같은 책, pp. 90-102.

이라는 더 큰 위협이 출현한 것은 역사의 아이러니라 할 수 있다.

3 두 번째 위기: 2차 대전 후 미·소의 지정학과 한국전쟁

2차 세계대전 종전과 함께 한반도에는 38선이 그어졌다. 그러나 그것이 지속될 것이라고 생각한 세력은 거의 없었다.[22] 미국의 전후 동아시아 3국에 대한 구상은 "국민당 정부에 의해 통일될 중국, 비군사화와 민주화로 탈바꿈할 일본, 그리고 신탁통치를 거쳐 독립하게 될 한국으로 그려져 있었다."[23]

한반도 문제가 처음 논의된 것은 2차 대전의 승리가 점쳐지던 1943년 11월 루스벨트, 처칠, 장제스가 만난 카이로회담이었다. 카이로선언에는 중국에 대해 일본이 빼앗은 모든 영토의 반환과 함께 '적당한 시기'에 조선을 자주독립시킨다는 내용이 담겼다.[24] 한반도의 분할과 신탁통치가 처음 논의된 것은 1945년 2월 미·영·소 정상들의 얄타회담[25]이었다. 그러나 신탁통치를 제시한 미국은 이를 독립방안으로 생각하였으며 한반도에 대해 무지하고 무관심하였다.[26] 태평양전 당시

---

22 국내에서도 대부분의 국민들과 정치인들은 분단을 상상조차 하지 않았고 곧 통일이 될 것으로 보았다. 많은 이들이 오히려 민족 내의 이념 대립, 정당의 난립 상태가 민족의 독립을 지연시키고 있다고 파악하였다.; 심지연, "해방 후 중요 정치세력의 통일정책 분석," 『한국과 국제정치』(경남대학교 극동문제연구소), Vol.12 No.1(1996), pp. 3-4.

23 김성보, "21세기에 돌아보는 1945년 한반도의 지정학," 『역사비평』, 제124호(2018.8). pp. 61-62.

24 "카이로 선언" 『위키백과』(검색일: 2023.10.04.) https://ko.wikipedia.org/wiki/카이로_선언

25 얄타회담은 비밀회담으로 1946년 2월 공개되었다. 주된 합의사항은 다음과 같다. ①독일 4국 분할 ②독일 민주선거로 대통령 선출 ③UN기초 협의 ④독일 최저생계 마련, 군수업 폐쇄·몰수, 전범 국제재판 회부 ⑤폴란드 동부 소련 병합 ⑥소련의 대일 전쟁 참전과 극동 이권 보장 ⑦한국 분할·신탁통치(미·소·영); "얄타회담" 『위키백과』(검색일: 2023.10.04.), 김성보(2018, 59-60), 최형익(2023, 22) 외 정리

26 최형익, 같은 글, pp. 23-24.

한반도에 대한 미국의 목표는 일본의 힘을 약화시키기 위해 분리시킨다는 정도였다.[27] 소련의 대일전 참전은 미국의 적극적인 요청으로 이루어졌다. 한반도의 전략적 가치를 높게 보았다면 전쟁의 막바지에 참전을 요청하지도 않았을 것이다. 그러나 소련은 한반도에서 일본을 축출하는 것과 함께 부동항 확보라는 지정학적 목표를 가지고 있었다. 중국이 동맹국이 되어 만주에서의 이권 확보가 불확실해진 상황에서 소련에 우호적인 조선의 독립과 부동항에 대한 사용권 확보는 최소한의 목표가 되었다.[28]

1) 급변한 국제정세

종전 당시 미국과 소련은 동맹국이었다. 미국은 전쟁 없는 국제사회라는 자유주의적 이상을 추구하고 있었다. UN의 상임이사국이 미·소·영·프·중으로 되어 있는 것은 소련을 포함한 승전국들의 합의를 통해 이러한 이상을 이루겠다는 것을 의미했다.[29] 소련도 미국에 비해 경제력과 군사력이 열세였고 경제복구를 위해 미국의 도움을 필요로 하였기에 신중하고 방어적인 태도를 견지하였다.[30] 그러나 이러한 합의에 의한 세계체제 구상은 종전 직후 1945년 9월 런던 외상회의(미·영·프·중·소 5개국)에서부터 흔들리기 시작한다. 첫 번째 갈등은 루마니아와 불가리아의 친소정권에 대한 인정 문제였다. 미국과 영국은 두 나라에서 공산당의 정권독점에 반대하였고, 소련은 이에 대해 미국과 영국이 이탈리아 등 지중해 연안 국가와 일본을 독점하는 것이 부당하다고 대항하였다.[31] 협상은 결렬되었고 불신의 골

---

27 이미경, "전후 소련의 한반도 정책과 분단체제 형성,"『한국정치외교사논총』(한국정치외교사학회) 제23집 제1호(2001.08), pp. 213-214.

28 얄타회담에서 루스벨트는 스탈린에게 대일전에 참전하는 대가로 만주 이권 회복을 제시하기도 하였다.; 김성보, 같은 글, pp. 59-60.

29 미·영·소는 1943년 9월 이탈리아 항복으로 승기를 잡은 후 10월 열린 모스크바 회담에서부터 유엔창설을 논의하기 시작하였다. 유엔은 전후 구상의 핵심이었다.; "유엔의 역사"『위키백과』(검색일: 2023.10.5.)

30 이미경, 같은 글, pp. 220-221.

31 이미경, 같은 글. pp. 222.

은 깊어지기 시작하였다.

　　미국과 소련 외교정책의 초점은 유럽에 있었다. 1947년 3월 트루먼은 공산주의 확대 저지와 그리스 터키 등 반공정부에 대한 군사·경제 원조를 핵심으로 하는 독트린을 발표하였고, 6월에 마셜플랜(유럽경제부흥안)을 단행한다. 당초 마셜플랜에는 소련을 포함한 동유럽 모든 국가에게도 제안되었다. 그러나 미국은 그 조건으로 국내시장 개방과 정치개혁, 외부 국제기구의 감독 등을 제시했다. 소련은 미국의 경제적 통제권 확대라며 거부했고 동유럽 국가에게도 거부를 강압하였다.[32] 이로써 소련이 기대했던 경제협력은 물 건너갔고 더 이상 기대할 것이 없어진 양측은 본격적인 냉전에 돌입하였다. 1948년 6월 소련은 서베를린을 봉쇄하였고, 1949년 4월 NATO(북대서양 조약기구)가 설립되었으며, 그해 8월 소련은 핵보유국이 되었다.

　　불신과 대립의 불똥은 중국으로 옮겨 붙었다. 국민당과 공산당은 전쟁 직후부터 종전을 바라는 미국과 소련의 압력에 의해 회담을 가졌고 1946년 1월에는 정전협정이, 2월에는 정군협정이 맺어지기도 하였다. 그러나 미소 간의 갈등이 커지면서 종전에의 압력도 약화되었고 미국과 소련은 각기 국민당과 공산당을 노골적으로 후원하기 시작하였다. 1946년 6월 국민당군의 소비에트지역을 침공하면서 본격적인 내전이 시작되었다.[33] 초반에는 국민당군이 옌안까지 점령하며 승기를 잡았으나 1948년 11월 만주를 잃으며 전황이 바뀌었다. 공산당군은 1949년 1월에 베이징을, 4월에 난징을, 5월에는 상하이를 점령하였고, 10월 베이징에서 중화인민공화국 수립을 선포하였다. 12월 장제스가 타이완으로 탈출하면서 중국대륙은 통일되었다.[34]

---

[32]　이미경, 같은 글, pp. 233-234.; "마셜플렌"『나무위키』(검색일: 23.10.05) https://namu.wiki/w/마셜_플랜

[33]　"국공내전의 배경과 원인"『동북아역사넷』(검색일: 2023.10.5.) http://contents.nahf.or.kr/item/level.do?levelId=edeah.d_0006_0020_0010_0010

[34]　"제2차 국공 내전"『위키백과』(검색일: 2023.10.5.) https://ko.wikipedia.org/wiki/제2차_국공_내전

중국의 공산화는 미국 정치사회에게 큰 충격을 주었다. 미국은 장제스가 완전한 승리는 아니어도 만리장성 이남에서는 승리할 것으로 생각했다.[35] 그러나 국공내전 당시 미국 내에는 국민당에 더 많은 원조를 해야 한다는 측과 장제스에 대해 부패한 우익 독재자라는 부정적 인식과 더불어 중립을 지켜야 한다는 양측이 모두 존재했다.[36] 공산당이 승리하자 미국 내에서는 공산주의 동조자 때문에 '중국을 잃었다'라는 비난이 쇄도하였다. 조지 케넌은 이들이 "우리(미국)는 세계 어느 나라든 공산주의자들이 권력을 얻는 것을 막을 힘이 있고, 그런 일이 일어나면 미국 행정부가 나약하거나 게으르거나 무분별하거나 반공주의를 견지하지 못한 탓"이라는 인식을 가지고 있었고, 이후 베트남전까지 이어지는 군사·외교 정책의 실패는 모든 행정부가 이러한 "터무니없는 책임전가"에 대응하지 못했기 때문이라고 보았다.[37]

2) 반탁운동과 국내 정치인들

유럽과 중국, 그리고 일본에 비해 한반도는 작은 문제였다. 미소관계가 아직 파국으로 치닫기 전이었던 1945년 12월, 모스크바 3상회의에서 결정된 한국에 관한 4개 조항은 조선의 독립을 명확히 하였고 열강들의 이해관계를 고려한 나름의 합리적인 안이었다. 그 내용은 다음과 같다. ①조선의 독립과 민주적 발전, 일제 잔재의 청산을 위해 '조선(Korea) 민주 임시 정부'를 창설한다. ②미소 군정 대표들의 공동위원회를 조직한다. ③공동위원회는 조선 인민의 정치·경제·사회적 진보, 민주주의 발전과 독립을 돕고 지원(신탁통치trusteeship[38])한다. 또한 임시정부와

---

35 리처드 번스타인, 이재황 역, 『1945 중국, 미국의 치명적 선택: G2 시대는 어떻게 시작되었는가』 (서울: 책과함께, 2016), pp. 606-607.

36 위의 책, pp. 605-606.

37 조지 F. 케넌, 유강은역, 『조지 케넌의 미국 외교 50년』 (가람기획, 2013), pp. 341-344.

38 당시 신탁통치제도는 전후 독립되는 자치능력 없는 지역의 복지를 위한 문명국의 후견을 의미했다. 그 대상에게는 치욕적일 수도 있으나 강대국들의 입장에서는 나름의 선의도 포함된 것이었다. ; 최형익, 『불승인주의』 (과천: 진인진, 2023), pp. 23-24.

협의하고 미·소·영·중 각국 정부가 함께 검토하여 최장 5년의 4개국 신탁통치안을 만든다. ④긴급한 문제를 심의하기 위해 2주 내에 미소 군정 대표회담을 소집한다.[39] 결정의 핵심은 단일 임시정부 수립이었고 신탁통치도 5년 이내로 제한되었다. 그러나 당시 영어로 된 원문을 읽고 의미를 파악할 수 있는 사람은 극히 드물었다. 임시정부 수립보다 신탁통치가 강조되었고, 미국이 신탁통치를 주장하고 소련이 반대했던 사실을 정반대로 전달한 오보사건이 터지며 반탁운동이 거세게 일어났다. 결국 단일 임시정부는 세워지지 못했고 분단으로 치닫게 되었다.

문제는 남북의 정치인들에게 있었다. 이승만의 반공노선은 독립협회 시절 러시아에 대한 혐오로부터 출발했다. 그는 끊임없이 러시아와 소련을 의심하고 경계했다. 러일전쟁을 문명 대 야만의 전쟁으로 간주하고 일본이 승리하기를 바랐으며, 카이로 회담의 결과에 대해서도 한반도를 사실상 소련의 지배하에 두는 것이라고 비난하였다.[40] 이승만은 확실한 친미국가를 세우고 싶었고, 이를 위해서는 단독정부 수립이 현실적이라고 생각했다. 그는 반탁운동을 사회주의에 대한 여론의 지지를 뒤엎을 기회로 이용하였고, 남한 단독선거를 지지하며 대통령이 되어 북벌통일을 주장하였다. 이승만은 지정학적 사고와 함께 인종과 힘에 기반 한 사회진화론적 철학을 가지 있었다. 그럼에도 당시 국내 정치인 중 국제 감각이 가장 뛰어났다.[41]

반면 박헌영 등 대다수 좌파는 지정학적 사고가 부재하였다. 소련에 대한 비

---

39 필자 원문 번역·요약: Harriman, "The Ambassador in the Soviet Union to the Acting Secretary of State", (Office of the Historian), Moscow, December 27, 1945. (검색일: 2023.10.5.) https://history.state.gov/historicaldocuments/frus1945v02/d268

40 이승만은 1945년 샌프란치스코 UN창립총회에 보낸 성명에 다음과 같이 썼다 "카이로 회담이 고의로 애매한 표현을 사용한 것("적절한 시기에 조선을 자주독립" – 필자) … 아시아에서 소련의 입장이 결정되지 않았던 때문 … 한국이 형식적으로 정부를 가진다해도 사실상에 있어서는 소련의 지배하에 둘 것이라고 결정했다는 결론에 도달할 수 밖에 없었습니다."; "카이로 회담" 『위키백과』(검색일: 2023.10.5.) https://ko.wikipedia.org/wiki/카이로_회담

41 김성보, 같은 글, pp. 71-73.

판적 의식이 없었으며, 군정 초기 미국에 대해서도 진보적 민주국가로 환영하였다. 이들은 모스크바 삼상회의 결과를 절대적으로 지지하면서 여론에서 밀리기 시작하였다.**42** 해방 직후 조선건국준비위원회(건준)와 조선인민공화국(인공)을 주도하며 건국의 주도권을 잡았던 여운형 등의 중도파 역시 미국과 소련을 선의의 '해방자'로 과신하며 해방 직후의 낙관과 조급증으로 통일정부를 점진적으로 수립할 수 있는 기회를 놓쳐버렸다. 반탁운동으로 좌우대립이 격렬해지자 안재홍(건준 부위원장)은 극우와 극좌, 외세 의존을 모두 비판하였고, 여운형은 '친미친소운동'을 벌리며 양자의 도움을 끝까지 요청했다. 그러나 그들은 균형감을 가지고 있었음에도 미·소와 좌·우를 설득할 수 있는 현실적인 통일방안을 제시하지 못하였다.**43**

그러나 김일성은 미소 분할점령의 현실을 인정하고 민주기지론에 입각해 빠르게 북한을 건설해 들어갔다. 만주를 사고의 범위에 넣고 국공내전을 지원하며 **44** 미국에 맞서는 중국-북한의 연쇄혁명을 구상하였다.**45** 해방 초기 북한에도 조만식 등 민족주의 세력이 적지 않은 세력을 갖고 있었다. 1945년 11월 '5도 행정국' 구성에서 배제된 이들은 곧바로 당원 50만의 '조선민주당'을 창당하며 조선노동당에 맞섰고 반탁을 주장하며 여론의 지지를 얻었다. 김일성은 1946년 2월 조만식 등 기독교 우파 민족주의자들을 조선민주당에서 축출한 뒤 3월 소련의 우려에도 불구하고 급진적인 토지개혁을 밀어붙여 성공시킴으로써 주도권을 확보했다.**46**

---

42 그럼에도 남한의 사회주의에 대한 지지는 압도적이었다. 1946년 7월 미군정이 실시한 여론조사에서 미래 통치구조에 대해한 지지가 사회주의70%, 공산주의10%, 자본주의 10%로 나왔으며, 선호하는 리더는 여운형 33%, 이승만 21%, 김구 18%, 박헌영 16% 순이었다.; 지승룡, "1946 미군정 여론조사 77% 공산·사회주의 원해"『코리아 히스토리 타임스』 2022.7.30. (검색일: 2023.10.5.) http://www.koreahiti.com/news/articleView.html?idxno=10335

43 김성보, 같은 글, pp. 67-74.

44 북한 지역은 중공군을 위한 '배후지·해방구' 역할을 하였다.; 최명해,『중국·북한 동맹관계: 불편한 동거의 역사』(서울: 오름, 2009), pp. 74-77

45 김성보, 같은 글, p. 76.

46 고영은, "한국교회 반공 이데올로기 형성 연구,"『신학과 실천』(한국실천신학회), no.52(2016), pp. 877-883

김일성의 정치적 성공은 소군정의 지원도 있었지만 적극적으로 주도한 바도 있었다. 이승만과 정반대의 입장에서 김일성도 본인이 주도하는 확실한 사회주의 국가를 세우고 싶었고, 이러한 이들의 노력은 결국 분단과 전쟁으로 이어졌다.

3) 미국의 세계전략과 한국전쟁

북한 점령 초기 소련의 개입과 통치방식은 소극적이고 간접적인 방식으로 이루어졌다.[47] 민족주의자와 공산주의자가 모두 포함된 각 도의 인민위원회가 자치기구로서의 역할을 하고 있었다. 소련은 한반도에서의 일본 축출을 위해 미국과의 협력이 필요하다고 보았기에 미국이 주도하는 신탁통치 논의에도 참여하였다.[48] 그러나 1945년 9월 런던 외상회의 후 미소관계가 점차 벌어지면서 소련의 점령정책도 점차 적극적으로 변화하였다. 미국과의 협력이 가능한 상태에서는 중립 내지 양측에 우호적인 정부 수립이 가능하였으나 양자가 벌어진 상태에서는 점령지역에 우호정부를 수립하는 정책이 강화될 수밖에 없었다. 소련을 더욱 격분케 한 것은 일본에 대한 미국의 입장이 바뀐 것이었다.

조지 케넌(1984)에 따르면 미국의 원래 계획은 일본을 비무장 중립국으로 만드는 것이었다. 이에 대한 대가로 소련도 한반도의 민주정부 수립에 동의할 수 있을 것으로 보았다. 그러나 중국이 공산화된 1949년 시점에서 워싱턴 정가는 소련이 3차 대전을 일으킬 수 있다는 위기의식에 사로잡혔다. 따라서 소련의 동의가 없더라도 일본에 군대를 주둔시켜야 한다고 결정했다. 이와 동시에 1949년 6월 주한 미군의 철수가 완료되었고, 1950년 1월 애치슨 선언으로 한국과 대만이 미국의 극동방어선에서 빠지게 되었다. 이러한 조치들에 대한 소련의 반응은 북한의 남침을 "부추기지는 않더라도 허용하는" 것이었다. 소련은 일본의 전후처리에 참여하지 못하는 것에 대한 보상으로 한반도에서 군사·정치적 입지를 공고히 하려 했고 이

---

47 이미경, 같은 글, pp. 212.
48 김성보, 같은 글, pp. 58.

것이 한국전쟁의 원인이었다는 것이다.[49]

그러나 당장 전쟁이 벌어지자 미국은 유엔을 동원하여 즉각 참전을 결정하였다. 앞서 말했듯이 중국공산화 이후 미국의 정치는 세계 어느 곳에서든 공산세력이 확장되는 것을 용납할 수 없게 된 것이다. 한반도는 미국에게 계륵과 같은 존재였다.[50] 얻을 것은 많지 않고 지키기에는 비용이 너무 크게 드는 지역인 것이다. 이승만은 이를 잘 알고 있었다. 그래서 그는 한미동맹에 정치생명을 걸고 북진통일을 주장하며 정전협정 체결을 방해했다. 미국은 이승만 제거계획(plan Eveready)까지 세웠고 "명예로운 휴전"을 공약했던 아이젠하워는 이승만을 "미친 노인네"라며 비난하였다.「한·미 상호방호조약」체결은 이승만의 '벼랑 끝 전술'의 결과였다.[51]

한미동맹은 국가이익 – 세력균형에 기초한 현실주의적 관점으로 설명하기 어렵다. 이러한 관점에서 미국의 최종 선택은 한반도 포기일 수밖에 없다.[52] 그러나 미국의 '국제주의'는 윌슨의 이상주의, "평화로운 인간의 본성과 세계에 내재하는 조화에 대한 확신"으로부터 온 것이었다.[53] 이러한 도덕적 관점에서 미국은 북한의 남침을 좌시할 수 없었다. 김학재(2015)는 미국의 참전과 이후의 판문점 체제가 미국의 자유주의적 세계질서 구축이라는 평화의 기획과 맞물려 성립하였다고 보았다.[54] 그러나 미국외교의 또 다른 목표는 군사·경제적 패권의 유지였다. 이를 위해 공산권의 확장을 막기 위한 전쟁과 침략을 불사했고 군사독재를 지원하였으며 일본 등 위협이 될 수 있는 동맹의 성장도 견제하였다. 미국의 외교는 이상주의와 현실주의의 모순에 차 있었고, 이는 소련도 마찬가지였다. 밖으로는 반제국주의, 독

---

[49] 조지 F. 케넌, 같은 책, pp. 332-336.

[50] 최형익, 같은 책, pp. 23-24.

[51] 위의 책, pp. 14-15.

[52] 닉슨독트린을 통해 현실주의로 돌아섰던 미국이 가장 먼저 손보려 한 것이 주한미군철수였다. 그러나 이 또한 박정희 대통령의 벼랑끝 외교와 북한의 조급함으로 1개 사단에 그쳤다.; 위의 책, pp.18. 참조

[53] 위의 책, pp. 16-17.

[54] 김학재,『판문점 체제의 기원』(서울: 후마니타스, 2015) pp. 33-34.

립과 해방을 외치면서도 동유럽을 비롯한 세력권 내에서 폭압을 자행하였다.

4) 소결: 분단과 전쟁은 막을 수 없었는가?

미소의 적대가 노골화되기 전 우리에게는 기회가 있었다. 모스크바 3상회의 결정에 따라 단일 임시정부가 세워졌다면 이후의 전개는 분명 달라졌을 것이다. 이후 미국과 소련이 아무리 적대적으로 돌아섰다 하더라도 직접적인 충돌을 원하지는 않았다. 미국은 한반도에 친소정권이 세워지는 것을, 소련은 친미국가가 세워지는 것을 용납할 수 없었기에 오스트리아와 같은 중립국의 길을 걷게 될 수도 있었다.

그러나 이승만은 친미국가를 세우고자 하였고, 김일성은 친소국가를 세우고자 하였다. 이들의 강한 의지와 능력은 분단과 전쟁으로 이어질 수밖에 없었다. 양자가 서로의 존재를 용납할 수 없었기 때문이다. 중도파와 다수의 인민들은 이 둘 모두를 거부하며 빠르고 완전한 독립을 원하였다. 그러나 그 조급함 때문에 각 세력을 설득할 수 있는 통일방안을 만들지 못하였다.

분단과 전쟁은 결국 외세가 아닌 우리 민족의 책임이라고 보아야 한다. 당시에 평화를 위해 필요했던 것은 '조급함'과 '적대의식'이 아니라 '점진론'과 '공존의식'이었다. 생각이 다른 사람과 세력이 존재하는 경우 평화적 공존이냐, 전쟁이냐의 선택밖에 없다.[55] 그리고 평화적 공존은 점진적, 단계적 과정을 통해서만 가능하다. 전쟁 이후 남과 북의 통일방안도 이러한 방향으로만 수렴될 수 있었다.

4 남과 북 통일관의 수렴: 평화적 '공존'과 점진적 '단계'

1953년 4월, 정전협정 60조[56] 평화적 해결을 위해 소집된 제네바회담에서 연

---

[55] 진짜 전쟁이 일어나지 않더라도 적대적 공존은 실상 내적 전쟁 상태이다.
[56] 정전협정 60조. "한국문제의 평화적 해결을 위하여 쌍방 군사령관은 쌍방의 관계 각국 정부에

합군측과 공산측은 공히 총선거를 통한 단일정부 구성이라는 1국 1체제 통일방안을 제시했다. 그러나 남과 북은 서로의 체제와 정권을 양보할 생각이 없었기에 협상의 결렬은 불가피했다. 50년대 북한은 당분간 통일이 불가능할 것이라는 정세 인식 하에 전후복구와 국가의 사회주의적 개조에 주력하였다. 반면 이승만 정권은 제네바회담에서 제시했던 유엔감시 총선거 통일론보다 '적'의 관념을 더 강화한 북진통일론을 국시로 삼았다. 남과 북의 적대감은 베트남전을 계기로 강화되었다. 북한에서는 북베트남 지원과 함께 남한혁명이 현실적 목표로 부상하였다.[57] DMZ 인근에서는 북한군의 공격이 계속되었다. 남한도 가만히 있지 않았다. 특수부대를 창설해 68년까지 월 2회의 북한 공격을 감행하였다.[58] 1968년 1월 청와대 습격 사건과 푸에블로호 나포 사건은 이러한 충돌의 정점에서 일어났다.

그러나 1969년 7월 닉슨 독트린 후 상황은 급변하였다. 1970년 7월 미국이 주한미군 7사단의 철수를 통보한 직후 박정희 대통령은 새로운 '평화통일구상'을 밝혔다. 앞으로 남과 북은 '개발과 건설과 창조의 (선의의) 경쟁'을 하자는 것이었다. 이는 '적'에서 '경쟁자'로의 상대에 대한 관념의 변화를 의미했다. 북한의 변화는 1971년 7월 키신저의 방중 후 가시화되었다. 김일성은 평양군중집회에서 "남조선의 민주공화당을 포함한 모든 정당, 사회단체 및 개별적 인사들과 아무 때나 접촉할 용의가 있다"며 대남 강경노선의 갑작스런 반전을 보였다.[59] 이에 따라 1972년에 분단 이후 최초의 남북 합의문인 「7·4 남북공동성명」이 발표되었다. '자주', '평화', '민족대단결'의 원칙이라는 최초의 접근이 이루어졌다. 그러나 그해 10월

정전협정이 조인되고 효력을 발생한 후 삼개월내에 각기 대표를 파견하여 쌍방의 한급 높은 정치회의를 소집하고 한국으로부터의 모든 외국군대의 철수 및 한국문제의 평화적 해결문제들을 협의할 것을 이에 건의한다."

57 와다 하루끼, 남기정 역, 『북한현대사(2012)』(파주: 창비, 2014), pp. 155.

58 미치시타 나루시게, 이원경 역, 『북한의 벼랑 끝 외교사』(파주: 한울, 2013), p. 43; 미치시타는 66년 15건, 67년 69건, 68년 175건, 69년 21건의 무력충돌이 있었으며, 사망자는 미군 75명, 국군 299명, 북한군647명으로 집계하였다. 즉 북한군의 병력 손실이 두 배 가까이 된다. (같은 책 pp. 54)

59 최명해, 『중국·북한 동맹관계: 불편한 동거의 역사』(서울: 오름, 2009), pp. 287.

유신이 선포되었고 이듬해 6월 대화는 정지된다. 국제정세 변화를 불리하게 인식한 남한은 체제보전을 위해 중·소 - 미·일의 교차승인과 유엔동시가입을 추진한 반면, 유리하게 인식한 북한은 이를 분단의 영구화라며 반대하였다. 이후 70년대에는 외교전이 치열하게 전개되었다. 남북의 외교전은 제3세계의 지지를 얻은 북측에 유리하게 전개되는 듯 보였으나 1976년 8월 도끼만행 사건으로 반전되며 소강상태로 접어들었다.

1980년 10월 북한은 「고려민주련방공화국」 통일방안을 제시하였다. 이 방안은 1민족 1국가 2체제 2정부의 연방을 통일국가의 최종상태로 정의했다. 각자의 사상과 제도를 상대에게 강요하지 않으며, 두 개의 정치·경제 체제를 유지하면서 하나의 국가를 만들 것을 주장하였다.[60] 서로 다른 체제와 제도를 존중하며 함께 사는 것이 가능하다는 평화적 '공존'에 대한 접근이 처음으로 나온 것이었다. 그러나 전두환 정권은 이를 남한 사회를 흔들기 위한 전략으로 생각하였다. 북한도 전두환 정권을 인정하지 않고 민주화를 요구하며 적극적인 행동을 하지 않았다.

변화는 87년 민주화투쟁 이후 남한 시민사회로부터 나왔다. 민주화세력은 민주화를 완성하기 위해 적대적인 남북관계를 해결해야 한다고 생각하였다. 그러나 현실적으로 즉각적인 통일은 불가능하기에 '평화공존'의 '단계'를 거쳐야 한다는 것이 이들이 제시한 새로운 통일론의 핵심이었다. 그 첫 일성은 1988년 2월 KNCC의 「88선언」이었다. 이들은 상대방에 대해 "증오와 적개심을 품고 왔던 일이 우리의 죄"였다고 반성하며 "갈등과 대결에서 화해와 공존으로" 나아가 "하나의 평화로운 민족공동체"를 이룩해야 한다고 선언하였다.[61] 1980년대 중반 김대중은 북한의 연방제를 수용하여 연합제(2국 2체제) → 연방제(1국 2체제) → 통일(1국 1체제)로 이루어진 3단계의 「공화국 연방제 통일방안」을 구상했다.[62] 1988년 4월 문익환목사는 김대중의 통일방안을 변형하여 연합제(2국 2체제) → 남북 연방제(1국 2체제) →

---

[60] 『김일성저작집 35(1980.1 - 1980.12)』(평양: 조선로동당 판사, 1987) pp. 346-347.

[61] 한국기독교교회협의회(KNCC), 「민족의 통일과 평화에 대한 한국기독교회 선언」, 1988.2.29.

[62] 김대중, 『김대중 자서전 1』(서울: 삼인, 2010), pp. 281.

지자체 연방제(1국 다체제)의 「3단계 연방제 통일방안」을 발표한다.[63] 문익환은 이러한 통일방안을 가지고 1989년 3월 방북, 김일성을 만나 「4·2 남북 공동 성명」을 이끌어냈다. 성명의 핵심은 "누가 누구를 먹거나 누가 누구에게 먹히우지 않고 일방이 타방을 압도하거나 타방에게 압도당하지 않는 공존의 원칙"에 따라 연방제 통일을 지향하되, 북측은 통일의 점진적 단계 설정을 수용하는 것이었다.[64] 이는 통일방안에 대한 남북 최초의 수렴이었다.

민간의 통일운동은 남북 정부를 견인하였다. 노태우 정부는 1988년 「88선언」 4개월 후 남북의 상호인정과 민족의 공동번영이라는 거시적 목표를 담은 「7·7선언」을 발표하였다. 1989년 「4·2 공동성명」 5개월 후 노태우 대통령은 「한민족공동체 통일방안」을 발표하였다. 이 방안은 남한정부 최초의 단계론적 통일방안으로 '남북연합'을 과도기로 설정하였다. 이로써 남북 통일론의 1단계 수렴이 이루어졌다. 김일성은 1991년 신년사에서 단계론을 공식화하였고, 그해 12월 남북기본합의가 이루어졌다. 양측 통일방안의 수렴은 2000년 6·15 남북공동선언에서 "남측의 연합 제안과 북측의 낮은 단계의 연방제안이 서로 공통성이 있다고 인정하고 앞으로 이 방향에서 통일을 지향시켜 나가기로 하였다."라는 말로 공식화되었다.

통일방안 수렴의 핵심은 평화적 '공존'과 점진적 '단계'를 수용하는 것이었다. 그러나 1994년 김일성 사후 남한에는 북한붕괴론이 고개를 들며 지속적으로 대화를 단절했고, 북한은 체제 안보를 위해 문을 닫아걸고 핵·미사일 개발에 몰두했다. 1945년 잠시 미소관계가 좋았던 때처럼 미중관계가 좋았던 1990~2000년대는 평화체제 구축의 호기였다. 그러나 남과 북은 이 기회를 적대감과 조급함으로 또 다시 날려버리고 말았다.

---

[63] 문익환, "연방제 통일의 3단계 과정," 『사회와 사상』, 1988.9, pp. 68.

[64] 문익환·허담, 「4.2 남북 공동 성명서」, 1989.4.2.

5 세 번째 위기: 우리는 선택은 무엇인가?

미중갈등이 커지고 세계체제가 뒤흔들리고 있는 지금은 한반도의 세 번째 지정학적 격변기라 할 수 있다. 그러나 외부의 압력이 강해진 만큼 우리의 힘도 강해졌다. 외부의 힘도 하나가 아니라 여럿이 되었다. 미국의 힘은 여전히 강하지만 과거와 같지 않고, 중국과 소련도 과거와 같이 이념을 공유하고 있지 않다. 북한도 핵보유국이 되었다. 과거 두 번의 국면에 비해 변화와 선택의 여지가 훨씬 더 커진 것이다.

김준형(2022)은 한국이 이미 선진국이며 약소국 콤플렉스를 내던져야 한다고 주장한다. 한국은 경제력과 군사력, 첨단 미래산업과 문화산업 등 모든 분야에서 선두를 달리고 있다. 또한 한국의 성장은 다른 국가들에게 위협으로 느껴지지 않는다는 것도 큰 장점이다. 우리에게 부족하기에 더 큰 설득력을 가질 수 있는 가치가 바로 '평화'이다. 세계질서의 위기 속에 그가 제시하는 해법은 두 가지이다. 첫째는 남북 평화공존 체제를 구축하는 것이고, 둘째는 제3지대의 연대를 통해 미중 대결구조를 완충하는 것이다. 한국은 이제 '고래 싸움에 등 터지는 새우'가 아니라 '평화의 바다를 함께 유영하는 돌고래'가 될 수 있고, 되어야 한다는 것이다.[65]

1) 한반도 트릴레마와 그 해법

정태인(2021)도 남북 평화체제 구축과 3지대 연대를 대안으로 생각했다, 첫 번째와 관련하여 그는 구갑우(2019)가 제시한 한반도 트릴레마 상황 속에서의 선택을 고민했다. 한반도 트릴레마란 평화체제, 한미동맹 – 주한미군, 한반도 비핵화 세 가지 목표를 한꺼번에 이룰 수 없으며 최소한 하나는 포기해야 한다는 것이다. 첫째, 비핵화와 한미동맹 – 주한미군을 선택하는 경우 북한의 안보불안으로 평화체제 구축은 불가능하다. 이 선택의 결과는 선재공격 또는 북한 정권 붕괴인데 이는 중국도 받아들일 수 없으며 핵전쟁을 불사해야 하는 선택이다. 설사 붕괴된 북

---

[65] 김준형, 『대전환의 시대, 새로운 대한민국이 온다』(서울: 크레타, 2022).

한을 흡수 통일한다 하더라도 지불해야 할 정치·경제·사회적 비용은 상상을 초월할 것이다. 둘째, 평화체제와 한미동맹 – 주한미군을 선택하는 경우 북한은 핵을 장기적으로 보유하려 할 것이다. 이 경우 한국과 일본은 지속적인 안보불안에 시달리며 핵을 가지려 할 것이고, 핵 확산을 막기 어려워진다. 미국의 지속적인 개입을 부를 것이며, 중국에게는 북핵과 주한미군이 모두 존재하는 가장 불편한 안이다. 정태인의 선택은 한미동맹 – 주한미군을 포기하고 평화체제와 비핵화를 달성하는 것이었다. 미국 정부와 의회가 반대할 수도 있지만 중국과 직접 군사적으로 대립하려는 것이 아니라면 핵 확산 방지라는 상위목표를 이룰 수 있는 유일한 해법이라는 것이다.[66]

이러한 선택은 이상적으로 보이지만 세 가지 문제가 있다. 첫째, 비핵화를 합의한다 해도 그 결정과 실행에는 오랜 시간이 걸리며[67] 북한은 더 이상 이를 협상의 대상으로 삼지 않겠다고 공식 선언했다. 둘째, 미국의 목표는 이제 핵확산 방지보다 중국과의 경쟁에서 이기는 것을 더 우선하고 있으며 이를 위해서는 어느 정도의 군사적 충돌까지 감수하려는 것으로 보인다. 셋째, 한국과 일본의 여론은 북핵 만큼 중국의 성장을 위협으로 느끼고 있으며 한미동맹 해체와 미군철수를 심각한 안보위협으로 여기고 있다. 따라서 필자는 한반도 트릴레마를 셋 중 하나를 선택하는 문제가 아니라 우선순위를 설정하는 문제로 볼 것을 제안한다. 이는 앞장에서 말한 평화공존과 단계론적 관점이기도 하다. 트릴레마라는 말 자체가 하나를 선택하기 어렵다는 뜻을 내포하고 있다. 또한 하나를 포기한다 해도 세 가지 모두

---

66 정태인, "미중마찰과 한반도의 향방," 『한미정상회담 이후, 우리의 선택은?』 정의당 전문가초청 토론회(2021.06.10.), pp. 21-28.

67 우크라이나 비핵화의 경우 1991년 소련해체로 인한 분리독립 후 1994년 미·영·러와 우크라이나·벨라루스·카자흐스탄의 '부다페스트 안전 보장 양해각서' 체결, 2001년 시설해체 완료까지 10년이 걸렸다.(박민희, "'배신'당한 우크랑나 비핵화," 『한겨레』 2002.1.5.) 그러나 북한 비핵화의 경우 1989년 미국의 영변 핵시설 발견 이후 지금까지 34년째 협상과 합의, 이행이 가다서다를 반복하며 악화되어 왔다. 목표에 대한 합의와 정밀한 단계적 프로세스가 필요하고, 그것을 하나씩 이행하며 깨어진 신뢰를 회복하는 데에는 상당한 시간이 걸릴 수밖에 없다.

단시일 내에 실행될 수 있는 것이 아니다. 시점의 중첩과 목표 간의 충돌이 불가피하다. 현재 윤석열 정부 대북정책의 우선순위는 첫째 한미동맹, 둘째 비핵화, 셋째 평화체제로 보인다. 지난 문재인 정부도 1순위가 한미동맹이었다. 때문에 평화체제 구축도 이루어질 수 없었다.

한국 대북정책의 우선순위는 첫째 평화체제, 둘째 한미동맹, 셋째 비핵화가 되어야 한다. 평화체제는 한국의 안보와 주권, 번영을 위해 포기할 수 없는 제1목표이다. 평화체제 없이 우리는 내부의 이념갈등에서도 자유로울 수 없으며, 대륙과 단절되고 일본에 막혀 밖으로 뻗어 나갈 수도 없다. 다음으로 한미동맹과 주한미군도 동아시아에서의 힘의 균형을 위해 당분간 유지되는 것이 좋다. 그러나 상위 목표를 위해 주한미군의 역할과 기능은 전쟁 방지와 한국과 일본에 대한 방어로 제한되어야 한다. 즉 평화유지군적 성격을 명확히 해야 한다. 이를 위해서는 과거 세계 최강대국과 최약소국이 맺었던 불평등한 한미동맹을 재조정 할 필요가 있다.[68] 끝으로 비핵화는 포기할 수 없는 과제이다. 하지만 이는 상위 목표들과 함께 단계적 프로세스를 밟아서 장기적으로 이루어져야만 하며 그렇게 밖에 이룰 수 없는 목표이기도 하다. 북한에게도 중국을 견제해 줄 세력이 필요하며 북한에 위협이 되지 않는 주한미군은 오히려 필요할 수도 있다. 장기적으로 충분한 조건 성립 시 주한미군과 비핵화는 동시에 이루어질 수 있는 목표이다.

2) 남북 국가승인과 2국가 평화체제

통일에 대한 소금함은 해방 시기부터 지금까지 오히려 통일을 막아왔다. 강압에 의한 북한의 변화가 불가능하다는 것은 지난 20여년의 세월이 충분히 증명해 주었다. 북한의 정권과 주민을 나누어 보는 북한붕괴론도 틀렸다. 북한에는 시

---

68 「한미상호방위조약」의 핵심은 주권과 안보의 교환이었다. 한국은 안보를 위해 주권의 일부를 포기하였고, 미국은 다시 전쟁이 일어나는 것을 막기 위해 안보를 제공하고 주권을 제약하였다. 미국의 동맹국 중에서도 국토 전체를 군사기지 대상으로 공여한 나라는 한국이 유일하며, 이 조약은 70년이 지난 지금까지 한 번도 수정되지 않았다.; 최형익, 같은 책, pp. 16-17.

민사회가 존재하지 않으며, 주민들도 강력한 피포위 의식과 국가붕괴에 대한 불안으로 정권과 운명공동체를 형성하고 있다고 보는 것이 합리적이다. 경제적 지원을 통해 상대를 변화시키겠다는 햇볕정책도 '고난의 행군'의 여파가 남아있던 2000년대에나 가능했던 방식이다. 북한은 이를 흡수통일론의 변형으로 인식하며 더 이상 일방적인 지원은 받지 않겠다는 입장을 취하고 있다. 그렇다면 남북 평화체제는 어떻게 만들 것인가? 남북 통일방안의 수렴은 평화적 '공존'과 점진적 '단계' 설정을 통해 이루어졌고, 남과 북이 합의했던 통일의 1단계는 2국 2체제의 연합제 내지 낮은 단계의 연방제였다. 그로부터 20여년이 지난 지금은 그 앞에 하나의 단계를 더 설정할 필요가 있다.

그것은 남북 국교 수립을 통한 관계 정상화이다. 남과 북은 국가대 국가로 먼저 만나야 한다. 윤영상(2020)은 현행 헌법은 흡수통일 이외의 통일방안을 허용하지 않는다고 보며 헌법 개정과 남북 간 국가승인(국교수립)을 통한 국가연합을 주장하였다.[69] 대한민국 헌법 3조는 북한을 우리의 영토로 정의하고 있고, 이에 따라 북한정부를 반국가단체로 정의하는 국가보안법이 유지되고 있다. 때문에 남과 북의 모든 합의가 법적 효력을 가지는 조약으로 국회에서 승인될 수 없었고 정권 교체에 따라 무시되기 마련이었다. 북한은 이미 변하고 있다. 지난 2021년 7차 당대회에서 당규약을 개정하면서 당의 목적을 전국적 범위에서 "민족해방민주주의혁명의 과업을 수행"하는 데서 "사회의 자주적이며 민주주의적인 발전을 실현"하는 것으로 바꾸었다. 작년에 김여정은 윤석열대통령의 8·15 경축사를 비판하며 "제발 좀 서로 의식하지 말며 살았으면 하는것이 간절한 소원이다."라고 하였다.[70] 최근에는 공식 논평에서 우리를 '대한민국'이라고 칭하기 시작하며 2국가론으로 가는 것이 아니냐는 해석들이 나오고 있다.

---

69 윤영상, "남북한 국가승인과 국가연합: 공존형 통일방안의 실현가능성 모색," 『통일정책연구』, 제29권 2호(2020), pp. 55~82.

70 김여정, "허망한 꿈을 꾸지 말라: 김여정 조선로동당 중앙위원회 부부장 담화," 『로동신문』, 2022.8.19.

무엇보다 헌법 개정과 남북국가승인은 우리가 주체적으로 추진할 수 있다는 장점이 있다. 평화협정은 남북 뿐 아니라 미·중·일·러 모두의 이해관계를 맞춰야 하는데 이는 점점 더 어려워지고 있다. 북미·북일 수교는 결국 당사자들 간의 문제이다. 문재인 정부의 실패도 결국 북미 교섭에 모든 것을 걸었기 때문이었다. 미국에게 한국과 한반도 문제는 중국, 일본, 러시아를 상대하는 문제에 비해 중요도가 한참 떨어진다. 언제나 우선순위에서 밀려났으며 이는 주목받기 위해 북한이 지속적으로 도발을 해 온 원인이기도 하다. 그러나 우리의 법체계를 고치는 것은 우리 스스로 할 수 있으며 남북국교수립은 남과 북 둘 간의 문제이다. 정정협정이 문제라고 한다면 중국도 당사자였으나 한중수교 시 문제가 되지 않았다.

또한 2국가 평화체제는 국내정치적으로 더 많은 국민들의 동의를 얻을 수 있다. 2022년 통일의식조사에서 남북이 평화적으로 공존할 수 있다면 통일은 필요없다는 응답이 57%였으며, 통일보다 지금처럼 분단 상태로 지내는 것에 찬성하는 응답은 35%, 반대하는 응답은 30%에 그쳤다. 통일 비용 조달을 위한 세금 인상에 찬성한 응답자 비율은 17.6%밖에 되지 않았다.[71] 통일보다 평화공존에 대한 선호가 높으며 통일에 따른 비용을 감당하는 것은 다수의 동의를 받기 어려워졌다. 그러나 남과 북은 정상적인 국가관계만 되어도 협력을 통해 얻을 수 있는 것이 수없이 많다. 평화 뿐 아니라 환경과 경제를 위해서도 남북의 협력은 절실하다. 현재와 같이 국가관계도 아니고 아닌 것도 아닌 애매한 상태를 지속하는 것보다 분명하게 서로를 이웃국가로 정의하고 교류하며 장기적으로 국가연합 등 통일의 수준을 높여나가야 힌다.

3) 피벗국가와 3지대 연대

그런데 과연 우리가 미·중의 눈치를 보지 않고 독자적인 외교정책을 펼칠 힘이 있는가? 그것은 의지의 문제이기도 하지만 현실적 힘과 실력의 문제이기도 하다. 정태인은 한국이 미중 사이에서 경제적으로 전략적 삼각형의 꼭짓점인 피벗국

---

[71] 박주화 외, 『KINU(통일연구원) 통일의식조사 2022』, (서울: 통일연구원, 2022), pp. 48, 50.

가의 위치에 있다고 분석하였다. 현재 미중경쟁은 첨단산업과 관련되어 있다. 미중간의 반도체 전쟁은 중국 제품에 대한 수요규제에서 공급규제로 바뀌고 있다. 미국 기술이 들어간 소재·부품·장비의 중국 수출을 제한하는 것이다. 이러한 봉쇄를 위해서는 한국과 같이 첨단 제조업 기술을 가진 국가들의 도움이 필수적이다, 미국은 중국을 이기기 위하여 한국을 필요로 하고 있다.[72] 윤석열대통령 당선 직후 이루어진 바이든 대통령의 방한은 상징적 사건이다. 과거에는 한국 대통령이 취임하자마자 미국에 가기 바빴다. 중국도 한국이 어떤 스탠스를 가지는가에 신경을 곤두세우고 있다. 한국은 이러한 피벗국가의 위치를 경제적·정치적 목적을 달성하는데 십분 활용해야 한다.

그리고 우리와 같이 끼인 국가들의 연대를 통해 국제규범 수립에 앞장서야 한다. 한국은 3지대를 선도할 만큼 강해진 나라이다. 이러한 3지대의 힘과 가능성은 과거 미소냉전 시기에 비해 훨씬 높다. 정태인은 세 가지 근거를 들었다. ①미국의 중국 '권위주의' 비판은 소련 '공산주의' 비판에 비해 설득력이 떨어진다. ②당시 미·소 교역 규모는 1년에 20억$였지만 현재 미중 교역 규모는 1일에 20억$이다 ③2차 대전 직후 미·소는 세계 GDP의 70%를 차지하였지만 현재 미·중의 GDP 합계는 40% 수준이다.[73] 패권전쟁의 명분도 약하고, 둘이 분리되는 것조차 어려우며, 다른 국가들의 국력의 합이 훨씬 더 크다는 것이다.

또 우리가 가진 것은 문화적·도덕적 힘이다. K – 문화와 경제발전, 민주화 수준 등으로 한국은 세계적으로 매력적인 국가가 되었다. 그리고 아직도 과거 냉전의 잔재인 분단으로 고통 받고 있다. 한국의 평화에 대한 주장은 다른 어느 나라보다도 호소력을 가질 수 있다. 강대국 간 갈등의 한복판에서 충돌을 완화시키며 평화를 만들어가는 대한민국은 세계 모든 국가들이 따라 배우고 싶은 평화의 학교라는 우리의 미래 비전이 될 수 있다.

---

[72] 정태인, "미중마찰과 한반도의 향방,"『한미정상회담 이후, 우리의 선택은?』정의당 전문가초청 토론회(2021.06.10.), pp. 14-20.

[73] 위의 글, p. 32.

6 나가며: 공존의 정치는 가능한가?

　독일의 정치학자 카를 슈미트는 정치의 본질을 적과 동지의 구별에서 찾았다.[74] 그러한 정치관의 결과는 파시즘이었고, 전쟁이었다. 미국이 말하는 시장 자유주의의 이상은 칸트의 '영구평화론'으로부터 나왔다.[75] 1918년 우드로 윌슨의 14개조 평화원칙[76]은 전쟁 없는 세계라는 칸트의 이상을 그대로 구현하려 하였다. 그러나 미국은 다른 나라에 대한 강압과 힘을 통해 그것을 이루려 하였다. 비평화적 수단에 의한 평화의 기획 역시 전쟁을 막지 못하였고, 한국전쟁과 적대적 분단체제로 우리는 지금까지 고통 받고 있다. 2차 대전 이래 베트남, 아프간 등 강대국이 약소국을 강압하기 위해 일으킨 전쟁은 대부분 실패하고 말았다.

　공존의 정치가 어려운 것은 선과 악, 적과 아를 나누는 1차원적 정치와 차원을 달리 하기 때문이다. 단순한 세계관은 선명하고 매력적으로 보이지만 현실이 아니다. 세상이 그렇게 단순하지 않다는 것을, 상대에게도 생각과 이유가 있다는 것을, 그리고 나와 다른 이들과도 같이 살아야 한다는 것을 인정하는 공존의 정치는, 너와 내가 생각하는 서로 다른 선과 악에 대한 다차원 방정식을 푸는 문제이다.

---

[74]　"도덕적인 것의 영역에서 최종적인 구별이란 선과 악이며, 미학적인 것에서는 아름다움과 추함이고, 경제적인 것에서는 이익과 해害라고 할 수 있다. … 정치적인 행동이나 동기의 원인으로 여겨지는 특정한 정치적 구별이란 적과 동지의 구별이다. … 적이란 바로 타인, 이방인이며, 그 본질은 특히 강한 의미에서 낯설고 이질적인 존재라는 것으로 족하다."; 카를 슈미트, 김효전·정태호 역, 『정치적인 것의 개념』(파주: 살림, 2012), pp. 39-40.

[75]　칸트가 제시한 영구적 평화를 위한 조항은 6가지이다. ①"장래에 있을 전쟁의 씨앗을 비밀리에 유보한 채 체결된 평화 조약은 결단코 평화 조약이라고 할 수 없다." ②"독립하고 있는 국가는 승계, 교환, 매수 또는 증여에 의해 다른 국가에 의해 취득될 수 없다." ③"상비군은 시대의 흐름과 함께 완전히 폐기되어야 한다. ④국가의 대외 분쟁과 관련하여 국채를 발행해서는 안 된다." ⑤"어떤 국가도 다른 국가의 체제나 통치에 대해 폭력을 사용하여 간섭해서는 안 된다." ⑥"어떤 국가도 타국과의 전쟁에 있어서 장래 평화 시에 있을 상호간의 신뢰를 불가능하게 만들 정도의 행위를 해서는 안 된다."; 임마누엘 칸트, 박환덕·박열 역, 『영구 평화론』(파주: 범우사, 2015), pp.17-28.

[76]　윌슨의 '14개조 평화원칙'은 ①비밀외교 금지 ②항해의 자유 ③자유무역 ④군비축소 ⑤민족자결 (⑥~⑬: 러시아~폴란드에 관한 입장) ⑭국제연맹으로 이루어져 있다.

남북과 미중관계 뿐 아니라 국내에도 분열이 심화되고 있으며, 전 세계적으로도 팬덤정치와 극단적 정치가 범유행중이다. 그러나 그만큼 적대적이고 극단화된 정치에 대한 성찰과 반성도 커지고 있다. 물극필반(物極必反) - 모든 것은 극에 달하면 반드시 반대로 되돌아간다. 우리는 극단적 적대를 통해 공존의 길로 나아가고 있는 것인지도 모른다. 지금의 인류는 역사상 그 어느 때보다도 교육수준이 높으며, 서로 연결되어 있다. 그 중에서도 한국은 단연 최고 수준이다.

평화공존은 어렵지만 그렇기 때문에 그만큼 숭고하고 위대한 목표이다. 한반도의 지정학적 위치는 완충지대이다. 평화공존을 선택하여 주체적으로 충돌을 완화시키는 평화의 선도국가가 될 것인가, 한쪽 편에 서서 충돌을 강화시키는 전위가 될 것인가는 우리의 선택에 달려있다. 조선말부터 우리 역사는 자의반 타의반 강대국에의 종속을 택하는 경향이 커졌다. 그리고 그 강대국들의 정치는 야마가타, 윌슨과 같은 정치인들의 상상과 꿈을 통해 진행되어 왔다. 우리도 이제 우리의 꿈을 꿀 때가 되었다. 우리는 무엇을 원하는가? 사실 스스로 주체가 되어 한반도에서부터 세계평화를 이루어나가는 것은 이미 오래 전부터 우리의 꿈이었다.

> "우리는 일본이 1876년 강화도조약 뒤에 갖가지 약속을 지키지 않았다고 해서 일본을 믿을 수 없다고 비난하는 게 아니다. … 스스로 채찍질하기에도 바쁜 우리에게는 남을 원망할 여유가 없다. … 지금 우리가 할 일은 우리 자신을 바로 세우는 것이지 남을 파괴하려는 것이 아니다. … 오늘 우리 조선의 독립은 조선인이 정당한 번영을 이루게 하는 것인 동시에, 일본이 잘못된 길에서 빠져나와 동양에 대한 책임을 다하게 하는 것이다. 또 중국이 일본에 땅을 빼앗길 것이라는 불안과 두려움으로부터 벗어나게 하는 것이며, 세계 평화와 인류 행복의 중요한 부분인 동양 평화를 이룰 발판을 마련하는 것이다." - 3·1 독립선언서[77]

---

[77] 조선민족대표 33인, 「3·1 독립선언서」, 1919.3.1. '3·1 운동 및 대한민국임시정부 수립 100주년 기념사업추진위원회' 소책자.

참고문헌

1. 단행본

김대중, 『김대중 자서전 1』(서울: 삼인, 2010).
김동기, 『지정학의 힘: 시파워와 랜드파워의 세계사』(파주: 아카넷, 2020).
김일성, 『김일성저작집 35(1980.1－1980.12)』(평양: 조선로동당 판사, 1987).
김준형, 『대전환의 시대, 새로운 대한민국이 온다』(서울: 크레타, 2022).
김학재, 『판문점 체제의 기원』(서울: 후마니타스, 2015).
강상중, 노수경 역, 『한반도와 일본의 미래』(사계절, 2021).
박노자 외, 『러시아는 우리에게 무엇인가』(서울: 신인문사, 2011).
박주화 외, 『KINU(통일연구원) 통일의식조사 2022』, (서울: 통일연구원, 2022).
리처드 번스타인, 이재황 역, 『1945 중국, 미국의 치명적 선택: G2 시대는 어떻게 시작되었는가』(서울: 책과함께, 2016).
미치시타 나루시게, 이원경 역, 『북한의 벼랑 끝 외교사』(파주: 한울, 2013).
안중근, 『동양평화론(외)』(파주: 범우사, 2010).
와다 하루끼, 남기정 역, 『북한현대사(2012)』(파주: 창비, 2014).
와다 하루키 외, 한철호·이규태·심재욱 역, 『동아시아 근현대통사(2014)』(서울: 책과함께, 2017).
임마누엘 칸트, 박환덕·박열 역, 『영구 평화론』(파주: 범우사, 2015).
조지F.케넌, 유강은역, 『조지 케넌의 미국 외교 50년』(가람기획, 2013).
최명해, 『중국·북한 동맹관계: 불편한 동거의 역사』(서울: 오름, 2009).
최형익, 『봄 승인주의』(괴천: 진인진, 2023).
카를 슈미트, 김효전·정태호 역, 『정치적인 것의 개념』(파주: 살림, 2012).
황준헌, 김승일 역 『조선책략(1880)』(파주: 범우사, 2016).

2. 논문

김성보, "21세기에 돌아보는 1945년 한반도의 지정학," 『역사비평』, 제124호(2018.8). pp. 52-85.
김학노, "한반도의 지정학적 인식에 대한 재고: 전략적 요충지 통념 비판," 『한국정치학회보』, 제53집 제2호(2019.6) pp. 5-30.

문익환, "연방제 통일의 3단계 과정,"『사회와 사상』, 1988.9, pp. 68-71.

백원담·김동춘·마크 셀던·왕후이, "[좌담] 전후체제를 극복하는 한반도 평화 프로세스는 가능한가?,"『황해문화』(새얼문화재단), 통권 제100호(2018.9), pp. 115-139.

심지연, "해방 후 중요 정치세력의 통일정책 분석,"『한국과 국제정치』(경남대학교 극동문제연구소), Vol.12 No.1(1996), pp. 1-34.

윤영상, "남북한 국가승인과 국가연합: 공존형 통일방안의 실현가능성 모색,"『통일정책연구』, 제29권 2호(2020), pp. 55~82.

이미경, "전후 소련의 한반도 정책과 분단체제 형성,"『한국정치외교사논총』(한국정치외교사학회) 제23집 제1호(2001.08), pp. 211-246.

이승환, "19세기, 새로운 지정학적 공간 한반도의 등장과 중일의 한반도 인식: 이홍장(李鴻章)과 야마가타 아리토모(山縣有朋)를 중심으로,"『인문사회 21』, vol.12, no.4, 통권 47호(2021), pp. 3071-3084.

정성철, "동아시아 세력전이와 한반도 전쟁: 19세기 청일전쟁과 21세기 미중경쟁,"『담론 201』, vol.23, no.1, 통권 74호(2020), pp. 93-118.

정태인, "미중마찰과 한반도의 향방,"『한미정상회담 이후, 우리의 선택은?』정의당 전문가초청토론회(2021.06.10.), pp. 10-33.

3. 기타

고명섭, "일본 우익 '역사 도발' 부추긴 '샌프란시스코 체제'"『한겨레』, 2022.4.29. (검색일: 2023.10.6.) https://www.hani.co.kr/arti/culture/book/1040893.html

김여정, "허망한 꿈을 꾸지 말라: 김여정 조선로동당 중앙위원회 부부장 담화,"『로동신문』, 2022.8.19.

문익환·허담,「4.2 남북 공동 성명서」, 1989.4.2.

박민희, "'배신'당한 우크라냐 비핵화,"『한겨레』 2002.1.5. (검색일: 2023.10.7.) https://www.hani.co.kr/arti/opinion/column/1026088.html

조선민족대표 33인,「독립선언서」, 1919.3.1.

한국기독교교회협의회(KNCC),「민족의 통일과 평화에 대한 한국기독교회 선언」,

1988.2.29.

Harriman, "The Ambassador in the Soviet Union to the Acting Secretary of State", (Office of the Historian), Moscow, December 27, 1945. (검색일: 2023.10.5.) https://history.state.gov/historicaldocuments/frus1945v02/d268

토론

한반도 지정학과 평화의 기획

구갑우(북한대학원대학교 교수)

1 진보적 외교정책이란 무엇인가?

- 지정학에 대한 구성주의적 인식: 비판적 지정학의 가능성
- '진보적' 외교정책이 존재한다고 할 때, 진보적의 의미는?: 힘의 논리에 익숙한 '진보진영'
- 실용주의와 국가이익을 넘어서는 진보의 설정문제: "완충"=중립(?)인가?
- 진보의 이념을 담은 가치외교의 가능성: 평화공존의 외교
- 한국 내부 갈등의 '수준'과 외교정책

2 한미일 관계의 기원으로서 "샌프란시스코 체제"

- 1951년 7월 정전협상은, 미국의 중화인민공화국에 대한 engagement, 일본의 보통국가화 및 미일동맹의 체결, 한반도의 분단과 정전체제 등을 염두에

둔 정책전환
- 한미일관계의 재정립을 위해 "샌프란시스코 체제"의 변경을 만들 '의지'와 '능력'이 한국에게 있는가?
    - 2018년 한반도 평화과정은 샌프란시스코 체제에 대한 문제제기였는가?
    - 한국의 경제성장과 민주화는 샌프란시스코 체제의 산물인가?

3 양절체제(兩截體制) 재독

- 중국적 세계질서와 서양적 국제체제가 만나는 시점에 조선의 선택은 무엇이어야 했는가?: 청(淸)과 일본이 상상한 지정학으로서 『조선책략』
- 유생의 반발은, 신성불가침의 천하질서란 인식
- 위로부터의 개혁과 아래로부터의 개혁의 부조응: 안중근의 사례

4 미국의 대한반도 인식

- "은둔의 나라"로서 조선(Morning Freshness): 그리피스
- 일본을 경유한 한반도 인식: '야만'으로서 한반도
- 조미수호통상조약과 청의 속방으로서의 조선
- 이차대전이 끝나기 전 한반도의 독립을 둘러싼 Foreign Affairs의 논문: 신탁통치(in due course)와 즉시 독립
- 한반도에서 친소정부와 친미정부를 수립하려는 미소의 쟁투: 모스크바 3상회의의 조선임시정부 수립과 후견 또는 신탁통치 제안에 대한 재해석
- 중국에서의 국공내전과 북한의 역할: 한국전쟁과 중국의 개입
- 맑스-레닌주의의 전쟁(내전)과 같은 극단적 폭력에 의한 평화실현에 대한 반성: '서발턴국가'는 어떻게 말해야 하는가? 한국전쟁에 대한 미국의 즉각

적인 군사적 개입을 어떻게 해석할 것인가? 소련은 왜 미국의 행동을 방치했는가? 미국이 중국의 개입이 없을 것이라 생각한 이유는 무엇인가? 미군이 38도선을 넘을 때, 중국의 개입은 불가피했던 것일까?

5 남북 통일방안의 수렴

- 연합: 평화공존과 평화체제의 제도화

6 트릴레마 재론

- 북한이 사실상의 핵국가가 된 상태에서 비핵화 의제의 실종
- 전쟁 예방을 위한 군비통제와 군축의 필요
- 안보딜레마의 장기지속의 인정 또는 안보딜레마의 탈출구로서 억제력 인정

세션3. 불평등 위기 – 사회적경제로 해법 찾기

발제

자본주의의 대안을 탐구한 정책가, 정태인: 한국 사회적경제의 들불을 지피다

이경미(연세대학교 박사후연구원)

1 머리말

이 글은 故 정태인 박사 1주기를 맞아 그가 생전에 치열하게 연구했던 화두 중 하나인 불평등과 이를 극복하기 위한 대안으로서 사회적경제를 고찰하고 그 의미와 방향성을 짚어보는 것을 목적으로 한다. 생전에 고인이 가졌던 문제의식과 고민, 그가 남겼던 이상을 충분히 그려낼 수 있을지 서성이 앞서면서도 이 글을 쓰게 된 것은, 후학들에게 많은 애정을 쏟고 사회적경제 연구에 헌신했던 고인의 노고를 부족하나마 기록해야겠다고 생각했기 때문이다.

주위에 연구하기 좋아하고 공부한 건 꼭 후배들에게 나눠주는 인심 좋은 선배가 있다는 건 후학들에게 엄청난 행운이다. 칼폴라니사회경제연구소 설립 초기에는 정태인 소장이 직접 주재하는 세미나가 두 차례 있었는데, 세미나가 한번 열리면 매주 또는 격주로 대학원생, 활동가, 연구자들이 모여 사회적경제와 공동생산, 협동조합과 기업이론 등을 주제로 열띤 논의를 하곤 했다. 평일에 시간이 안되면 일요일 오전을 후배들에게 내줄 만큼 그는 공부하고 나누는 일에 열정적이었다. 세미나 이후에 필자는 연구소에서 진행하던 서울시 사회적경제 생태계 조사 연구에도 참여할 수 있었는데, 25개 자치구의 담당 공무원을 접촉하고 중간지원조직과 민간 네트워크의 대표들을 인터뷰하면서 자지구 단위의 사회적경제 활성화 실태를 파악할 수 있었다.

이 글을 쓰게 된 또 다른 이유는 최근 한국의 사회적경제 관련 정책이 빠르게 퇴행하고 있는 가운데, 사회적경제를 강의하고 연구하는 한 사람으로서 사회적경제의 의미를 되짚어보는 작업이 될 수 있을 것이라고 판단했기 때문이다. 그런데 이 부분은 글을 구상하며 곧 걸림돌이 있다는 것을 알게 되었다. 생전에 그가 사회적경제에 애정을 갖고 연구하게 된 계기가 무엇인지, 언제부터 사회적경제에 관심을 갖게 되었는지 구체적으로 물어본 적이 없음을 깨닫게 된 것이다(어쩌면 언젠가 풀어놓았는데 잊어버렸을 수도 있다).

다만, 미루어 짐작이 되는 몇 가지 힌트가 있기는 하다. 정태인 소장이 생전에 존경한다고 밝힌 두 분이 있었는데, 한 분은 박현채 선생(전 조선대 교수)이고 다른 한 분은 프란치스코 교황이었다. 박현채 선생은 한국전쟁 당시 10대에 빨치산 소년 돌격부대 문화부 중대장으로 활동하다 체포되고, 뒤늦게 서울대 경제학과에 입학한 천재형 인물로 알려져 있다. 청년 정태인은 박현채 선생이 설립한 한국사회연구소에 몸담으며 재벌이 아닌 중소기업과 농업을 통한 자립경제를 강조하는 그의 '민족경제론'에 심취하였고, 평생 그의 묘비명과 지론을 좌우명으로 삼았다.

"진정으로 민족적인 것은 민중적인 것이요, 민중적인 것은 민족적인 것이다."
"민중이 원하는 것은 무조건 써야한다. 모르면 공부해서라도 써라."

정태인 소장에게 큰 감화를 준 다른 인물은 프란치스코 교황이다. 철학자이자 신학자이기도 한 그는 역대 어느 교황보다도 빈곤과 불평등 개선, 사회적 약자 보호에 큰 관심과 노력을 기울이는 인물로 유명하다. 그는 '현대 세계의 복음 선포에 관한 교황 권고'라는 부제를 단 〈복음의 기쁨〉에서 주교와 사제, 수도자와 평신도에게 다음과 같이 말했다.

"배척과 불평등의 경제는 안된다고 말해야합니다. 그러한 경제는 사람을 죽일 뿐입니다. 나이 든 노숙자가 길에서 얼어 죽은 것은 기사화되지 않으면서, 주가 지수가 조금만 내려가도 기사화되는 것이 말이나 되는 일입니까? 이것이 바로 배척입니다."

"트리클다운(낙수효과) 경제학은 작동하지 않습니다."

또한, 그는 공동선을 지키는 역할을 맡은 국가의 통제권을 배척하는 자본주의, 즉 규제 없는 자본주의는 '새로운 독재'라고 주장했다.

정태인 소장은 위 두 인물에 대한 깊은 존경심을 드러내곤 했으며 '민중의 삶이 조금이라도 더 나아지는 사회'를 만드는 일을 일생의 과업으로 삼고 주류경제학이 해결하지 못하는 사회문제를 신뢰와 협동으로 극복하고자 했다. 그리고 필자는 이것이 그가 사회적경제 연구를 시작하게 된 계기가 아닐까 짐작한다.

그렇다면 그가 추구한 사회적경제는 무엇이며 어떤 방향성을 갖고 있었을까? 그리고 더 나은 사회를 향한 그의 끊임없는 분투는 우리 사회에 어떤 영향을 미쳤을까?

이 질문의 답에 근접하기 위해서는 경제학자로서 불평등 문제에 천착했던 그의 고민의 여정을 살펴볼 필요가 있다. 경제학자의 관심사가 보통 시장에 있다면, 그의 관심은 사람과 그들이 살기 좋은 평등한 세상에 있었기 때문이다. 이에 여정의 출발은 그가 사회적경제를 본격적으로 연구하기 전인 1998년으로 거슬러 올라간다. IMF 외환위기 시기에 학술지에 발표한 글을 토대로 한국 경제의 방향성에 대한 그의 전망과 견해를 알 수 있기 때문이다.

2 새로운 경제체제의 모색

1998년 〈경제와 사회〉 창간 10주년 기념호에 게재한 '글로벌 시대의 한국경제'에서 정태인은 국가 자본주의의 한 형태인 국가-재벌동원체제와 글로벌라이제이션 및 개방화의 영향을 받은 순수재벌체제 모두 한국이 극복해야 할 경제체제라고 주장했다.

우선, 글로벌라이제이션을 계기로 목소리를 높였던 시장주의자들의 예언—탈규제가 완전고용을 보장하고 자유경쟁을 복원한다, 본원통화의 통제는 가능하다, 최소국가가 성장과 생산성을 향상시킨다, 환율의 원활한 조정이 가능하다—은 모두 정반대의 결과를 가져왔다고 밝혔다. 그리고 세계적 단위로 정치·경제 공간이 이동하면서 그것을 운용할 제도적 장치, 더 나아가 사회 통합 및 동원의 정치나 이념을 발견하지 못하여 필연적으로 혼란이 발생하게 되는데, 대표적인 것이 한국을 비롯한 아시아, 러시아, 브라질에 닥친 금융위기라고 설명했다.

개방화와 관련해서는 재벌이 외국 자본시장을 이용할 수 있게 되면서 재벌에 대한 국가의 통제 능력이 떨어졌고, 시장주의와 결합한 개방이데올로기로 인해 관료가 재벌의 일부로 포섭되었다고 진단했다. 즉, 국가-재벌동원체제에서 국가는 자금의 배분이라는 무기를 활용해 거시적 조정을 수행했다면 순수재벌체제에서는 이러한 조정 수단이 무력화되었다는 것이다. 이에 따라 종합금융사를 무더기로 허용하고 아무런 규제없이 단기자본을 들여왔으며, 단기자본으로 장기 투자가 진행되면서 6대 재벌 이하 30대 재벌의 급격한 부실화를 초래한 결과, 외환위기에서 이러한 모순이 증폭되어 나타났다고 말했다.

이에 그가 제시한 한국 경제의 개혁 방향은 민주적 동원을 통한 노동자 통제와 노동자 소유의 확대였다. 당장은 IMF 재협상을 추진하고 재벌체제의 해체를 준비하는 것이 시급하나, 궁극적으로는 노동자가 각 수준의 결정에 참여하는 경제체제를 구축해야한다는 것이다. 이러한 그의 견해는 스스로 밝혔듯이 제도주의적 사고방식에 기인하며 경제학에서 설명하는 '시장'의 불명확성에 대한 문제의식과도 연결된다. 일반균형론으로 대표되는 신고전파의 시장이론은 현실에 존재하지 않는 논리 유토피아의 매커니즘으로, 신자유주의의 '시장'이란 제도가 없는 진공상태를 상정하고 있다고 보았다. 현실에서는 세계적 차원의 제도환경과 각 나라의 제도, 그러한 제도 배열 안의 계급적 상황이 시장에 반영되기 때문이다.

이처럼 1990년대 후반 정태인은 시장경제의 모순과 한국의 독특한 재벌체제에 주목하며 그 대안으로 경제민주주의와 사회적경제의 주요 원리인 민주적 동원에 의한 이해당사자 참여를 강조하였다. 그리고 이 논문에서 제도적으로 규제되지 않는 시장이 가져오는 불안정성과 파멸에 대한 칼 폴라니(Karl Polanyi)의 언급을 인용한 것도 눈여겨볼 지점이다. 사회적경제에 관한 정태인의 본격적인 저술은 2011년부터 나타나지만, 이미 1990년대 말에 인간의 경제활동의 본질이자 사회적경제의 특성에 해당하는 폴라니의 경제 다원주의(economic pluralism)를 그가 인지하고 있었을 것으로 추정되는 부분이기 때문이다.

3 불평등 해소의 주요 방안: 사회적경제

정태인 소장이 사회적경제를 본격적으로 공부한 것은 2008년 세계 금융위기 이후일 것으로 추정된다. 〈협동의 경제학〉 추천사에서 박원순 서울시장은 2006년 희망제작소를 설립하고 정태인을 영입하기 위해 만났던 일화를 소개하면서, 당시에는 그가 사회적경제를 잘 이해하는 것 같지 않았다고 회고한다. 그 시기에 정태인 소장은 청와대 비서관을 그만두고 전국을 누비며 한미 FTA 반대 활동을 하고 있었는데, 이는 협상 추진에 무게를 실은 노무현 대통령의 마음을 돌리기 위한 최후의 수단이었다. 그에게 한미 FTA는 사회적 약자에게는 더 큰 고통을 안기고, 일부 계층과 산업에만 이득이 되는 불공정 협상이었기에 어떻게 해서라도 막아야 하는 것이었다.

그러던 그가 2011년 〈계간 민주〉 창간호에 발표한 '경제 위기, 세계와 한국의 대안은 무엇인가'에서 내놓은 해법 중 하나가 사회적경제이다. IMF 외환위기 이후 10년이 경과한 시점에 그가 진단한 한국 경제의 현실은 아래와 같다.

"1990년대 중반 이후 진행되어 온 양극화는 사회 전체에 절망, 즉 죽음의 그림자를 드리웠다. 한국 정부의 시장만능주의는 정권 교체와 관계없이 문민정부의 '세계화'와 외환위기, 뒤이어 IMF의 강요와 내부의 적극적 협력으로 진행된 노동유연화, 민영화, 규제완화, 개방, 그리고 한미 자유무역협정(FTA) 체결로 그 정점에 이르렀다. 금융자유화와 가계신용의 확대, 그리고 부동산과 증권 투기는 소득과 자산의 불평등 지표들을 가파른 비율로 상승시켰다. 주거, 교육과 보육, 일자리, 노후, 건강 걱정이라는 이른바 '5대 불안'은 그 직접적 결과이다."

그는 이에 대응하기 위한 시스템으로 '동아시아 시대', '기업집단법에 의한 재벌 규율', '자산 재분배', '아래로부터의 성장', '녹색경제', '공공성의 강화', '숙의민주주의와 사회적 합의'까지 총 일곱 가지 대안을 제시했다. 이 중 '아래로부터의 성장'의 예시로 든 것이 이탈리아의 에밀리아 로마냐이며, 특히 그는 이 지역의 사회적경제를 주목했다. 에밀리아 로마냐 지역은 유럽 전체에서도 손꼽히게 잘 사는 지역인데 그 비결은 인구 428만명이 사는 이 지역에 형성되어 있는 40만 개의 협동조합과 중소기업들이 이루는 수평적 네트워크였다(정태인, 2011). 그는 훗날 중소기업 중심의 이 지역이 훌륭한 성과를 거둘 수 있었던 이유로 산업지구 내 전문화된 기업들 간에 분업이 심화되고 숙련된 노동자 풀이 형성되면서 장기적인 협동적 거래 관계가 나타나는 점을 들었다. 또한, 기업의 활동을 고취시키는 지역 사회의 분위기, 물류비용과 거래비용의 감소, 전문 분야의 노동력 공유, 기술의 학습과 전파의 용이성 등도 중요한 요소라고 밝혔다(정태인, 2013b).

2011년 글에서 이미 거칠게나마 대안 경제 시스템 일곱 가지를 정리한 바 있으나 보다 구체적인 방법론이 제시된 것은 2013년 출간한 〈협동의 경제학〉에서였다. 그는 지난 30여 년간의 진화생물학, 행동경제학, 진화심리학과 사회학 등의 연구 성과를 추적하고 사회적경제의 운영원리를 탐색했으며 현장에서 얻은 지식을 종합했다. 그리고 현시대에 필요한 '다른 경제'로 사회적경제와 공공경제, 생태경제를 제시하고 이를 주류경제학과 구분하여 '협동의 경제학'으로 명명했다. 그는 인간은 이기적이고 합리적 선택을 하며 시장은 완전하다는 기존 경제학의 전제에 문제 제기를 하면서, 인간이 가진 상호성을 바탕으로 협동적 삶을 선택함으로써 지속가능한 사회가 가능하다고 주장했다. 즉, 사회적 딜레마는 신뢰와 협동으로 해결할 수 있으며 신뢰와 네트워크, 규범과 같은 사회적자본이 축적된 사회가 경쟁만을 강조하는 사회보다 더 경쟁력이 있다고 본 것이다. 또한, 사회는 시장원리 외에도 다양한 원리에 의해 구성되는 관계로 기존의 시장경제와 사회적경제, 공공경제와 생태경제의 원리들을 파악하고 이들이 조화를 이룰 수 있도록 해야한다고 주장했다. 그리고 이를 뒷받침하기 위해 협동의 조건과 협동을 가능하게 하는 방법을 제시하고 다양한 사례를 소개했다.

그가 이러한 확신을 갖게 된 것은 2010년 이탈리아 에밀리아 로마냐의 주도인 볼로냐와 2012년 캐나다 퀘벡을 방문하여 사회적경제 현장을 직접 확인한 경험이 크게 작용했을 것으로 추정된다. 한국은 세계적으로 손꼽히는 압축성장을 이뤄냈지만 2000년대 이후 지속적인 저성장과 양극화를 겪고 있으며, 취약한 사회안전망과 저출산, 고령화와 같은 위기 상황에 직면해있다. 반면, 지금은 사회적경제의 선진지로 불리며 안정적이고 평등한 경제 환경을 유지하고 있는 이탈리아의 에밀리아 로마냐와 캐나다의 퀘벡, 스페인의 몬드라곤의 경우, 각 나라에서 손꼽히는 저소득·낙후 지역이었다는 공통점이 있다. 이들의 사례로 볼 때, 사회적경제가 불평등을 해소할 수 있다(정태인, 2017b)는 그의 주장은 설득력이 있어 보인다.

그렇다면 사회적경제는 어떻게 불평등 문제를 해결할까? 그는 사회적경제가 "분배 상황에 직접 관여하며(1차 분배), 복지를 제공함으로써 2차 분배도 개선할 수 있다"(정태인, 2017b)고 말했다. 우선, 사회적경제는 소규모 중소기업이 네트워크를 이루는 형태를 취하기 때문에 기업 간 임금격차가 적고, 고유한 연대 원리로 인해 조직 내에서도 임금격차를 줄인다는 것이다. 공동의 자산 소유는 자본과 노동 간의 소득격차도 줄일 수 있다. 또한, 공공경제는 관료적 속성으로 인해 서비스 전달에서 경직적일 수밖에 없는데, 사회적경제는 지역사회에 유연하고 공정하게 서비스를 공급할 수 있다고 설명한다. 사회적협동조합이나 사회적기업이 제공하는 각종 사회서비스(교육, 보육, 의료, 노인요양)와 환경 관련 서비스(재생에너지, 쓰레기 처리, 조림 등), 문화 서비스 등이 그것이다(정태인, 2017b).

불평등과 양극화의 해결 외에도 그가 사회적경제에 주목한 이유는 경제민주주의와 사회혁신에 기여하는 사회적경제의 속성 때문이었다. 그는 협동조합 등 사회적경제 조직은 1주(1원) 1표가 아닌 1인 1표의 원칙에 의해 중요한 의사결정을 하기 때문에 "경제민주주의를 처음부터 내장하고 있다"고 표현했다. 더불어 사회적경제는 사회적자본을 창출함으로써 계약 작성과 이행에 관련된 거래비용을 줄이고 효율성을 높이며, 공동체의 자치를 가능하게 하는 등 혁신에도 이바지한다고 주장했다(정태인·이수연, 2015; 정태인, 2017a, 2017b; Ostrom, 2009).

4 사회적경제 정책의 구현, 서울 모델

정태인은 지속가능하고 평등한 사회를 위한 경제 원리를 연구하고 전파하는 데 심혈을 기울이면서도, 그는 스스로 자신의 정체성을 현실 분석과 정책 구상을 업으로 하는 "정책가"라고 밝혔다(정태인·이수연, 2013). 이는 이론의 엄밀성과 학문적 완결성을 추구하는 길고 추상적인 작업보다, 기존 연구 결과에 정책적 경험을 더해 살을 붙이고 현실화해 내는 일의 중요성을 강조하는 박원순 서울시장과 통하는 부분이었다. 박원순은 '협동조합 도시, 서울'을 선언하면서 지나친 신자유주의적 경쟁에서 탈락한 사람들을 정부의 복지만으로 해결할 수 없으며, 이들의 지속가능한 삶을 위해 사회적경제가 기여할 수 있다고 주장했다(김여란, 2013). 이에 서울시는 전국에서 최초로 사회적경제 전담부서(사회적경제과와 산하 4개 팀)를 설치하고 2012년부터 해마다 '지속가능한 생태계 조성을 위한 사회적경제 종합지원계획'을 발표했으며, 2012년 6월부터 사회적경제 지역생태계 조성 사업을 시작했다. 당시 정태인 소장이 이끄는 새로운사회를여는연구원에서는 '서울시 사회적경제 발전 5개년 계획 수립 연구'(2014)를 수행했다.

이 연구의 핵심은 서울에 사회적경제 생태계가 활성될 수 있도록 하는 로드맵인 '서울 모델'을 제시한 것이다. 서울 모델은 네트워크를 기반으로 공유자원을 형성하고 지역별(자치구별) 전략사업을 동시에 수행하는 것을 특징으로 한다. 정태인은 서울 사회적경제의 발전 양상이 에밀리아 로마냐나 몬드라곤보다 퀘벡과 흡사하다고 보았다. 서울의 경우 박원순 시장 인수위원회 시절부터 민관협력이 이루어졌으며, 서울사회적기업민간협의체(이후 서울사회적경제네트워크로 확대 개편)가 24개 사업으로 구성된 사회적경제 지원정책을 제안하여 이중 일부를 서울시가 수용하고 정책 기조로 삼았다(정태인 외, 2017c). 또한, 이후에도 민관 정책협의가 거버넌스로 자리 잡았으며, 자치구 수준에서는 지역운동과 시민운동, 여성운동, 정당운동, 환경운동 등이 사회적경제와 네트워크를 형성하고 공공과 협력하는 공동생산의 경험을 쌓았다.

그는 이러한 면에서 서울이 캐나다 퀘벡의 사회적경제 환경과 유사하다고 판단하고 퀘벡 모델을 참고하여 시장형성, 사업서비스, 인력양성과 연구, 기금 등 4개 부문의 공유자원 구축으로부터 시작하되 "에밀리아 로마냐의 산업단지 모델로 발전하고 장차 대기업의 일부도 사회적경제기업(노동자 기업)이 되는" 단계를 거치는 전략(정태인 외, 2014)을 설계했다(그림 1, 2 참고).

이와 같은 구상은 서울시의 사회적경제 생태계 조성 전략과 민관협력 거버넌스에도 영향을 주었고, 광역 차원에서는 공공부문 소비시장 확대와 체계적인 중

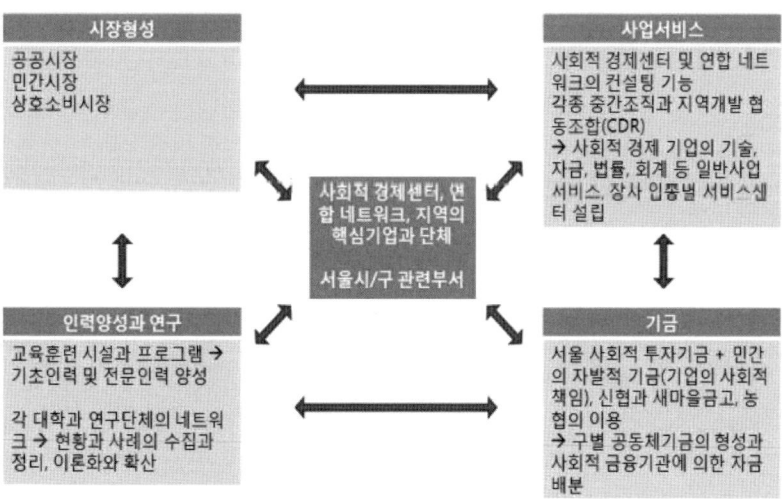

그림 1 사회적경제의 공유자원
* 출처: 정태인 외(2014)

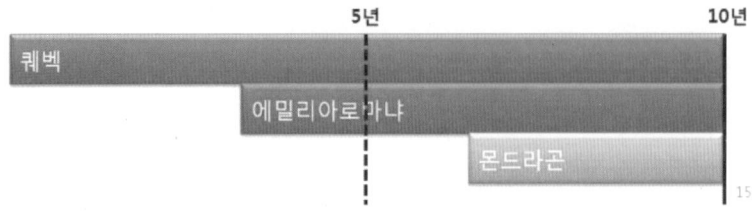

그림 2 서울 모델
* 출처: 정태인 외(2014)

간지원시스템 구축, 성장단계별 맞춤형 종합지원, 대학과 중간지원 조직의 단계별 인재 양성, 사회적경제 기금 조성과 더불어 이를 뒷받침하는 각종 조례 제정이 시행되었다(김연아·정태인·이경미, 2016). 자치구 단위에서도 사회적경제 관련 주요 조례가 제정되고 중간지원 조직이 설립되었으며, 사회적경제 기업과 지자체, 지역주민의 니즈를 파악하고 지역의제를 발굴함으로써 공동생산을 통해 지역특화사업을 수행하는 방식으로 발전했다(그림 3 참고).

  사회적경제의 발전 방향을 모색하고 정책으로 구현하는 역할은 그가 칼폴라니사회경제연구소의 소장을 맡은 후에 더욱 강화되었다. 2013년 11월 개최된 국제사회적경제포럼(GSEF 2013)에서 캐나다에 있는 칼폴라니연구소의 아시아지부를 서울에 유치하기로 합의한 후, 준비기간을 거쳐 2015년 3월 칼폴라니사회경제연구소가 설립되었다. 정태인은 2018년 초까지 초대 소장을 맡아 칼폴라니의 사상과 사회적경제에 던지는 의미를 연구하고 전국 곳곳을 다니며 각종 강연과 교육을 통해 전파했으며, 제14회 칼폴라니국제컨퍼런스를 서울에서 개최했다. 또한, 자본주의의 위기를 진단하고 대안을 제시하기 위한 책(《자본주의를 다시 생각한다》, 〈거대한 전환에서 거대한 금융화로〉)을 번역하고 정책가로서 서울시와 여타 지자체들의 사회적경제 발전 방안을 구상했다.

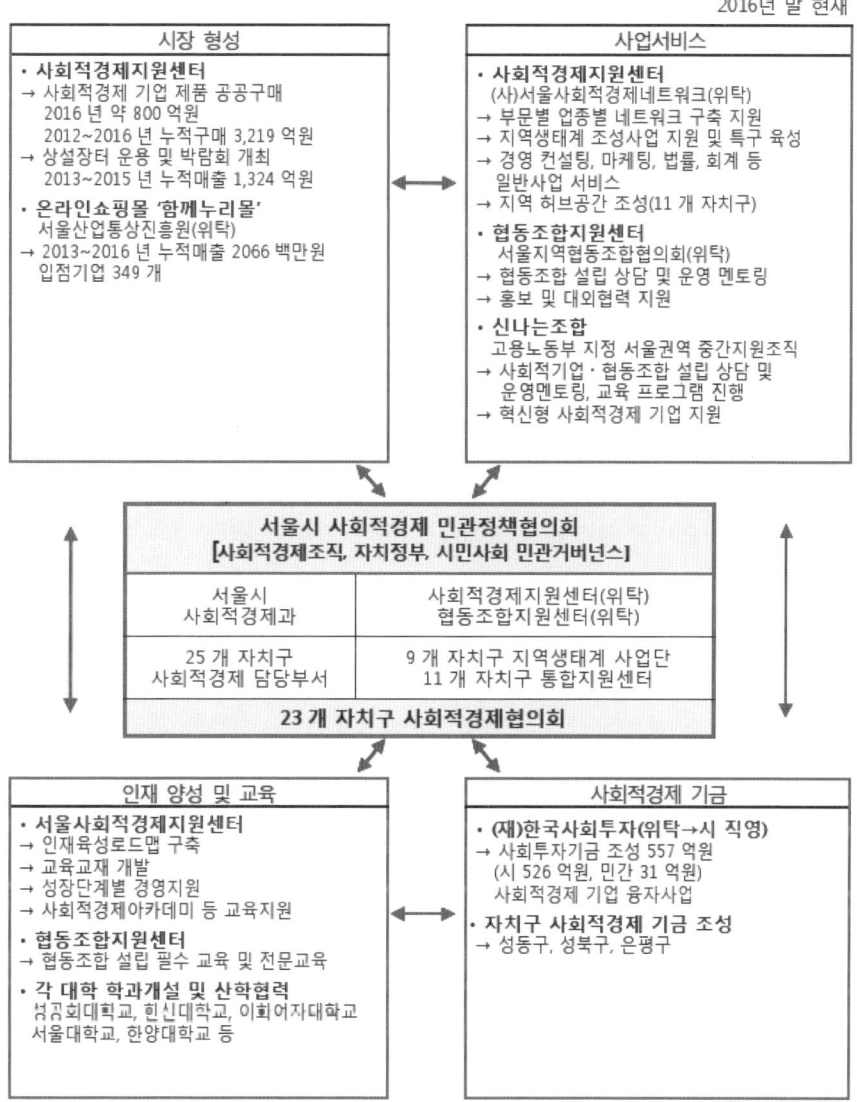

그림 3 서울시 사회적경제 인프라 조성 현황
* 출처: 정태인 외(2017c)

5 맺음말

정태인은 그가 평생 존경했던 박현채 선생의 가르침을 새기며 민중의 삶이 나아질 수 있는 길을 찾아 끊임없이 연구하고 나누며 정책화하는 데 힘썼다. 그는 자본주의 시장경제의 대안으로 사회적경제 연구에 전념하였고, 주류경제학이 가르치는 '이기적 인간'이 아닌 '호혜적 인간'관을 바탕으로 신뢰와 협동을 통해 사회적 딜레마를 해결할 수 있음을 설파했다. 즉, 경쟁이 아닌 협동에 의해 더 많은 성과가 가능하며 이러한 성공의 경험은 사회적자본의 축적을 촉진하게 되는데, 신뢰와 네트워크가 구축된 사회는 거래비용을 줄여 효율성을 높이게 된다는 것이다.

사회적경제는 조직 내, 조직 간 임금격차를 줄이고 지역사회에서 필요로 하는 서비스를 제공함으로써 불평등 완화에 기여한다. 또한, 사회적경제는 태생적으로 민주주의 원리를 내장하고 있어서 조직 내 의사결정은 물론, 시장경제 및 공공경제와 함께 조화를 이루는 다원적 경제를 만드는 데도 핵심적인 역할을 한다. 민주주의란 모든 사람들이 자신의 삶에 영향을 주는 결정에 참여할 수 있도록 제도적으로 보장하는 것으로, 정태인은 사회적경제와 공공경제, 시장경제 간의 협력 과정에서 이해당사자들의 참여를 보장하는 공동생산(co-production)에도 깊은 관심을 가졌다. 광의의 공동생산(퀘벡 학자들은 공동수립으로 칭함, co-construction)은 이해당사자가 정책의 설계부터 실행과 평가에 이르는 전 과정에 참여하는 것이고, 협의의 공동생산은 정책의 실행에 관여하는 것을 의미한다. 그리고 공동생산과 공동수립은 사회혁신[1]을 구성하는 주요 요소로 일컬어진다(이경미, 2020; Bouchard,

---

[1] 사회혁신에 대해 멀간(Mulgan, 2007)은 "사회적 가치를 최우선으로 하는 조직을 통해 개발되고 확산되는 혁신적 행위와 실천"으로 규정했고, 부샤르(Bouchard, 2013)는 "사회적 행위자들(social actors)에 의해 시작된 개입이며, 열망에 대응하고 특정 요구를 충족시키거나 해결책을 제공하거나, 사회적 관계를 수정하고 행동의 틀을 전환하며 새로운 문화적 방향을 제안"하는 것으로 설명했다. 콜리어 그리스(Caulier-Grice) 외(2012)는 사회혁신을 "새로운 솔루션(제품, 서비스, 모델, 시장, 프로세스 등)"이자 "기존의 해법보다 더욱 효과적으로 사회적 필요를 충족시키고 새롭거나 발전된 역량 및 관계, 자산과 자원의 더 나은 사용으로 이끄는 것"으로 보았다(이경미, 2020).

2013). 이에 정태인은 궁극적으로 공동생산과 공동수립을 통해 시장경제와 사회적경제, 공공경제가 조화를 이루는 다원적 경제의 구축을 지향했으며, 이 과정이 사회혁신이라고 설명했다(정태인, 2017a).

그는 쉼 없는 공부를 통해 사회적경제가 단지 취약계층의 일자리를 창출하는 수단만이 아니라 자본주의의 폐해로부터 약자들을 보호하고 인간중심의 경제를 복원하는 일임을 상기시켰다. 그리고 우리 사회에서 사회적경제가 본연의 의미를 찾고 생태계를 구축하며 지역에 뿌리 내릴 수 있도록 이해의 지평을 넓히고 정책화하는 일에 헌신했다.

말년에 그의 관심은 주로 한국이 처한 3중 위기인 기후위기와 불평등 위기, 지정학적 위기에 있었다. 사회적경제는 미약하나마 성공적인 지역화 과정이 일어나고 있으며 꾸준히 명맥을 이어온 지역운동과 시민운동, 여성운동, 환경운동 등이 이를 뒷받침하고 있어서 성과를 지켜낼 수 있을 것으로 낙관했다(정태인, 2017c). 그러나 지금 다원적 경제의 한 축인 공공은 사회적경제와의 우호적 관계에 지속적으로 균열을 내고 있다. 또한, 사회적경제가 지역에 내린 뿌리는 아직 여리고 더 많은 양분이 필요하다.

그가 마지막으로 쓰고 싶어했던 책 〈협동의 경제학2〉에서 그는 한국의 사회적경제가 가야 할 길을 어떻게 진단하고 어떠한 해법을 논하려 했을까? 그가 쓰지 못하고 비워놓은 페이지를 충실히 채우는 것이 남아 있는 사람들의 과제이다.

참고문헌

김연아·정태인·이경미. (2016).『서울시 25개 자치구 사회적경제 정책 실태 조사 연구』. 서울: GSEF.

김연아·정태인·오세연·이경미·김현진·이예은. (2016).『서울시 사회적경제 지역화 현황과 과제』. 서울: 서울연구원.

노혜경. (2023). 문제적 개인, 정태인을 기리며: 별은 여전히 빛나고 있을 것이다, 우리가 보지 못할 뿐.『황해문화』, 118호, 255-268.

이경미. (2020). 사회혁신을 추동하는 사회적경제,『경제와 사회』, 126호, 336-378.

정태인. (1998). 글로벌 시대의 한국경제.『경제와 사회』, 40권, 232-258.

정태인. (2008). 이명박 정부의 경제정책과 성장주의의 귀결.『내일을 여는 역사』, 34권, 48-58.

정태인. (2011). 대안탐구: 경제위기, 세계와 한국의 대안은 무엇인가?『계간 민주』, 1권, 154-171.

정태인. (2013a). 다시 불붙은 민영화와 노동운동의 대응 ; 경제위기 해법, 왜 민영화가 아닌 공공성인가.『노동사회』, 172권, 14-23.

정태인. (2013b). 신뢰와 협동의 중소기업 네트워크, 에밀리아 로마냐.『협동조합네트워크』, 63호, 8-17.

정태인. (2013). 협동조합의 기업이론을 위한 메모.『한국사회경제학회 학술대회 자료집』, 1-22.

정태인. (2016). '정의로운 경제'는 실현가능한가.『황해문화』, 93호, 82-100.

정태인. (2017a). 사회 혁신과 사회적경제.『민주화운동기념사업회 연구소 학술행사 자료집』, 119-137.

정태인. (2017b) "한국의 불평등과 사회적경제." 이정우·이창곤 편.『불평등 한국, 복지국가를 꿈꾸다』. 서울: 후마니타스.

정태인. (2020). 3중의 위기와 무능한 보수.『한국사회경제학회 학술대회 자료집』, 1-22.

정태인·여경훈·김수현·강세진·최정은·이은경. (2014).『서울시 사회적경제 발전 5개년 계획』. 서울: 새로운사회를여는연구원.

정태인·이수연. (2013).『협동의 경제학』. 서울: 도서출판 레디앙.

정태인·김연아·우연경. (2017c).『한국 사회적경제 발전 전략 연구』. 서울: 서울시 사회적경제지원센터.

김여란(2013. 1. 4). 박원순 서울시장·정태인 새사연 원장 대담. 경향신문.
김종철(2021. 11. 13). 민주화 세대는 실패했다, 청년에게 자리라도 내주자. 한겨레.

원희복(2018. 6. 23). 정태인 "민중이 원하면 무조건 쓰고 말해야"
정태인(2018. 10. 22). '공유경제'와 플랫폼 협동조합. 경향신문.
정태인(2019. 10. 28). 너도 나도 '생태 시민'이 되어야 한다. 경향신문.

Bouchard, Marie(eds.). (2013). Innovation and the Socail Economy: The Quebec Experience. University of Toronto Press.

Caulier-Grice, J., A. Davies, R. Patrick, and W. Norman. (2012). Defining Social Innovation Part 1. The Young Foundation, European Commission-7th Framework Programme, Brussels: European Commission, DG Research.

Francis(Jorge Mario Bergoglio). (2014). Evangelii gaudium: esortazione apostolica. 한국천주교주교회의 역(2014). 『복음의 기쁨』. 서울: 한국천주교주교회의.

Jacobs, M., & Mazzucato, M. (Eds.). (2016). Rethinking capitalism: Economics and policy for sustainable and inclusive growth. 정태인 역(2017). 『자본주의를 다시 생각한다』. 서울: 칼폴라니사회경제연구소.

Jetté, C. and Vaillancourt, Y. (2011). "Social economy and home care services in Quebec: Co-production or co-construction?", VOLUNTAS: International Journal of Voluntary and Nonprofit Organizations, Vol. 22 No. 1, pp. 48-69.

Levitt, K. (2013). From the great transformation to the great financialization: On Karl Polanyi and other essays. 박종현·정태인 역(2017). 『거대한 전환에서 거대한 금융화로』. 서울: 칼폴라니사회경제연구소.

Mulgan, Geoff. (2007). Social Innovation: What it is, Why it matters and How it can be accelerated? Skoll Centre for Social Entrepreneurship, SAID Business School, Oxford.

Ostrom, E. (2009). Beyond markets and states: polycentric governance of complex economic systems, Nobel lecture.

토론

협력의 기반이 무너지는 세계에서 협동의 경제학을 기리며

윤형중(LAB2050 대표)

1 인연

안타깝게도 저는 故 정태인 선생님과 개인적인 연이 없습니다. 정태인 선생님이 "연구하기 좋아하고 공부한 긴 꼭 후배들에게 나눠주는 인심 좋은 선배"이자 '선생님'이었다고 증언하는 이들을 그저 부럽게 바라본 경험이 있을 뿐입니다.

정태인 선생님을 처음 알게 된 시기는 2006년이었습니다. 당시 저는 군 복무를 하고 있었습니다. 운 좋게도 군부대에서 시사주간지를

그림 1 〈한겨레21 606호〉 2006.4.25.

하나 구독할 수 있었는데요. 그 시사주간지의 표지에 선생님의 사진이 실렸습니다. 지금으로선 상상하기 힘든 '흡연을 하는 표지 사진'입니다(참여정부의 청와대 출신으로서 한-미 FTA 저격수 역할을 하는 지식인의 고뇌가 잘 담긴 사진입니다.).

　이후 유명인이 된 선생님의 행보는 쭉 눈여겨 보고 있었습니다. 한미FTA 반대운동, 진보정당에서의 정책 활동, 새로운사회를여는연구원과 칼폴라니 사회경제연구소라는 곳에서 만드는 대안 경제의 담론들 등을 여러 매체를 통해 접했습니다.

　그 중에서 두 가지 작은 인연만 소개하려고 합니다. 하나는 한미FTA에 대한 것입니다. 저는 지난 대선 때에 더불어민주당의 조세·재정 분야의 공약을 만들고 검토하는 팀에서 일했습니다. 그때 검토했던 정책 가운데 하나가 '자동차세 개편'이었습니다.(제가 이 정책의 주무는 아니었고, 함께 검토한 멤버였습니다) 배기량 기준의 현 자동차세가 형평성에 문제가 있다는 지적은 오래전부터 제기됐습니다. 10년 전 2500만원을 주고 산 자동차보다 1억원을 훌쩍 넘는 스포츠카의 자동차세가 더 낮은 이유가 여기에 있습니다. 물론 배기량이 크면 연비도 낮고, 탄소도 많이 배출할 가능성이 높기 때문에 배기량 비례 세제의 장점도 있습니다. 하지만 배기량이 연비와 탄소배출과 반드시 비례하지는 않으며 누진적 세제를 위해선 차량 가격을 고려하는 자동차세가 합리적입니다. 문제는 이런 논의가 그동안 차단된 이유가 한미FTA였다는 것입니다. 한미FTA 협정문[1] 제2장의 2.12조 3항엔 이런 문장이 있습니다.

> "대한민국은 차종간 세율의 차이를 확대하기 위하여 차량 배기량에 기초한 새로운 조세를 채택하거나 기존의 조세를 수정할 수 없다."
> "Korea may not adopt new taxes based on vehicle engine displacement or modify an existing tax to increase the disparity in tax rates between categories of vehicles." - 한미FTA 협정문 제2장 2.12조 3항.

---

[1] https://www.fta.go.kr/us/doc/1/ 해당 사이트에서 협정문의 국문과 영문 전문을 볼 수 있음.

이 조항은 굉장히 문제가 많은 문장입니다. 이 문장의 규정을 피해 자동차세를 개편하기 어렵기 때문입니다. 세제 개편으로 손익이 달라지는 차종은 나올 수밖에 없기에 어떤 식으로 자동차세를 바꾸더라도 특정 차종들 간에 세율의 차이는 확대되지 않을 요량이 없습니다. 그렇다면 어떻게 이런 문장이 협정문에 들어갔을까요. 앞뒤 문장과 문맥, 또 협상담당자의 증언[2]에 의하면 그저, 잘못 들어간 문장이라고 볼 수밖에 없습니다.(보다 자세한 설명은 이 글의 주제가 아니기 때문에 생략함. 조만간 이와 관련한 글을 발표할 계획임) 협상 내용을 온전히 반영한 문장이 아니었던 것입니다. 이 담당자의 증언에는 정태인 선생님이 일찍이 경고한 ISD(투자자-국가 간 분쟁해결절차)에 대한 언급도 나옵니다. 워낙 국내에서 ISD의 위험성을 크게 경고했기에 협상 담당자도 이 부분에 상당한 신경을 썼음을 알 수 있습니다.[3]

이렇게 약간 엉뚱하게도 지난 대선 기간에 자동차세라는 정책을 검토하면서 문득 선생님을 떠올랐습니다. 한미FTA에 대한 날카로운 비판들이 여러 면에서 의미가 있고 여전히 유효하단 생각을 했고, 또 한미FTA 반대 진영의 대표주자가 바로 선생님이었기 때문입니다.

두 번째 작은 인연은 선생님과 제가 비슷한 직함을 달고 다녔다는 것입니다. 선생님은 스스로를 '독립연구자' 혹은 '정책가'(polician)이라고 칭하셨습니다. 저는 제가 하는 일을 일컫는 용어로 '정책연구자' 혹은 '연구활동가'를 사용해 왔습니다. 이런 직함을 사용한 취지도 비슷합니다. 선생님은 "1980년대 말 사회과학계 전체가 사회 구성체 논쟁으로 들먹일 때 나는 구체적인 현실 분석과 정책 만들기를 해야 한다는 쪽을 택했다"(『협동의 경제학』, 8쪽)고 하셨습니다. 지도 미치가지입니다. 거대 담론과 이론도 중요하지만, 현실에 영향을 미치는 정책을 잘 만드는 것의 중

---

[2] 한국법제연구원이 발간『제2차 FTA연구분과 워크샵』(2007.08)의 김원경(당시 외교통상부 한미FTA협상단 팀장)의 토론 녹취록이 있음.

[3] 김원경 팀장은 이렇게 말했다. "투자자-국가간 분쟁해결절차에서 ISD 절차를 허용하는 것이 '우리나라의 공공정책이나 기본권을 훼손할 수 있겠는가'하는 것에 대해서 많은 관심들이 있었기에 NX11-b(협정문 특정 부분)와 NX11-f를 미국측과 합의해서 마련했음."

요성은 아무리 강조해도 지나침이 없다고 생각합니다.

하나 더 억지를 보태 선생님과의 인연을 더하자면 선생님께서 생의 마지막까지 붙잡았던 의제인 불평등, 기후위기, 동북아 평화(범위를 넓히면 평화와 공존의 지구적 외교안보체제)가 저의 핵심 관심사들이라는 것입니다. 물론 이 주제들은 전 세계의 시대적 과제입니다. 정책연구자로서 평생 붙잡아야 할 의제들입니다. 다만, 저는 세 가지를 모두 공부할 여력이 없어 불평등〉기후위기〉외교안보체제 순으로 관심을 가지고 있습니다.

2 사회적경제는 불평등의 해법이 될 수 있을까

故 정태인 선생님께서 사회적경제를 어떤 취지와 방향으로 고찰했는지를 깊이 있게 살펴보고, 그 연구와 저작의 의미를 도출한 이경미 선생님의 발제문을 감사한 마음으로 읽었습니다. 이경미 선생님의 해석에 모두 공감하며 하나의 의미를 보태고자 합니다. 저는 한국의 협동조합, 사회적 기업, 마을기업 등의 생태계가 정태인 선생님의 지적 활동에 빚을 졌다고 생각합니다. 활동의 기반이 되는 이론과 근거를 선생님께서 만들어주셨기 때문입니다. 특히 이탈리아의 에밀리아 로마냐주(주도가 볼로냐시임)와 캐나다 퀘백을 방문하고 연구한 내용을 국내에 상세하게 전달하며 사회적경제에 대한 신뢰를 한층 높였습니다.

다만, 사회적경제가 불평등 개선에 얼마만큼의 도움이 되었는가는 여전히 토론이 필요한 쟁점이라고 생각합니다. 발제문에도 나와 있듯 정태인 선생님은 사회적경제가 "분배 상황에 직접 관여하며(1차 분배), 복지를 제공함으로써 2차 분배도 개선할 수 있다"고 말했습니다. 또한 사회적경제의 구조와 운영원리상 기업간·기업내 임금격차가 적습니다. 정태인 선생님의 표현으로 '사회적경제는 자본이 노동을 고용한 시장경제와 달리, 노동이 자본을 고용한 형태'이기 때문에 구조적으로 재분배에 유리합니다. 사회적경제는 지역사회에 유연하고 공정한 서비스를 제공할 수 있고, 특히 시장의 논리로 공급되기 어려운 사회적 가치가 있는 재화와 서비스를 공급할 수도 있습니다. 이를 테면 한국처럼 배달 음식의 소비량이 많은 나라에서 플라스틱 쓰레기 문제를 개선하려면 1회용기의 문제를 풀어야 합니다. 모든 배달용기를 다회용으로 바꾸겠다는 목표를 가진 사람이 있다고 할 때, 그가 이 문제를 시장의 원리로 풀 수는 없을 겁니다. 각 사업자들이 다회용보다 1회용 용기를 쓰는 게, 훨씬 비용이 적게 들고요. 다회용을 사용하는데 적절한 비용을 지불하거나, 이 사업에 투자할 만한 사람을 찾기가 어렵기 때문입니다. 쓰레기 문제와 같은 기후위기는 구조적으로 불평등과도 관련이 깊은데요. 결국 이 문제를 개선하려면 정태인 선생님이 강조한 사회적경제, 공공경제, 생태경제가 모두 개입해야 합니다.

하지만 사회적경제가 악화만 되고 있는 불평등의 상황을 역전시키는 데에 의미 있는 수준의 영향을 줬는가라는 질문을 던져본다면 아직까진 그다지 좋은 점수를 주긴 어렵습니다. 정태인 선생님과 여러 사람들의 노력으로 사회적경제는 서울시의 조직과 정책 추진체계에 반영되고, 생태계 조성과 지원 사업이 중점 정책으로 추진되기도 했습니다. 10년 전과 비교하면 사회적기업과 협동조합 등이 양적으로나 질적으로나 비약적으로 발전하기도 했습니다. 하지만 그럼에도 불구하고 아직 많은 분들에겐 사회적경제는 익숙한 단어가 아닙니다. 저의 공부가 부족해 그리 느낀 것인지로 모르나, 사회적경제의 개념을 두고도 여러 혼란이 있기도 합니다.

정태인 선생님은 『협동의 경제학』에서 "사회적경제라는 용어의 정의는 나라마다, 연구자마다 다양하다. '제3부문', '비영리 조직', '자원활동 조직', '독립부문', '연대경제', '시민경제' 등 다양한 이름으로 불리고, 각각의 용어마다 뜻하는 바는 미묘하고도 상당한 차이가 존재한다. 이들 용어의 공통점을 찾는다면 상호성, 연대, 신뢰와 협동을 강조한다는 점이다. 이런 가치들은 자본주의 원리, 주류경제학의 원리, 시장경제의 원리만으로 사회를 일원화할 때 발생할 수밖에 없는 문제에 대응하기 위해서 형성되고 발전된 것들이다"고 적고 있습니다. 국회에 발의된 '사회적경제 기본법안'들에도 개념 정의가 조금씩 다릅니다. 예를 들어 유승민 새누리당(현 국민의힘) 의원이 2014년 대표발의하고, 당시 보수 여당의 67명 국회의원이 함께 발의한 '사회적경제기본법안'에서는 사회적경제를 "구성원 상호간의 협력과 연대, 적극적인 자기혁신과 자발적인 참여를 바탕으로 사회서비스 확충, 복지의 증진,일자리 창출,지역공동체의 발전,기타 공익에 대한 기여 등 **사회적 가치를 창출하는 모든 경제적 활동**"이라고 포괄적으로 정의합니다. 최근 윤석열 정부의 사회적경제 예산 삭감 조치에 대해 이 법안에 이름을 올린 친윤 정치인들인 권성동 의원, 이상일 용인시장 등은 어떤 생각을 가지고 있는지 궁금할 따름입니다. 민주당 쪽에서 지속적으로 사회적경제 기본법안을 발의한 윤호중 의원안(2020년 발의안)에선 사회적경제를 "양극화 해소, 양질의 일자리 창출과 사회서비스 제공, 지역공동체 재생과 지역순환경제, 국민의 삶의 질 향상과 사회 통합 등 공동체 구성원의 공동이익과 사회적가치의 실현을 위하여 **사회적경제조직이 호혜협력과 사회연대를 바탕으로 사업체를 통해 수행하는 모든 경제적 활동**으로 정의"합니다.

선생님께서 직접적으로 활동한 정의당에선 박원석안(2016년 발의안)과 장혜영안(2020년 발의안)이 있습니다. 정의당안의 개념 정의가 명료합니다. 박원석안은 사회적경제를 "호혜와 연대를 바탕으로 공동체 구성원의 공동의 이익과 사회적 목적을 추구하기 위해서 필요한 재화와 용역을 생산, 유통, 교환, 소비하는 민간부문의 **모든 경제활동**"라고 정의했고, 장혜영안은 "사회 구성원 간 호혜와 연대를 바탕으로 사회적 가치를 추구하기 위하여 **사회적경제조직이 수행하는 모든 경제적 활동**"이라고 정의했습니다. 박원석안은 '사회적 가치가 있는 활동'에 초점을 둔 반면, 장혜영안은 '주체'를 강조하고 있습니다. 각 법안들에서 '사회적경제조직', '사회적 가치', '사회적경제의 운영 원칙'에 대한 부분은 대동소이합니다. 특히 운영 원칙은 『협동의 경제학』에서 소개한 캐나다 퀘벡의 사회적경제 운영 원칙과도 닮아있습니다.

그렇다면 '왜 불평등 개선에 사회적경제가 눈에 띄는 성과를 내지 못했을까'란 질문에 사회적경제주체를 돌아보게 합니다. 사회적경제주체가 시장경제의 주체들보다 숫자가 적고, 가진 힘도 미약하기 때문일 겁니다. 물론 이제 한국에서 본격적으로 형성된지 10년 남짓된 하나의 생태계에 불평등의 책임을 묻는 것이 부당하기도 합니다. 하지만 앞으로의 길을 모색하기 위해선 분명 고민해볼 질문입니다.

이 질문에 대해 **두 가지 방향**을 제안해 봅니다. **하나는 사회적경제 자체의 확산입니다.** 서울시의 시도는 이어지지 않고 있지만, 다행히도 민선 8기의 경기도가 사회적경제국을 신설하고, 경기도사회적경제원을 설립하며 지자체의 시도는 이어지고 있습니다. 국회에서 발의된 사회적경제 기본법안은 지난 20대 국회 때와 마찬가지로 제대로 논의도 못하고 임기 만료 폐기의 위기에 처해있습니다. 사회적경제 생태계 조성과 활성화를 위한 제도적 노력은 지속되어야 할 것으로 보입니다. 여기에 대중적 인식과 인지도를 제고할 노력도 반드시 필요합니다. 이를 위해선 생생한 사례가 만들어지고, 또 발굴되어야 할 것입니다. **두 번째 방향은 사회적경제의 원칙과 사상이 영역을 넘어서 확산되는 것입니다.** 저는 지금의 시대적 요구가 시장경제에 사회적경제를 반영하는 것이라 생각합니다. 기업은 사회적가치에 반하는 영리활동을 하면 안 될 뿐 아니라, 사회적가치에 부합하는 영리활동을 해야 합니다. 의류회사 파타고니아의 경우 영리활동보다 비영리활동을 더 강조하는, 전복적인 경영을 하는 기업입니다. 아이러니하게도 이런 기업의 실적이 더 좋습니다. 물론 이런 이상적인 사례만 나올 순 없습니다. 사회적경제가 강조하는 '사회적 가치 추구', '민주적 경영' 등은 모든 기업들에 반영되어야 할 원칙입니다. 영리기업과 시장경제에 제시하는 가이드라인을 사회적경제가 충분히 제시할 수 있다고 생각합니다. 몇 해 전부터 부상하는 ESG와 같은 흐름이 단기간 유행을 타는 경영 트렌드가 되지 않으려면 사회적가치를 반영하는 탄탄한 대안이 시장경제 내에 필요합니다.

3 정태인 정신을 반영한 불평등 해법은 무엇일까

이 세션의 주제는 '불평등 위기 – 사회적경제로 해법 찾기'였지만, 정태인 선생님의 '불평등 인식'은 사회적경제의 영역을 넘어선다고 생각합니다. 『협동의 경제학』에서 강조했듯 공공경제와 생태경제에 대한 관심도 깊었고, 사회정책에 대한 관심도 깊었습니다. 특히 선생님께서는 토마 피케티의 연구에 일찍이 관심을 보이며 국내에서는 최초로 피케티 계수(β)를 측정해 발표하기도 하였습니다. 선생님의 발표[4]에 따르면 불평등 지표인 피케티 계수의 한국 측정치는 OECD 국가들 가운

---

4   피케티란 유령이 전 세계를 휩쓸고 있다!, 정태인, 프레시안, 2014.5.30.

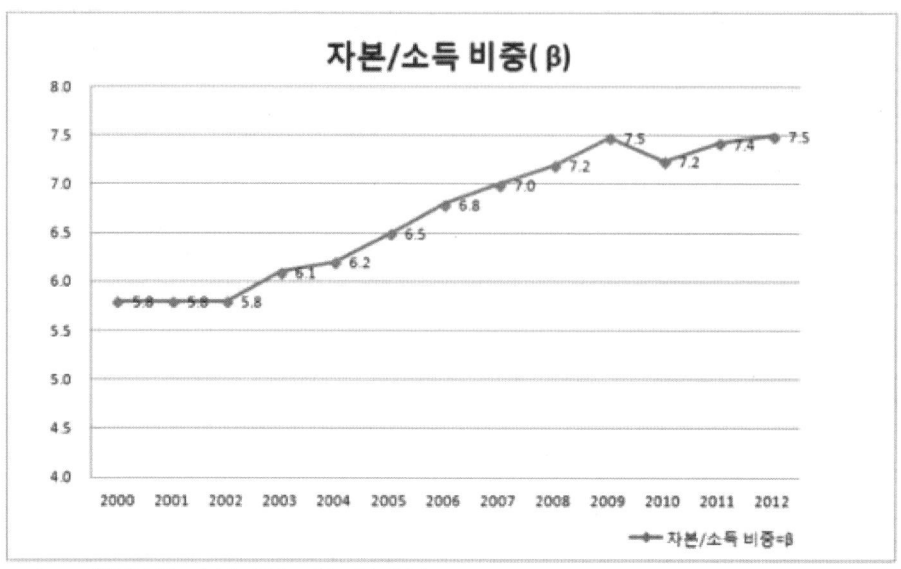

그림 2　한국의 β(=민간순자산/국민총소득) 추이
작성: 정태인, 이병희 한국노동연구원 선임연구위원, 이상헌 국제노동기구(ILO) 연구조정관
출처는 프레시안 글.

토지자산과 피케티 계수의 증가율

자료: 용혜인의원실　　　　　　　　　　　　　　　　　　　　　　　　　　단위: 조원, 배율

연도	2014	2015	2016	2017	2018	2019	연평균 증가율
국민순자산 (A)	11,995.7	12,728.4	13,525.7	14,314.0	15,563.8	16,621.5	7.7%
국민순소득(NNI) (B)	1,275.3	1,353.5	1,424.3	1,503.5	1,546.7	1,554.2	4.4%
토지자산 (C)	6,209.8	6,571.4	7,146.5	7,638.9	8,225.6	8,767.0	8.2%
명목GDP (D)	1,562.9	1,658.0	1,740.8	1,835.7	1,898.2	1,919.0	4.6%
토지자산/명목GDP (C/D)	4.0	4.0	4.1	4.2	4.3	4.6	3.0%
피케티 계수 (A/B)	9.4	9.4	9.5	9.5	10.1	10.7	2.7%

주1: 국민순자산, 국민순소득(NNI)은 한국은행 경제통계시스템(ECOS)에서 구함
주2: 토지자산은 한국은행 국민대차대조표에서, 명목GDP는 e나라지표에서 구함

ⓒ기본소득당

그림 3　토지자산과 피케티 계수의 증가율

데 단연 최고 수준이며 불평등의 악화 추세 또한 가장 가파릅니다. 피케티 계수 혹은 피케티 지수라고 불리는 이 수치는 한 사회 안에 있는 자본의 총량을 소득으로 나눈 값으로 평균적으로 볼 때 개인이 소득으로 평균적 부를 쌓기까지 걸리는 시간을 의미하기도 합니다. 쉽게 말해 부동산 가격 폭등과 같은 자산불평등이 심화될수록 피케티 계수가 커집니다.

피케티 계수의 측정은 이후에 여러 곳에서 진행되고 있는데요. 꾸준히 피케티 계수를 계산해 발표하는 용혜인 기본소득당 의원실의 장흥배 보좌관에 따르면 이 수치가 지속적으로 증가하고 있습니다. 이미 세계 최고치를 찍은 이후에도 넘사벽으로 향해 가는 모습은 합계출산율이란 통계의 추이와도 매우 유사합니다. 이렇듯 선생님께선 구체적인 근거와 통계를 생산해 세상을 향해 말을 걸고 설득하려고 하셨습니다.

선생님은 2017년 5월 페이스북에 '문재인 정부가 소득주도성장 정책에 드라이브를 걸었다'는 내용의 기사를 공유하며 "시장의 분배 개선에 똑같은 문제의식... 좋다. 해법은 시장에서 피해를 보는 이해당사자의 힘을 강화하는 것(empowerment)이다. 노동조합, 하청기업, 프랜차이지.. 등등 을들에게 어떤 방식으로든 단결권, 단체교섭권 같은 권리를..."이라고 적었습니다. 문재인 정부의 소득주도성장의 주요 실패 요인인 '1차 분배 개선을 위한 노동권 강화'를 일찍이 지적한 셈입니다. 저는 선생님이 2013년 불평등 연동 세제(inequality indexation tax)와 2016년 총선에서 정의당의 공약인 청년 기본자산제, 코로나 시기에 재난 기본소득과 특별재난연대세와 같은 정책에 특별히 관심을 기졌던 것도 기억합니다. 현안과 구조적 문제의 해법을 구체적으로 모색한 '정책가'로서의 모범이었습니다.

끝으로 지금의 시대 상황이 선생님께서 제시한 '협동의 경제학'을 다시 떠올리게 합니다. 지금의 상황을 거칠게나마 축약해 묘사한다면 '협력의 기반이 무너지는 사회'입니다. 국내적으로도, 국제적으로도 마찬가지입니다. 정치 영역에선 혐오와 적대주의가 심화되고, 시민사회에 대한 신뢰도 이전과 다르게 저하됐습니다. 여러 담론의 전개 양상도 기묘합니다. 청년들이 처한 현실의 변화를 제기하며 시작된 청년 담론은 이상하게도 능력주의로 변질된 공정론으로 귀결됐고, 젠더 불평등을 지적하는 여성 운동은 여성가족부 폐지를 앞세운 남성 역차별론에 역부족인 상황입니다. 전세계 역사에서 전례 없는 수준의 저출생 고령화 추세에도 이를 대응하는 정책과 담론이 미진한 이유도 이에 대한 공감대와 정부와 서로에 대한 신뢰 등이 부족한 탓이라고 봅니다. 인공지능, 플랫폼 등 글로벌 대기업들의 위세는 이전과 비교하기 어려울 정도로 커지고 있고, 각국의 노동과 분배에 막대한 영향을 미침에도 이들에 대한 국제적 협력의 틀은 미약하기만 합니다. 그나마 최근에 OECD와 G20가 만든 포괄적 이행체계(Implementation Framework, IF)가 글로벌 최저한세에 대한 합의를 이룬 것이 성과이지만, 여전히 숙제는 많습니다. 기후위기에 대한 국제적 협력은 더더욱 답답한 수준입니다. 마치 지금은 이전보다 협력이 절실한 시대임에도 이전보다 협력의 기반이 무너진 역설적인 상황입니다. 그래서 더더욱 선생님의 대안인 '협동의 경제학'을 떠올리게 됩니다. 다시 이 책을 읽으며 저도 제 나름대로 할 수 있는 일들을 찾아보려 합니다. 감사합니다.

세션4. 기후위기 - 생태경제를 향해

발제

죽음과 살림의 학문, 생태경제(학)

장윤석(독립연구자)

1 여는 말, 먼발치의 은혜

안녕하세요? 故 정태인 선생님을 추모하는 뜻깊은 자리에 함께하게 되어 감사함을 표합니다. 그리고 직접 마주하지 못하고 먼 타지에서 말을 보내게 되어 송구함과 아쉬운 마음을 전합니다. 저는 몇 년간의 녹색전환연구소와 녹색당에서의 일을 마치고 쉼과 시간을 가지고자 순례길에 올랐습니다. 지금은 한국에 몬드라곤으로 알려진 스페인 바스크 지역의 아라사테(Arrasate) 지역을 지나 산티아고로 향하고 있습니다. 걸으면서 정태인 선생님이 감수하셨던 '호세 마리아 신부의 생각'[1]을 읽고 있는데요, 뒤늦게 남기신 발자취를 따라가며 여러 생각에 잠기게 됩니다. 아쉽게도 저는 정태인 선생님과 한 번의 일면식이 없었습니다. 전공으로 경제학을 선택했던 까닭에 방황을 했고, 다른 경제학의 길을 찾을 때 가뭄에 난 비처럼 선생

---

[1] 호세 마리아 아리스멘디아리에타, 2016, 박정훈 옮김, 정태인 감수, 호세 마리아 신부의 생각 – 몬드라곤 협동조합의 바이블.

님의 글과 역서를 만나 가르침을 받았던 정도입니다. 선생님께 묻고 싶던 것도 나누고 싶었던 것도 많았지만 인연이 닿지를 않았는데, 선생님이 돌아가시고 나서야 그 아쉬움에 추도사를 남긴 것이 연이 되어 이 자리에 함께하게 되었습니다. 제게 정태인 선생님은 불모지 같은 한국에서 생태-사회적경제 사상의 선구자로 기억될 것 같고, 언젠가 남기신 글과 저서는 하나의 고전으로 자리 잡게 되리라 생각합니다. 먼발치에서 받은 은혜에 감사함을 표하고자 정태인 선생님이 남긴 말과 글에 대해 감상과 각주를 아래에 남깁니다.

2 다른 경제 없이 전환이 될 리가

"이 위기에서 빠져나가려면 경제학, 나아가서 사회과학 전체를 다시 써야 할지도 모른다. 적어도 그런 단순한 학문으로는 현재의 문제를 해결할 수 없다는 것만은 확실하다."[2]

"어느 누구의 배를 빌리지 않고 솟아난 사람이 어디에 있나요."[3] 독립 연구자라고 하여 스승도 계보도 없이 외딴섬처럼 떨어져 독립해 있는 건 아니겠습니다. 나아가 지금 여기 살고 있는 사회와 그 역사 속에서, 넓게는 마시는 물과 숨 쉬는 공기가 있는 지구의 기후와 생태까지, 그런 점에서 우리는 묻어들어가(Embedded)[4] 있는 존재이겠습니다.

언뜻 자명한 이 사실을 무시한 학문이 있습니다. 경제학, 정확하게는 주류 경제학이라고 일컬어지는 신고전파(Neo-classical) 경제학입니다. 이 경제학은 인간

---

2 정태인·이수연, 2013, 『협동의 경제학』, 레디앙

3 황정은, 2010, 백의 그림자, 민음사. 에서 간추려 옴

4 칼 폴라니(Karl Polanyi)의 개념으로 그는 경제가 사회 속에, 사회가 자연 속에 묻어들어가(Embedded) 있음을 강조하였습니다. 배태((胚胎), 착근(着根)으로 번역되기도 하나, 이 글에서는 묻어듦으로 씁니다.

종의 불확실성과 비합리성, 개인과 개인의 합 이상의 사회의 고유성과 특수성, 모든 토대를 아우르는 공간과 환경이 위치한 생태계에서 제멋대로 독립하고는 독점적 지위를 누려왔습니다. 이 경제학은 학문 가운데 유독 독보적인 권력을 누리고 있고, "모든 공공 정책의 모국어일 뿐 아니라, 공공 생활의 언어이며, 사회를 형성하는 세계관과 사고방식을 좌우"해 왔습니다.[5] 이 경제학은 각종 사회적 지구적 위기를 반영하지 못하고 있고, '여타 조건은 불변한다면(Ceteris paribus)'이라는 전제는 기후위기를 알지도 인정하지도 않아 왔습니다. 그리고 이 경제학의 섣부른 가정과 오류들은 만병의 근원이 되어 보이는 바와 같이 다중 위기로 점철된 지금을 만들었습니다.[6]

그 경제학에서 생략되고, 누락되고, 삭제되고, 괄호 쳐진 여러 가지를 복원하고, 되살리고, 만들기 위해서 여러 경제학자들이 계속 분투하고 있고, 이 전쟁의 역사는 오늘도 계속되고 있습니다. 경제학에서의 혁명은 뿌리는 오래전에 있지만 본격적으로는, 2008년 금융위기 이후 2011년 월가를 차지하라(Occupy wall street) 운동에서 시작되었는데, 경제학 수업을 박차고 나온 학생들은 '경제학의 재사유(Rethinking Economics)' 네트워크를 만들어서, 현재의 문제와 위기들에 적극적인 대응 논리를 펴는 경제학 학문체계를 재편해가고 있습니다.[7] 이들의 시도는 현재 세계 유수의 대학의 경제학과 커리큘럼에 다원주의 경제학 과목을 만들고 관련 연구기관을 만드는 데까지 나아갔습니다. 2018년 기후·생태위기의 심화가 드러난 이후에는, "집에 불이 났는데 불을 끄는 법이 아닌 불을 내는 법만 배우고 있다."며 경제학 커리큘럼의 급속한 재편이 이뤄지고 있고, 이는 대학 내의 변화에 그치지

---

[5] 케이트 레이워스, 2017, 홍기빈 옮김, 도넛경제학, 학고재

[6] 신고전파 경제학의 독점적 지위와 그 패착에 대해서는 정태인 선생님을 비롯해 많은 독립 경제학자들이 이미 수없이 설명을 마쳤기에 간단한 참고문헌과 함께 생략합니다. 이수연·정태인, 2013, 협동의 경제학, 레디앙. 마이클 제이콥스, 마리아나 마추카토, 2017, 정태인 옮김, 자본주의를 다시 생각한다, 칼폴라니사회경제연구소협동조합(KPIA) 참고.

[7] 엥겔베르트 스톡하머 외, 2019, 한성안 역, 리씽킹 이코노믹스, 개마고원. 과 리씽킹 이코노믹스 공식 홈페이지 참고 https://www.rethinkeconomics.org/

않고 학계 전반으로 확장되고 있습니다. 최근 경제학계의 심상치 않은 동태를 살필 때[8], 더는 이 경제학에 주류라는 명칭이 적절치 않을 수 있겠습니다.

반면, 한국의 경제학계는 다양성을, 경제 다원주의(economic pluralism)를 잃고 심각히 우 편향되어 있습니다. 한국의 경제학계에서는 기후위기에 대해 경제에 미칠 파장 정도 언급하는 것 외에 어떤 선언도 없었고, 어떤 대학의 경제학과에서도 교과서는 변화지 않았습니다. 편향된 경제학계의 풍토가 계속 스스로를 재생산하고 있습니다. 이는 학계에 그치지 않고, 한국의 경제정책 전반을 좌우하는 경제성장의 카르텔로 이어져 국가와 대기업, 휘하 거버넌스 (전국경제인연합회, 대한상공회, 기획재정부, 산업자원부 외)의 연합과 공고히 하고 있습니다. 우리는 낡고 시대에 역행하는 그 경제 교육과 학문, 정책의 악순환을 겪고 있습니다.

이 경제학에 독점된 한국의 역사는 경제에 생태와 사회가 잡아먹힌 꼴로, '한강의 기적'이라는 경제성장 신화로 자평 되지만 그 이면에는 자살률로 상징되는 해체 직전의 사회와, 최소한의 회복탄력성조차 비가역적으로 잃어버린 자연이 있습니다. 멀리 갈 것 없이, 외부화된 환경과 토목 사업의 편익을 잘못 저울질한 비용 – 편익 분석의 4대강 사업이나, 저평가된 미래 세대와 가치의 할인율로 인해 좌초자산의 리스크 평가에 실패한 삼척 등의 마지막 석탄발전소, 항공 산업의 성장 궤도에만 주목한 전국의 신공항 사업 남발 등이 그 예입니다. 한국의 현재를 좌우하는 정책은 미래를 팔아 현재를 사는 근시안적 정책이거나, 자연 혹은 생태를 팔아 (회색)경제를 살리는 이분법적 정책이거나, 그마저도 노동과 생명을 팔아 체제를 지탱하는 정책입니다. 미래, 자연, 생명을 팔아치운 사회와 경제가 지속 가능할 리가 없습니다. 다른 경제학 없이 전환이 될 리가 없습니다.[9]

생태경제학(Ecological Economics) 또한 이 경제학의 독재에 반하는 맥락에서 페미니즘 경제학, 돌봄 경제학, 행동 경제학, 복잡계 경제학, 협동조합 경제학(사회

---

[8] 2021년 노벨경제학상 수상자들의 「탄소세 배당에 대한 경제학자들의 성명」외.

[9] 장윤석, 2021, 다른 경제 없이 전환이 될 리가, 녹색전환연구소 녹색전환공론장 전환경제 발표문

적경제) 등 다원주의 경제학들과 함께 태동하여 흘러가고 있고,[10] 이제야 세계적으로 빛을 보고 있지만, 한국에서는 이제 막 알려진 정도입니다. 한국에서의 생태경제학의 첫 시작은 2000년대 초 우석훈, 김종호, 조영탁, 강수돌 등의 학자들이 세계적으로 1970~90년대 활발해진 논의들을 소개하며 시작되었고, 이를 기반으로 생태경제연구회가 만들어졌다고 하지만 공백기가 생긴 채 명맥이 끊어졌습니다. 생태경제학의 문제의식이 추상적이고 이상적으로 여겨질 정도로 시기상조이기도 했겠지만, 어쩌면 우편향된 학계와 기존 담론 지형의 구도가 가진 한계로 벽에 막힌 것이 아닐까 생각합니다. 중단된 논의를 다시 끌어올린 것이 2010년대 중순 정태인 선생님을 비롯한 칼폴라니연구소협동조합의 여러 분들인 것 같습니다. 2013년 『협동의 경제학』의 마지막 장에 생태경제학이 제시된 것을 시작으로, 다원주의 경제학의 여러 면을 조명하는 책들이 번역되었습니다. 세 번째 시기는 아직 남겨두고 있는 것 같습니다. 생태경제 이론이 주목받는 것은 시간문제이겠지만, 우리에게 남은 시간이 많지 않은 것도 동반하는 문제입니다. 아직 한국에는 생태경제학을 배우거나 전공할 수 있는 체계와 공간이 없습니다. 소수의 선각자 혹은 학자들이 제시한 이념의 흔적으로서의 생태경제학이 아닌, 분명한 체계와 공간을 가지고 학문으로 연구에 집중하는 교육이 필요하겠습니다. 몬드라곤의 사회적경제를 기능시키는 가장 큰 힘을 교육에서 찾을 수 있다고 합니다. 우리에게도 기후위기 이후 다음 세상을 만들어 갈 다른 교육을 형성해가는 가는 일이 과제로 남았습니다.

최근 생태경제학자인 요르고스 칼리스(Giorgos Kallis)와 제이슨 힉켈(Jason Hickel)을 필두로 2020년 피조로 비르셀로니 자지대학에 탈성상 대학 프로그램이 설치되었습니다. 커리큘럼은 생태경제학과 정치생태학, 남반구의 관점과 탈식민주의에 기반한 페미니즘과 돌봄 경제 인류학이 그 축으로 구성됩니다. 이 교육 과정은 3년 차를 맞은 지금 사전 모집이 마감될 정도로 성화를 받고 있습니다. 우리

---

10 생태경제학은 1971년 니콜라스 조르제스쿠-로젠의 1971년 『엔트로피 법칙과 경제 가정(Entropy Law and Economic Process』를 1972년 『성장의 한계』를 초기의 두 뿌리로 살필 수 있고, 1989년 세계생태경제학회(ISEE)의 창립과 저널 『Ecological Economics』의 발간을 개화기로 볼 수 있습니다. 자세한 내용은 김병권, 2023, 기후를 위한 경제학, 착한책가게. 책을 참고

에게도 전환을 위한 다른 교육이 절실하며, 더불어 늘어나고 있는 독립 연구자들을 엮어낼 공간들이 필요합니다. 지식 생태계도 커먼즈(Commons)러면 그 커먼즈를 관리하고 돌보는 이들과 노력이 필요합니다. 다른 경제학을 펼치고 청년에게 자리를 주고자 한 정태인 선생님의 뜻을 이어가기 위해 필요한 선결과제는, 다원주의 학문과 다른 경제학이 설 수 있고, 독립연구자들이 살 수 있는 지식생태계를 가꿔가는 일이겠습니다.

3 정태인 생태경제 이론과 정책, 그리고 이에 대한 댓글

"인류의 생존을 위한 생태 전환은 역사상의 어떤 '거대한 전환(자본주의의 탄생이건, 사회주의에서 시장경제로의 전환이건)'보다도 더 커다란 구조 변화를 요구하고 있다."[11]

정태인 선생님은 어떤 사상이나 어느 학문 분과로 분류할 수 없을 만큼, 경제학이라면 두루 살피고 연해 연결적이고 통합적인 경제 사상을 형성해 왔습니다. 이 자리에서는 그중 10주년을 맞은 『협동의 경제학』의 마지막 장 "경제도 결국 자연 속에 존재한다"에 남긴 실마리를 시작으로 "환경을 위한 연대"를 유언으로 남기시기까지, 생태경제에 대한 이론과 제안을 정리하고 간단한 댓글을 달아보려 합니다.

1) 생태경제적 통합성과 총체성

먼저 정태인 선생님의 경제사상은 4박자 경제학(시장경제, 공공경제, 사회적경제, 생태경제)으로, 이것은 경제가 어느 하나의 배타적 원리로 독점되는 것이 아닌, 이기성(시장경제), 공공성(공공경제), 상호성(사회적경제), 지속가능성(생태경제)의 조화를 통해 구성되어야 한다는 이론입니다. 이는 엘리너 오스트롬의 표현으로 다중심

---

[11] 정태인, 2019.10.28., 너도 나도 '생태 시민'이 되어야 한다, 한겨레 칼럼.

접근, 칼 폴라니의 표현으로 다원주의 접근을 잘 드러내고 있습니다.[12] 이러한 통합적 시야는 생태경제학이 내재하고 있는 학문적 가능성을 잘 보여줍니다. 생태경제학은 환경경제학과는 달리 외부에 위치한 고정되거나 주어진 환경만을 그 대상으로 하지 않고, 모든 경제 영역을 대상으로 자연의 원리에 맞는 방법론과 문제의식을 바탕으로 하기에 시스템 이론적 접근, 초학제적 접근, 방법론적 다원주의 등을 연구방법으로 삼고 있습니다. 정태인 선생님이 복잡계 이론과 연구에서 우리가 만들어 갈 대안의 원리를 찾아야 한다고 제안하셨던 것처럼 앞으로 우리가 지향해야 할 학문과 방법론은, '이것 또는 저것'의 이분법적 논리와 분절적·배타적 학문이 아닌, '이것 그리고 저것'의 연결적 논리와 통합적·시스템적 학문이어야겠습니다. 오늘 이 자리에서 기후위기와 함께 불평등, 사회적경제, 동북아평화 4가지 주제가 함께 교차되어 논의되는 것이, 정태인 경제사상의 통합적·총체적 특징을 잘 보여주고 있다 생각합니다.

2) 생태경제와 사회성

그래서 정태인 선생님의 생태경제 이론은 사회성과 현실가능성을 단단하게 지니고 있습니다. 생태경제학은 기존의 경제학이 망각한 지구 단위의 사고를 펼쳐내는 강점을 가지고 있지만, 내부에서는 "생물 물리학적 현실과 근본적인 연관성을 핵심으로 삼아왔지만 경제가 담겨있는 사회와의 연결성은 적절히 다뤄지지 않았다."[13]는 지적이 있습니다. 자칫 생물리학적 접근에 쏠려 지구 단위의 물리적 사유나 분석에 논의가 치우쳐, 공허해진다는 것입니다. 하지만 정태인 선생님의 생

---

[12] 정태인·이수연, 2013, 『협동의 경제학』, 레디앙. "우리는 또한 폴라니의 다원적 경제론과 오스트롬의 다중심성 원리는 예방우선의 원칙과 함께 생태전환의 중요한 원칙이 되어야 한다고 생각한다. 오스트롬이 강조했듯이 생태문제는 글로벌 차원에 속하므로 국제협약이 가장 중요하지만, 각국의 사회·경제정책, 지역공동체의 참여, 시민의 삶의 방식 변화가 모두 중요하다. 즉 모든 공공 문제 해결의 중심은 원래부터 여러 차원에 존재하고 각각의 정책이 서로 조화를 이뤄야 한다. 이제 첫발을 뗀 이 논의의 최종 목표는 각 차원이 어떤 노력을 해야 하는지가 되어야 한다."

[13] 엥겔베르트 스톡하머 외, 2019, 한성안 역, 리씽킹 이코노믹스, 개마고원.

태경제 이론은 늘 인간의 얼굴을 하고 있습니다. 그렇기에 "환경을 보호하자", "생태계를 되살리는 데 투자하자"와 같은 사회와 독립된 환경·녹색 담론이 아니라, 한국 사회가 걸어온 경로와 그 특질에 바탕을 둔 구체적인 제안으로 이어지게 됩니다. 생태경제 이론에 기반한 정책과 전략이 성공하기 위해서는 그 사회에 단단히 뿌리내린 제안이어야 하고, 이 착근성이 그 성패를 가른다고 생각합니다.

3) 생태경제의 정치성

이 지점은 녹색 담론들과 행위자들이 자주 부딪히고 마는 벽이자 고민과도 닮아있습니다. 기후과학자들의 경고가 수십 년째 경고로만 그치고 현실에서 작동하는 힘이 없었던 것처럼. 기후가 위기라는 말로는 아무것도 바꿀 수 없고, 경제가 생태계 속에 묻어들어가 있다는 사실만으로도 아무것도 바꿀 수 없습니다. 탈성장 담론 또한 사회 변화 전략의 부재와 그 실현력의 미약함에 대한 고민이 있었고 최근에는 비엔나 그룹의 '탈성장의 전략'과 정책에 대한 논의가 활발해지고 있습니다.[14] 생태경제 이론은 전환의 주체에 대한 물음으로 이어지지 않으면 공허해지기 십상이고, 그 실현을 위해서는 구체적인 전략과 정책, 그리고 정치를 요청합니다.

> "전환적 지도자와 정당의 비전, 그리고 장기 시야를 지닌 시민들이 주도하는 거대한 전환이야 말로 우리 아이들의 활로이다."

어떤 학문이든 사상으로서 울림과 파동을 가지기 위해서는, 그 시대적 긴요함과 실천성이 있어야 한다고 생각합니다. 정태인 선생님이 실천적 지식인으로 정당에서 이 문제의식과 제안을 정책화해 온 동시에 한미FTA 반대운동 등 광장에서 활동가로 살아오시며, 이 전환의 전략과 정치를 얼마나 강조해왔는지는 더 부연하지 않아도 충분하겠습니다. 한국에서 생태경제 사상의 한 줄기가 학문의 영역에서만이 아니라 치열한 현안 속 정치 현장에서 형성되어가고 있다는 점은, 앞으로 이

---

[14] 오스트리아 비엔나 탈성장 그룹, 2021, 탈성장과 전략, 탈성장과 대안 연구소 번역.

생태경제 사상의 생명력을 담보하리라는 기대를 잇게 됩니다.

다음으로, 정태인 선생님이 이러한 생태경제 이론에 근거해서 남긴 방향과 정책 제안을 살펴보겠습니다. 코로나·기후위기에서의 국가의 역할, 탄소세를 통한 시장의 통제와 녹색산업, 협력을 통한 경제 원리 재조직과 시민참여로 정리할 수 있겠습니다. 4박자 경제학 중 생태경제는 다른 3가지와 층위의 측면에서 조금 다른데, 정부(1영역), 시장(2섹터), 사회적경제(3섹터)가 경제의 세 기둥을 담당한다면 생태경제는 이 기둥을 떠받치고 있는 주춧돌에 가깝습니다. 그리고 이것은 생태경제의 원리에 기반한 정책은 3가지 경제 영역 혹은 주체 모두에게서 조화롭게 고안 및 작동할 수 있음을 의미하기도 합니다.

> *"우리는 기본적으로 "천 송이 꽃"을 지지하지만 국가가 생태혁신과 생태인프라 투자를 주도해야 하고 무엇보다도 먼저 탄소세를 부과하여 시장 행위자들의 다양한 혁신 활동을 유도해야 한다고 생각한다. 특정한 문제(예컨대 전염병)를 해결하는 데 특정 범주(예컨대 국가)가 우월하다고 해서 다른 범주(예컨대 시장이나 공동체)를 배제하자는 주장은 옳지 않으며 각 범주가 해결해야 할 다양한 역할이 있다는 것이 다중심성의 원리이다. 이를 위해서는 사람들 사이의 여러 교류양식(폴라니의 용어로는 사회통합양식)이 존재하고 자율적인 재생산 메커니즘을 지니고 있어야 한다."*

(1) 녹색전환에 있어 국가의 역할과 방향

정태인 선생님이 2020년 정의당에서 제안한 「생태전환의 정치경제학 – 탄소세와 한중일 공통 탄소가격을 중심으로」을 살펴보면, 우리가 코로나 펜데믹을 배우며 겪은 교훈을 바탕으로 전환에 있어 국가의 역할과 방향을 주되게 서술하고 있습니다. 코로나와 기후위기의 상관성은 이미 입증되었습니다. 생태문제는 "시장의 근원적 한계"이기에, 기존의 안정적인 경제가 깨어진 비상상황에서 시장의 자율조정장치에 의해 작동하리라는 믿음에는 근거가 없다는 것이 정리되었습니다. 정태인 선생님은 *"'방역이 곧 경제'인 것처럼 '생태가 곧 경제'인 시기가 곧 온다.*

(중략) 극복의 방향도 유사하다'는 인식을 바탕으로 국가가 경제에 적극 개입하여 기후위기와 불평등을 동시에 해결할 전환을 주도해야 함을 제안합니다.

이 제안은 포스트케인지언 경제학의 '투자의 사회화' 개념에 기반한 코로나-19 위기에 대한 정부 정책에서 강조되는 재정지출의 확대, 인플레이션 없는 통화 증발, 국채발행 등이 포함되어 있습니다. 더하여 네오슘페터리안의 국가혁신체제론과 클러스터정책, 특히 마리아나 마추카토의 국가가 방향을 잡는 기술혁신과 인내 자본에 대한 강조가 포함되어 있습니다.[15] 위기에 있어서 유용한 경제학들을 토대로 한 국가의 전환 정책은 다음과 같이 그린뉴딜 정책으로 제안됩니다.

> "우선 산업, 건물, 교통의 에너지원을 전기로 바꾸고 최대한 재생가능에너지로 발전해야 한다. 그래도 나오는 쓰레기는 순환경제로 처리한다. 국가는 생태기술의 혁신을 주도해서 새로운 시장을 창출해야 한다. 이렇게 화석 기반 인프라 자체를 바꾸고 시장을 창출하는 대규모 투자는 당분간 경제성장률을 끌어올리고 새로운 일자리를 만들어 낼 것이다. 약 10여년의 전환기에 부여되는 '생태 배당(ecological dividend)'인 셈이다. 최근 미국 정치권에서 활발히 논의되고 있는 그린뉴딜 정책이 바로 이런 전략이다."[16]

비록 2021년 한국판 뉴딜 이후 한국형 그린뉴딜이 실패한 녹색성장 정책의 모습으로 좌초되었지만, 2023년 오늘날에도 이 제안은 아직까지 유효하게 남아있겠습니다.

---

[15] 다만, 다음의 언급과 같이 포스트케인지언 정책이 늘 생태경제적 정책은 아니라는 언급은 유의할 필요가 있다 생각됩니다. "소득주도성장 전략은 에너지 효율성을 높이는 정책이 병행되지 않으면 생태전환과 모순될 수 있다. 생태전환은 소비의 일반적 축소를 요구하며 탄소가 덜 포함된 소비를 늘려야 한다고 주장한다."

[16] 정태인, 2019.10.28., 너도 나도 '생태 시민'이 되어야 한다, 한겨레 칼럼.

(2) 탄소세를 통한 시장의 통제와 국제적 협력의 가능성

정태인 선생님은 "잘 설계된 탄소 가격은 효율적인 방식으로 배출을 줄이는 전략에서 필요불가결하다"는 조지프 스티클리츠의 이론에 발맞추어 탄소세 정책을 설계합니다. 배출권 거래제도는 그 시장 가격이 정부 목표에 어울리는 수준으로 결정될 수 있을지 불확실하기에, 넷제로를 달성할 때까지 탄소세의 조정에 의해 계속 높아지는 탄소세를 제안합니다.[17] 이 탄소세는 재생에너지로의 에너지 전환 속도를 가속할 것이고, 이는 화석연료에 의한 보조금의 전액 삭감을 전제로 하며, 강한 탄소세는 시장에서의 전환을 촉발할 것으로 예상합니다. 그렇게 제안되는 탄소 가격은 니콜라스 스턴과 조지프 스티클리츠의 견해에 바탕을 두고, 톤당 50달러에서 시작해서 2030년 75달러, 2050년까지 톤당 125 달러입니다. 역설적이게도 IMF의 분석에 의해서 비용편익을 고려하는 경우에도 탄소가격은 75달러에서 후생이 극대화되고, 정태인 선생님은 이에 대해서 이렇게 덧붙입니다.

> "기후위기를 막기 위한 공통의 탄소가격과 한국의 효율적 탄소가격이 일치한 건 분명히 우연이다. 하지만 이 분석들을 믿을 수 있다면 그것은 행운이기도 하다. 지구 전체를 위한 의무 이행이 곧 국가의 효율성도 최고로 높인다는 것을 의미하기 때문이다."[18]

시장주의적 경제학이 만들어낸 폐해로 인해 시장에서의 전환을 염두에 두지 않는다면, 유의미한 헌신적 경제 전환을 만들 수 없다는 지적이 인상에 남습니다. 지구 전체의 의무 이행과 국가와 시장의 방향을 조율하는 것이 전환 정책의 주요한 과제이겠습니다.

---

[17] 정태인, 2019.12.23., 온실가스 순배출 제로 시대, 한겨레 칼럼.
[18] 정태인, 2020.3.31, 생태전환의 정치경제학 - 탄소세와 한중일 공통 탄소가격을 중심으로, 정의당

정태인 선생님은 나아가 한중일 동북아 공동의 탄소가격을 설정하자는 제안[19]을 반복해서 하셨습니다. "한·중·일 공통의 탄소가격은 생태전환을 돕는 유력한 제도"라고 말하며, "이들 세 나라의 공통 탄소가격은 그 자체로 탄소 배출 감소에 큰 영향을 미치며 EU 등의 '생태클럽'과 경쟁하게 되면 효과가 더욱 커질 것이다"는 분석을 이었습니다.

"세 나라의 거대한 외환보유고(약 4조 5천억 달러)와 탄소세수 중 일부를 탄소배출량에 비례해서 생태기금으로 적립할 수 있다. 이 기금은 미세먼지, 황사 대책, 팬데믹 대처 등 공동 정책, 공동의 생태기술 혁신(예컨대 신소재 배터리 기술), 역내 지역의 구조조정 보조, 탄소클럽에 들어오려는 발전도상국에 대한 보조에 사용될 것이다. (중략) 동북아 그리드는 북한 경제의 에너지 문제를 일거에 해결할 수 있으므로 1차 핵협상 당시의 경수로 건설과 비교해 보면 수퍼그리드에 의한 에너지 문제 해결이 얼마나 획기적이고 얼마나 강력한 "비핵화" 유인이 될 수 있을지 짐작할 수 있다. 북핵 문제 해결에 강력한 인센티브가 될 수 있다. 장차 동아시아의 생산연쇄를 이루는 주요국들을 모두 포함한다면 이 탄소클럽의 성과는 곧 기후위기의 대처에서 매우 중요한 역할을 하게 될 것이다."[20]

이처럼 한·중·일 탄소가격 정책은 동아시아의 녹색평화전환을 위한 경제협력의 가능성으로 확장해서 살펴볼 수 있습니다. 유럽연합이 공동의 자원 관리와 생태계 관리, 경제적 역할과 권역을 공유하던 것처럼, 동북아시아의 평화를 위한 경제 정책을 검토해 볼 필요가 있겠습니다.

(3) 협력을 통한 경제 원리 재조직과 시민참여

정태인 선생님의 그린뉴딜 안에는 사회적경제에 대한 고민이 녹아들어 있습

---

[19] 정태인, 2020.1.20., 한·중·일 공통 탄소가격, 한겨레 칼럼.
[20] 정태인, 2020.3.31, 생태전환의 정치경제학 – 탄소세와 한중일 공통 탄소가격을 중심으로, 정의당

니다. 정부가 제 역할을 하고, 시장이 길이 들면, 남은 전부는 '세 번째 기둥'이자 '천 개의 꽃'인 사회적경제와 시민들에게 달려있습니다. 정태인 선생님은 그린뉴딜에 있어 사회적경제의 중심 지역 중 하나인 에밀리아 로마냐의 사례를 참조합니다.

> "그린뉴딜은 특히 중소기업 위주의 혁신 클러스터를 지원한다. 농업과 수공업 제품 위주의 "산업지구"에서 출발해서 이제는 첨단산업 산업지구(클러스터)로 발전한 에밀리아 로마냐 모델은 우리의 생태전환에 많은 시사점을 줄 수 있을 것이다."[21]

비단 먼 나라의 사례만은 아닐 것 같습니다. 정태인 선생님을 통해 평소 존경하셨다는 한국의 1세대 진보 경제학자 박현채 선생님의 민족경제론을 알게 되었습니다. 대기업이 아닌 민중과 작은 기업, 농업 등을 기반으로 하는 이 이론은 한국 사회가 수출 주도의 추출적 경제 형태로 들어서기 이전에 가능했던 하나의 전환 경로였을 것입니다. 협력을 통한 경제 원리의 재조직은 우리에게도 이어왔고, 우리에게도 가능할 것이라는 믿음을 읽었던 것 같습니다.

> "마지막으로 그린 뉴딜은 새로운 "좋은 삶"의 유형을 형성하는 과정(ecological way of Life)이다. (중략) 새로 탄생한 시민은 더 이상 성장에 목을 매고 인류 공유의 커먼즈를 침해하여 우리 모두의 삶을 파괴하는 행위를 용납하지 않을 것이다."[22]

정태인 선생님은 녹색의 가능성을 과거를 넘어 미래에서 찾고자 하신 것 같습니다. 이와 같이 생태시티즌쉽(Ecological Citizenship)을 바탕으로 한 새로운 시민상과 좋은 삶의 유형을 형성하는 과정이 정태인 선생님이 그리던 전환의 주된 토대

---

21 정태인, 2020.3.31, 생태전환의 정치경제학 – 탄소세와 한중일 공통 탄소가격을 중심으로, 정의당
22 정태인, 2020.3.31, 생태전환의 정치경제학 – 탄소세와 한중일 공통 탄소가격을 중심으로, 정의당

였음을 상기합니다.

4 생태경제학의 논의와 과제들

이어서는 정태인 선생님이 남기신 글들을 읽으며 일어났던, 생태경제학을 바탕으로 한 논의와 과제들을 네 가지로 정리해서 풀어가려 합니다.

1) 세계관: 탈성장과 전환지표

생태경제학의 세계관은 한 장의 그림에서 잘 드러납니다. 경제계가 사회와 자연(생태계와 기후 그리고 지구 행성과 태양계)에 묻어들어가 있다는 세계관에서 다른 이야기가 시작됩니다. 생태경제학 세계관의 두 가지 뿌리를 찾아볼 때 먼저 1971년 『엔트로피 법칙과 경제 가정(Entropy Law and Economic Process)』를 꼽을 수 있습니다. 열역학 2법칙을 바탕으로 경제계가 물질 흐름과 그 유용성의 감소 원리를 따르고, 인간의 경제활동 역시 자연법칙을 거스를 수 없고 경제활동의 가장 기본적인 제약은 자연법칙이라는 점을 강조합니다. 다음으로, 1972년 『성장의 한계(Limit of Growth)』에서는 유한한 지구에서 물리적 규모에 한계가 있다는 것을 명확히 하여, 현재 인간의 경제 규모(경제성장 규모와 속도)를 지속가능성을 보장하는 추이로 제한하고 그 관성에서 벗어날 것을 제안합니다. 이렇게 생태경제학은 탈성장 담론 및 운동과 같은 문제의식과 상황에 서 있음을 살필 수 있습니다.

탈성장 철학에서는 구 세계관의 파괴와 재형성을 중요시하는데 이는 프랑스 철학자 세르주 라투슈와 그리스 철학자 코르넬리우스 카스토리아디스(Cornelius Castoriadis) '상상계의 탈식민화' 개념에서 잘 드러납니다.[23] 우리가 벗어나야 할 것은 기존의 경제 시스템 뿐 아니라, 그 속에서 자리 잡은 빈곤하고 식민화된 상상력이라는 것인데, 우리가 자초한 문제는 이를 야기한 사고방식으로 해결할 수 없다

---

[23] 세르주 라투슈 외(2018), 강이현 옮김, 『탈성장 개념어 사전』 그물코.

는 당연한 이야기겠습니다. 여기에는 경제성장이 모든 경제 문제를 해결할 만능열쇠라는 신화를 포함하여, 시스템적이지 않은 직선적 사고관과, 우상향을 진보로 파악해 온 관성을 포함합니다.

이와 같이 생태경제학의 세계관은 기존의 구 경제학이—철학적 중립성 및 객관성을 견지하고 있다고 가정한 채 독점한—화석연료 기반의 경제성장 세계관을 갈아치울 것을 담고 있으며, 그에 따라서 모든 존재론, 논리학, 방법론, 정책의 전환을 요구하고 있습니다. 이는 정책의 혁명 역시 요구하며, 정책의 시간관을 미래 사회의 효용과 위기를 반영할 수 있도록 다르게 구성하고, 정책의 시야와 공간을 확장해 지구–사회–경제를 "단일한 복합 사회–생태로 이해하며, 기존 정책이 체제 유지적으로 기성 사회 질서를 보존하지 않도록 기후정의의 원리와 현재 위기의 수준을 반영한 급진적 정책관이 필요합니다.[24]

이러한 정책의 전환은 지표를 바꾸는 것에서 시작되는데, 정책에서 세계관을 담당하는 것은 지표의 영역이고, 지표는 평가의 기준 및 잣대의 역할을 할 뿐 아니라, 틀(Frame)을 제작하는 까닭입니다. 이미 GDP라는 잘못된 예시를 통해 지표가 정책 전반에 미치는 영향을 확인한 바 있습니다(유독 경제학의 다른 학문들 중에서 서로 다른 분과들 중에서 힘을 얻었던 까닭이 여기에 있겠습니다). 지표가 사회의 상상계를 설정하는 힘을 간과하지 않고, 전환을 위해서 다른 지표의 설정과 적용을 준비해야 합니다. 일찍이 이 맥락과 함께 생태발자국(Ecological Footprint), 지속가능발전목표(SDGs), 행복지표(Happinees Index) 등이 논의되었고, 기후·생물다양성 위기의 심화와 관련하여 지구위험한계지표(Planetary Boundary), IPCC 기후영향지표(Climatic Impact Drivers, CIDs)가 제시되었으며, 오늘날 암스테르담, 코펜하겐 등에 적용된 도넛(Doughnut) 지표 등이 실질적인 기능을 해가고 있습니다.

---

24 정책이 서 있는 배경 및 세계관에 대한 이야기가 필요합니다. 정책 분석 이전 단계의 시야는 엄연히 존재합니다. 사회학자 어빙 고프만의 틀(Frame)개념이 대표적으로, 어떤 시야, 세계관, 패러다임, 틀이 분석 이전 단계에 존재합니다. '세계관'에 대한 이론을 정립한 사회학자 카를 만하임(Karl Mannheim)의 말처럼 "모든 관점에는 이를 탄생시킨 독특한 상황이 있다." 기후위기 라는 독특한 상황은 이전과는 다른 관점을 정책에 탄생시켜야 합니다.

"우리는 생태 문제를 집약해서 보여주는 지표를 아직 찾지 못했다. (중략) 개인, 지역공동체, 국가, 그리고 글로벌 사회가 구체적인 실천을 하려면 이런 생태지표의 개발에도 박차를 가해야 할 것이다."[25]

기후·생태 복합위기를 풀어나가기 위해(왜), 생태와 사회 경제의 전환을 목적하고(무엇을), 전환에 필요한 모든 영역과 지표를 배열하고 합산하여 형태화(어떻게), 민주적으로 행정 및 경제 단위를 포함해 살아가는 시민 모두(누가), 온실가스 배출제로의 미래 시점을 고려(언제), 국가 및 지방 행정 단위를 포함한 모든 공간에서(어디서) 전환지표의 제작과 적용이 필요합니다.[26]

2) 가치와 방법: 화폐에서 엔트로피로, 생태학살 법과 예방우선의 원칙

"우리가 살고 있는 사회적경제 시스템은 중요한 두 가지 흐름으로 구성된다. 하나는 생산과 소비를 통해 가격이 재생산되는 화폐의 흐름이고, 다른 하나는 그러한 경제활동 자체의 기반으로 생태계에서 경제계로 투입되어 물질이 재생산되는 엔트로피의 흐름이다. 즉, 경제시스템은 우주라는 닫힌 계 안에 존재하는 열린 계다."

현대 경제에서 재화 혹은 서비스의 가치는 화폐로 측정되지만—그 화폐도 다양성이 자리 잡지 않고 달러의 패권에 독점된— 화폐는 국가 및 사회의 신뢰(신용)이 없다면 휴지 조각이고, '가치'는 그 재화와 서비스 혹은 에너지 자체에 내재되어 있다고 볼 수 있습니다. 생태경제학은 화폐의 흐름보다 물질의 흐름이 더 근본적이라 보고, 따라서 화폐의 가치보다 그 물리적 유용성의 정도에 따른 엔트로피에 가치

---

25 정태인·이수연, 2013, 『협동의 경제학』, 레디앙.
26 장윤석, 2022, 한국의 전환지표: 지역의 기후위기 대응 현주소와 녹색전환 정책 분석, 한국환경사회학회 2022년 정기가을학술대회 발표문

를 두고 있습니다. 경제의 단위를 화폐에서 물리적 가치와 (나아가) 사회적 가치로 바꾸는 과정은 앞서 살핀 GDP에서 다양한 전환지표로 향하는 과정과 궤를 같이 합니다. 이것은 생태경제학의 방법론에 적용되어, 물질흐름분석(MFA, Material Flow Analysis)과 같이 화폐로 측정되기 이전에 물질의 총량과 흐름에 대해서 측정할 수 있게 합니다. 이 가치론과 방법론은 많은 것을 다르게 사유할 수 있게 합니다. 예컨대 4대강 사업에 있었던 환경영향평가와 비용편익분석에서 강의 화폐적 효용을 (평가절하해서) 계산한 것이 아닌, 강과 인근 생태계 순환이 가진 가치를 살필 수 있었다면 결과는 어땠을까 물을 수 있겠습니다.

> *"자연에서 흔히 관찰되는 복잡계 현상을 비용편익 분석이라는 원시적 수단으로 측정한다는 것은 언어도단에 속하는 일인지 모른다."* [27]

이는 생태경제학의 윤리학에 대해서도 시사점을 남깁니다. 화폐적 관점으로 결정되었던 수많은 '사업'들이 기후위기 시대에도 유효할까요. 더 이상 많은 경제적 '사업'들이 이전과 같은 법적 테두리와 규제하에서 존속할 수 없습니다. 법적 전환이 함께 이루어지고 있고, 그중 생태학살(Ecocide)[28] 법의 동태에 주목할 수 있습니다. 예컨대 한국 정부가 마지막 석탄발전소로 수출해 지금까지 지어지고 있는 베트남 붕앙-2 석탄발전소의 경우 재정 위기에 처한 두산중공업(현 두산에너지빌리티)를 살리고, 한국전력의 재무 위기를 해결할 사업으로 추진되었습니다.[29] 그러나 석탄발전소가 완공될 2030년에도 이 석탄발전소가 한국파 베트남에 돈을 빌어준 사업으로 불릴 수 있을지는 장담할 수 없습니다. 국제형사재판소(ICC)에서 논의되

---

27 정태인·이수연, 2013, 협동의 경제학, 레디앙

28 2021년 생태 학살의 법적 정의를 위한 독립적 전문가 패널(Independent Expert Panel for the Legal Definition of Ecocide)은 국제형사재판소(ICC)에 생태학살을 로마규정에 따른 다섯 번째 범죄로 등재시키기 위한 법안 초안을 발표했고 이를 기점으로 세계적으로 녹색범죄를 예방하고 처벌하기 위한 관련 논의가 활성화되었습니다. 조효제, 2022, 침묵의 범죄 에코사이드, 창비. 참고

29 장윤석·황준서·이다예·황인철, 2021, 「국내 석탄 기업에 기후위기의 책임을 묻다」, 녹색연합

고 있는 생태학살의 정의는 "생태학살은 불법적(unlawful)이거나 악의적(wanton) 인 행위이며, 이러한 행위로 인해 환경(environment)에 심각한(severe) 동시에 광범위하거나 장기적인 손상(either widespread or long-term damage)이 발생할 가능성이 크다는 것을 알고 행해지는 행위를 의미"하는데 해당 석탄발전소는 이러한 정의에 부합할 수 있습니다.

만약 화폐적 사고방식에서 결정한 사업이 사람을 포함한 수많은 생명을 앗아가는 생태학살이라면 이는 큰 윤리적 질문을 제기합니다. "일단 지금 중요한 것은 예방 우선의 원칙이고, (중략) 생길 수 있는 모든 위험은 일단 예방하는 것이 상책"이겠습니다.[30] 생태경제학은 그간 화폐적 사고의 폐단에서 평가 절하되거나 제외된 수많은 요소들을 재사유할 문제 의식을 갖추고 있으며, 다가오는 사회의 법과 문화 속에 경제가 생태를 잡아먹는 꼴이 반복되지 않도록 학문 윤리를 재설정할 수 있을 것입니다.

3) 전환상: 사회적경제와 세 번째 기둥

> "생태문명을 위한 경제 체제는 지구의 수용 능력 안에서 운용되는 생태적 경제가 되어야 한다. 무한대의 이익을 추구하는 경제주의 대신 경제생활의 목적과 가치가 반영된 경제활동을 하는 개인과 경제 조직, 그리고 새로운 경제 주체를 만들어내고 경제 운영을 뒷받침하기 위한 제도와 유무형 인프라의 구축이 필요하다. 그것은 재생에너지와 농업, 교통과 휴먼 서비스를 중심으로 분권화된 지역들에 기반한 사회적경제 생태계의 구축이 될 것이다."[31]

생태경제학이 유용한 학문 정도에 그치지 않고, 실질적인 전환의 풍경을 만들어가려면 이러한 공생의 원리로 작동하는 세계 여러 지역과 마을들이 필요합니다.

---

30 정태인·이수연, 2013, 협동의 경제학, 레디앙
31 정건화, 2018, 생태문명으로의 전환과 사회적경제, icoop 생협평론 2018 여름 31호

우리에게는 무수히 많은 사례들을 발굴하여 연결하고 해석하는 작업들이 과제로 남아 있습니다.

그리고 다행히도 세계 각지에는 생태적 가치와 경제적 가치가 조화를 이룬 공간들이 여럿 있고, 여기에서 생태경제와 사회적경제의 연결 지점이 드러납니다. 국제노동기구(ILO)에선,s 사회적경제를 생태적·사회적·공동체적 목표가 하나로 수렴되는, 지속가능한 사회발전모델로서의 가능성에 주목한 바 있습니다. 생태경제 모델의 많은 경우는 사회연대경제의 모습 안에 포함될 수 있는데, 사회 안의 공동체를 유지하기 위해 공유지의 비극을 막고 공동 관리가 이루어지는 것과 같은 구조를 띠고 있습니다.

생태 경제와 사회적경제의 연관성 혹은 유사성에는 여러 가지가 있고, 먼저 지역성을 들 수 있습니다. 해당 지역에 뿌리내리고 움직이는 지역경제는, 초국적 규모로 수탈적 형태를 띠는 기업과는 다른 원리를 가지고 있습니다. 사회적경제 방식의 경제조직은 온실가스 감축에 있어서 이동거리와 에너지 사용량 절감 등 저감 면에서 여러 유리함을 가지고 있고, 적응 면에서 가뭄이 들면 물을 분배하는 것과 마찬가지로 그 지역에 생물적 조건과 한계를 감안하고 재난 대응과 이후의 회복을 이뤄갈 수 있습니다. 생태와 사회에는 공간, 어떤 구체적인 지역이 필요한데 (자본주의적) 시장에는 공간이 없다는 것을 유념해야 합니다. 기후위기 대응의 모든 행동이 지역적으로 실천할 수밖에 없습니다. 더하여 지역에서 무너졌던 신뢰를 회복하여 사회적 응집력을 모아내는 방식으로의 사회연대 전환 경로는, 지역의 기후위기 대응 역량을 증신하는 힘도 있겠습니다.

오늘날 다양한 모습의 사례가 제안되고 있는데, 미국 클리블랜턴과 영국 프레스턴처럼 '모두를 위한 경제(Democratic Economy)'[32]모델이나, 이전부터 이어져 오던 생태적 가치를 지금도 이어가고 있는 스페인 몬드라곤, 캐나다 퀘벡, 이탈리아 에밀리아 로마냐 등 사회연대경제를 기반으로 작동하는 지역들을 살필 수 있겠습니다.

---

[32] 마조리 켈리 외, 2021, 홍기빈 역, 『모두를 위한 경제』, 학고재

4) 유념: 평화

전쟁이 더 이상 낯선 소식이 아니게 된, 슬픈 표정의 시대에 살고 있습니다. 모든 일반 경제 이론은 평화를 전제로 합니다. 생사가 움직이는 전시 상황에서 어떤 경제 이론도 순탄히 작동할 수 없습니다. 확전은 공멸입니다. 이것은 기후위기 대응에서도 같은 모습을 보이는데, 2022년 3월 빚어진 러시아-우크라이나 전쟁 이후에 파리협정 이후 구축한 전 지구적 탄소감축 거버넌스가 크게 흔들린 것이 가까운 예겠습니다. 기후위기가 각 지역의 물과 식량 등 경제의 토대에 리스크를 발생시키고, 이것이 경제 공급망과 회랑으로 연결된 지역들에 지정학적 리스크로 전파되거나 위기를 중첩하는 식의 위험은 잘 밝혀져 있습니다. 따라서 생태경제학의 모든 정책 수단이 효과적으로 전환 정책의 수단이 되기 위해서는 증가하는 안보 위험을 관리하고 국가 및 지역 간 갈등을 전환하는 것이 선결 과제이겠습니다. 일찍이 생태경제학자 허먼 데일리도 같은 문제의식을 공유하고, 냉전 시대와 같이 군비경쟁에 한정된 자원과 힘을 낭비하는 것이 아니라 단계적인 군축을 통해 예산을 확보하고 전환의 안정성을 높이는 정책안을 제안한 바 있습니다.

근래 이웃 나라들과의 관계가 어려운 난국에 놓이고, 한국전쟁 이후에 가장 전운이 감도는 얼어붙은 시기를 직면하고 있을 때, 기후위기 대응과 녹색전환을 위한 전제가 이 지역 동북아의 평화임을 유념하는 것은 중요합니다. 특히 한국은 군사비용이 세계 10위 권 안에 달하고, 50조 이상에 달하는 이 예산이 기후 대응 예산보다 훨씬 많다는 것을 상기할 때, 전환 예산의 가장 주된 출처는 군축이 되어야 할 것입니다. 한국 정부는 점차 수출 항목과 양에서 무기의 비중을 늘려가고 있고, 이제는 탄소중립 총알과 같이 군사 분야의 그린워싱도 눈에 띄는 있습니다. 지금과 같이 전쟁 위험을 통한 통치와 그 과정에서의 이익으로 운영되는 경제는 필경 모두를 자멸로 이끌 것입니다. 전쟁이 시작되면 그 비극이 멈추기 전까지 전환은 없을 것이고, 그때는 골든타임의 논의가 아니라 죽어버린 것들에 대한 소생과 회복 말고는 어떤 것도 살필 수 없을 것입니다.

평화 구축을 위한 경제적 협력에는 여러 가지 안이 있고, 한·중·일의 공동 탄소가격과 녹색 협력도 그 예일 테이고, DMZ의 생태적 공동 관리 및 이를 바탕으로 한 그린 데탕트 등 실로 우리에게 남은 과제가 많겠습니다. 티모시 모튼(Timothy Morton)에 의하면 "생태적 사상은 상호연관에 대해 생각하는 것"이라고, 평화는 복합적 관계망을 이해하고 실현할 때 살아난다 합니다. 생태를 생각하는 것이 평화로 이어지는 것은 당연한 수순이겠습니다. 평화는 불신과 적대적 위기를 키워가는 이들에게는 오지 않고, 예비하고 바라는 이들에게 오는 것이니 우리에게는 다른 선택의 여지가 없겠습니다.

> *"대량 살상이야말로 극도의 외부성입니다. 다 죽으면 나 혼자 돈이 많거나 능력이 많아도 같이 죽을 수밖에 없으니까요. (중략) 이렇게 강력한 외부성은 언제나 가변적인 국가가 아니라 숙고하는 민주주의 공동체만 해결할 수 있습니다."* [33]

5 죽음과 살림의 학문[34]

경제가 생태를 잡아먹은 꼴의 지나온 역사를 넘어, 생태와 경제의 관계 회복이 우리 앞에 과제로 놓여있습니다. 경제(Economy)와 생태(Ecology)는 공동의 집과 관리를 뜻하는 라틴어 오이코노모스(οἰκονόμος)에 언어적 기원을 두고 있습니다. 우리말로 '인간의 살림살이'냐, 생태계의 살림살이냐의 차이로, 무언가 먹고사는 순환의 과정으로서의 '살림살이'라는 점을 공유하고 있겠습니다. 그런즉, 생태와 경제를 동의어로 살펴볼 수 있고, Ecological Economics를 우리말로 풀 때 생태경제학이라는 직역 말고도 (인간과 자연의) 살림학과 같이 순화하여 의역할 수도 있겠습니다.

경제학은 일반적인 교과서에서 "사회가 한정된 자원을 어떻게 관리하는지 연

---

33 이수연·정태인, 2013, 협동의 경제학, 레디앙.

34 장윤석·이희연·송지용, [다시개벽선언문] 개벽, 살림, 풍류의 한국학, 한국문화인류학회 2022 정기가을학술대회 발표문

구하는 학문"으로 정의되지만, 한자 경제(經濟)는 경세제민(經世濟民)'의 약자로, 세상을 다스리고 국민을 편안하게 만든다는 의미를 지니고 있습니다. 지금의 협소한 정의를 벗어나 공동의 집을 관리하는 살림살이의 학문으로 재설정 될 때 기후위기를 초래한 학문에서 살리는 학문이 될 수 있을 것입니다.

생태가 무엇을 의미하는지 톺아보는 일도 필요합니다. 한살림을 만들었던 무위당 장일순 선생의 '나락 한 알 속에 우주가 있다'는 말처럼 작고 큰 것이 따로 없이 연결되어 있는 관계를 생태라 일렀습니다. 이에 바탕할 때 상시 변하는 것들의 관계를 다루는 생태학(Ecology)은 연결의 학문이자, 동시에 생태주의(Ecology)로서 생태계의 질서이자 이 질서를 회복하는 운동성을 뜻하기도 합니다. 프랑스의 철학자 펠릭스 가타리는 『세 가지 생태학』에서 생태를 마음생태, 사회생태, 자연생태로 나눠 부르며 우리가 얽혀있는 다양한 층위를 보여주기도 했습니다.[35]

여기에서 주목할 점은, 생태라는 말이 담고 있는 맥락입니다. 실제 사회는 오래전부터 있었지만 사회(Society, 社會)라는 개념은 나온 지 오래되지 않았다고 합니다. 칼 폴라니(Karl Polanyi)는 공기처럼 인지되지 못한 채 함께 있던 사회가 악마의 맷돌이 굴러가는 근대 자본주의 질서의 폭력적 제도화로 해체되고 나서야 비로소 발견되었다고 보았습니다. 사회가 단순한 객체가 아니라는 사실은 생명으로서의 사회를 생각할 수 있게 합니다. 생태 또한 마찬가지인데, 근대적인 거대한 전환이 이뤄지기 이전의 많은 토착적 사회에서는 수십 개의 바람과 별을 지칭하는 말은 있었지만, 환경과 생태 자체를 독립하여 설정하고 설명하는 말은 없었다고 합

---

[35] 펠릭스 가타리, 2003, 윤수종 옮김, 세 가지 생태학, 동문선. "'자연 생태'라고 언급되었던 환경관리주의는 환경 보전과 보존, 기업에 의한 환경오염에 대한 견제와 감시 등의 움직임을 의미한다. '사회생태'라고 언급되었던 사회생태주의는 사회 변혁과 과학기술의 재전유를 추구하는 움직임이다. '마음생태'라고 언급되었던 근본생태주의는 생명 파괴적인 삶의 방식을 거부하고 삶의 변화를 추구하며 생태 영성에 따른 대안적 삶으로 나아가려는 움직임이다. 이 세 가지 영역은 주체성의 문제, 사회적 관계의 문제, 자연과 인간의 관계의 문제 등을 각각 의미한다. 신승철, 2011, "아, 지금이야말로 녹색당이 필요한 때다!", 프레시안. 참고

니다.[36] 파괴되고 나서야 발견된 것들의 역설에 대해서 살펴볼 필요가 있습니다.

생태경제학, 살림학이 주는 의미는 무엇일까요. 공기처럼 존재하던 생태와 경제의 붕괴가 전환의 필요성을 제기합니다. 기후위기의 심화는 녹색전환 담론을 요청하고, 생태학살(Ecocide)과 같은 비극적 사태는 급격한 전환의 바탕이 되는 것과 같습니다. 한국 내에서도 성장의 정점을 찍고, 잔치가 끝나버린 채, 찾아오는 후폭풍과 내리막길을 마주할 지금에 와서 생태경제학이 논해지는 것이 지니는 시사점이 있다고 생각합니다. 이 이야기들이 가져다주는 시사점은, 죽어가고 죽어버린 것이 우리에게 가져다줄 것에 대한 것입니다. 죽어가는 지구 속에서 태동한 학문이 지니는 살리는 힘, 그 지향성을 주목해야 합니다. 위기를 기회로 전환하고, 미증유의 사태가 미증유의 전환이 될 수 있도록 하는 힘과 역설적 상상력에 대한 고민이 이어집니다.

이렇게 관계와 살림은 생명의 이야기겠습니다. 태어나 죽는 생명의 본질에 기반을 두고 오늘날 우리가 알고 있던 것을 다시 돌아보고자 합니다. 정태인 선생님이 언급하신 것처럼.

> *"녹색은 생명입니다. 사실 이게 제일 중요합니다. 생명과 관련된 모든 제도를 생명의 만개에 맞춰서 재설계해야 합니다. 모든 제도의 목표는 생명입니다. 자연과 그 부속물인 인간의 생명을 살리고 한껏 피어나게 하는 것, 그것이 녹색혁명당 최고의 가치입니다."*

6 맺는 말, 선생에게 받고 후생에게 전하는 마음

"다음 세대에게 자리를 내주자"고 청년들에게 손길과 자리를 내어주신 귀한 마음을 받았습니다. 그리고 이에 응답하여 노년에 대한 생각을 잇습니다.

---

36 윤홍기, 2011, 땅의 마음, 사이언스 북스.

우리는 때로, 그리고 자주 태어나 죽어간다는 사실을 잊고 늙어가는 것에 당황하고 어색해하며 살아가는 것 같습니다. 유해한 구조 속에 무해한 개인이 있을 수 없듯이, 성장이 당연하고 익숙해진 것은 한국 사회와 경제뿐 아니라 그 속에 묻어든 우리 모두이겠지요. 그런 점에서 탈성장은 앞만 보고 영원할 듯 살아가던 관성의 벗어남, 나 자신의 전환에 기초를 두고 있는 것 같습니다. 가장 중요한 것, 죽음을 다시 중심에 위치시키는 것 같습니다. 정태인 선생님이 돌아가시기 전까지 온라인 공간에 남기신 여러 메시지들을 기억합니다. 읽을 때마다 잊고 있던 죽음에 대해서 차차 상기했습니다. 앎은 앓음이라고, 투병 과정의 앓음이 실제로 팬데믹과 여타의 위기로 투병 중인 사회의 여러 아픈 손가락까지 닿는 것을 보았습니다. 독립연구자는 "나는 왜 학문을 하는가"라는 화두를 끝까지 이어가는 사람이라고 합니다. 죽음을 목전에 두고 학문을 고민하고 이어가는 선생님의 모습을 보면서 잊었던 이 화두를 다시 마주하게 되던 것 같습니다.

정태인 선생님이 돌아가시고 얼마 후 생태경제학자 허먼 데일리(Herman Daly)도 84세를 일기로 세상을 떠났습니다. 저는 그분의 팔순잔치에 온라인으로나마 참석했던 경험이 있습니다. 한국 시간으로 새벽 세 시경 홀로 연구소에서 밤을 지새고 들어간 온라인 공간에는 전 세계은행 수석 경제학자라기에는 너무나 온화한 할아버지가 있었습니다. 그는 기후위기의 심각함에 대해 진지하게 재차 언급하기도, 기존 경제학계와 기구들의 몰상식함과 그럼에도 이어지고 있는—예컨대 도넛 경제학을 제시한 케이트 레이워스(Kate Raworth) 같은 후학들의 선전과 가능성 등을 단호하고도 힘찬 목소리로 말했습니다. 연달아 어두운 기후 보고서들이 나오며 다소 우울함이 짙었는데 50년이 넘게 싸우고 만들어 온 노학자의 힘 서린 목소리에 힘을 받았던 것 같습니다. 무엇보다 인상에 남았던 건 그 분위기였는데, 낡은 안락의자와 책상 사이로 정원이 보이는 창이 있었고, 서로 축하의 말과 인사를 건네는 친구와 동료 노인들을 보면서 그가 홀로가 아닌 서로인 공동체에 있다는 것을 알 수 있었습니다. 부고를 들었을 때, 한 명의 존경스러운 사람이 좋은 사람들 곁에서 편히 눈을 감았겠구나 싶어 마음이 놓였던 것도 같습니다.

부러움과 그리움이 있었습니다. 자주, 한국에서 늙어간다는 것은 참 어렵다

싶습니다. 이는 장혜영 님의 '무사히 할머니가 될 수 있을까'[37] 노랫말이 우리들의 화두이자 구호가 된 것처럼 몇 명의 고민은 아닐 것 같습니다. '오래되어서 귀한 것을 오래되었다고 모두 버리는', 새것을 쫓고 오래된 것을 경시하는 한국 사회의 관성이 사람이라고 다르지는 않은 것 같습니다. 청년들에게 필요한 것은 발언할 기회와 경제적 바탕, 권력을 나눈 자리뿐 아니라 잘 늙어갈 수 있다는 믿음인 것 같습니다. 아이들은 어른들에게 직접적인 교육보다 그들의 삶을 보고 배웁니다. 이 점에서 사회적 상속과 새로운 노년상을 만들고자 애쓰시는 '60+기후행동'의 여러 동지이자 선생께 감사한 바가 큽니다. 실천하고, 배우고 익히며, 서로 나누고, 연대하여, 표현하고 향유하는 노년에 대한 신노년 선언[38]은 지금까지와는 다른 길을 내고 있고, 함께 따라가고 싶은 길입니다. 정태인 선생님과 이 자리도 그 취지를 이어가고 있다고 생각합니다. 칼폴라니사회경제연구소협동조합을 비롯하여 선생님이 뿌리신 씨알들이 잘 자라나고 잘 늙어갔으면 합니다. 제가 늙어서 눈을 감을 즈음에는, 2050년을 넘어선 시간들이 공포와 재난으로 가득하지만은 않기를 바라고, 설령 그렇더라도 그 위기를 웃으며 헤쳐갈 사람들과 관계들의 생태계가 풍요롭게 있기를 바라고, 가꿔가야겠습니다.

마지막으로 제게 손길과 자리를 내어주시고, 공동체를 가꾸는 법과, 생태와 경제에 대해서 알려주신 다른 스승은 생태적지혜연구소 소장 신승철 선생님이십니다. 몇 달 전 갑작스레 세상을 뜨시면서 주신 은혜를 갚을 길이 막연해지고 말았습니다. 사람 그 자체가 생태적 지혜인 분이셨는데, 한국에서 독립 연구자들의 공간을 꾸리는 것의 어려움을 토로하시면서도, 내일 세상을 떠도 후회 한 점 남지 않을 것 같다고 환한 미소를 남기시기도 했네요. 우리 사회가 첩첩산중의 길목에 있더라도 희망과 가능성을 잃지 않을 수 있는 건 이처럼 먼저 험난한 길을 걸으며 품어주고 돌아보고 내어준 선생(先生) 덕이겠습니다. 후생(後生)으로 그 은혜 새기며 살아가고자 합니다. 언젠가 제가 받은 만큼 전해줄 수 있으면 좋겠습니다. 작고하

---

37 장혜영, 2018, 무사히 할머니가 될 수 있을까, 노랫말 중

38 60+기후행동, 2023.10.6, 신노년 선언.

신 정태인 선생님께 깊은 애도와 감사를 다시 전합니다.

정성과 평화를 담아
윤석 드림

발제

선구적으로 생태경제학을 포용했던 진보경제학자 정태인

김병권(독립연구자)

1 생태경제학자 정태인

독립연구자이자 경제학자 정태인은 다른 이들과 비교하기 어려운 독특한 정책적 포지션을 가지고 있었다. 그는 철저히 현실변화를 추구하는 '정책가'로서 스스로의 정체성을 규정했기에 현실을 조금이라도 바꿀 수 있는 실현가능한 정책을 탐구하고 설계하는데 경제학적 지식을 활용하고자 했다. 나는 그가 늘 "나는 정책하는 사람"이라고 자신을 표현해왔던 것을 기억한다. 때문에 그는 맑스주의에서부터 포스트케인주의, 제도주의, 네오 슘페터리언, 폴라니 경제학, 행동경제학 등을 두루 망라해가면서 정책적 시사를 얻고자 했다. 생태경제학 역시 이런 맥락에서 그에게 포착한 현실 정책적 과제, 즉 기후위기와 생태위기에 대응할 수 있는 정책 해법을 모색하는 과정에서 그가 필연적으로 만날 수밖에 없었던 학문적 조류였다. 필자 역시 그와 사단법인 '새로운사회를여는 연구원'을 함께하던 2010년대 초반에 그로부터 "생태위기에 대처하려면 생태경제학의 학문적 성과를 배우고 활용할 수 있어야 한다"는 조언을 듣고 생태경제학에 대한 관심을 본격적으로 가지게 되었다.

정태인은 또한 실천에 적용될 해법을 구하기 위해서는 '탄탄한 이론적 기초'가 있어야 한다는 문제의식이 누구보다 확고했다. 그런 점에서 그는 문자 그대로 끝없이 '공부하는 연구자'였다. 그가 탐독한 어마어마한 논문들과 이론 분야들은 웬만한 식자들도 엄두를 내기 어려울 정도로 방대한 것이었다. 그는 폐암진단을 받고 투병생활을 하던 1년 반 남짓 기간에도 정말 쉬지 않고 현실 이슈들을 설명해주고 문제를 풀어줄 각종 이론과 주의주장들을 검토하는데 매달렸다. 마지막 1년 읽는 이들이 당황스러울 정도로 철자가 완전히 헝클어지게 써내려간 페이스북 글들을 다시 보면, 그의 집요한 학문적 탐구에 가슴이 먹먹해질 정도다. 당연하게도 기후위기와 생태위기가 최근들어서 더 심각해지면서 생태경제학에 대한 그의 탐구역시 더 깊어지고 넓어졌다.

생태경제학적 관점으로 경제를 바라보고, 경제정책과 사회정책, 환경정책을 그 틀안에서 풀어보려는 그의 관점은 이미 2012년 새로운사회를여는연구원 원장 시절 공저로 발표한 〈리셋 코리아〉에서 명확히 드러난다. 그는 여기서 생태경제학적 지혜와 폴라니의 관점을 통합해서 다음과 같이 경제 – 사회 – 환경의 관계를 압축한다.

"경제는 상품의 교환을 중심으로 하는 인간관계의 하나이다. 그리고 경제는 사회에 둘러쌓여 있다. 사회에는 상품의 교환에 기반을 두지 않는 수 많은 관계와 가치가 있다. 친구, 가족, 종교, 예술 등이 그렇다. 그 사회는 다시 환경에 둘러싸여 있다. 사회 구성에 기본적으로 필요한 공기, 음식, 물, 에너지, 원자재가 그 환경이다. 때로는 사회가 환경을 바꾸기도 하지만 그렇다고 사회가 환경보다 커질 수는 없다"

이런 접근법 아래 정태인은 기존의 비판적 진보 경제학만으로는 생태문제를 제대로 다룰 수 없다면서, 생태경제학을 비판적 경제학 안에 끌어들여야 한다고 강력히 주장했던 정말 선구적인 경제학자다. 우선 그는 마르크스주의로 기후위기와 생태위기를 다루는 한계를 2013년 공저 〈협동의 경제학〉에서 이렇게 지적한다.

"자본의 수익성 추구가 자연의 착취를 가속화한 것이 사실이지만 근본적으로는 생산관계보다 더 넓은 자연의 제약 때문에 발생한 문제다. 생산력의 과도한 발달로 생태계 자체가 교란되고 심지어 붕괴위협에 시달리고 있다. 그렇다면 생산관계가 바뀐다고 해서 곧바로 해결될 문제는 아닐 것이다. 물론 마르크스주의에도 생태사회주의자가 존재한다. 하지만 마르크스의 사고 틀 자체에는 생태문제를 다룰 수 있는 수단이 없다. 무엇보다 마르크스가 살았던 시대는 자연 자체가 문제가 되던 시기가 아니었다"

마찬가지로 정태인은 케인주의 경제학 역시 생태문제를 담지 못한다면서 이렇게 지적한다. "현재와 같은 장기 침체의 시대에 총수요를 확대하기 위해 소비를 늘리는 것은 케인즈 경제학에서 당연한 처방이다. 하지만 소비의 증가는 일반적으

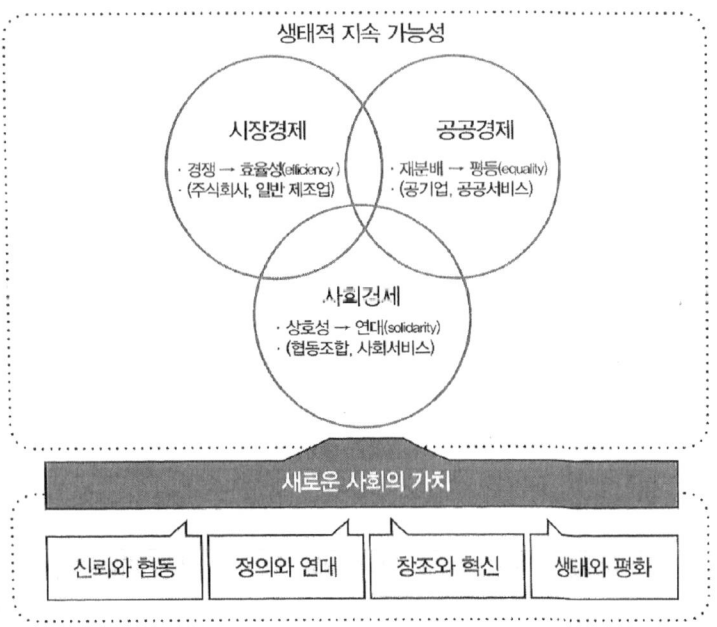

그림 1 　생태경제학이 지향하는 사회체제

로 이산화탄소배출을 늘릴 것이다. 즉, 적절한 보완정책 없이는 케인즈의 처방과 생태경제는 서로 모순적일 수 있다"

그러면서 "생태경제는 엔트로피 증가의 법칙을 경제학에 반영함으로써 인간의 경제활동 역시 자연법칙을 거스를 수 없다는 것, 경제활동의 가장 기본적인 제약은 자연법칙"이라는 생태경제학의 기본전제를 소개하면서 왜 기존의 진보적인 경제학들에 더해서 기후대응과 생태위기 대응을 위해 생태경제학을 중시해야 하는지를 설명하고 있다.

때문에 당연하게도 정태인은 단지 선구적인 생태경제학자이기만 했던 것이 아니라, 맑스주의 경제학과 포스트케인주의 경제학, 제도주의 경제학, 폴라니경제학을 이미 섭렵하면서 노동정책과 거시경제정책, 분배정책, 사회적경제정책에 대해 다양한 의견과 제안을 우리사회에 쏟아냈다. 여기에 더해 이제 생태경제학적 관점까지 자신의 이론체계안에 포괄함으로써 그는 다른 경제학자들이나 정책가들이 갖지 못한 전체적이고 포괄적인 정책비전을 제시할 수 있었던 것이다. 그는 이미 2012년에 미래경제 비전을 제시하면서 생태적 지속가능성을 기본 토대로 하여 시장경제, 공공경제, 사회경제가 공존하는 모델을 제시한 바가 있다.

2 기후위기 대응을 위한 정태인의 정책처방

1) 기후위기는 당장의 현실과제

이렇게 복잡한 현실 문제를 더 입체적으로 풀어내기 위해서 그는 다양한 경제학 조류들을 섭렵하고 또 활용해왔기 때문에 그의 기후대응 해법과 생태위기 해법은 딱히 생태경제학에만 의존했던 것은 아니다. 그는 성장친화적이지만 상대적으로 진보적 방향을 견지하려했던 조셉 스티글리츠나 니콜라스 스턴의 탄소세 제안도 적극적으로 검토해왔으며, 산업정책의 특징이 강한 그린뉴딜 정책에도 깊은 관심을 보이고 지지했다. 아울러 생태경제학의 기본 토대가 되는 '강한지속가능성'을 일찍히 지지했으며, 그 궤도 아래서 생태사회의 미래를 찾고자 했다.

"우리가 제시하는 지속가능한 사회국가는 그 무엇보다도 생태적으로 지속가능해야 하며, 동시에 사회경제적으로 지속가능해야 한다. 특히 우리는 강한 지속가능성을 추구한다. 이 때문에 우리는 예방우선의 원칙을 가지고 있어야 한다. 이 원칙은 실현가능한 시나리오 중 최악의 상태를 가정하여 최대한 예방하는 정책을 택한다는 것을 의미한다. 이렇게 다소 강한 제약을 채택하는 이유는 첫째 생태-에너지 위기의 가능성 때문이고, 둘째 세대간 정의 때문이다"

특히 그는 경제학자로는 드물게 일찍부터 기후위기와 생태위기를 미래의 문제가 아닌 현재의 문제로 보았기 때문에 누구보다 열정적으로 기후위기 대응을 지금 당장 현실 정책에 반영해야 한다고 강력히 주장해왔다. 그는 이미 2012년 공저한 〈리셋 코리아〉에서 이렇게 주장했다.

"생태-에너지 위기는 더 이상 먼 훗날의 일이 아니다. 예측할 수 없는 이상기후, 사라져가는 북극의 빙하, 희귀생물의 멸종, 열대우림의 급속한 축소, 사막화, 도시의 대기오염, 화학비료로 인한 지하수와 토양의 오염, 광우병 쇠고기는 이미 우리 일상으로 들어왔다."

바로 이런 문제의식 때문에 2018년 가을, 스웨덴의 청소년 기후활동가 그레타 툰베리가 금요학교파업을 시작하고, 이어서 유엔연설등을 통해 기후대응을 외면하는 세계 지도자들을 비판하고 나섰을 때 정대인이 누구보다도 강력히 충격을 받은 것은 전혀 놀랄만한 일이 아니었다. 그는 2019년 가을에 쓴 칼럼에서 "한 눈에도 당차게 보이는 툰베리는 혁명가였고 그의 연설은 슬픔의 절규였고, 질타였으며 그리고 경고였다"고 거창한 평가를 한 이유가 여기에 있지 않을까?

2) 한-중-일 공동탄소가격제

주류경제학자들이 기후대응을 위해 가장 강조하는 '탄소세'에 대해서 정태인은 그것이 시장주의적이라고 외면하지 않고 적극적으로 해석하고, 우리사회에 적용하기 위해 고민했다. 이는 앞서 확인한 것처럼 그가 성장친화적인 진보경제학부터 생태경제학의 탈성장까지를 아우르면서 실용적으로 정책해법을 찾으려던 맥락과 닿아 있다. 그는 이미 2013년부터 "생태경제학계 내부의 논쟁으로 탈성장과 성장무시(a-growth)의 대립이 있다. 물론 주류경제학계는 성장 친화적 해결책이 가능하다고 믿는다. 성장 친화적 해결에도 녹색혁신과 분배 친화적 해결이 가능하다고 믿는 상대적 진보파가 있다"는 점을 잘 알고 있었고, 비록 강한지속가능성을 신뢰하여 이미 성장주의로부터는 벗어나 있었지만 이들 조류 가운데 어느 하나를 배타적으로 선택하지는 않았다.

따라서 그에게는 탄소세가 시장주의적이었지만 중요한 정책수단으로 보았다(사실 생태경제학적 관점에서도 탄소세는 일종의 '생태적 조세'제도 개혁에서 다뤄지는 중요한 테마중에 하나이고 정태인은 이를 잘 알고 있었다.) 그래서 그는 적극적으로 한국사회에서 탄소세 도입을 주장했고, 탄소가격 수준도 해외문헌을 참조하여 예시하기도 했다. 그런데 정태인은 여기에 머무르지 않고 통상적인 탄소세를 동북아 협력과 연계한 거의 독보적인 주장을 펼친다. 이는 그의 '동북아시아 협력'에 대한 그의 지대한 관심과 이론적 자산에 힘입은 것이기도 하다.

정태인은 "한·중·일 공통의 탄소가격은 생태전환을 돕는 유력한 제도"라면서 "최소탄소가격만큼 각국의 상대적 비용을 덜 수 있고 역외 국가에 대해서는 가격 차이에 비례해서 국경세(탄소관세)를 부과할 수" 있다는 점을 이 제도의 강점으로 내세운다. 더욱이 "세 나라의 공통 탄소가격은 그 자체로 탄소 배출 감소에 큰 영향을 미치며 EU 등의 '생태클럽'과 경쟁하게 되면 효과가 더욱 커질 것"이라고 강조한다. 공동탄소가격에서 더 나아가 그는 한-중-일 공동 생태기금조성까지 제안하는데, "세 나라의 거대한 외환보유액(약 4조5000억달러) 중 일부를 탄소배출량에 비례해서 생태기금으로 적립한다. 이 기금은 미세먼지, 황사 대책 등 공동 정책, 공동의 생태기술 혁신(예컨대 신소재 배터리 기술), 역내 지역의 구조조정 보조, 탄소클럽에 들어오려는 개발도상국에 대한 보조에 사용될 것"이라고 덧붙인다.

한-중-일 탄소가격제는 지금처럼 글로벌 관계와 동아시아가 블록화 경향과 갈등심화 추세로 하는 위험한 국면에서 더욱 무게있게 다가오는 제안이 아닐 수 없다. 특히 최근 한-미-일과 북-중-러가 동아시아에서 경제, 정치, 군사적으로 블록화되려는 경향이 있는 상황에서 이를 뛰어넘는 대화와 신뢰관계구축, 공동 목표의 재설정을 해야 할 필요성은 그 어느때보다 높다. 이런 상황에서 중국문제 전문가이자 경제학자 스티븐 로치도 최근 저서 〈우발적 충돌〉에서 기후위기가 미-중 갈등을 푸는 중요한 매개의 하나가 될 수 있다고 제안한 바가 있다. 그는 "기후변화와 세계보건과 사이버 보안이 바로 그것이다. 이 분야들은 두 나라가 공동의 이해관계를 가지고서 공동의 리더십을 발휘할 수 있는 세계적인 쟁점"이라고 주장한다. 이를 동아시아 버전으로 풀어서 구체적으로 제안해볼 수 있는 정책이 바로 한-중-일 공동탄소가격일 수 있다.

3) 녹색산업전환과 정의로운 노동전환의 연계

정태인의 초기 경제학적 관심분야는 산업정책이었다. 그가 기후위기 대응과 생태전환에서 산업정책을 매우 강조한 것은 당연한 것이다. 그는 "누누이 강조한 대로 어떠한 구조 전환에서도 산업정책은 중요한 역할"을 한다면서 "생태전환은 전 사회를 환골탈태시키는 것이므로 2030년까지 전환기 10년의 재정은 직간접적으로 모두 전환에 사용"해야 한다고 주장하고 그 이유를 다음과 같이 설명하고 있다.

> "생태산업은 화석연료 기반 경제에서는 시장의 힘에 의해 탄생할 수 없는 산업이다. 재생에너지 산업, 전기 자동차, 건물 효율화 산업은 대부분 초기 단계의 유치산업이며 (글로벌) 생산시스템도 아직 갖춰지지 않았다. 또 이 산업이 의존해야 하는 다른 부분 시스템이 생태친화적이지 않은 경우도 많다. 예컨대 태양광 발전소를 짓는 데 들어가는 철강은 탄소를 많이 배출한다. 또한 이 산업이 뿌리를 내려야 할(embedded) 사회 시스템, 법과 제도가 새로운 기술산업에 걸맞지 않은 경우가 많다. 자동차 도로나 주유소가 가솔린이나 디젤 자동차에 맞게 설계되어 있으며 건물의 에너지 효율 등급도 과거의 상황을 반영하고 있다. 전환기의 산업정책은 이러한 문제를 모두 망라해야 한다"

특히 그는 대규모 생태적 산업전환과정에서 "중소기업들과 이들이 자리잡은 지역의 경제를 위한 산업정책이 별도로 필요하다. 자동차의 경우에는 부품이 반으로 줄어들 때 일어날 하청업체의 문제, 그 기업들이 집중적으로 자리잡은 지역(대구부터 창원까지의 동남벨트) 경제 문제도 다뤄야 한다"고 짚는다. 또한 "각 지역과 노동자들은 스스로 이 변화에 대응해야 하지만 이 때 발생하는 전환비용은 정부가 일부 보조해야 한다. 특히 노동자들의 이동을 위해 적극적 노동시장정책(재교육 및 재배치)과 소극적 노동시장정책(실업수당 등 고용관련 복지)을 미리 강화"해야 한다고 강조하면서 '녹색산업전환과 정의로운 전환'이 어떻게 맞물려야 하는지 처음부터 고려를 했다.

특히 그는 이 과정에서 공공투자의 역할을 매우 중시했는데, "생태 인프라 투자는 정부가 선도할 수 밖에 없다"는 것이 그 이유다. 또한 그는 마리아나 마추카토와 같은 네오슘페터리안의 제안을 적극 받아들여 녹색혁신에서 국가가 해야 할 몫을 강조한다. "국가는 생태 기술혁신을 촉진하여 "시장을 창조해야 한다"(Jacobs & Mazzucato, 2017). 혁신 펀드를 사용할 때는 정부 투자량 만큼 지분을 확보하여 성공한 경우 수익을 재투자하는 방안을 적극적으로 고려한다. 또한 생태 기술혁신의 빠른 전파를 위해서 재투자용 수익을 확보한 이유에는 지적재산권을 완화하는 정책도 고려해야 한다. 동아시아 탈탄소클럽이 이러한 정책을 주도하면 정책실행이 용이해질 것이다"

당연하게도 이런 공공투자를 중심으로 한 그린뉴딜 정책을 그는 적극적으로 지지했다. 2020년에 쓴 필자의 책 〈기후위기와 불평등에 맞선 그린뉴딜〉 서문에서 정태인은 "그린뉴딜은 말 그대로 정치적 프로젝트다. 강력한 정당과 확고한 의지를 가진 정치지도자의 전환적 리더십이 절실하게 필요하다. 화석연료 기반 산업의 저항, 일반 시민의 세금 기피 등과 시장만능 경제학이 만나면 그린뉴딜 정책의 시작조차 어려운 상황이 될 수 있다. 어느 정당이 정권을 잡든 그린뉴딜은 모든 정책의 기조가 되어야 한다"고 강조했던 것이다.

3 남겨진 숙제 – 불평등과 생태위기를 교차시키기

불행하게도 정태인이 세상을 향해 경고하고 호소했던 불평등과 기후위기는 지난 10여년 동안 완화되기는커녕 악화일로를 걷고 있다. 지난 수 년동안은 극도의 자산거품 아래에서 특히 자산불평등이 심각하게 악화되었다. 기후위기의 안전한계선이라고 간주되고 있는 1.5도 한계선은 이미 일시적으로 넘어갈 조짐을 보이고 있으며 현재대로라면 2030년대 어느 시점에서 넘어갈 것이 거의 확실시 될 정도로 상황은 낙관적이지 않다.

앞서 확인한 대로 정태인은 경제분야만 해도 불평등 문제와 청년문제, 사회적경제를 넘나들기 위해 씨름하느라, 생태경제학에 대해서는 본인의 연구를 확장하고 공론장에서 공유할 기회를 많이 갖지 못했다. 때문에 한국사회에서 기후위기를 경제해법으로 돌파하기 위한 정책이나 논의들은 매우 초보적인 수준에 머물러 있다. 이런 빈약한 이론토대의 탓으로 기후정책과 기후운동에서 담론구조가 다소 양극화되는 방향으로 가기도 하고 있는데, 한편에서는 탈자본주의 체제전환 등에 몰입하는가 하면 다른 편에서는 RE100이나 ESG와 같은 기업의 자율적인 해법들이 과대평가되기도 한다. 그러다 보니 적극적 공공투자와 공공의 혁신을 매개로 한 녹색산업정책, 그린 뉴딜 등은 어느새 실종되고 정책없는 주장만 남는 경향도 있다. 생태경제학의 이론토대를 더 확대해야 하는 이유다.

생태경제학은 몇가지 탈성장에 무게를 실어주거나 자연과 경제활동의 추상적 관계를 논하는 개념적 학문이 아니다. 특히 생태거시경제학은 기존의 성장주의를 비판하면서도 성장없는 경제의 안정성과 지속가능성이 어떻게 가능한지를 확인해 줄 있으며, 이를 위한 거시경제정책 수단이 무엇인지를 알려준다. 나아가서 생태경제학은 성장없는 경제의 '생태적 분배정책'을 구체적으로 설계하는데 도움을 줄 수 있다. 그리고 생태적 경제시스템을 구축하기 위해 조세정책, 금융정책, 그리고 노동정책을 새롭게 접근하는 방법을 제공해줄 수 있다.

앞으로 기후위기와 생태위기 대응에서 더욱 중요한 과제는 전통적인 불평등 문제와 생태위기 문제를 어떻게 교차시켜 풀어낼지에 대한 것이다. 지금까지는 노동조합이나 농민회 등을 주축으로 불평등을 줄이기 위한 개혁이슈들이 이어져왔다. 그리고 이와는 별개의 영역과 주체들에 의해서 환경운동과 기후운동이 다른 편에서 동시에 추진되어 왔다. 하지만, 이제 두 과제는 더 이상 떨어져 추진될 수 없게 되었다. 기후위기와 생태위기가 불평등의 하위계층에게 차별적으로 영향을 미치는 상황이 현실문제가 되었기 때문이다. 동시에 불평등 심화가 기후위기와 생태위기를 해결하는데 참여해야 할 시민들을 분열시키고 있기 때문이다.

명실상부하게 불평등과 기후위기를 통합적으로 접근하고, 해법역시 불평등과 기후위기를 교차시켜서 풀어내는 지혜가 필요하다. 불평등 경제학자이자 생태경제학자였던 정태인이야 말로 이 두 교차지점에서 해법을 찾아내는데 기여할 수 있었던 최적의 정책가였다. 하지만 이제 그는 후세대들에게 이를 숙제로 남겨놓았다. 이제 필자를 포함하여 후학들이 그가 남겨놓은 단서들을 디딤돌 삼아서 그의 빈자리를 채우고 책임있게 더 발전적인 해법들을 찾아야 할 것이라고 생각한다.

토론

생태경제와 기후정치의 희망을 이어가기 위한 세 가지 제언

장혜영(정의당 국회의원)

1 들어가며

우리 모두가 사랑하는 정태인 선생님을 양평의 단풍 가득한 양지바른 언덕배기 잘생긴 소나무 아래로 보내드린지도 벌써 일년이 지났습니다. 독립연구자이자 '정책하는 사람'으로서 세상과 작별하는 순간까지 치열하고 다정하게 이 세상에 사랑을 주고 가신 선생님에 대한 절절한 그리움을 우리 사회에 대한 희망으로 바꾸는 오늘의 추모 행사가 참으로 뜻깊습니다. 이런 귀한 자리에 토론자로 함께할 기회를 주셔서 진심으로 감사드립니다.

2 두 발제에 대하여

〈기후위기-생태경제를 향해〉라는 주제로 작성된 독립연구자 장윤석, 김병권 두 분의 발제를 잘 보았습니다. 〈죽음과 살림의 학문, 생태경제(학)〉이라는 제목의 장윤석 님의 발제는 전세계적으로 신고전파 경제학이 무려 '주류경제학'이라는 독보적인 지위을 획득하며 경제는 물론 정치마저 잠식하고 있는 상황에서 우리 사회에 경제 다원주의와 생태경제학의 씨앗을 뿌린 독립연구자로서 정태인의 작업을 조망합니다. 정태인이 정리한 '네박자 경제학'의 통합성과 총체성을 주목한 다음 정태인식 생태경제론의 핵심에 실천을 위한 사회성과 정치성이 있다는 점을 지적하는 것은 무척 의미있는 전개라고 생각합니다. 정태인의 생태경제 이론은 생물리학적 접근에 쏠려 공허해지는 대신 '늘 인간의 얼굴을 하고 있'다는 분석은 자연스레 '전환의 주체에 대한 물음'과 '그 실현을 위한 구체적인 전략과 정책, 그리고 정치를 요청한다'는 문장과 함께 정태인의 구체적인 정책을 소개하는 내용으로 이어집니다. 좋은 '선생先生'을 그리워하는 '후생後生'으로서 장윤석이 열거한 앞으로의 과제들—정책의 지표를 바꾸고, 가치를 평가하는 방법을 바꾸며, 구체적인 지역 공동체와 함께 관계맺으며 사례를 발굴·연결·해석하며 '실질적인 전환의 풍경을 만들어내자'는 것, 나아가 전쟁을 마주한 시대일수록 군축을 통한 전환, 전환을 위한 군축의 논의를 멈추지 말아야 한다는 '역설적 상상력'에 관한 제언—은 우리 시대의 연구자와 정책입안자, 뜻있는 정치인들이 함께 호응해야 할 제안입니다. 절망의 끝을 마주한 듯한 시대에 생태경제학이 갖는 의미는 결국 죽음에서 살림을 이끌어내는 생명의 통찰이라는 점을 일깨우면서 소중한 개인의 경험을 나눠주신 장윤석 님께 감사드립니다.

김병권 님의 〈선구적으로 생태경제학을 포용했던 진보경제학자 정태인〉이라는 발제는 보다 건조하게 '생태경제학적 관점으로 경제를 바라보고, 경제정책과 사회정책, 환경정책을 그 틀 안에서 풀어보려는' 생태경제학자 정태인의 학문적이고 실천적인 작업과 성과를 압축하여 소개합니다. 발제에 따르면 생태경제학을 위시하여 마르크스 경제학, 포스트케인지언 경제학, 제도주의 경제학, 폴라니 경제학 등 다종다양한 이론의 특성과 한계를 섭렵한 다음 정태인이 내린 결론은 "생태경제는 엔트로피 증가의 법칙을 경제학에 반영함으로써 인간의 경제활동 역시 자연법칙을 거스를 수 없다는 것"입니다. 이러한 지적 여정은 그가 일찍이 자각한 기후위기와 같은 복잡한 현실의 문제에 대한 해법을 도출하기 위한 과정이었으며, 그렇기에 자연스레 그러한 문제에 대한 정태인의 해법은 엄밀한 생태경제학적 수단으로 국한되지 않고 그린뉴딜이나 탄소세 등 폭넓은 수단을 유연하게 포괄하게 되었다는 분석은 앞으로 기후정치가 현실 문제들의 대안을 논의해나가는 과정에 중요한 함의를 갖습니다. 발제 뒷부분의 '남겨진 숙제'가 지적하듯 '불평등과 기후위기를 통합적으로 접근하고 해법 역시 불평등과 기후위기를 교차시켜 풀어내는 지혜'를 찾아나가는 것은 남겨진 우리들의 몫이라는 결론에 마음 깊이 동의합니다.

장윤석 김병권 두 분의 독립연구자께서 정태인 선생님의 학문적, 실천적 성취와 그 함의, 앞으로의 과제를 일목요연하게 정리해주셨습니다. 저는 선생님이 몸담으셨던 진보정당의 당원이자, 선생님과 함께 우리 정당과 사회가 나아갈 방향을 배우고 토론했던 제자이자, 선생님께 과분한 사랑과 지지를 받았던 청년 정치인으로서 생태경제학자 정태인의 귀중한 사상적 통찰과 정책적 시도가 어떻게 앞으로 우리 사회에서 크고 작은 구체적 실천들을 통해 그 생명력을 이어갈 수 있을지, 정태인이 꿈꾸었던 생태경제를 실현하는 기후정치의 동력을 어떻게 만들어갈 수 있을지를 고민하는 관점에서 두 발제에 수록된 귀중한 제언의 실현을 위해 세 가지의 구체적인 제언을 덧붙이고 싶습니다.

3 첫 번째 제언: 정태인을 함께 읽자

저의 첫 번째 제언은 우선 '정태인을 함께 읽자'는 것입니다. 〈리셋 코리아〉도 좋고 〈협동의 경제학〉도 좋습니다. 정태인 선생님의 칼럼을 모아 읽는 것도 방법이고, 정태인 선생님이 직접 옮기신 〈자본주의를 다시 생각한다〉를 함께 읽는 것도 좋습니다. 정태인이 쓴 책과 텍스트, 강의록, 나아가 정태인이 중요하게 생각했던 생태경제학의 주요 저작을 각자가 속한 공동체 안에서, 혹은 공동체를 교차해서 진지하게 함께 읽고 공부하고 토론하자는 것입니다.

이 얘기는 너무 당연하고 평범하게 들리기 때문에 오히려 간과되기 쉽습니다. 독립연구자 정태인과 그가 해온 일들이 '아는 사람만 아는 얘기'가 되지 않도록 하기 위해 정태인이라는 개인을 추억하는 것과 별개로 그의 작업을 진지하고 주의 깊게 다시 읽고 토론하는 과정이 필요합니다. 독립연구자 정태인의 고민과 작업이 계속 현재적인 맥락과 이어져 지금을 살아가는 사람들의 고민 속에 현재적 의미를 획득할 수 있도록 학문적인 영역은 물론 관련된 시민사회 영역, 그리고 정당 영역에서 그 각각의 방식으로 정태인을 함께 읽는 노력이 필요하다고 생각합니다.

물론 성경책처럼 읽자는 얘기는 아닙니다. 현실의 문제를 생태경제학의 렌즈로 풀어내고자 했던 한 사람의 시도와 그 행간에서 녹아있는 고민에 연결되어 그것을 이해하고 곱씹고 계속 이어가자는 의미이고 정태인의 질문과 답을 읽으며 우리의 질문과 답을 찾아나가자는 의미입니다. 정태인이 찾아낸 생태경제학적 이론과 실천의 실마리들을 각계각층에 속한 사람들이 차분히 함께 읽고 그 고갱이를 소화하고 심화하는 과정이 누적되며 정태인의 이야기가 우리 사회에서 '누구나 한 번쯤 들어본 이야기'로 일종의 보편성을 획득해나가기를 바랍니다. 정태인과 개인적 인연이 없는 사람들도 정태인의 우리 사회와 미래세대에 대한 사랑과 생각을 마주할 수 있도록 지금 이 자리에 모인 사람들부터 함께 차근차근 정태인을 읽었으면 합니다.

물론 우리 모두 바쁜 사람들이지만, 시간이 없다는 말을 더 이상 하지 않았으면 좋겠습니다. 우리에겐 더 이상 지금껏 살아온대로 살아갈 시간이 없을 뿐, 다르게 살아가기를 마음먹고 실천할 시간은 충분합니다. 무엇보다 자신의 죽음을 예감하고 있는 사람만큼 시간이 없다는 것을 알고 있는 사람은 없을 것입니다. 임종 직전까지 무언가를 끝없이 읽고 우리들에게 무언가를 말하려 했던 정태인 선생님의 절박함을 생각하면서 바쁘더라도 시간을 내어 꼭 실천할 수 있었으면 좋겠습니다. 죽어가는 사랑하는 사람을 살리는 마음으로, 정태인을 읽었으면 좋겠습니다.

4 두 번째 제언: 현실의 문제를 토론하자

저의 다음 제언은 그러한 독서와 공부 위에 '현실의 문제를 우애롭게 토론하자'는 것입니다. 더 구체적으로 말하자면 큰 이론을 넘어서 현실의 크고 작은 구체적인 문제들에 대한 해법을 토론하는 다양한 공론장을 자주 만들고 상호존중을 기반으로 한 끈기있는 토론을 이어가자는 것입니다. 기후위기 그 자체를 큰 담론으로서 논의하는 것도 중요하지만 어떻게 기초지자체 단위에서 성공적인 햇빛협동조합을 운영하며 어린이집과 경로당의 재생에너지 전환을 이룰 것인지부터 시작해서 기후위기 극복을 위한 에너지 가격체계와 정의로운 전환의 재원마련 문제까지 구체적인 현실의 고민을 놓고 다양한 관점을 가진 사람들이 모여 꾸준히 토론하는 문화를 이 자리에 있는 사람들부터 만들어갔으면 합니다.

이 과정에서 개인적으로 반추하는 안타까운 경험은 정태인 선생님이 주도적으로 함께 만들었던 지난 21대 총선 당시 정의당의 핵심 공약인 '그린뉴딜'이 당장 당 내부에서부터 그다지 큰 호응을 얻지 못했던 경험입니다. 내용은 시의적절했지만 공동체의 구성원들 안에서 충분히 곱씹으며 체화하는 과정 없이 곧바로 선거를 앞두고 공약의 형태로 발표된 것이 아쉬웠다는 평가가 많았습니다. 뛰어난 생태경제학자가 숙고해 내린 정책적 결론이라 할지라도 그것이 실제로 사회적이고 정치적인 구체적 공간 안에 녹아들기 위해서는 공동체 안에 풍부한 생태경제학적 담론의 장이 만들어져 있어야 한다는 점을 깊이 느낀 순간입니다.

앞서 말씀드린 풍부한 독서와 토론을 바탕으로 정당 등 정치공동체를 비롯해 다양한 시민사회단체들 안팎에서, 그리고 상호교차하며 기후위기와 생태경제, 기후정치를 둘러싼 구체적인 현실의 문제들에 대한 일상적 토론이 상호존중의 분위기 속에 이어실 수 있기를 바랍니다.

5 세 번째 제언: 서로의 삶을 돌보자

끝으로 드리는 저의 제언은 '서로의 삶을 돌보자'는 것입니다. 어쩌면 이것이 앞의 두 가지를 가능하게 만드는 힘인지도 모른다고 생각합니다. 세상을 바꾸느라 여념이 없는 나머지 곁에 있는 사람을 돌보지 않는다면 바뀐 세상에서도 누군가는 여전히 소외되어 있을지도 모릅니다. 정태인 선생님을 사랑하고 추모하는 사람들이 모여있는 이 자리와 만남이 제게는 너무나 소중합니다. 여기 모인 우리는 정태인이라는 사람을 사랑하고, 그가 세상을 생각하고 대하고 변화시키고자 하는 방식을 사랑하는 사람들이자 선생님이 아낌 없이 사랑을 주신 분들이라고 생각합니다. 오늘 우리는 경제에 대해 많은 이야기를 했지만, 결국 "경제는 사회에 둘러싸여 있고 사회에는 상품의 교환에 기반을 두지 않는 수많은 관계와 가치가 있다."는 정태인 선생님의 통찰을 우리는 기억합니다. 작년 9월 29일 선생님 페이스북에는 이런 혼잣말 같은 메모가 적혀있습니다.

서로 배려하는 것! 지치지 않도록! 계속 고려해서 안정성 있는 원칙을 찾아내는 것.
앞으로 며칠 더 노력해서 공존의 원리를 찾아내는 것
짜증을 없애는 것. 인내는 매우 중요, 자 다시 시작!

답이 보이지 않는 시기일수록 서로 배려하고 지치지 않으며 공존의 원리를 찾아나서는 일을 다시 시작할 수 있도록 함께 서로의 삶을 돌보며 나아가자는 것이 저의 세 번째 제언입니다.

6 나가며

이 토론을 하는 지금은 21대 국회 의정활동 4년을 마무리하는 마지막 기획재정위원회 국정감사 기간입니다. 오늘도 기재부를 상대로 조세정책을 감사하는 와중에 잠시 이석하여 토론을 하게 되었습니다. 저는 작년 국감에 이어 올해 국감 역시 21대 국회에서 우리가 기후위기 상황실이라는 마음가짐으로 '기후국감'에 임하고 있지만, 어제까지 마음은 절망으로 가득했습니다. 대한민국 정부는 말로만 기후대응을 외칠 뿐 실제로는 그린워싱에 골몰하며 사실상 기후위기를 인정하지 않는 듯한 태도로 일관하며 기후대응의 골든타임을 흘려보내고 있습니다.

하지만 정태인 선생님의 1주기를 맞아 열린 이번 행사를 마주하며 마음을 가다듬습니다. 지금은 절망의 시대이지만 바로 그렇기에 희망의 시대입니다. 위기가 깊을수록 희망은 귀하고, 우리는 생명의 고귀한 가치를 마음으로 느끼며 근거없는 낙관이 아니라 정직한 실천에 기반한 성실한 희망을 만들어가야 합니다. 다시 한 번 정태인 선생님의 안식을 빌며 짜증을 없애고, 인내하며, 함께 다시 시작했으면 합니다. 여기까지 읽어주셔서 감사합니다.

부록 2

연표 및 저술

연표

1960.2.7.	삼형제 중 차남으로 어머니의 고향인 괴산에서 출생. 이후 서울에서 자람
1978	서울 숭문고등학교를 졸업하고 서울대학교 사회계열 입학
1983	서울대학교 경제학과 졸업
1984	서울대학교 대학원 경제학과 석사과정 입학
1985.11.3.	대학원 석사과정 시절, 차정인 여사와 결혼
1986. 9.	큰 딸 출생
1986~1987	'민정우'라는 가명으로 〈녹두서평〉 편집자 및 진보적 경제·노동 이론가로 활동, '식민지사회 성격구명을 위한 시론' 게재, 이로 인해 1987년 초부터 2년여간 수배생활 수배생활 하면서 한국기독교사회문제연구원(기사연) 연구원으로 일함, 〈기사연 리포트〉 발간, 여기서 박현채 선생을 만남
1988	한국사회과학연구소(한사연) 경제연구실을 정건화, 조석곤 및 대학원 후배들과 함께 만들고, 〈동향과 전망〉 및 〈월간 동향〉 발간
1990.8.	서울대학교 대학원 경제학 석사학위 수여
1991.1.	작은 딸 출생
1991.3.	서울대학교 대학원 경제학과 박사과정 입학 월간 〈말〉 편집위원으로 활동 PC통신 '나우누리'에 개설된 '21세기 프론어' 온라인 커뮤니티에서 경제전문가이자 논객으로 활약
1995년 8월 17일	'평생의 스승으로 따르던' 박현채 선생 돌아가시고, "내 스스로도 왜 이리 과장을 하는가 싶을 정도로 상실감이 든다"며 방황

1994~1998	미국 실리콘밸리 UC 버클리, 영국 케임브리지 대학교 방문연구
1999	학술진흥재단 전문위원
2000	기독교방송(CBS) 라디오 〈시사자키 오늘과 내일〉 진행
2001	문화방송(MBC) 라디오 〈MBC 초대석〉 진행
2002	한국방송(KBS) 라디오 〈경제전망대〉 진행
2002	민주당 노무현 대통령후보 선거본부에 참여
2002.12.	대통령직 인수위원회 참여
2003.5.~2005.5.	대통령직 인수위원회 경제1분과 위원
	참여정부 대통령 직속 동북아경제중심추진위원회 기조실장 (2003.5.~2005.2.)
	참여정부 국민경제자문회의 사무차장 (2005.2.~2005.5.)
	초기 노무현 대통령의 '경제 가정교사'로 불리움
	* 대통령자문 동북아경제중심추진위 기획운영실장
	* 정책기획위 산업노동팀 위원
	* 동북아시대위 기획조정실장
	* 국민경제자문회의 사무차장
2005.5.	청와대 사직 후 한미 자유무역협정(FTA) 반대 강연, 기고활동
2007.	민주노동당 대선 예비후보 경선 심상정 캠프 정책팀 합류, 생태복지국가 제안
2009	칼라 TV 대표
2011 ~ 2015	새로운사회를여는연구원(새사연) 원장
2015~2019	칼폴라니사회경제연구소 아시아지부 소장
2016	정의당 정책자문기구 정의구현정책단장
2019	정의당 그린뉴딜경제위원회 위원

2020	정의당 총선공약개발단장
2020.8.	박사학위 취득
	'사회주의경제에 관한 논쟁 재검토' 북한대학원대학교
2021.7.7.	경기연구원 프로젝트 연구자로 근무 중 실신, 검진 결과 폐암4기 진단
	이후 투병 1년 3개월 동안에도 불평등과 기후위기, 동아시아 평화에 관한 연구와 글쓰기를 멈추지 않음
2022.10.21.	62세를 일기로 별세, 양평 별그리다 추모공원에 수목장으로 안치

저서

2013, 협동의 경제학, 레디앙

2012, 리셋 코리아, 미래를소유한사람들

2011, 착한 것이 살아남는 경제의 숨겨진 법칙, 상상너머

2011, 불량사회와 그 적들, 알렙

2010, 리얼진보, 레디앙

2009, 오바마 시대 변화하는 미국과 한반도, 시대의창

2007, 자존심, 한겨레출판사

2007, 왜 80이 20에게 지배당하는가, 철수와 영희

역서

2017, 자본주의를 다시 생각한다, 칼폴라니사회경제연구소

2017, 거대한 전환에서 거대한 금융회사로, 칼폴라니사회경제연구소

부록 3

정태인 추모사업을 후원한 사람들

1 오마이컴퍼니 크라우드 펀딩 후원 명단(총 137명, 가나다 순)

강남훈 강병구 강병일 권지웅 길버트 김균 김남곤 김대훈 김동춘
김륜희 김민아 김성기 김세직 김양희 김영순 김유선 김은경 김정아
김정은 김종철 김지영 김창욱 김태동 김학규 김형미 노혜경 류덕현
류동민 류은화 류장수 문성근 박건표 박기용 박기주 박배균 박병규
박성희 박숙현 박영삼 박용철 박원석 박정환 박종현 박종호 박진도
박창규 배문정 배재국 서준섭 성동현 손병옥 송경용 신정완 신혜진
신효진 안윤정 오건호 유이분 윤정숙 윤형중 이경미 이광호 이근
이덕희 이동걸 이명옥 이미정 이병천 이병희 이상영 이상직 이상호
이석기 이세리 이수연 이숙진 이원재 이유진 이은애 이인재 이일영
이재경 이정우 이종석 이종현 이진순 임재민 임정진 임주환 장경운
장유경 장지연 장혜영 전강수 전광철 전병유 전승희 정관용 정미정
정상훈 정성인 정욱식 정이환 정화령 조금득 조돈문 조동진 조석곤
조성재 조영탁 조원경 조현경 조형제 조효래 주수원 주현 차정인
최민선 최승환 최영호 최준호 하남석 하승창 하종강 한성호 한승헌
한영섭 한윤정 한정혜 허문경 현광훈 홍선 홍수연 홍찬욱 황덕순

2 계좌 후원 명단 (총 17명, 가나다 순)

구갑우 김병권 박동철 박병규 박석운 박준호 안병진 양한열 유승호
이광호 이상헌 이희건 정건화 정원각 최혁진 한성호 한영섭